静寂の技法

最良の人生を導く「静けさ」の力

GOLDEN: THE POWER OF SILENCE IN A WORLD OF NOISE

ジャスティン・ゾルン / リー・マルツ
Justin Zorn & Leigh Marz

柴田裕之〔訳〕

東洋経済新報社

メレディとマイケルに、

そして、ロブ・エリオヴとラルフ・メッツナーを追悼して

目次

第1部 静寂の意味と価値

自己超越体験（STE）の研究 133
突然の神秘体験 139
心の静寂という謎 145

第3部 静寂の精神

第7章 なぜ静寂は恐ろしいのか …… 148

第4部　内なる静寂

第11章 恍惚状態の静寂 256

第5部 みなで静かに

第6部 静寂を尊ぶ社会

訳注　本書では、聖書の引用の訳は日本聖書協会『聖書　聖書協会共同訳』より。
それ以外の引用は、特に断りがないかぎり訳者による訳である。

第1部

静寂の意味と価値

第1章　静寂が与えてくれるもの

最も深い静寂とは？

これまであなたが経験した最も深い静寂はどんなものだったか？

真っ先に蘇ってきた記憶を信用してかまわない。

考え過ぎる必要はない。

その経験を思い出したら、それに浸れるかどうか、試してほしい。あなたはどこにいて、周りでは何が起こっていて、そこに居合わせた人がいるとすれば、それは誰か、思い返す。頭の中でそのときの様子を再現できるだろうか——光の具合、あたりの雰囲気、体の内部の感覚を?

それは、耳に静かなものだろうか?

あるいは、それはあなたの注意を奪うような人やものが存在しないときに訪れる種類の静寂だろうか?

あなたの神経が静まり返っているのか?

はたまた、それはさらに深い場所に息づく種類の静寂だろうか——心の中のおしゃべりの騒がしい波が突如として左右に分かれ、先へと続く明確な道が現れたときのような?

次の質問について、少し時間をかけて考えてほしい。奇妙に聞こえるかもしれないが。静寂とはたんに、騒音の不在のことだろうか——それとも、何か特別な実在の仕方も意味するのだろうか?

静寂という実在

私たちは過去数年にわたって、これらの疑問を探ってきた。協力してくれたのが、並外れた取り合わせの人々で、神経科学者たち、各種の活動家たち、詩人たち、企業の重役たち、国家の政治家たち、教職にある医師たち、環境擁護者たち、イスラム神秘主義の修道者1人、ホワイトハウス職員1人、仏教の導師たち、キリスト教の伝道者たち、グラミー賞を受賞したオペラ歌手1人、収監されている確定死刑囚1人、ハリウッドの音響技術者1人、ヘヴィメタルのバンドリーダー1人、カウボーイ兼樵《きこり》1人、空軍中佐1人。私たちは、これらの疑問を自らも探ってきた。この、個人的でも共同でもある探究の間に、多くの場所に足を運び、忘れ難い経験をすることになった。

日の出の大海原に漂う穏やかな空気。

高山の未踏の銀世界を包む静けさ。

これらの疑問を追って、聴覚的には静かではない場面も訪れた。誕生。死。畏敬の念に打たれる瞬間。劇的で意外な変化の瞬間——そんなとき、お馴染《なじ》みの説明にすがりつこうとするものの、ついに降参し、何も言うべきことが残っていないという事実を認めざるをえなくなる。私たちにとって、そして、他の人々にとっても、深遠な静寂の時間は、驚くほど高デシベルの状況で訪れることがあった。

轟音を立てる急流を一直線に進んでいるとき。

耳をつんざくようなセミの大合唱のさなかの、深い森の中の夕暮れ。

込み合ったダンスフロアでビートを刻む音楽にすっかり身を委ね、自意識を失くしたとき。

これらの信じられないほど多様な深い静寂のすべてに、唯一共通するものがあるとすれば、それは、みなさんに提示したうちで最後の疑問に対する答えを通して見つかると、私たちは信じている。最も深い静寂は、たんなる不在だけではなく、実在でもある。それは、私たちを落ち着かせ、癒《い》やし、教え導くことができる実在なのだ〔訳注　本書でいう「実在」とはおおむね、人が気を散らされることなく、その瞬間にその場にしっかりと存在することを意味する〕。

スコットランドの哲学者で数学者のトーマス・カーライルは、1836年の小説『衣服哲学』で、「Sprechen ist silbern, Schweigen ist golden（雄弁は銀、沈黙は金）」というスイスの碑文について書いている。[1]

「あるいは、私ならこう言い直すかもしれない。『雄弁は束の間のもの、沈黙は永遠のもの』と」

これは、私たちが本書のタイトル〔訳注　本書の原題は*Golden*〕の着想を得たこの金言が、知られているかぎりでは初めて英語で言い表された事例だ。もっとも、それに類するラテン語、アラビア語、ヘブライ語、アラム語の言葉は、数千年前までさかのぼる。[2] 初期のイスラム教のイスナード（聖典を代々伝えてきた伝承者の系譜）によれば、「雄弁が銀ならば、沈黙は金」という格言は、偉大なる賢王ソロモンに由来するという。この格言は今日に至るまで、口を開くべきときと閉ざすべきときをわきまえる分別を簡潔に表現した言葉となっている。

「沈黙は金」という格言の意味を探る本書の中では、真の沈黙、深遠な静寂には騒音の不在以上のものがあるという考え方に、何度となく立ち返る。それは、前述のような実在でもあるのだ。

答えは静寂の中にある

２０１７年初期、私たちは世の中のありように、かなり失望していた。みなさんも、この気持ちには覚えがあるだろう。それは、ＣＯＶＩＤ-19（新型コロナウイルス感染症）が蔓延《まんえん》したり、気候変動についての最新のひどく恐ろしい報告がなされたりするよりも、ずっと以前のことだった。経済のいちばん新しい大変動や、ブリオナ・テイラーとジョージ・フロイドの殺害の前だった。だが、その時点でさえ、行き詰まりを解消して前へ進む道が、どうしても見えなかった。政治を修復したり、人道に適《かな》った経済を築いたり、自然との関係を回復したりするための妥当な見通しが、どうしても立たなかった。難しいテーマについて深みのある会話をする能力を、何かに妨げられているかのように感じられた。そして、けっきょくは、創造的な解決法を見つける力さえ、妨害されているかのようだった。私たちは個人的にも、人権や環境などの活動家、擁護者、幼い子どもの親として、どうしたらいいのか途方に暮れていた。

その頃、私たちは2人とも奇妙なことを直観的に理解しはじめていた。どこで答えを探せばいいか、同じ手掛かりを得た。静寂の中に答えを求めればいいのだ。

そのときの私たちはともに、「逸脱した瞑想者《めいそう》」だったと言ってもいいのかもしれない。だが、２人揃《そろ》ってそれぞれ独自に感じたものは、再び瞑想のために座布団の上に座るようにとか、どこかに引きこもって長いリトリートに入るようにとかいった呼び掛けと、まったく同じものではなかった〔訳注 本書でいう「リトリート」とは主に、通常の活動を離れ、非日常的な場所で静かに瞑想したり、熟考したり、祈ったりすることや、その期間、あるいは場所のこと〕。逃げ出したいという衝動でもなかった。むしろそれは、最も手に負えない問題は、これ以上考えたり話したりしても解決できないという単純な感覚だった。私たちは、物質的な進歩の声と知性、唸《うな》りを立てる機械には敬意を表するものの、個人やコミュニティ、さらには世界が抱える最も深刻な問題の解決策はそれとは別の場所で見つけられるという気がしはじめていた――すなわち、精神的な刺激の合間の空白の中で。

この直観についてじっくり考えているうちに気づいたのだが、私たちが感じていたのは、世の中で必要とされている変化の質にまつわるものだった。人生という二項対立のダンス――肯定／否定、進歩／抵抗、隆盛／破綻――の中で、私たちはみな、ウィンストン・チャーチルが言ったとされる言葉を借りれば、「次から次へと起こるとんでもないこと」を、ひたすら耐え忍ぶ運命にあるのだろうか？ それとも、そこにはそれ以外の余地があるのだろうか？ 突破口が、ことによると、和解という恵みさえもが？ 私たちにはわからなかった。だが、使い古された二項対立の数々を超越する聡明な可能性の探究に向けて、何が第一歩となりうるか、思い当たるものがあった。それは、騒音を乗り越えることだった。

この直観は、少しばかりニューエイジ風の自己意識運動のように見えかねない、と思った。そこで私たちは、考えうるかぎりで最もニューエイジ風でない刊行物だった『ハーヴァード・ビジネス・レヴュー』誌に、それについて論説を書いてみることにした。同誌が提案を受け容れてくれたのには驚いた。

そして、最終的にでき上がった論説が、同誌のウェブサイトで近年では記録的なまでにシェアされ、閲覧されたので、なおさら驚いた。「忙しくなるほど、静かな時間が必要」というその論説は、静寂が創造性や明確さを高め、結びつきを強めることにつながるというものだった。[3] 私たちは、すでに多く出回っている、「マインドフルネスを通してより生産的になる方法」を宣伝する類《たぐい》の論説を書くだけにとどまらないよう、注意したかった。だから、「習慣的に自分の評判を守ったり、見解を売り込んだりしようとする精神的な反射行動を停止させる」経験としての静寂について書いた。そして読者に、「人生のごく基本的な責務の1つを果たすのを、一時的に休む」ように呼び掛けた。その責務とは、「何を言うべきか考えること」だ。私たちは、ビジネスや政治関係の出版物ではあまり目にすることのない単純な主張をするように最善を尽くした。すなわち、静寂は騒音のたんなる不在だけではない、ということだ。それは実在なのだ。それは、真の見識や癒やし、さらには社会改革さえもたらすことができる。

その論説が掲載されてから数日後、本書の共著者のジャスティンはピッツバーグで開かれた経済政策会議に出席し、帰りに空港まで、ジェフという名の新しい知り合いとタクシーに相乗りした。ジェフは製造会社の重役で、教えを実践しているカトリック信徒で、保守派の政治家たちと親しかった。ダークスーツを着て、いかにも経営者らしい物腰で、間違いなく赤肉を好むライフスタイルを送るジェフは、ヨガ教室にふらっと入ったり、仏教哲学書を熟読したりする姿をおよそ想像できない人物だった。ラッシュアワーの通りを進むタクシーの中で、ジャスティンがその論説を話題にすると、ジェフはさっそくそれに目を通した。しばらくするとジェフはジャスティンの方に手を差し伸べて言った。これを読んだら、自分が霧の深い早朝の時間帯に狩りに行くのを好む理由や、子どもの頃にイエズス会の青少年向けリトリートに参加するのが大好きだった理由に気づいた、と。その論説は彼にとって、自分の人生の中に静寂を求める必要があるという、注意喚起の役目を果たしたのだった。

ジャスティンとジェフのやりとりは、ふとした、何気ないものだった。だが、私たちはそこに、何か大切なものを見つけた。ジェフは、それまで私たちが失望していたさまざまな分断の多くで、反対の側に存在していた。彼とジャスティンは、対立する見方を発表するために、その会議に出た。そのジェフが、タクシーの中で、同じ深い切望を口にしていた。私たちは、静寂との出合いが、世の中に厳然と存在する分断を克服するための万能薬に自動的になるなどという幻想は微塵《みじん》も抱いていなかったものの、ジェフとのやりとりのおかげで、当初感じていた直観に立ち戻ることになった。静寂という空白の中に、より深い理解のための前提条件を見つけることができ、それは、二項対立の文化の退屈な押し／引きを超えて進むための前提条件にさえなっているのかもしれない。

騒音の世界に空白を見つけるのは難しい。今日、強大な力がいくつも働いていて、それらがもっぱら人々の注意をハイジャックし、物事をやかましい状態に保ち続ける。ビジネスと政府と教育の最も強力な機関が、私たちの責務は、精神的な刺激をより多く、より効率的に生み出すことだ、と告げる。広告の喧噪《けんそう》と多忙を当然とする見方は、社会統制の巧妙な手段だ。

とはいえ、静寂には大きな強みがある。いつでも手に入るのだ。

静寂は呼吸の中にある。呼吸や思考、会話で友人と交わす言葉の合間にある。目覚まし時計が鳴りだす寸前に、毛布にくるまっている心地好い時間の中にある。キュービクル（仕切られた作業スペース）を離れ、外のベンチに座って日差しを浴びている3分間の休憩の中にある。立ち止まって耳を傾ける

――鳥たちや雨音に耳を傾けたり、特別何にということはなく、そこにあるものの純然たる本質にただ波長を合わせたりする――ことを思い出したささやかな瞬間の中にある。誰もが日々、騒音のある場所に気づいて音量を下げれば、この空白に出合いはじめることができる。

人はこの上なく深遠な静寂を探し求めるとき、それが本当は、自分の生活の聴覚的な状態や情報の状態次第ではないことに気づくだろう。それは、常に今ここに、心の奥底にある不変の実在だ。それは生命の脈動なのだ。

そして、なぜ、どのようにそれに波長を合わせるかについて語るのが本書だ。

騒音に対処する

過去半世紀の間に、マインドフルネス瞑想は、ビルマ（ミャンマー）とタイの辺鄙《へんぴ》な場所にある僧院から、アップルやグーグル、ゼネラル・エレクトリック、国防総省といった、主要な権力の牙城へと、驚くべき進出を果たした。[4] この台頭は、１９６０年代のさまざまな革命以来、新しいマインドセットや世界観への寛容さが増したことが一因となっているのだろうが、この新たな人気の最大の原因は単純明快であり、しだいに騒音がひどくなる世界で、静寂に対する根深い切望があるのだと、私たちは信じている。人々が意識的に気づいていようといまいと、純粋な注意はますます稀《まれ》になってきている。だから、この状況に取り組む方法が必要なのだ。

マインドフルネスが今や広く受け容れられているのは良いことだ。私たちは２人とも、いつも厳格に実践しているわけではないものの、マインドフルネスはこれまで、人生の大切な瞬間に騒音をうまく処理する役に立っているし、他の厖大《ぼうだい》な数の人が瞑想とマインドフルネスに助けられてきたことも知っている。実際、私たちはささやかながら、瞑想とマインドフルネスを広める手助けをしてきた。本書の共著者のリーは、非営利団体や主要な大学やアメリカの連邦機関で行う、リーダーシップ開発や組織開発の仕事に、瞑想を組み込んだ。そしてジャスティンは、アメリカ合衆国議会で政策顧問とストラテジストをしていた年月に、マインドフルネスのプログラムを開始するのを手伝い、民主党と共和党の両方の政治家たちのための瞑想セッションの指導に当たった。

だが、「広く受け容れられている」というのは、首尾良く取り入れられていることであって、はっきりした成果をもたらすことでは必ずしもない。１９９２年、ユング派の心理学者ジェイムズ・ヒルマンと文化批評家のマイケル・ヴェンチュラは、『サイコセラピーが登場して以来１００年——それなのに、世の中は悪くなる一方（*We've Had a Hundred Years of Psychotherapy—and the World's Getting Worse*）』という本を出した。今日にも同じようなことが言えるだろう。「マインドフルネスが登場して以来40年——それなのに、世の中は注意散漫になる一方」。座って行う正式な瞑想の提唱者であり実践者でもある私たちでさえ、それが万能薬だと確信してはいない。すこぶる有益だが、断じて万人向けではないのだ。

ペンシルヴェニア州立大学の教授で、行動保健・行動医学の分野の一流研究者であるジョシュア・スミスは、次のように説明してくれた。「マインドフルネスの恩恵についての研究が行っている主張の多くは、真剣な実践者についてのものです」。スミスはこれらの研究に大きな価値を見出しているが、研究の成果をあまり広く当てはめ過ぎないように警告している。「［マインドフルネス研究に］人をランダムに参加させると、その7割が推奨されるレベルを保てません」と、彼は言った。言い換えれば、それらの人は決められた手順に従わないのだ。彼は、こうつけ加える。「実験状況下でさえ、3分の1から半分もの人が、練習を完全にやめてしまいます。お金をもらって調査研究に参加している期間が過ぎてからも練習を続けることなど、望むべくもありません」。これらの数字は、減量研究での数字と同じ程度か、それよりも悪い[5]。スミスは、その難しさを次のように総括した。「薬を服用しなければ、治療は効果が出ません」

これは、マインドフルネスや、その実践を続けない人への批判ではない。何にでも同じ1つのものを当てはめて間に合わせようとする取り組み方は、複雑な難題――精神を過剰に刺激し、人を不安定にする風が現代に吹き荒れるなかで、落ち着きを保つという難題――の、永続的な解決策になりそうもないという、ただの証拠にすぎない。

人はみな人間として、異なるやり方や好みを持っているし、異なる学び方をし、人生を送りながら異なるかたちで意味を生み出していく。毎日、毎週、毎月、毎年を、どれほど思いどおり自主的に組み立てていけるかは人それぞれだし、こうした現実は時が過ぎるうちに変化する。そのうえ、通常はマインドフルネス瞑想と呼ばれるもの（主に仏教に由来する修練であり、長時間にわたって怠りなく気を配りながら座るか歩くかしつつ、呼吸と思考を観察すること）に対する、文化的障害や宗教的障害、心理的障害、物理的障害もありうる。

だとすれば、騒音の猛攻撃には、どう対応すればいいのか？　もし瞑想が万人向けではないのなら、今日の世の中に必要なだけの規模の救済を、どうやってもたらせばいいのか？

本書では、1つの答えを提案する。

騒音に気づくこと。そして、**静寂に波長を合わせること。**

この過程には3つの基本的なステップがある。

1　自分の生活の中で現れるさまざまな形の聴覚や情報や内部の邪魔に注意を払う。それらにどう対処するかを学ぶ。

2　ありとあらゆる音声と刺激のただ中に点々と息づく束の間の平穏に気づく。それらの空白を探し求める。それらを堪能する。その静寂がほんの数秒しか続かなくても、その中にできるかぎり深く浸る。

3　ときどき、深遠な静寂の余地を――恍惚状態の静寂の余地さえも――育《はぐく》む。

騒音のただ中に均衡と明確さを見つけようとするときには、近頃は通常、「瞑想」と呼ばれているものの正式な規則や道具にこだわる必要はない。「きちんとできているだろうか？」といった疑問は忘れてかまわない。私たちの誰もがその人なりのやり方で、静寂とはどんなふうに感じられるかを知っている。人間である以上、本来それがわかっている。隠されているときもあるとはいえ、それは、私たちがみな手に入れられる、「再生」という贈り物だ。

本書の構成

私たちはこの後の各章で、自然や、お互いや、生命そのものの音の本質ともっと意識的に波長を合わせることができるようになるために、騒音の捉え方と処理の仕方を探る。

この第1部では、知覚の聴覚レベルと情報レベルと内部レベルでの注意散漫の原因となる望まれないものとして、騒音の意味の理解に至る。続いて、騒音の不在と特別な実在の仕方の両方としての、静寂の意味についてじっくり考える。次に、自分自身の個人的な平穏と明確さのためばかりではなく、この世界を癒やし、社会も経済も政治も生態系も今より優《まさ》る未来を築くという、私たち全員の任務のためにも、静寂が重要である理由を考える。第2部では、身体の健康、認知、情緒の健全性のために、聴覚の騒音と情報の騒音と内部の騒音を超越することの重要性を検討する。「心の中の静寂」を詳しく調べ、現代の神経科学の最前線に目を向ける。第3部では、認識や共感、創造性、倫理への道筋としての静寂の有望性を探る。それから、世界の主要な宗教と哲学の伝統の事実上すべてが、真理への道筋として静寂を重視する理由を考える。第4部では、騒音にあふれる世界で静寂を見つける実際的な作業に乗り出し、各自が日常生活のありきたりの場面で静寂を見出したり、より高度な、人生を変えるような体験を通してそれを発見したりするための戦略とアイデアを探る。第5部では、社会的な種類の静寂に目を転じ、職場で、家族とともに家庭で、友人たちとともに、といった具合に、他者とともにいる状況で騒音を乗り越え、再生するための実践法を探る。最後に第6部では、公共政策と文化の変革の問題へとズームアウトして、都市や国家、さらには全世界にとって、静寂の叡智《えいち》への敬意を取り戻すことの意味に思いを巡らせる。

私たちは、仕事や家庭生活や、大小さまざまな課題達成で、みなさんが今よりも忍耐強く、高い認識を持ち、大きな効果さえあげるのを助けるようなアイデアや慣行を探っていく。ただし、はっきりさせておきたいのだが、静寂は、人が整然と、あるいは公式に則って管理できるような「リソース（資源）」ではない。「自分のためにどう役立つか」に基づいてその価値を評価することはできない。「沈黙は金」という格言が示唆しているとおり、静寂には本質的な価値がある。そして、トーマス・カーライルの「沈黙は永遠のもの」という言葉が意味するとおり、定量的に測定して自分自身の目的のために利用することはできない。

私たちは過去20年間、生産性向上のためのツールや、あらゆる目的で実績を伸ばす方法、さらには狙撃兵の精度改善やCEO（最高経営責任者）の世界制覇を助けるものとしてさえ、マインドフルネスの実践がしばしば売り込まれるのを目にしてきた。だが私たちの見るところでは、静寂は自己改善を超えたものだ。自分の個人的野心を推し進めるための手軽な技法として静寂に助けを借りることはできない。静寂には本来、意図はない。

本書を執筆しているうちに、私たちが抱いたもともとの直観はしだいに確信へと変わっていった。私たちは、正しいことのための表現や支援や抗議の重要性は、依然として固く信じている。インターネットと、至る所にあるコミュニケーションツールと、唸りを上げる工業技術は、私たちに恩恵ももたらしうることは、依然として認める。それでもなお、世の中の状態についてのあの失望感があるにもかかわらず、同じ答えに目を向けてばかりいる。その答えとは、騒音を乗り越えよ、静寂に波長を合わせよ、だ。

第2章

騒音が増加した理由

内なる騒音の克服

サイラス・ハビブは、まさか自分にこの種の選択の自由があるとは思っていなかった。イランからアメリカへの移民の息子であるサイラスは、命にかかわる病気を乗り越えたものの、8歳のときに完全に失明した。それでも、点字を学び、高校を終え、さらにコロンビア大学を、続いてローズ奨学生としてオックスフォード大学を、最後にイェール大学ロースクール（法科大学院）を卒業した。「私は人生の大半を費やして、自分に強靱《きょうじん》さや才能、力、自制心があると自らに言い聞かせ、他者にもそれを発信してきました……それによって、人生で成功を収めることができました。それは私にとって、じつに重要な類の信条でした」と彼は私たちに語った。彼は31歳でワシントン州議会議員に選ばれ、4

年後には、760万の人口を擁する州で上から2番目の公務員である副知事に選出された。

2020年の初め、サイラスの選択肢は明確だった。州知事あるいは合衆国上院議員に立候補するか、それとも国政での輝かしいキャリアへと続く、別の高位の公職に任命されるか、だ。ところがその年のうちに再び話を聞いたときにはちょうど、彼はそうした選択肢をすべて排除し、別のキャリアを選ぶことに決めたところだった。

彼はイエズス会の修練者として、清貧と貞潔と従順の誓いを立てることにしたのだ。『ニューヨーク・タイムズ』紙のフランク・ブルーニはサイラスの決断を、「政治家が自らのエゴにハンマーを振り下ろす」と評した。[1]

サイラスがキャリアの意外な方向転換をした理由は、1つに絞ることはできない。彼の心を打ち砕くと同時に開かせる、さまざまな要因が重なったのだ。彼は突然、父親を亡くした。健康上の不安に襲われた。ダライ・ラマと会った。サイラスは政治を離れ、イエズス会に入り、自分の人生の「複雑さ」を減らすことに決めた。「『複雑さ』といっても、悪い意味ではありません」と彼は言う。「複雑さとは、たんにこういうことです。たとえば、お金は役割を持っており、良いもので、必要ですが、ストレスや不安の原因ともなりえます。執着を持たなければ……もっと思い切ったかたちで人生を人のために捧げられます」

ほとんどの人がサイラスはまもなく公職の高みを極めるだろうと思っていたとき、彼はじつのところ、底知れない精神的深淵に直面していた。政治の世界の圧倒的な音と刺激のただ中で、オックスフォードでのある体験が繰り返し蘇ってくるのだった。自分が抱いているとは知らなかった憧れに火がついた体験だ。在学中、友人の誘いに応じて、大学の何百年もの歴史を誇るチャペルの1つで開かれた礼拝に出席した。「そのミサの体験……音楽、祈禱《きとう》、超越的な雰囲気――によって、私の中に、掘り下げることができる隙間が生じました。そして、私は減速し、自分の中に静寂が生まれたのです」とサイラスは振り返った。彼は、そのような落ち着きに根差して生きたなら、自分の人生はどうなるだろうか、と思いを巡らせはじめた。現代の政治家の初期設定《デフォルト》モードとは、なんという好対照だろう。お金を出してもらうために電話をかけまくり、膨れ上がったエゴをくすぐり、義務としてツイッターで自己宣伝するというのが、しばしばそのモードなのだから。

それでも、サイラスは明確だった。彼は逃げ道を探してはいなかった。

「人はこう思います。『彼はイエズス会に入る。ずっと政治家をやってきた人だ。人生にもっと静寂を探し求めているに違いない』と。実際、そのとおりです。私は静寂を求めています……けれど、現実から身を遠ざけることを求めてはいません。一時的な緩和のようなかたちで静寂を見つけようとしているわけではないのです」と彼は強く言った。

「自分がどう生きるのがふさわしいのか理解を深め、それができたら、本来自分のするべきことに取り掛かります」。サイラスはそもそも政治の世界に入ることにした目的、たとえば、貧しい暮らしをしている人や刑務所に入っている人の助けになる、といったことのための努力はし続けるつもりでいる。だが、自ら清貧の誓いを立てたように、もっと直接的で真正なやり方で奉仕できると感じている。より高尚なインスピレーションを得るために「自分の心の準備を整える」には、「私たちの日々と意識にあふれ返る騒々しさを乗り越える」必要があるという。そのためには、ある種の「デトックス」、つまり、絶え間なく襲ってくる注意散漫の原因から離れ、真理の探究へと向かう転換が起こることが求められる。

サイラスは、これが一大転換となることを知っていた。最初、イエズス会の修練者たちを訪れたとき、彼らが掃除の時間の一部を他のことをするのに使えるように、ロボット掃除機のルンバを買ってあげましょう、と申し出た。すると、笑われた。「お前さん、そういうことじゃないんだ」と彼らは言った。「これはあんたにとって、面白い変化になるぞ」

重大なスピーチをしたり法案を成立させたりするのをやめて、床を掃いたり黙って座り続けたりするという、自我抹消の冒険にサイラスが取り組むと、騒音の特質や、明確さを見つけることの意味についての見識が得られた。現代の政治が、徹底的に注意を奪い尽くすための、容赦ないゼロサムゲームの競争と化したことについて、私たちは彼と語り合った。それは社会全体がドラマチックな演出や気を散らすものの中毒になってしまったことの極端な表れだという話をした。だがサイラスは、これはすべて、騒音の1つのレベルにすぎないという事実を明確に認識していた。オフィスに響き渡るケーブルテレビのニュースや、執拗《しつよう》な党派間抗争や、軽薄な電話の洪水などの過剰な刺激を乗り越えられるのは、たしかに楽しみだったが、彼がこの思い切った転換をする最終的な目的は、もっと深い形の騒音——自分の直観を聞き取ったり、より高次の真理に波長を合わせたりするのを妨げてきた、内なる騒音——を克服するためだった。

そう、騒音は文字どおりのサウンドスケープ（音の風景）の中の邪魔物だ。そう、それは情報過多の速度と規模だ。とはいえ究極的には、そのどちらよりも大きい。それは、歓迎されない音と刺激のいっさいであり、人の内側と外側の両方でのやかましさだ。そして、私たちが本当に望むもの、心底望むものから注意を逸らす原因なのだ。

聴覚騒音、情報騒音、内部騒音

言うまでもないが、生活のやかましさについて思いに耽《ふけ》るのはありふれたことだ。人はきっと、昔から同じ苛立ちを口にしてきたことだろう。

エミリー・トンプソンは著書『現代のサウンドスケープ（*The Soundscape of Modernity*）』で、紀元前500年頃の南アジアの大都市では生活がどれほどやかましくなりうるかを説明した初期の仏典に目を向け、「ゾウ、馬、二輪戦車、太鼓、小太鼓、リュートのような弦楽器、歌、シンバルのような打楽器、どら、『食べろ、飲め！』といった人々の叫び」を記している。[2]『ギルガメシュ叙事詩』の中では、神々が人々の騒音にうんざりして洪水を起こし、人類を一掃した。1世紀余り前にはJ・H・ガードナーが、馬車や呼び売り商人、ミュージシャン、動物、鐘など、「都市騒音の疫病」の目録をまとめた。永遠に口にされる不平というものがあるとしたら、それはやかましさについてのものかもしれない。

それでもなお、今は既知の歴史のどの時代とも何かが違う。昨今はやかましいだけではない。[3]精神的な刺激がかつてないほど蔓延している。

あるレベルでは、それは耳に聞こえる、文字どおりの「聴覚騒音」だ。新型コロナ対策の隔離のおかげで、耳障りな音が一時的に収まったものの、現代生活の軌道は変えられそうにない。通りにはより多くの車が走り、空にはより多くの飛行機が飛び、より多くの機器が唸り、より多くのデバイスがビーッとかピーッとか音を立てる。公共空間や間仕切りのないオープンプランのオフィスには、前よりやかましいテレビやスピーカーがいっそう多くの場所にある。ヨーロッパ全土で、人口のおよそ65パーセントに当たる推定4億5000万人が、世界保健機関が健康に有害と見なす騒音レベルで暮らしている。

これは測定可能な事実だ。世の中はますますやかましくなっている。緊急車両は周りの騒音に負けない音量が必要なので、サイレンの音量は、環境全般のやかましさの有効な指標になる。1912年の消防車のサイレンが約3・35メートルの距離で最大96デシベルだったのに対して、1974年には同じ距離で114デシベルにまで達したことを、作曲家で環境保護主義者のR・マリー・シェーファーは突き止めた。ジャーナリストのビアンカ・ボスカーは、現代の消防車のサイレンはさらにやかましく、約3・05メートルの距離で123デシベルであることを、2019年に報告している。[4] これはたいした増加には思えないかもしれないが、考えてほしい。デシベルは対数スケールなので、90デシベルは実際には80デシベルの10倍の音圧を持っており、私たちの耳にはおよそ2倍大きく聞こえる。ニューヨークやリオデジャネイロのような大都市では騒音が常に住民の苦情リストの上位を占めるのも無理はない。

そして、音量のレベルの観点からこの課題を考えるだけで済むわけでもない。データ保管センターや空港の高周波と低周波のブーンという音が害を及ぼすこともよくある。こうした形態の聴覚騒音は、中所得と低所得のコミュニティに対して不釣り合いなまでに大きな影響を与える。

地球の自然生態系の少なくとも3分の1が「聴覚絶滅」と呼べるほどまで静かになってしまった時代にあって、それ以外のあらゆる種類の音——機械が立てる音、デジタル機器が立てる音、人間が立てる音——は増幅している。

増加している騒音には、別の種類のものもある。「情報騒音」だ。２０１０年、当時グーグルのＣＥＯだったエリック・シュミットは、はっとするような推定をした。「今では私たちは2日ごとに、文明の夜明けから２００３年までに生み出したのと同じだけの情報を生み出している」。このテクノロジー業界の大立者は主に、オンラインコンテンツの急激な増加について考えていたのだが、人類史がたどってきた道筋についての根本的な事実を言い当てていた。すなわち、人の注意を引こうとする精神的な刺激が、ますます増えているという事実だ。テクノロジー市場調査会社のラディカティグループは、２０１９年には毎日１２８０億通のビジネスメールが送信され、平均的なビジネスユーザーは1日当たり１２６通のメッセージを処理していたと推定している。[5] 最新のデータによれば、アメリカの人は１９８６年の5倍の情報を入手しているという。[6]

私たちは、これほど多くの情報を扱えるのだろうか？　人間の注意を対象とする科学の一流専門家たちは、「ノー」と言っている。

「フロー」の概念について最初に書いた心理学者のミハイ・チクセントミハイは、私たちの日常的な注意の容量の欠点を要約している。[7] 彼の推定では、誰かが話しているときに、その人の言っていることを理解するためには毎秒約60ビットの情報を処理する必要があるという。これには、音を解釈し、耳にしている単語に関連した記憶を検索することも含まれる。当然ながら人は、たとえば次の約束の時間を確かめたり、夕食用の買い物リストについて考えたりして、しばしば自分の情報負荷にさらに多くを加えるが、認知科学者の計算では、人はほぼ毎回、毎秒１２６ビット（場合によってはプラスマイナス数ビット）という上限に突き当たる。人はこの地球上で何十億という人間に取り囲まれているが、チクセントミハイが指摘するとおり、「一度に1人しか理解できない」のだ。

世の中で増加する一方の情報が多くの恵みをもたらすことには、疑問の余地がない。遠くにいる大切な人々とデジタルで連絡したり、リモートでの学習や就労の機会を得たり、映画のストリーミングを観たり、万能のインターネットが人類に与えてくれるその他のあらゆる恩恵に浴したりできるのはありがたい。だが、これは覚えておかなければならない。データは増えていくけれど、それを処理する私たちの能力は上がらないのだ。50年前、学者のハーバート・サイモンはずばりこう言った。「情報が消費するものは明白そのものだ。情報は、受け取る人間の注意を消費する。したがって、豊富な情報は注意の貧困を生み出す」[8]

ここから騒音の第3のカテゴリーが浮かび上がる。「内部騒音」だ。これほど多くの刺激が人の注意を消費しているときには、自分の意識の内側で静寂を見つけるのは前より難しくなる。外部の騒音がこれほど高まると、人の内部で起こっていることの強度が増幅される。電子メールやショートメッセージ、インスタントメッセージ、ソーシャルメディアの通知が届く頻度が増すと、「常時オンであること」、すなわち、いつでも読んで反応して返信できる状態でいることが、しだいに当然と思われるようになってくる。この「騒音」が、私たちの意識を奪う。手つかずの注意力を植民地化する。目の前のことに集中したり、自分の心の衝動をうまく処理したり、空白——静寂のための空白——に気づいたり、それを正しく認識したり、維持したりするのを難しくする。

高度な神経画像テクノロジーの時代にあってさえ、人類全体の内部騒音のレベルを定量的に測定するのは難しい。それでも、注意散漫、ストレスと不安のレベルの高まり、意識を集中させづらいという自己報告など、代替の基準を通して、問題の証拠を目にすることが可能だ。学問の世界に身を置く心理学者や精神医学者や神経科学者を対象とした私たちの面接では、彼らが内部騒音のレベルの代替指標として「不安」について語るのをしばしば耳にした。不安にはさまざまな定義があるものの、たいていは恐れや不確かさという要素だけではなく、内部のおしゃべりという要素も含んでいる。

アメリカの1000人の成人を対象とした2018年のアメリカ心理学会の調査では、39パーセントの人が前の年よりも大きな不安を、さらに39パーセントが前の年と同じだけの不安を、それぞれ感じていると回答した。つまり、合計すれば成人人口の4分の3以上が少なくともある程度の不安を報告したことになる。[9] しかもこれは、新型コロナ以前の話だ。パンデミックが起こってから中国とイギリスで行われた調査は、両国民のメンタルヘルス（精神保健）の急速な悪化を示している。2020年4月のロックダウン（都市封鎖）のときに行われたアメリカの調査では、成人回答者の13・6パーセントが「重大な精神的苦痛」を報告している。これは2018年の3・5倍だ。

ミシガン大学の心理学教授で、内部対話の科学研究分野では一流の専門家であるイーサン・クロスは、「おしゃべり（チャッター）」を「内省という私たちの並外れた能力を恵みではなく呪いに変えてしまう、循環的でネガティブな思考と情動」と定義している。過去についてくどくど考えたり、未来についてあれこれ心配したりするような、頭の中のネガティブな独り言は、無慈悲なものにも、人を衰弱させるものにさえもなりうる。とはいえそれは、内部のサウンドスケープの一面でしかない。現代の内部対話は、そのメッセージがネガティブであろうと、ポジティブであろうと、ニュートラルであろうと、高速で、高音量だ。クロスが言うように、「頭の中の声は、きわめて早口だ」。「内的発話（内言）」は毎分約

4000語——外的発話（外言）の10倍の速度——に濃縮されているという発見に基づいて、クロスは現代に生きる人々の大半は、どんな日にも、一般教書演説320回分ほどに相当する内的独白に耳を傾けなければならないと推定している。[10]

それでは、外部と内部の騒音から成るこのハリケーンの中で、人はどうやって平穏を見つければいいのか？　明確さと驚嘆の念をどうやって見つければいいのか？　意義や目的にどうやって波長を合わせればいいのか？

最初のステップは、騒音の特質を理解することだ。騒音とは何か？　騒音はどのように作用するのか？　なぜ私たちの世界に蔓延しているのか？　今日の「注意の貧困」はたんに、インターネットや、ワーカホリック（仕事中毒）の傾向、あるいはおしゃべりな文化やグローバルで困難な出来事の副産物ではない。聴覚と情報と内部の干渉の複雑な相互作用の結果なのだ。

騒音が騒音を生む。

騒音による「人生の目標」の妨害

私たちは「騒音」という言葉を軽々しくは使わない。

私たちが説明する3種類の「騒音」——聴覚のサウンドスケープの騒音（聴覚騒音）、情報の領域の騒音（情報騒音）、自分の頭の中の騒音（内部騒音）――には、それらを、人がより一般的には音やデータや思考とでも呼ぶものとは異なるものにしている共通の要素がある。騒音は、ひと言で言えば「望ましくない、注意散漫の原因」だ。神経科学者のアダム・ガザレイと心理学者のラリー・ローゼンは、私たちが騒音に出合ったときに何が起こるかを定義する実用的な方法を見つけた。2人はそれを「目標妨害」と呼ぶ[11]。

たとえば、オープンプラン・オフィスでひっきりなしに交わされる冗談のせいで、簡単な課題に対してさえ、注意を集中させることが不可能なとき。あるいは、対応が難しい個人的な知らせを友人から聞かされている最中に、ツイッターの通知音が鳴って注意を奪われたとき。はたまた、娘が初めての学校劇でキュクロプス役を演じるのを眺めるといった貴重な時間に、未解決の争いを頭の中で「再生」してしまうとき。

これらはそれぞれ、聴覚騒音と情報騒音と内部騒音の、束の間の個別経験だ。だが、それが合わさると、ただの不快な邪魔では済まされなくなる。積み重なったときの影響で、意識の質が決まり、どう考えたり感じたりするかが左右されることがありうる。それらいっさいの騒音が、私たちの最大の目標ともいえるもの、すなわち、この地上で自分の時間をどう使うかを意識的に選ぶことを、妨害しうる。

「目標」が生産性向上への専心を意味しかねないことは、承知している。だが、本書でいう「目標」にはもっと大きな意味があり、やるべきことのリストをすべて実行したり、履歴書の見栄えを良くしたりするだけではなく、北極星のように揺るぎない目印を頼りに長期的な目的地に到達することでもある。自分は本当は何を望んでいるのか？　自分が重んじるものや、真実だと信じているものと一致するかたちで人生を送ることには、どんな意義があるのか？　そのような人生を送ることに集中する能力の妨げとなっているのは何か？

この意味で、自分の目標を理解したり実現したりするには、騒音を減らす必要がある。それには、騒音をうまく処理するという、日々のありきたりの作業から始める。これは、暮らしの中の、内外の音と刺激の「ダイヤルを回して下げる」ことと考えればいい。だが、本書を通じて見ていくように、この種の明確さには、没入型の静寂を育む時間と空間も必要となる。

妨害の克服は、可能だったり好ましかったりするだけではない。それは人が自分と周りの人々に対してする約束のうちでもきわめて重要なことだ。自分の本当の知覚や意図を歪《ゆが》める騒音を超越するのは、ごく個人的な営みだが、社会的、経済的、倫理的、政治的意味合いも含んでいる。

サイラス・ハビブは、公の舞台から飛び降りて観想による自己滅却の道に入ったとき、自分の人生における複雑さ——聴覚の刺激と情報の刺激——を減らしていただけではない。彼は、自分の目標と成功のパラダイム全体を再構想していた。そしてそれに即して、自分の暮らしにおける内部騒音の源泉の一部を取り除いていた。サイラスは、政界や現代生活のその他のやかましい領域にいる思慮深い人全員に、修練院や修道院に移るように頼むことなど不可能であることを承知していた。それでも人は、自分の暮らしや社会にもっと共感や真正性や集中した注意を実現させたければ、騒音の源泉を念入りに調べなければならない。これは文字どおりのデシベルを下げることも意味しうる。だが、自分が何を望んでいて、どうやって成功を測定するかという基本的な疑問を考え直すことも意味しうる。

騒音を生み出すことへの中毒

ここで時間を取って、覚えているかぎりで最も深遠な静寂に戻ってほしい。

それはどんな感じだったか？ そのときの体の中の感覚的経験や、注意の質、傾聴の深さに立ち返るのだ。

本書の書き出しで、深い静寂はただの不在ではなく、実在であることを説明した。それでもなお、次の疑問も探る価値がある。人が深い静寂の状態にあるとき、何が不在なのか？ 静寂に入るとき、人が超越しているものは何なのか？

私たちはこのテーマについて他の人々と交わした多数の会話を通して、静寂の経験がしだいに危うくなってきていることに気づいた。騒音――騒音計や心理学的な治療の統計で経験的に測定できるものだけではなく、外部や内部で注意散漫の原因となるものの主観的な経験も含む――が増えているのだ。そして、騒音のより深い定性的側面を探ると、今日の各国や各文化全体に浸透しているように見えるものに気づいた。

現代社会は、精神的な刺激の最大限の生成を許容するだけではなく、もてはやしている。人々は、騒音を生み出すことに中毒になっていると言っても過言ではない。

だが、それはなぜか？

人はコストについてはろくに考えないから、というのが、1つの単純な答えだ。

仕事の場で見られる、グループメールという、一見すると平凡な例について考えてほしい。コンピューター科学者で『大事なことに集中する――気が散るものだらけの世界で生産性を最大化する科学的方法』（門田美鈴訳、ダイヤモンド社、2016年）と『デジタル・ミニマリスト――スマホに依存しない生き方』（池田真紀子訳、ハヤカワ文庫NF、2021年、他）の著者のカル・ニューポートの計算では、中小企業は毎年、グループメールのせいで何万時間にも及ぶ従業員の貴重な思考と注意というコストを支払っているという。それにもかかわらず、その根底には、そうしたメールで情報へのアクセスがときおり便利になるのなら、それだけの価値があるという思い込みがある。ニューポートはこれを、現代社会の「便利依存症」と呼ぶ。[12]「私たちにはこうした行動のコストの明確な評価基準がないので、良い点と悪い点とを比較できない。したがって、少しでも恩恵がもたらされるという証拠があれば、利用の継続が正当化される」

これと同じ考え方は、社会全般にはなおさらよく当てはまる。

人が立ち止まって、どれだけの騒音が本当に必要なのか、と問うことはめったにない。

私たちは、今日の政治についてサイラスと話した。政治がこれほどの音と激情に満ちているのは、政治家が有権者の乏しい注意を求めて競わなければならず、相手の攻撃を回避したり、それに応じたりしなければならず、自分の考えや見方を聞いてもらうことで有権者を勝ち取らなければならないからだ。だから人は、自動音声通話やショートメッセージ・アラートや挑発的な広告で容赦なく人間の注意を引くことこそが肝心だ、と考えるのが当たり前になっている。人は、過度な精神的刺激が個人や社会全体の精神に強いる犠牲を評価することはあまりないので、そうした刺激を無頓着に大量生産・大量消費しがちだ。そして、その費用便益分析をすることはめったにない。

この「アテンション・エコノミー〔訳注　人々の注意は稀少な商品であり、経済的な価値を持つという考え方〕」は、今や何十兆ドルもの利益をグローバル社会に生み出すものの、人々はそのコストをようやく理解しはじめたところだ。専門家が査読した研究からは、たとえば、電源を切って裏返してあっても、スマートフォンが部屋にあるだけで、人間の作動記憶〔訳注　情報を一時的に保ち、処理する能力〕や問題解決能力が損なわれることがわかる。18~44歳の人のおよそ3分の1が、フェイスブックを2時間チェックしないでいると不安に感じることを示す研究もある。この研究のＭＲＩ（磁気共鳴画像法）スキャンデータからは、フェイスブックをチェックすることへの心理的な依存と、脳の貴重な灰白質の減少との相関も明らかになった。その減少は、コカイン使用による減少に匹敵するほどだった。若者のメンタルヘルスの一流専門家ジーン・トウェンギは２０１８年、『世界幸福度報告』に次のように書いている。「アメリカの思春期の若者の95パーセントがスマートフォンを持ち、45パーセントが『ほぼ常時』インターネットに接続していると回答した」。これは便利さや娯楽の点では恩恵を与えてくれていたかもしれないが、トウェンギは、２００５~２０１７年に思春期の若者の間では大うつ病エピソードが52パーセント増加したことを発見した。これは、スマートフォンが広く普及していった時期と重なる。コストは現実のものなのだ。

同じ「中毒」の作用が産業界のサウンドスケープにも当てはまる。２０１９年に『アトランティック』誌に載った「なぜ何もかもがやかましくなっているのか?」という特集で、ビアンカ・ボスカーはアリゾナ州のベッドタウンに住むカーシック・タリカーという人の苦難について書いている。[13] タリカーは近くの巨大なデータ保管センターの機器が絶えず発する唸りのせいで、長年頭痛と不眠に悩まされてきた。警察と市議会と企業の代表たちは彼に、耳栓を買って、あまり気にしないように言った。センターのある従業員はタリカー(インドのベンガルール〔バンガロール〕で育った)に、彼のような移民は「アメリカに住めるだけで幸運だと思うべきだ」、それぐらいのことで文句を言えた筋合いではない、とまで言った。やがてタリカーは、不快な思いをしているのが自分だけではないことに気づいた。他に何十人もの地元住民が、やはり迷惑していたのだ。

だが、彼らが継続的な運動を展開しても、役人は、自分たちにできることはない、と言い張った。つまるところ、これは経済発展の問題だったからだ。たしかにその騒音は耳障りであることは、役人も認めた。だが、それは「進歩」のコストだというわけだ。

「便利依存症」というニューポートの概念は、ためになる。そうは言っても、そこに働いている原動力は、情報へのアクセスというただの便宜よりも深くまで及ぶ。「進歩」という考え方、つまり、現代社会の要《かなめ》となる価値観にまでかかわっているのだ。グーグルの元CEOエリック・シュミットは、私たちは2日ごとに、「文明の夜明けから2003年までに」生み出したのと同じだけの情報を生み出しているという推定を示したとき、接続性と演算能力の急激な増大によって人々ができるようになったことだけについて語っていたわけではない。

彼は、人々が自分のエネルギーと注意をどこに向けているのかについても語っていた。

彼は、この社会や政治や経済の制度がどのように配線されているかについても語っていた。

経済成長への欲求が招いた騒音の増加

アメリカ経済は2020年の第3四半期に、年率換算で記録破りの33・1パーセントの成長を見せた。手に負えない新型コロナのパンデミックや、蔓延する食料不足、猛威を振るう森林火災、人種的不当行為への大規模な抗議運動という現実を考えると、驚異的・歴史的とされるこの数字は、ほとんどの人には、まったくの茶番に見えた。

だが、経済のこの画期的発展と、大半の人の実体験との乖離《かいり》は、異常な現象ではなかった。人々が進歩をどういう基準で評価する傾向にあるかの反映だった。

それは、人々がこれほど多くの騒音を生み出している理由の例証なのだ。

昔、大恐慌のとき、自国内での経済活動の総和を計算したり測定したりする国は皆無か、それに等しかった。そのような計算や測定なしでは、政府は財政措置や金融刺激策——自国の経済を低迷から抜け出させるためにフランクリン・ローズヴェルト大統領らの指導者が取ろうとした類の措置——を通して、自国の経済を効果的に動かすことはできなかった。経済を管理するためには、経済を測定しなければならない。そこでアメリカ政府は、やがてノーベル賞を受賞することになる、サイモン・クズネッツという若い経済学者を雇い、国民所得を計算する最初のシステムを開発させた。それが、GDP（国内総生産）の先駆けとなった。

この取り組み方が定着した。まもなく、GDPは政府の計画者の道具にとどまらなくなった。景気の循環や政府の業績を測る定番のバロメーターに、さらには人間の生活水準の尺度にさえなった。役人は、政策や法規の策定にあたって、非常に重要な基準としてGDPを使いだした。企業は、支出と投資の指針としてGDPを利用しはじめた。ジャーナリストと有権者は、大統領や首相の成功あるいは失敗の目安としてGDPを見るようになった。GDPは国富の代名詞となったので、人々はそれを社会の進歩の主要な指標と考えはじめた。

ところが、GDPは、これらの目的で使われるはずではなかった。[14] クズネッツ本人が述べているように、「1国の繁栄は国民所得の測定からはほとんど推察できない」。

彼の警告には先見性があった。

GDPの上昇は、人々のためになることに反する場合が多い。

メキシコ湾の石油掘削施設ディープウォーター・ホライズンから石油が流出した大惨事のさなか、除染作業全般から生じる経済活動は、観光と漁業の経済損失を上回りそうであることを、JPモルガン社のアナリストは指摘した。史上最大規模の石油流出事故が、アメリカの経済生産高における「純利益」として記録されたようだ。言い換えれば、大規模な環境破壊と人間社会への損害が、社会の「進歩」の主要な評価基準に照らすと、差し引きプラスの出来事だったことになるわけだ。生活の他の領域でも同じような傾向が見られる。犯罪の発生率が上がり、通勤時間が延び、燃費の悪い自動車が増えるのとともに、GDPの増大も加速する傾向がある。一方、私たちがくつろいだり、ファストフードを買う代わりに自宅で夕食を調理したりするのに時間をかけると、GDPの伸びは鈍くなる。

問題は、GDPが生《なま》の産業生産高の測定値にすぎない点だ。社会理論家のジェレミー・レントが言うように、ＧＤＰは「社会が自然と人間の活動を貨幣経済に転換するペースを測定するもので、その転換が生活の質に及ぼす影響は考慮されていない」。だから、原生林を伐採して材木にし、ホームセンターで販売したら、ＧＤＰの純増となる。その原生林は貨幣経済の外に存在しているので、貨幣価値は暗黙のうちにゼロとされているからだ。このような測定方法は、自然への敬意の欠如からコミュニティへの感謝の念の不足まで、人々が社会として直面する課題の多くの核心に及ぶ。それは、あらゆるものを貨幣経済へ移そうとするという問題だ。

ロバート・Ｆ・ケネディは１９６８年に暗殺されるほんの数か月前、社会の進歩の主要な指標について、以下のように述べた。

［それには］大気汚染、タバコの広告、ハイウェイから大勢の負傷者を運び出す救急車にかかる費用も含まれます。ドアのための特別な錠と、その錠のついたドアを破る人間を送り込む刑務所も勘定に入っています。それには、セコイアの林の破壊と、自然の驚異を呑み込んで無秩序に拡がる宅地開発も含まれます。ナパーム弾と、核弾頭と、我が国の都市で起こる暴動を警察が鎮圧するのに使う装甲車も含まれます。ホイットマンが使ったライフルも、スペックが使ったナイフも〔訳注 ホイットマンとスペックは、ともにアメリカの大量殺人者〕、我が国の子どもたちに玩具を売るために暴力を礼賛《らいさん》するテレビ番組も含まれます。それにもかかわらず、国民総生産は、子どもたちの健康や、教育の質、遊びの喜びを考慮に入れていません。詩の美しさ、結婚の絆の強さ、公開討論で発揮される知性、役人の高潔さも含まれていません。私たちのウィットや勇気も、叡智や学識も、思いや

りや祖国への献身も評価せず、要するに、人生に価値をもたらすものは何一つ測っていないのです。[15]

人々が大切にしているのに、経済指標が無視しているものを列挙したケネディのリストに、あと1つつけ加えてもいいだろう。それは、純粋な注意に伴う平穏と明確さだ。

GDPを測定する現行のシステムの下では、セコイアの原生林の貨幣価値は暗黙のうちにゼロとされているのとちょうど同じで、静寂の価値もゼロとされている。

現代社会で進歩と生産性がどう測定されるかを考えれば、現在のシステムが目一杯の騒音を生み出すように最適化されている理由も説明がつく。GDPは、産業用の機械装置の唸りとともに増大する。だが、デジタル機器に内蔵されたアプリのアルゴリズムもひと役買っている。アルゴリズムは、あなたが1日のうちでも静かな時間を過ごしていると推定すると、ここぞとばかりに通知を出してあなたの注意を勝ち取り、使用統計値を押し上げ、企業の収益が増す。経営陣が従業員に午後11時にメールに応じさせる新たな機会を見つけ、休養という「非生産的な」活動を貨幣経済への検証可能な貢献へと転換すると、GDPが増える。ドーパミン受容体をハイジャックし、併せて人間の意識もハイジャックする、歴史上有数の狡猾《こうかつ》な手段である「いいね！」ボタンをフェイスブックが作り出したのは、おそらく偶然ではない。同社は株式を公開するために、投資家に自社の潜在的な収益性を実証しようとしていたからだ。

フランスの哲学者シモーヌ・ヴェイユは、こう言っている。「注意は、極限まで突き詰めれば、祈りと同じものだ。信念と愛を前提としている。完全に混じりけのない注意は、祈りだ」。豊富な意識的注意は神聖なものなのだ。

とはいえ、生気に満ちた手つかずの熱帯雨林や、静かに思いに耽っているときに得られる感謝の経験といった神聖なものは何であれ、貨幣価値を付与するのは難しい。静寂の貨幣価値は暗黙のうちにゼロとされる。精神的な刺激の下や間や向こう側の空白は、黙って「無用」というレッテルを貼られる。だから人々は、ティーンエイジャーの精神をiPhoneという経済の活力源から守れないのだし、近くのデータ保管センターの唸りにカーシック・タリカーが抗議しても、まともに受け容れられる見込みがなかったのだ。

そのため、世界はますますやかましくなり続ける。

神聖な無用性

2020年11月、サイラス・ハビブは副知事のオフィスから30日間の静寂のリトリートに入り、そこで祈り、自分の思考を吟味しながら、500年の歴史を持つ聖イグナチオ・デ・ロヨラの「霊操」を正確に実践する方法を学習した。ちょうど大統領選挙の時期だったが、熟練政治家のサイラスも、結果を知ることさえできなかった。電話もなければ、インターネット接続もなく、家族や友人と連絡を取ることもできなかったからだ。

聴覚の刺激と情報の刺激に関しては、彼は完全な「断食」をしていた。

それにもかかわらずサイラスは、内部騒音の「大盛り」には依然として取り組まざるをえないことに気づいた。

「疑問が湧いてきて苦しむのでした。どうしても自問を始めてしまうのです。『なんということだ！私はいったい何をやっているのか？　大変な間違いを犯したのだろうか？』と」

イエズス会士になったのは、「自分の人生を神に同調させる」ためだったにもかかわらず、意識の中で不協和音に出合い続けた、とサイラスは語った。内部のおしゃべりに出合い、動揺し、心を掻《か》き乱されてしまうのだそうだ。

だが彼は、静寂の中で数週間過ごした後、自分がこれほど多くの内部騒音に直面している理由に気づいた。「自分に『私は幸せか？』とは尋ねていませんでした。『自分のしていることを、他の人たちはどう思っているだろう？』と自問していたのです」

サイラスは、他者が彼をどう認識しているかに、自分の充実感を相変わらずそっくり委ねていたことに気づいた。これは特別厄介な問題だった。なぜならこのときには彼は、自分のことを人々が「完全に常軌を逸している」と考えているとばかり思い込むようになっていたからだ。なにしろ彼は、傑出した公職者から禁欲的な修道会の修練者になったばかりだった。

「そうでしょう、まさに突拍子もないことをしたのですから！」

自分がどこに充実感を求めていたかを悟って、サイラスが静寂の中で座っていると、何かが変化した。「自分の心が何を本当に欲しているのか気づくところまで至りました。『お前は何を欲しているのか？』とただ自問したら、答えは『今自分がいるまさにその場所にいること』でした」

喜びに満ちた実在というこの場所に行き着くには、「自分が受け取っている聴覚騒音と情報を減らす」

必要があった、と彼は語った。だが、究極的には、別のことも必要だったという。彼は「もう良いところを見せようとするのをやめる」ことにしなければならなかった。

口にするべき適切な内容を考え、他者の期待に沿うことを絶えず義務づけられていると、サイラスの言葉を借りれば、「雑音」が生じかねず、それが「シグナルを掻き消してしまいます。ところが、シグナルこそが、本当に心の中にあるものなのです」。

過去10年間に、アレックス・スジョン－キム・パンやクリス・ベイリーやアリアナ・ハフィントンをはじめ、さまざまな著述家が、今や多忙がこの社会のステータスシンボルとなったことを記している。沈思黙考が自信喪失や罪悪感にさえ取って代わられるときの、あの感覚を、サイラスと同様、私たちも知っている。何かしているべきなのではないか？　生活費を稼いでいるべきなのではないか？　人前に出て発言したり、連絡を保ったり、自分のブランドを構築したりしているべきなのではないか？

ライターで研究者のリンダ・ストーンは、人々の生産性崇拝だけではなく、何かそれ以上のものさえこの状況下では作用しているかもしれない、と主張している。[16] 30年近く前、彼女は「継続的・部分的注意（continuous partial attention）」という言葉を造った。それは、マルチタスキングとは違うという。マルチタスキングは効率的になりたいという願望に動機づけられているのに対して、継続的・部分的注意は、けっして機会を逃さないよう努めることだ。常に周囲――昨今ではたいてい、デジタルの世界――に目を光らせ、つながりや認証や空きを探す。これはノンストップの精力的な活動だ。これは、いわゆる「ＦＯＭＯ（逃すことへの不安）」の極端な例だ。継続的・部分的注意は、私たちの神経系の「ほぼ常時の危機」のようなものだ、とリンダは言う。機会を逃したり、社会の期待に沿ううえで後れを取ったりしているという、根底にある気持ちを踏まえると、１９８０年代から２０００年代初頭に生まれた、いわゆる「ミレニアル世代」の69パーセントが、わずかの時間でもスマートフォンから離れていると不安を感じる、と報告した理由も、少なくとも部分的には説明がつく。[17]

私たちの経済が、成功とはＧＤＰの増加――音と刺激とモノの最大限可能な生産――を意味するという考え方に基づいて構築されているのとちょうど同じで、個人の成功も似た種類の「成長」、すなわち、社会関係資本と情報資本と金融資本の継続的蓄積次第の場合があまりに多い。社会のマクロレベルのスケールでは、「生産は繁栄だ」というのがメッセージとなる。個人の意識というミクロレベルでのメッセージは、「休息できるのは死んだとき」だ。

だが、静寂をじっくり味わうことこそ、まさに自分自身や世の中のためにしているべきことだとしたらどうだろう？

騒音から抜け出すことが倫理的に必須だとしたらどうだろう？

サイラスは、たとえを使ってこれらの疑問に答える。「もし料理を学びたければ、ベジタリアン料理の作り方を学ぶべきです。なぜなら、肉料理を学べば、肉を杖《つえ》として使い、それに頼るようになります。もし野菜料理を学べば、スパイスや調味料やソースの使い方を学ぶことになります。そして、風味や食感に気づくようになります」と彼は言う。

「それと同じで、私は静寂のリトリートに行き、騒音から抜け出し、気晴らしや娯楽をそのような杖として使うのをやめたとき、自分の人生の色合いがもっと明るいことに気づきました。今では食べ物の味が前よりよくわかります。食器を洗っていると、手の中の皿やスポンジの肌触りを、本当に感じています」とサイラスは言う。

「私たちの誰にも、森羅万象の目利きになる機会があります。そうなるように、私たちは誘われているのです」

私たちは、騒音の世界を超越するというのは何を意味するのかを想像しながら、サイラスの「森羅万象の目利き」という言葉に感銘を受けた。私たちにとってそれは、五感で楽しむ能力を養うことを意味する。明確さと驚嘆の念を取り戻すことだ。

騒音を「デトックス」する方法を見つければ、「もっと心から願っている、愛に満ちた選択」をすることができる、とサイラスは言った。そのおかげで、「自分が愛されているさまざまなかたちや、私たちの周りにある美しいもののいっさい――前のままでは気づかないかもしれないもの――への感謝の念」を持つようになれる、と。

はるか以前の17世紀には、哲学者で博識家のブレーズ・パスカルが、「人類の問題はすべて、人間が独りきりで部屋に静かに座っていられないことに由来する」と言っている。もし、大切なものに気づきたければ、私たちは騒音を超越すること――注釈や娯楽や装飾はすべて抜きで、あるがままの現実によく耐え、その現実を正しく認識することさえ――もできるようにならなくてはいけない。自然との関係や、お互いの関係を修復したければ、そうしなければならない。

「アテンション・エコノミー」という言葉が広く使われるようになるよりも何十年も前に、マックス・

ピカートという名のスイスの思索家が、人はなぜ自分が生み出すあらゆる騒音のコストと便益を真剣に天秤《てんびん》にかけないのか、という問いについて考えていた。「静寂は今日、『無用』である唯一の現象だ。利益と有用性の世界には、どうしても収まらない。静寂は、ただそこにあるだけだ。他に何の目的も持たないように見える。利用のしようがないのだ」とピカートは書いている。実際には、世の中のあらゆる「有用なもの」の中よりも静寂の中のほうが、多くの「助けと癒やし」がある、とピカートは言う。「静寂は物事を、散逸の世界から全《まった》きものの世界へと取り戻すことで、再び完全にする」。彼は、こう結論する。「それはそれ自体の神聖な無用性を多少、物事に与える。なぜなら、静寂そのものは無用だからだ。それは、神聖な無用性なのだ」

サイラスは、副知事を辞めてイエズス会の修練を始めてから約半年後、すでに奉仕に没頭していた。彼は、ワシントン州タコマのグループハウスで働いていた。そこは、知的障害のある人とない人がいっしょに暮らし、兄弟のように奉仕し合っている。私たちは、サイラスがそこでの仕事の合間に30分の休憩に入っているときに電話して、近況を聞いた。サイラスは明らかに自らを「有用な」存在にしていた。それでいて、「神聖な無用性」の精神を体現しているようだった。GDPの観点からは、どう見ても測定可能な利益を生み出す活動にはならない、掃除や皿洗いのボランティアに専念していたからだ。彼は、生産性と常時接続性のロジックや、他者の期待に沿うべく良いところを見せようとするというロジックや、騒音の世界のロジックから、すでに抜け出していた。そのグループハウスで時間を過ごしているサイラスは、修練院のような静寂の中に身を置いているとはとうてい言えなかった。

だが、彼の心はいたって静かだった。

第3章　静寂は実在である

振動の中の静寂

「私たちの宇宙の中のものはすべて、絶えず動き、振動している」[1]

２０１８年の『サイエンティフィック・アメリカン』誌の記事で、カリフォルニア大学サンタバーバラ校のタム・ハントは、専門家の査読を受けた物理学と天文学と生物学の学術研究による最近の成果を要約し、この結論を示した。「静止しているように見える物体さえもが、実際にはさまざまなサイクルで振動したり、揺れたり、共振したりしている」と彼は書いている。そして、「突き詰めれば、あらゆる物質はその基礎を成すさまざまな場の振動にすぎない」と締めくくる。

「生命のあらゆるものが振動だ」。これは、含蓄があって鋭い（ただし、出所は怪しいかもしれない）、アルベルト・アインシュタインの引用だ。本当にこの巨人が言ったかどうかはともかく、現代の物理科学の最前線は、この主張が正しいことを示している。

そこから疑問が湧く。もしこれが現実の持つ特質だとしたら、完全に静止していられるものなどあるだろうか？

そもそも、静寂などというものがあるのだろうか？

20世紀のモダニズムの作曲家ジョン・ケージはその生涯を通して、多くの仕事をこの疑問に捧げた。ケージは「4分33秒」という題の曲を書いたことで有名だ。この曲は、なんと、4分33秒に及ぶ休止から成る。これはなにも、ピアニストに休憩を与えるためではなかった。ニューヨーク州ウッドストックの野外コンサートホールのために書かれ、セミの鳴き声と木の枝を吹き抜ける風に聴衆の注意を向けることが目的だった。後に屋内で演奏されたときには、聴衆は他の環境音に聴き入ることになる。足音、咳《せき》払い、バタースコッチキャンディの包みを開く耳障りな音……。だが、この曲を手段として使って人々の注意を周りで起こっていることに拡げるというのが一貫した発想だった。人々に、周囲に意識的に波長を合わさせるわけだ。

ケージがこの曲の着想を得たのは、創作の何年も前にハーヴァード大学のキャンパスにある無響室を訪れたときだった。その部屋は、反響した振動をすべて完全に吸収する素材で造られ、無音になるように設計されていた。第二次世界大戦中に、騒々しいピストンエンジンのせいで爆撃機のパイロットが経験する極度の疲労を研究するために、国防研究委員会からの資金提供で造られた。中に入ったケージは、奇妙なことに気づいた。静まり返ってはいなかったのだ。彼には、「高い音と低い音の、2つの音が聞こえた」[2]。彼は担当のエンジニアに両方について述べ、部屋がなぜ宣伝どおり完全に無音ではないのか尋ねた。エンジニアは、2つの音の意味を、次のように言って説明した。「高いほうの音は、あなたの神経系が働いていた結果です。低いほうの音は、あなたの体を巡る血液が立てていたのです」

ジョン・ケージの経験と発見は、今日さまざまな科学研究によって支持されていることを指し示している。つまり、人はおそらく、「音の完全な不在」という純粋な客観的感覚のかたちで静寂を経験することはけっしてないのだ。

　私たちが生きているこの現実、脈打ち、揺れ、唸りを上げている現実の世界——私たち自身の耳の内部に生えている微小な感覚毛さえもが音を発する——では、振動からは逃れようがない。

　そして、それでかまわない。

　私たちの静寂の概念は、音の完全な不在ではない。思考の完全な不在でもない。騒音の不在だ。人の明確な知覚と意図を妨げる、聴覚や情報や内部の刺激の合間や、それらを超えた所にある空白だ。

　私たちは最近、ジョシュア・スミスに、「内部の静寂」をどう定義するか尋ねた。こうした問題を長年研究してきた、生物行動保健学の学者で研究者のスミスは、多数の関連の科学文献に書かれていたことを頭の中で次々に思い返しながら、一心に考えた。それからほとんど腹立たしそうに、そっけなく言った。「静かというのは、何であれ、本人が静かだと思っているものです」

　これは、はぐらかしのように聞こえるかもしれない。だが私たちは、面接や会話、学術文献の調査、独りでの内省を通して何年もかけ、静寂の意味を探究すればするほど、スミスの答えが説得力のあるものに思えてきた。いつの日か、物理学者か天文学者が宇宙のどこか片隅で、絶対的な静止が見られる場所を発見するかどうかはわからない。だが、この地上で、今ここで、人間が個人的な現象として静寂を経験しうることはわかっている。

静寂というものは存在する。静寂は生命と可能性で満ちあふれている。静寂は、あらゆるものが脈打ち、揺れ、唸りを上げている宇宙に宿っている。

「内部の静寂」とは何か

私たちは、静寂について本を書いていることを友人に伝えると、しばしば同じジョークを耳にした。「あぁ、それって、白紙のページだらけの本になるの？」

言葉で言い表せないものの専門家などというものは、まったく存在しない。「内部の静寂」の定義は、という私たちの問いに対するスミス教授の答えが示唆しているように、この、えも言われぬ実在は、どんな種類の箱に収めようとしても徒労に終わる。各自が中に入り込んで、静寂とはいったい何かを探るしかない。

音響生態学者のゴードン・ヘンプトンは、40年近く世界を回って、とりわけ静かな場所を探し、それらが消えてしまう前にそこで録音をしてきた。もし、静寂の熱烈な信奉者がいたとしたら、彼がそれだ。数年前、私たちはこの本を書くつもりであることを彼に明かした。すると彼は言った。私たちの最大の課題は、みなさん、つまり貴重な読者を説得し、頭の中に宿っている静寂の概念よりも、静寂によって実際にどう感じるかという直接体験を優先させることになるだろう、と。「言葉には経験の代わりは務まりません」と彼は言った。

それでも、ヘンプトンと話したおかげで、他の人々の説明を調べるのがどれほど価値あることか、わかってきた。言葉は、経験の実態を指し示すことができるだけではあるものの、そうした助言のおかげで、物事が明らかになったり、教えられたりすることもある。

たとえばヘンプトンは、自分自身の静寂体験を、「時間、邪魔されないままの」と表現した。彼は静寂を「魂のシンクタンク」と呼ぶ。「静寂は、私たちの特質、つまり人間性を育み、自分が何者かを知らしめてくれます」と彼は言う。

私たちは本書を書くために大勢の人に話を聞きながら、静寂の意味について、じつに多くの個人的な見識に出合って心を動かされた。ここでは、単一の定義を試みる代わりに、多種多様な考えを紹介しよう。

1つ読むごとに、しばらく考えてほしい。

*

先駆的な人類学者で、禅僧で、終末期ケアの革新者である老師ジョアン・ハリファックスは、こう言っている。「静寂の実在の下では、条件づけされた自己がべらべらしゃべり、爪で引っ掻きます。そして、古い落ち葉やくたびれた岩のように、粉々に崩れはじめます」。静寂に浸るのは、あらゆることの中心を占める偽りの玉座から自我を引きずり下ろす、現実的で実際的な方法だ。これは、西洋人にはとりわけ難しく見える。ハリファックスは、こう書いている。「私たちはこの世界を、多数の騒音で満たしてしまいました――自分の思考や実感、気持ちや直観を可聴域から締め出してしまう、健忘のシンフォニーで」。彼女は、人々が静寂を掻き消してこれほど多くを見逃してしまっていることを嘆き、こうつけ加える。「静寂は、耳を傾けることを学ぶ場であり、見ることを学ぶ場です」

*

バーバラ・ホームズ師・博士は、アフリカ系アメリカ人のスピリチュアリティ（霊性）と神秘主義に重点を置く瞑想指導者・学者で、父方の祖先（サウスカロライナ州のガラ人の子孫）の系統を通して、静寂と自分との関係をたどっている。「一家の長女は、あの世を覗《のぞ》き込む人間となるのでした」。ホームズ博士は、「静寂」という言葉の代わりに、「静けさ」や「センタリング（精神集中）」や「具現化された表現不可能性」といった用語をしばしば使った。それは、彼女にとってその謎めいた空白には、否定のしようもないほど身体的な側面があるからだ。

彼女は、今日静寂を見つけるのは、何世紀も前に神秘主義者が静寂を見つけるよりもはるかに難しい、と冗談を言った。「彼らをあまり褒めるつもりはありません。黙り込むか、しゃべりまくるかのどちらかだったのですから！」[3]。だが、今日「一生を送っても、生きずじまいになりかねません――何が大切かもわからずに、あちらへ、こちらへ、と飛び回っていては」、と彼女は警告する。そして、こうつけ加えた。「自分が重要だと思っていたことのほとんどは――重要ではありませんでした……が、静けさが一瞬でもあったら、こんな声が聞こえていたでしょう。『待った！　他にも生き方があるぞ……』と」

＊

アイルランドの詩人で神学者のパドレイグ・Ó・トゥアマは、静寂とは「奇妙な疑問を自らに投げ掛けるだけのゆとりを持つこと」だと、私たちに語った。彼は、半数が平信徒、半数が聖職者という、ある教区委員会に緊密に関与したときのことを振り返った。その委員会が所属していたのは、「北アイルランド問題のさなか、和解をもたらして人々を結びつけるうえで、無類の、重要で危険な働きをした、ウエスト・ベルファスト地区の大きな教会でした」と彼は言った。北アイルランド問題で彼の祖国は何十年にもわたって暴力に悩み続けた。委員会には、パドレイグがとりわけ感服した聖職者が1人いた。その聖職者は、自らにも、他者にも、奇妙な疑問を投げ掛けるのを恐れなかった。そして、それは永続的で実効性のある平和の構築という仕事にとって、不可欠な要素だった。「私たちにはみな、『自分は本当に良いことをしているのだろうか？』と問うだけのアナーキズムの塩梅《あんばい》が必要だと思います」。彼は、「私たちこそがろくでなしだったらどうだろう？」とさえ問う必要さえあるかもしれない、と冗談半分で言った。恐れと向き合い、「こうした奇妙な疑問」を投げ掛ける勇気があれば、そうした疑問は「人を足元から揺さぶることができます」。

＊

イスラム神秘主義を教える導師シャブダ・カーンは、私たちにこう語った。「静寂は、まったく静かではない――生命と喜びと恍惚《こうこつ》に満ち満ちている――が、自己についての思考に関しては静かで、愚かさに関しても静かです」。それから、コヨーテのような笑みを浮かべてつけ加えた。「あなた方が静寂と呼ぶものは、私なら自由と呼ぶかもしれません」。彼は、スピリチュアルな旅に乗り出して間もない1969年、師に強く勧められて沈黙の誓いを立てた。そして、4か月にわたって、小さな黒板を持ち歩き、ときおり簡潔な意思疎通を図った。その経験ができてよかったものの、「大好きではない」ので、自分の弟子には誰にも受け継がせなかったそうだ。「静寂のリトリートをしたい人の周りでは、私は一種のトラブルメーカーですね」と言って、彼は笑った。「心を静かにさせるのが、私の興味がある種類の静寂です――口を静かにさせるのではなくて」

＊

ブラウン大学の神経科学者で精神医学者のジャドソン・ブルワーは、中毒と不安と習慣改善の世界一流の専門家だ。彼に静寂の意味について尋ねると、上座部仏教の「七覚支《しちかくし》」の最後に当たる「捨《しゃ》」について語ってくれた〔訳注　「七覚支」とは、悟りを目指す七つの修行方法〕。それは、他のすべての覚支が因果の連鎖で行き着く先である、平静だ。それは「押すものも引くものもない状態」だという。ブルワーの説明によると、「厳然たる静寂」、知覚も認知もまったくない状態などというものはおそらくないそうだ

——少なくとも生きている心の中には。だが、生きている状態でも、「温かく柔らかい静寂」は達成できる、と彼は言う。それは、自分自身の経験に「もう囚《とら》われていない」ときや、「渇望も嫌悪も」もうなくなったとき、独立した自己という感覚へのこだわりを乗り越えたときだ。「山ほどたくさんの活動が行われていてもかまいません。そして、その活動に押されも引かれもしていなければ、その中に静寂はあります」と彼は言った。ブルワーは長年の調査研究を通して、内部の深い静寂に出合うのが、神経生物学的にどのように見えるか、感じをつかんでいた。心の中の騒音に対応する感覚にぴったりの言葉を彼は見つけた。「収縮」だ。そして、内なる静寂に対応する感覚を表す言葉は、「拡張」だ。

*

ツアーで世界を回るミュージシャンでソングライター、活動家、医師、カリフォルニア大学サンフランシスコ校の医学准教授のルパ・マリアは、静寂は「そこから音楽が湧き出てくる場所」だと語った。彼女は数十年にわたって、静寂を実践して自分の創造力を目覚めさせ、研ぎ澄ませるのを習慣としてきた。近年は、医師としての役割の中で静寂の真価を理解するようになった。

ノースダコタ州とサウスダコタ州にまたがるスタンディングロック居留地のラコタ族やダコタ族やナコタ族の人々と接するうちに、医師として教わったこと——特に、患者と話したり、健康上の問題を探ったり、診断を伝えたり、処方箋を与えたりすることに関して教わったこと——の大半が、癒やしとは相容れないことに気づいた。それに対する矯正手段は、傾聴だという。その場に完全に身を置き、完全に覚醒して、相手と接するための余地を作らなければならない。矯正手段は、静寂なのだ。

＊

タイソン・ユンカポルタは学術研究者で、伝統的な道具の彫刻家で、オーストラリアのクイーンズランドの最北部に暮らすアパレク氏族の一員だ。「私の氏族の言葉では、静寂の概念に近い言葉さえ思いつきません。なぜなら、静寂は存在しないからです」とタイソンは語った。「静寂と見なしうるものがあるとすれば、それはシグナルに気づく能力です」。シグナルに気づく能力を持っているとは、どういう意味か？　タイソンはそれを、本物を聞き取る能力と呼ぶ。「正真正銘のシグナルに波長を合わせていれば、土地の掟《おきて》に波長を合わせていることになります。その土地の中にある法に」。「クジラには、移動ルートを彼らに教える遺伝子のシグナルがありますし、鳥たちにもそうしたシグナルがありますが、人間にはそのような記憶がないと生物学者は言います。けれど人間にも、どのように集団を形成するかを教えてくれるシグナルがあります。そして、それは土地の中にあるのです」。

話を聞いていると、タイソンは、今住んでいるメルボルンでは眠ったり明確に考えたりするのに苦労していることを明かしてくれた。「私の周り中に７００万の人を押し込めるのを可能にしているインフラが発する雑音のせいです。でも、自分のコミュニティに戻ったときに、いったいどれほどよく眠れるかを考えます。夜には、不協和音の音楽に取り巻かれます。ディンゴが吠《ほ》えています。喧嘩《けんか》が起こったり、人々がギャンブルをしながら大声を上げたりしています」。それから、彼は言い添えた。「きちんと機能していないとはいえ、それは依然としてシグナルです。あの空間への植民地化という侵入に対する、私の氏族の本物の応答です。侵入に対する抵抗です。私もその中にいて、その一部であり、それは現実のものです。そして、私は眠ることができます。そして、それは良いことです」

*

ジャーヴィス・ジェイ・マスターズは、静寂は死活問題だ、と述べた。彼は、サン・クエンティン刑務所で確定死刑囚として30年以上過ごしてきた。だが、その原因となった罪を彼が犯していないことを示す証拠のほうが、今や有力だ。彼は、裁判が上訴手続きの迷宮をさまよう間、何年も法的に曖昧な立場に立たされ続けた。ジャーヴィスは、今ではチベット仏教に帰依し、高名な瞑想指導者となり、本も2冊出している。

刑務所での騒音は、とどまるところを知らないわめき声やローファイ（低音質）ラジオから響く音楽だけではないことを彼は強調した。恐れから来る動揺——不確かさや暴力や国の認可を受けた死刑にまつわる不安もあった。それでも、ジャーヴィスはサン・クエンティンにいる間に、静寂を見つけるのが上手になった。自分の房で体操をしているときに、静寂を見つける。天文学を学んだり、仏典を読んだりするときに静寂を見つける。だが主に、自分の意識の中の騒音に巧みに対処することで静寂を見つける。「騒音に対する私の応答が、おそらく最もやかましかったです」と彼は振り返った。「騒音に対する自分の応答を静めることで、騒音を静めるようになりました」と彼は語った。ジャーヴィスにとっていちばん深い静寂には、道徳的な側面があった。自分の個人的な心配を乗り越え、他者への思いやりに焦点を向けたときに、そのような側面に到達することができるという。

静寂の5つの同義語

本書の冒頭でみなさんに、思い出せるかぎりで最も深い静寂の記憶を蘇らせるようにお願いした。それについて考えるだけではなく、その静寂を感じるようにもお願いした。そして、たんに騒音の不在としてではなく、静寂の実在としても感じられるだろうか、と尋ねた。

この章で紹介してきたさまざまな人は、多種多様な背景や生活状況や表現スタイルを通して、全員が静寂の能動的な経験を挙げている。この静寂体験は、思考を明確にし、健康を増進する。教えを与えてくれる。落ち着かせてくれる。覚醒させてくれる。

静寂を実在と考えると、見たところ矛盾していることに気づく。この静寂は、耳には静かで、心の中でも静かでありながら、意識の中では雷が轟《とどろ》くような経験になりうるのだ。

この種の静寂は、望んでいないものを超越するだけのことではない点に、ゴードン・ヘンプトンも同意する。たんに騒音の不在ということではないのだ。彼はそれを、「あらゆるものの実在」と呼ぶ。「あらゆるもの」というゴードンの言葉は、実在していると私たちが言いたいものを見事に要約している。

だが、他にも言いようがある。

「謙虚さ」もその1つだ。「再生」も、「明確さ」も、「拡張」もそうだ。この実在を生命そのものの本質と呼ぶこともできるだろう。

静寂は謙虚さだ。それは、知らないという姿勢であり、手放す場だ。静寂は、空白を満たさなくてもかまわないという事実を受け容れることだ。ただあるがままに存在しているのは良いことだ。最低でもそれは、現実を形作ったり導いたりしようとしなければならないというプレッシャーから1歩身を引く機会だ。会話や議論や娯楽を継続させることであらゆるものを管理しなくてもいい。これは、個人的なくつろぎの状態というだけではない。トロント大学の心理学者ジェニファー・ステラーによれば、謙虚さは「道徳性の基盤を成す必須の徳であり、社会集団の中で生きていくうえでのカギ」だという。[4] 多くの知恵の伝統が、謙虚さが最高の精神的な美徳に含まれることを、何かしらのかたちで説いている。競争したり良いところを見せようとしたりしなくてはいけないというプレッシャーを手放すことには、本来の良さがある。

静寂は再生だ。私たちが『ハーヴァード・ビジネス・レヴュー』誌の論説を書いていた頃、本書の共著者であるジャスティンの友人のレナタが、「静寂は神経系をリセットできる」と言った。当時彼女は、私たちがこのテーマで書いていることを知らなかった。私たちの直観についても知らなかった。レナタの言葉を聞いて思い出したのが、瞑想と祈りの禁欲的な生活を送るためにローマを逃れてエジプトに向かった、初期キリスト教の砂漠の教父たちと教母たちだ。彼らは修練の的を、自らが「クイエス(quies)」と呼ぶ「安息」の状態を見つけることに絞った。「quies」は、「休止」や「静穏」を意味する「quiescence」と同じ語源を持つ。だが、今日「quiescence」が含意することのある類の休眠状態とは関係ない。むしろ、神学者で社会活動家のトマス・マートンによれば、何か「崇高な」ものだという。彼らの安息は、「内に持つ自由の極致に我を忘れたおかげで、もはや自らを眺めなくてもいい者の穏健と落ち着き」だった、と彼は書いている。これらの瞑想者にとって、安息は「偽りの『自己』や限られた『自己』への没頭をいっさい失った、一種の、たんなる無所在、あるいは雑念のなさ」だった。聴覚騒音と情報騒音と内部騒音を超越すれば、人は自分のくたびれた条件づけをリセットできる。世の中の知覚の仕方を改められる。

静寂は明確さだ。サイラス・ハビブは私たちに、「本当に心の中にあるもの」を見分ける能力について説明してくれた。彼は、静寂は「頭に真っ先に浮かんできたことを、たとえたった30秒間だけでも、口に出さない」能力だという。これは、ホロコースト（ナチスによるユダヤ人大虐殺）を生き延びた心理学者のヴィクトール・フランクルの言葉とされることが多い教えに似ている。それは、「刺激と応答との間には隙間がある。その隙間に、私たちが自分の応答を選ぶ力がある。その応答の中に、私たちの成長と自由がある」という教えだ。私たちは「思考の明確さ」や「論理の明確さ」を強調しがちな文化の中で暮らしているものの、正真正銘の明確さは、計画や議論や戦略を超越する。それはその「空白」の中、すなわちその輝かしい隙間に息づいている。精神的な刺激を超えた明確さに力を得て、人は自らを知ることができる。それは世間から孤独へと引きこもることの根拠ではない。正しいものに向かって物事を移す起点となる、安定した支えなのだ。神秘主義者のカビールは、次のように述べている。

心の中で沈黙せよ。感覚の中で沈黙せよ。体の中でも沈黙せよ。そして、これらすべてが沈黙したなら、何もするな。その状態にあれば、真理があなたに正体を現すだろう。あなたの前に現れて、尋ねるだろう。「お前は何を望んでいるのか?」と。[5]

しばらく想像してほしい。最低限必要な数の人々が、この種の正真正銘の意図に波長を合わせることができたとしたら、どうなるだろう? 想像してほしい。気晴らしや娯楽、利益と権力のゲームを超えて、最高水準の繁栄をもたらしてくれるものに波長を合わせることができたら、どうなるだろう? 想像してほしい。人々がみな、そのような明確さを持つことができたとしたら、どうなるだろう?

静寂は拡張だ。それは、注意の空間の展開だ。その空間にいっそう深く入っていくと、本当に感じることのできる余地がどんどん見つかる。深い静寂にたどり着くと、言語の限界が消えてなくなる。何が何かや誰が誰かではなく、たんに何が存在しているかを知ることが肝心になる。この上なく深い静寂の中では、独立した自己の束縛を超越する内的自由が見つかる。

静寂は生命そのものの本質だ。意識を奪おうとするものがないときには、人は創造のキャンバスに出合う。この上なく純粋な注意を払っているときには、根本的な振動に波長を合わせることができる。あらゆるものの本質に出合うことができる。発話と思考の音と刺激が、何をする必要があるかを知らせるのだとすれば、純粋なままの認識は、その逆を知らせる。それは、何一つなされる必要のない状態だ。内と外の両方のおしゃべりの下に入り込めば、人を覚醒させるこの実在にアクセスすることになる。これが全き状態だ。

騒音という泥から花開く静寂

仏教の伝統では、白やピンクや青の色合いをした花をつけるハスが象徴としてよく使われる。ハスは、池の鏡のような水面の上に優美に顔を出しながら、1枚、また1枚と花びらを開く。ところが、ハスが育つのは、これ以上ないほどどろどろした沼地だ。ハスは泥の中に根を張る。泥から養分を取る。私たちが静寂の実在を「全き状態」と呼ぶとき、騒音の世界から一種の清浄な世界への分離は意味していない。ハスと同じで、この花開く静寂は、泥から姿を現しうる。

人々に、自分が経験した最も深い静寂について尋ねはじめた当初は、本書の最初のほうで保守派の製造業の重役のジェフがジャスティンに語ったような答えが返ってくると思っていた――霧の深い早朝や、人里離れた所で開かれる青少年向けのリトリートの類だ。この種の聴覚と情報の静寂は大切に思うけれど、ほとんどの人が表向きにも静かとは言えないような状況で最も深い静寂を経験したと語ることに、私たちは気づいた。激しい争いが急に終わったときや、愛する人を失ったとき、バスケットボールのダンクシュートを決めながら感覚の調和を経験したとき、夜通しのダンスパーティが午前4時に達した時点で感慨を味わっているときに訪れる静寂などについて語るのだ。人々が説明する最も深い静寂は、感覚の深さ――物事を考える頭という梢《こずえ》から、物事を感じる心と体への一種の移動――と関連していることが多い。最も深い静寂はしばしば、疑いを抱いていたり、気が散っていたりしている瞬間から自然と生じる。

私たち自身の経験では、間違いなくそうだった。

本書の共著者のリーが自分の生涯でも指折りの深い静寂に出合ったのは、テネンバウム医師のオフィスだった。リーがそこに行ったのは、心のやかましさのせいだ。やかましい内面というのは、テネンバウム医師の精神医学の専門と呼んでもいいだろう。

リーは25日間眠っていなかった。難産で娘を産んだ後、彼女の頭は、マイクとスポットライトを求めて競い合うさまざまな声に満ちていた。そのほんの一部の概要を、ざっと紹介しよう。

「奮闘する」声――私たちはそれを彼女の「頑張り屋の女性」と呼ぶ――は、適切な戦略を採用すれば、この母親業の苦難をすべて打ち負かせると確信していた。何の問題もなく仕事に復帰し、新生児を育てる技をマスターし、手書きで手紙やカードを書き、キッチンを染み1つない状態に保ち、ぜひ赤ん坊に会いたいと次々に訪ねてくる人々をもてなし、減量し、夫を魅了し続けられるし、スピリチュアルな面で進化した人間として、そのすべてを、一瞬一瞬の素晴らしさを思う存分味わいながらやってのけるのだ。彼女はそうするし、そうできるし、そうしなくてはならない。だが、聞こえてくるのは「頑張り屋の女性」の声だけではなかった。まさに古代ギリシア劇の合唱隊《コロス》さながらの、人を惑わすさまざまな声もそれに加わった。

「喧嘩腰の天才」もいて、彼女の知性とウィットについてこられない人は誰でもたちまち退けた。この症状が産後うつ病だとは誤解もはなはだしいと、救急車の後部から救急救命士を叱責したのが彼女だ。「うつなんかじゃありませんよ、この間抜け。有頂天なんですから!」。彼女は悟りの権化《ごんげ》だった――すっかり舞い上がった状態の。さらに、「悲劇の詩人」もいて、生まれたばかりの赤ん坊を見舞いうる陰惨な不運を1つ残らず予知することができた。彼女はこの命は悲劇的な結末しか迎えようがないことを本能的に理解しており、だから当然、眠っている赤ん坊を物に憑《つ》かれたように見守り続けた。解きほぐしようのない問題を日常会話に見つける才能を持った「パラドックス追跡者」や、精神の異常を、どうにかして脱出法を考えるしかないエスケープ・ルームになぞらえる「マッドサイエンティスト」と、所見や発見――何千とある――を、労を惜しまず漏れなくカセットに録音する忠実な助手もいた。

そして、これで終わりではないが、あと1つだけ挙げてやめにしよう。それは、いちばん厄介な、「抑えの利かないパラノイア」の声だ。幸い、この声は、ほんの数回しかマイクをオンにしなかった。なにしろ、この声は一瞬のうちにあらゆる信頼と理性を台無しにしてしまいうるのだから。リーはこの声が聞こえていたときには、数十年に及ぶ友情や、自分が立っている基盤そのものを疑った。その声は、法外なまでに無慈悲だった。

コロスからたっぷり聞かされたテネンバウム医師は、こう問い掛けた。「これまで正気を失ったことがありますか?」

そして、そう訊かれた瞬間、数週間ぶりに、時間が止まり、何もかもが静かになった。それは、あの砂漠の教父たちと教母たちが「クイエス」と呼んだもの――突然訪れる、あの輝かしい安息の状態のようだった。「穏健と落ち着き……たんなる無所在、あるいは雑念のなさ」だ。リーは、雲が切れて青空が拡がるように、声がみな脇にのいて、純粋なままの広大な認識が現れたのを覚えている。

それから明確な答えが頭に浮かんだ。「ええ、でも、一度だけです」

リーはテネンバウム医師とのその短いやりとりで、不可思議であると同時に馴染み深くもある沈黙に出合った。この実在は、以前からずっと彼女を支えていたのだった。リーにとって、その発見は、これからも自分が大丈夫であることを意味した。実際、万事大丈夫なのだ。彼女は精神科病院に入れられることはない。正気を取り戻せる。娘にとって良い母親になれる。結婚生活も持ちこたえる。そして、どういうわけか、そのおかげで彼女の存在がもっと良くなる。そういう意味だった。8か月後、抗精神病薬と精神安定剤の服用が完全に終わったとき、リーはまるで、水面下から浮かび上がってきたかのようだった。彼女にとって最悪の旅路を通して、静寂は変わらぬ道連れだったのだ。[6]

ジャスティンにとってとりわけ深い静寂は、彼と愛する家族が激しい騒音に見舞われているときに訪れた。

ジャスティンと妻のメレディには、２０２０年2月下旬に双子が生まれたばかりだった。早産だった。幸い、揃って健康だった。それでも、医療の手順に従って、病院の新生児集中治療室（ＮＩＣＵ）と、次に中間ケア保育室で、合わせて3週間過ごさなければならなかった。一家が住んでいるニューメキシコ州で新型コロナの最初期の患者が発生する直前だったので、ロックダウンが始まる前に、赤ん坊たちを連れてさっさと病院から帰宅したかった。ジャスティンとメレディは、3歳になる長女を1時間ほど離れた自宅に残し、祖父母に面倒を見てもらっていたから、まるで育児放棄をしているように感じて心配でもあった。心の中がやかましい時期だった。

だが主に、やかましかったのは外部だった——聴覚的に、という意味で。人間、それも特に赤ん坊に対する騒音公害の影響についての文献をすでにたっぷり読んでいたジャスティンにとって、NICUの苛酷なサウンドスケープは、ほとんど現実離れしたストレス源だった。

酸素モニターの鈍いパルス音。

心拍数と呼吸数のアラームの、耳をつんざくベル音。

哺乳瓶を温め終わったり、自動哺乳が終わったりするたびに鳴りはじめる、1980年代のゲーム機を思い出させるデジタル音。

収容されている赤ん坊の1人ひとりが足首に小さなアラームをつけており、許可なく保育器から取り出すと、職員に警報を出すようになっている。どうやらそのアラームが1つ、洗濯物に紛れ込んでしまったようで、約30分ごとに（主に夜）、セキュリティシステムが鳴りだした。第2次世界大戦中のイギリスの空襲警報サイレンと、特大の風船の口を緩めたときに出るキーキー言う音とを組み合わせたような警報音が轟き、ピーピー音を立てるさまざまな機器の音をすべて掻き消すのだった。看護師たちは、それを止める方法をとうとう思いつけなかった。

ジャスティンは、仕事の仕方を誰かに指図しているかのように見えることはしたくなかったが、ときおり看護師や医師に、余計な騒音を減らすためのアイデアをさりげなく提案した。すると職員はきまって、壁に掛かっている奇妙な外見のモニターを指し示すのだった。それは、人間の耳をかたどった装置で、耳たぶの外側部分が緑色に光っているときには、騒音レベルは安全とされていた。その内側の黄色い線は、警告。そして、耳の中心の赤いライトが点灯すると、危険なデシベル値ということになる。それは、医療システムが騒音管理の重要性を認めたことを示す明るい表れだった。ところが、ジャスティンとメレディが気づいてみると、ほとんどのモニターは、身もすくむような騒音がこれでもかとばかりに響く最中でさえ、けっして色が変わらないのだった。壊れているか、あるいは何か操作されているかのように見えた。

その3週間の騒音は圧倒的だった。だが、意外なほど深い静寂もあった。

ある日の午後、メレディは授乳を終え、しばらく席を外した。ジャスティンが双子の一方の女の子を抱いていると、もう一方の男の子が動きだした。このとき初めて、看護師がジャスティンに、赤ん坊を2人とも同時に抱く機会を与えてくれた。彼女は2人の幼児用ベッドの間に椅子を移動させ、ジャスティンが一度に2人に授乳するようなかたちで抱くのを手伝った。ジャスティンはボタンを外してシャツを脱ぎ、2人の赤ん坊を胸に抱き寄せ、肌を触れ合った。

心地好い時間が少し流れ、ジャスティンは自分の呼吸が子どもたちの呼吸と同期するのを感じはじめた。それから、どういうわけか3人の心拍も同期するように感じられてきた。

ピーピー言う音やブンブン唸る音は相変わらず周り中から聞こえてきたし、新型コロナや、双子の姉の待つ家に帰ること、そして、将来起こりうる、その他無数のことなどが、依然として気になっていた。だが、同期した心拍の律動の中、触れ合った3つの胸の優しく調和した上下動の中では、ピーピー言う音やブンブン唸る音や心配事はみな、何の威力も持っていなかった。まるで、どれ1つとして彼の中に入り込めないかのようだった。彼の心は静まった。突然、すべてが全き状態にあるように感じられた。

私たちリーとジャスティンのどちらも、これらの静寂体験をうまく計画することなどできなかっただろう。どちらの状況も、定量的に測定したら、どんな種類の客観的解析によっても、静かとはいえなかったろう。それにもかかわらず、あれほどの音と刺激の中から、静寂が現れた。泥の中から、完全無欠の花が現れたのだった。

「静寂の音」

もし、「生命のあらゆるものが振動だ」としたら、音を立てないものなどありうるだろうか？
そもそも、静寂などというものが存在するのだろうか？
私たちは、はい、あります、と言う。
だがそれは、ときおり私たちが静寂について教え込まれる考え方に沿うような意味で、というわけでは必ずしもない。

スペイン語やポルトガル語を含め、ロマンス諸語の一部では、「ナッシング（何も〜ない）」という意味の単語は「nada（ナーダ）」だ。奇妙にも、インド・ヨーロッパ語族の反対の側に属するルーツ言語の1つであるサンスクリットでは、「ナーダ」という単語は「音」を意味する。ナーダ・ヨガは、内的な音、「奏でられていない音」、「静寂の音」と呼ばれることもあるものについて瞑想する精神修養だ。

人は最も深い静寂に入るとき、生命の本質である振動を絶やしてはいない。その静寂にもっとよく波長を合わせられるように、注意散漫の原因や自我や落ち着きのなさを捨てている。私たちが言う「ナッシング」とは、騒音がないこと。妨害がないこと。存在しているものの本質との直接の出合いだ。

静寂のこの意味は静的ではない。仏教指導者のティク・ナット・ハンは、静寂を「世の中のあらゆる音を超越する音」と呼んでいる。深層心理学者のロバート・サーデッロは、静寂を「可能性の母」と呼び、リズムを持って「脈動」し、「ブンブン音を立て」る流れを含む生きた全き状態としている。「静寂は神の言語である」とルーミーは言う。

これは、修道院に暮らす人々のための静寂についての本ではない。

私たちは、現実の振動から逃れたり、それを絶やしたりする方法にはあまり興味がない。興味があるのは、ありがたいことに脈打ち、振動し、歌い、踊っている世界でどのように静寂を見つけるか、という疑問だ。

第4章　静寂の道徳的側面

沈黙の2つの側面

首都ワシントンのナショナル・モールを埋める何万もの群衆——さらに、テレビの生放送で視聴する何千万もの人——の前に立ち、当時22歳の詩人アマンダ・ゴーマンは、2021年のアメリカ合衆国大統領就任式の締めくくりに、簡潔で難しい教訓を手短に述べた。

「沈黙はいつも平穏とはかぎらないことを私たちは学びました」

そのとおりだ。

リーは20代前半だった頃、虐待を受けた女性のためのシェルターで働き、ジョージア州北東部のホットラインに応対していた。ある日、電話をかけてきた女性は、覚えたての英語で、中国から「通販で買われた」と言う。買った男性に、家族で所有している広い敷地内の建物の1つに8年間も閉じ込められていた。男は彼女をほぼ完全な孤立状態に置いてきた。2人が接触するごくわずかの人々も、わざわざ何か訊くことはなかった。女性は想像を絶するような不屈の努力を重ね、テレビの字幕を通して英語を独習した。そして、虐待者が固定電話の線を抜いて仕事に持っていくのを忘れる日を待ち続けた。その日がようやく巡ってきたとき、電話の向こう側にいたのがリーだった。リーは、途方もなく込み入った状況を説明する女性の声の揺るぎなさが記憶に残っている。「警察、ダメ」と彼女は言った。「彼の親友、警察署長」。2人は別の手立てを見つけなければならない。そして、女性の勇気と思慮深さのおかげで、その手立てが見つかった。一種の沈黙によって、彼女の不当な拘禁が可能になったことは疑いようもない。彼女が強いられた沈黙は平穏とは正反対だった。「沈黙を破れ」は今日でも依然として、虐待を受けた女性を擁護する運動のスローガンだ。沈黙を現状の黙認や共犯、さらには暴力として捉える傾向は、少なくとも半世紀にわたって主要な文化的潮流となってきた。

1977年、黒人、レズビアン、母親、闘士、詩人を自称する伝説の人物オードリー・ロードは、「あなた方が日々沈黙のうちに呑み込んで自分のものとし、相変わらず沈黙しているうちに、そのせいでついには病み、死ぬことになる暴虐な行為とは何か?」と尋ねた。その小論の中で、彼女は乳癌《がん》の診断から手術まで、拷問を受けているような思いで待った3週間について述べている。そのような不確かさに満ちた空白の中で、彼女は人生を振り返り、「いちばん後悔したのは自分の沈黙だった」と言う。そして、「私の沈黙は、私を守ってくれなかった。あなた方の沈黙も、あなた方を守ってはくれないだろう」と警告する。

ロードがその小論を書いてから10年後の１９８０年代後期にニューヨーク市を歩き回ったら、現代史上屈指の重要で効果的なキャンペーンに彼女の思いが実践されていることに気づいただろう。「沈黙＝死」という象徴的なポスターが至る所に貼られているのが目に入ったはずだ。黒を背景にして、ピンクの三角形の下に白抜きでそのメッセージが簡素に入っていた。それはエイズ運動の、人を奮い立たせる表現だった。活動家たちは休むことなく働き続け、世界を揺さぶって目を覚まさせ、全世界で３３００万人の命を奪うことになる伝染病の及ぶ範囲や規模に気づかせた。この文脈では、沈黙は目覚めて行動を起こすことの不履行あるいは拒絶だった。

この気運は、環境保護運動の起源にも見ることができる。世界を変えることになったレイチェル・カーソンの著書の『沈黙の春』（青樹簗一訳、新潮文庫、２００４年、他）というタイトルは、ジョン・キーツの詩の絶望的な風景と関連している。それは、一種の黙示録風の沈黙であり、「湖のスゲは枯れ／鳴く鳥もいない」状況だ。カーソンは、暴利を貪る化学工業界の人々が彼女の信用を傷つけ、彼女の声を抑え込もうとするだろうことを十分承知していた。彼女は愛する人に、自分の人生の道義的な義務について書いている。「自分の知っていることを踏まえると、沈黙を保っていたら私には将来の平穏はないでしょう」

今日、沈黙は圧制であるという考え方は、かつてないほどよく当てはまる。俳優のルピタ・ニョンゴは２０１７年に『ニューヨーク・タイムズ』紙の論説で、ハーヴィー・ワインスタインが彼女に暴行しようとしたり、嫌がらせをしようとしたり、彼女を操ろうとしたりした様子を綴《つづ》った。彼女は、「人を食い物にする輩《やから》がこれほど長い年月にわたって徘徊《はいかい》する」のを可能にした「沈黙の共謀」について書いた。

この種の「沈黙」——不正を前にして声を上げたり行動を起こしたりするのを拒否すること——は、現実のものだ。そして、私たちは心の底からそれに反対する。

それでも私たちは、口を閉ざして現状を黙認するという「沈黙」は、真の意味での沈黙とは違うことを理解するようになった。それはなぜか？　虐待に気づき、それに対処することを拒否するのは、明確な知覚と意図とは正反対だからだ。目も心も開いているとき——注意を払う余地が意識の中にあるとき——は、目を背けて知らぬが仏で満足していることはできない。無関心の沈黙は、恐れのなせる業《わざ》だ。それは自分の最も狭量な利己心に、不安に駆られてしがみついているところから生まれる、知覚と意図の歪曲《わいきょく》だ。この種のいわゆる「沈黙」は、意識の中の騒音の原因であると同時に結果だと、私たちは信じている。

やかましい世界がどのように不正義を可能にするかを考えてほしい。インスタグラムの「いいね！」や、テレビのリアリティ番組のスターや、社会的に非生産的な利潤追求で頭がいっぱいになっていたら、世の中の不公平を深く理解してそれに対する取り組みに専心することなど、どうしてできるだろう？　自分の内的なおしゃべりに夢中だったなら、共感に必要な——自分の外側に存在する痛みや喜びやインスピレーションを経験するのに必要な——内なる空間をどうして維持できるだろうか？

私たちが本書の執筆に取り掛かったのは、世の中のありように落胆したからだ。今の時代の最も扱いにくい問題は、少なくとも部分的には、騒音の問題に端を発しているというのが、私たちが抱いた直観だった。もっと有効で持続性のある解決策を見極めて実行に移すためには、耳を傾ける謙虚さが必要だ。絶えず元気を回復する能力が必要だ。そして、個人としても集団としても、何が真実で、自分が本当は何を望んでいるのかというシグナルに気づくことができる明確さが必要だ。

不正義に直面して現状を黙認するのは、この世界における正真正銘の悪行ではあるものの、それは沈黙よりも騒音と呼ぶほうが正確だ。真の静寂——実在や、優れた判断力や、自然と人間の共感的な理解を可能にする種類の静寂——は、自己本位と無関心の原動力となるやかましい歪曲への対抗手段になる。それは、人々の隠れた偏りを暴き、他のさまざまな視点を理解し、間違っているものにもっと巧みに取り組むためのリソースだ。

静寂は本来、正義のための力になりうる。

1968年4月、マーティン・ルーサー・キング・ジュニアは、ティク・ナット・ハンやトマス・マートンとともに共同リトリート——異宗教間の祈禱と、静かな瞑想と、ヴェトナム戦争を終わらせて公正な社会を築くことに的を絞った会話を行う数日間の催し——に参加する予定だった。キング牧師はぎりぎりになって参加を延期することにした。テネシー州メンフィスに行って、そこでストライキを行っているゴミ収集作業員への連帯を示すためだった。メンフィスへ行くというのは、もちろん、致命的な決断となった。この旅の間に、彼は暗殺されたのだった。

マートンはリトリートの会場の修道院に到着したとき、『ニューヨーク・タイムズ』紙から、キング牧師の暗殺について論評を書いてほしいと依頼された。彼は断った。それから深い静寂の時間に入った。夫を亡くしたばかりのコレッタ・スコット・キングへの悔やみ状の中で、彼は「出来事のうちには、あまりに重大であまりに恐ろしくて語れないものもあります」と書いた。バーバラ・ホームズ師・博士は、このときのマートンの人目を引く沈黙を、今日の学校での銃撃事件の後に「思いと祈り」を捧げる公人の空虚で腹立たしい動的な振る舞いと対比させている。「責任ある唯一の選択は、沈黙することだ」と、ホームズはマートンのことを振り返って述べた。「私はこの悪行には何一つ言うことができない」[1]

マートンは盛んに発言する有名な知識人で、人種差別や軍国主義や貪欲に異を唱える傑出した声ではあるものの、観想生活の没入型の静寂を正義のための奮闘の一環と見ていた。公民権運動とヴェトナム戦争の真っ最中に、彼は次のように書いている。「私は修道士の沈黙を、政治家やプロパガンダ活動者や扇動者の嘘への抗議とし、口を利くときは、自分の信仰と所属する教会が、そのような不正義と破壊の力とはけっして相容れないことを明らかにするためだ」

ガンディーも、静寂の道徳的側面について、同じような見方をしていた。インドの大手新聞『ザ・ヒンドゥー』紙に最近載った論説で、O・P・ジンダル・グローバル大学の政治学者ラジーヴ・カダンビは、アメリカが１９４５年に日本の広島と長崎に対して原子爆弾を使ったことをガンディーがただちに非難しなかったのはなぜか、という疑問を検討している。これは、「物事が展開するのを待つ、戦術的な沈黙」だったということがあるだろうか、とカダンビは問う。ガンディーは言葉での返答を提供するのを拒んだため、ありそうもないように思えるかもしれないが、当時、この「非暴力の世界的な提唱者で西洋の帝国主義の批判者」はどういうわけか、原子爆弾の使用を是認したという噂《うわさ》を招いた、とカダンビは言う。ガンディーは沈黙を破り、次のようにだけ述べた。「考えれば考えるほど、原子爆弾については語ってはならないという思いが強まる。可能であるならば、私は行動しなければならない」

ガンディーは、カダンビが「暗黙の行動の不思議な性質」と呼ぶものの達人だった。ガンディーの沈黙——ヨガの「アヒムサ」という、意図と思考と行為における非暴力の原理に根差したもの——は、「暴力と報復的暴力の循環から離脱する」ための行動だったと、カダンビは主張する。

ガンディーは毎週月曜日を「沈黙の日」とした。彼は瞑想と観想をするのに加えて、手紙による連絡を取り続け、相手を選んで客を迎え、会合で熱心に耳を傾け、無言のまま重要な首脳会談に出席した。大英帝国によるインド支配を廃止させるという、何十年にも及ぶ彼の任務で、緊迫した時期や動乱の時期にさえ、毎週必ず「沈黙の日」を取った。近しい友人たちも含め、他の人々から、例外を認めて話してほしいと懇願されても、断った。彼の毎週の「沈黙の日」は、彼のあらゆる仕事の要だった。「しばしば思ったのだが、真理の探究者は黙さなくてはならない」と彼は書いている。

ガンディーは、火曜日が来て再び口を利くようになると、格別に思慮深くて雄弁な演説をすることが多かった。メモもなしに、一種の恍惚のフロー状態で朗々と語った。彼は自分の静かな意識を、慢心で膨れ上がって空虚な政治の舞台に持ち込むのだった。「寡黙な人が口を開いたとき、軽率であることはめったにない。一語たりともおろそかにしないからだ」とガンディーは自伝に書いている。そして、自分が出席する会議の大半は、「発言したくてたまらない人々」ばかりで、議長は「発言の許可を求めるメモに辟易《へきえき》する」と嘆いている。「許可が出たときにはきまって、発言者は制限時間を超え、さらに時間を求め、許可なしに話し続ける。そのような発言はすべて、まったく世の中のためにならないといえる。途方もない時間の無駄だ」

ガンディーは、暗殺されるほんの数か月前、15日間の沈黙を終えた後、次のように述懐した。

世の中の悲惨さの半分近くは、くよくよ思い悩む私たち人間が沈黙の美徳を知っていたなら、消えてなくなるように感じられてならない。現代文明が出現する前は、24時間のうち少なくとも6時間から8時間の沈黙が許されていた。現代文明は、夜を日に、黄金の沈黙を真鍮《しんちゅう》の騒音や雑音に変えることを人間に教えた。多忙な生活を送る私たちが、毎日最低数時間でも口をつぐんで自分の中に閉じこもり、心を整えて偉大なる静寂の声を聴取できたとしたら、どれほど素晴らしいことか。耳を傾ける気になれさえすれば、聖なるラジオは常に歌っているが、静寂なくして傾聴することは不可能だ。[2]

今日の政治の空騒ぎと興奮の中で、私たちは社会変革の静かな力として、ガンディーの例について考えてきた。彼もまた、二項対立の文化に生き、一見すると対処不能の二元性を突破する手段として沈黙を活用し、対立とあからさまな暴力の繰り返しを解消するのに役立てた。ガンディーは、闘争から身を引くための手段としてではなく、それを改革する手段として、「黄金の沈黙」に波長を合わせた。彼は、自分の政治生活を、「真理の探究者」としてのスピリチュアルな務めの延長と見ており、したがって、沈黙は彼にとって、実際的な明確さと精神的な明確さの両方の源泉だった。

マートンとガンディーの、社会活動の実践と直結した沈黙の力は、今日の世界でも見つけることができる。じつは、意外な場所で見つかることが多い。

2020年夏、著述家でカリフォルニア州立大学のジェンダー研究・女性研究のシーナ・マルホトラ教授は、ジョージ・フロイド殺害を受けてロサンジェルス北部で行われた「ブラック・ライヴズ・マター」のデモに参加していた。デモが行われたのは、新型コロナのパンデミックで初めてのロックダウンが実施されて数か月過ぎたばかりのときであり、アメリカ史上でも最大級の抗議運動が起こってほんの数週間の時点だった。「いろいろな出来事で猛烈な怒りが掻き立てられ、我慢の限界に達したときには、そこから沈黙に移るのは難しいです」と、デモの様子を説明しながら彼女は言った。「でも、そうしました。みんなでスローガンを叫んだ後、片膝をつきました――沈黙して」。集まった何千もの人が立ち止まり、9分間、片膝をついた。デレク・ショーヴィンがジョージ・フロイドの首を膝で押さえ続けて死に至らしめた9分間にちなんで、黙禱を捧げたのだ。

シーナはその沈黙が拡がっていったときのことを、順を追って語った。「ひどく気落ちしました。それが身体的なものであるのを感じました。その9分がどれだけ長いかを、体で感じました。片膝をついている途中で、それが果てしなく続くことに、まるで一生が過ぎていくかのようであることに、そして、まだ終わらないことに、強く心を打たれました。けれどそれから、あたりを見回しはじめると、周り中に大勢の人がいました。あらゆる肌の色の人がいました。幼い黒人の男の子たちも母親たちといっしょにいるのに気づきました。いったいどんな気持ちでいるのでしょう？　この脅威は、彼らの存在にとって、どれほど切実なものなのでしょうか？　それが身に染みました」

何千という人が共有する沈黙の坩堝《るつぼ》の中で、シーナは幾重にも重なって潜在していた思考と感情を浮上させた。「強い感情を次から次へと覚えました。悲しさ。怒り」。それから「怒りが、周りの人々への思いやりに変わりました。『私たちはみな、ここにいる。みな、ここにいっしょにいる。そして、ここにいっしょにいることには意味がある』というような、高揚感の空間に達しました。続いて、その空間で私は、周辺に立っている警察官たちを眺め、彼らは何を感じているのだろう、と考えていたのを覚えています」と彼女は回想した。

「静寂は、なんとなく海のようです」とシーナは私たちに語った。「形を変えることができます。静寂は感情が形を変える余地を与えてくれます。周りの人々のエネルギーを吸収する空間を与えてくれます」。彼女はロサンジェルスでのその夏の日を振り返りながら、デモに参加していた人々がいっしょに変わる、一種のポジティブな変化を思い返した。「群衆全体のエネルギーの中に、この変化を感じ取ることができました。それが起こるための空間の出現を許すのは、その静寂です」

シーナは、同僚のエイミー・カリージョ・ロウ教授と、『沈黙、フェミニズム、権力──音の際《きわ》での熟考（*Silence, Feminism, Power: Reflections at the Edges of Sound*）』という、故オードリー・ロードに捧げる選集を編んだ。[3] 2人は、何十年にもわたって検閲や圧制を非難してきた改革論者や学者の栄誉を称える一方、「ひたすら反対する立場」、すなわち、「沈黙は、捨て去らなければならない未検討の圧制力である」という見方から脱却することの重要性もじっくり考えている。彼女たちは、「沈黙は息をつく余地を与えてくれる」ことを強調する。「沈黙は、人々が言われたことに対する反応の中に常に存在しなくてもいいという自由を与えてくる」

この本にはシーナの小論も収録されており、その中で彼女は、卵巣癌を切り抜けた自分の体験について振り返る。そして、治療のおかげで、正義のための仕事の中に無言が占める場所について、いくつも悟ることができた経緯を語る。「固体から気体へという形状の変化を火が意味しているのとちょうど同じように、沈黙は想像できないものを想像する余地を切り拓き、熟考と再表現と非表現の場を与えてくれるので、言語を超えた別の意思疎通の道へと入ることができる」

シグナルに応答する

キャピトル・ヒル〔訳注　連邦議事堂や最高裁判所、議会図書館などがある、首都ワシントンの一角〕で働くのは、シグナルと騒音を識別する技を学ぶ上級特別クラスに在籍するようなものだ。

ジャスティンは3人の議員の立法担当ディレクターを務めていた年月に、鳴り続ける電話や、背景に流れるゴシップ、法律制定の投票を知らせるアラームベル、不条理なまでにあふれ返るメールの受信箱に対応するよう求める耳障りな警告、アルコールがたっぷり振る舞われる騒々しいナイトクラブのレセプションへの招待状を、愛想良く握手しながら配るロビイストらの絶え間ない騒音などを、どうさばくか一生懸命学んだ。だがやがて、それまで出合ったなかでもとびきり大きく、思わず耳をふさぎたくなるような声のうちには、じつは騒音と分類できないものもあることに気づいた。それらは騒音ではなくシグナルだった。ジャスティンは、汚染された川や、シリアのアレッポから逃れる難民の窮状について、大声で憤りを訴える権利擁護者と、しばしば言葉を交わした。彼らの声は、人の気を散らす、望まれないものではなかった。必要を伝えていたのだ。だから、耳を貸さざるをえなかった。

ジャスティンにとって、この種のシグナルを無視したら、責任の放棄になっていただろう。もちろん、彼が語っていることは、たんに連邦の業務だけに当てはまる事実ではなかった。それは、セラピストや消防士、教師、医療従事者、その他無数のサービス提供職にとっての現実でもあった。子どものいる人や、高齢の親あるいは家族を介護している人全員にとっての現実でもある。一刻を争うシグナルは、無視するわけにはいかない。だとすれば、それほどの動揺や切迫の真っただ中で、どうやって明確さと活力を保てばいいのか?

急進的な哲学者のスラヴォイ・ジジェクは、マインドフルネスを批判したことがある――人がストレスの根底にある原因に対処せずにそのストレスから逃れることを許す、と主張して。マインドフルネスは、人が世の中にいることを許すが、その一部となることは許さない、と彼は説明した。彼の言いたいことはよくわかる。人は、内的な平静を求める衝動に、外部の義務を妨害させるわけにはいかないのだ。

それでは、代わりにどうすればいいのか?

静寂を、世の中にしっかり関与する生活に織り込むことは可能だと、私たちは信じている。もし現在の現実の中で生きたければ、そして、現在の現実をもっと良くするのに必要な強さと集中力を養いたければ、没入型の休息の余地、最小限の音と刺激しかない空間、まったく何も言わなくてもいい空白が必要だ。

私たちは、静寂は再生に不可欠だと信じるようになった。それは、正しいことを持続的に行うための必要条件だ。今後の章では、人生の義務を果たし続けながら、同時に聴覚と情報と内部の静けさを見つけるための提案をいくつも示す。だが、私たちが学んだことを1つだけ、ここで今すぐ紹介しておこう。それは、プロに目を向けろ、ということだ。かなりの時間にわたって、ストレスに満ちた状況を通じて、これらの疑問に首尾良く対処してきた人々に、目を向けるといい。

チェリー・アリソンもそういう人の1人だ。彼女はもう50年以上、発話と沈黙の間や、責務と再生の間の正しいバランスを探し求める旅を続けてきた。

「アメリカで育ったアフリカ系アメリカ人女性の私が絶えず受けてきたプレッシャーは、沈黙せよというものでした」と、チェリーは最近話を聞いたときに語った。彼女はそのプレッシャーに屈しないよう、最善を尽くした。「人は私をクビにできるでしょう。給料を減らすこともできるでしょう。でも、私の真実を奪い取ることはできません」と、真剣に言った。それでも、静寂――自分自身の意志を通して訪れる種類の静寂――には、彼女に提供できるものが現にあることに、チェリーは早々に気づいた。「その静かな場所に身を置くのにどれほどの強さが必要か、わかっていませんでした。その静寂を見つけたおかげで、誰のこともどついたり、罵《ののし》ったりする必要がなくなりましたし、仕事をクビにされることもなくなりました。だから、仕事を続けられなくならずに済みました」。彼女が続けたかった仕事――彼女がするように運命づけられていた仕事――は、暴力の犠牲者に正義をもたらすことだった。今や70代のチェリーは最近、その働きを称える特別功労賞を与えられた。

チェリーは国内有数の家族司法センターの元事務局長だ。カリフォルニア州オークランドにあるこのセンターは、家庭内暴力や性暴力、児童虐待、高齢者虐待、人身売買の犠牲者に、安全な避難場所を提供する。活気あふれる場所で、たいていラヴェンダーの香りが漂い、生き生きした会話や笑いや音楽であふれているが、そこにはつき物の涙のために、ティッシュの箱も用意されていた。チェリーはここに息づいているあらゆる種類の表現を、いつも歓迎してきた――特に、心の底から湧き出てくる表現を。「あそこに行くのには、大変な勇気がいります」と彼女は語った。「私はこういうことを言っているのです。あそこで座って、感じて、自分のハートに耳を傾けます。そして、そうすると、そのとき本物の涙が出てきます」

チェリーは、そうした本物の涙とのつながりを保ちたかった。もっとも、どうやればそうしつつ、同時に自分の職務を果たせるか、いつもわかるわけではなかったが。彼女はロースクールで教わったとおり、かつては仕事日を「頑張ってやり抜いた」。それは、危機に対処する仕事でも典型的なやり方だった。だが、自分の胸の内の「深い痛み」から距離を保つというその取り組み方は、彼女には続けられなかった。

犠牲者の顔を真正面から見て、相手が打ちひしがれて絶望しているのを感じていたかと思うと、その人は退室して、次の人が目の前に現れます……相手の話をしっかり理解する暇もありません……次！　次！　次！　次！　それが1日中続くのです。

彼女の部下たちも、同じ「頑張ってやり抜く」戦略を取ることができたかもしれないが、チェリーは自分がかつて犯した過ちを彼らには繰り返させまいと決意していた。黙って座り、心から耳を傾けていると、自分も職員も、自分たちが助けようとして働いている人々と直接の関係を結ぶことができる、とチェリーは言った。そうしないと、自分が救済者ではなく奉仕者の役割にあることを忘れてしまうからだ。彼女は職員に、「沈黙して耳を傾け、相手の芯まで見届ける」ように勧める。可能な選択肢を相手にすべて説明し、それから「ゆったりと座って相手が自力でしっかりと立ち上がるのを見守る」ように伝える。その効果に気づいたときのことを、彼女は次のように回想した。「『ああ、私があなたの弁護士なんですよ』という調子をとうとう改めて、1人の人間として犠牲者に話し掛けたのです。そうしたら、腰が抜けるほど驚きました！　信じられないほど多くのことを明かしてもらえたんです！」と彼女は言い、続けた。「みんな、役に立つ知識や情報や経験をたっぷり持っていました。おかげで私は、前よりずっとうまくサービスを提供できるようになりました」

チェリーは、2011年にオークランドの家族司法センターを統括するようになると、ある実験に乗り出した。上級職員といっしょに日課のミーティングを始める前に、みんなでいっしょに静かに座ってじっくり考えるように頼んだ。ときどき、詩を朗読したり、感動的な言葉を紹介したりしてミーティングを始めることもあった。誰かが胸を揺さぶるような質問をすることもあった。あるいは、ただ黙っていっしょに呼吸を繰り返すこともあった。チェリーは、そうした活動を交ぜ合わせ、交替で進行役を務めることを提案した。こうして彼らは、静寂のための余地を作った。自分たちの人間性のための余地を作った。これらの習慣は、当時実践されていた文化のはるか外にあった。だがチェリーは、新任ディレクターとして自分の立場の弱さを感じながらも、思い切ってやってみることにした。「長老の役割を本格的に受け容れはじめました」と彼女は言った。「そして、気がついたんです。その役割はたっぷり沈黙することを伴っているのだ、と」

静寂の重要性について思いを巡らせながら、チェリーは言った。「どの分野にいようと、かまいはしません。静寂は強力なツールです」。彼女が導入した日課は、チームとしての結束力を強めた。その習慣のおかげで、セルフケアの文化が育まれた。それが、心を込めて耳を傾けるのを忘れないでいる助けになった。チームはチェリーの在任中ずっと、この習慣を続け、彼女の引退後も今日に至るまでそうしている。

＊

生活のこの上なくやかましい領域の中でさえ、音と刺激の最も切れ目ない集中砲火を浴びている最中でさえ、静寂への道は驚くほど単純であることが多い。

ティム・ライアンがオハイオ州の上院議員に初めて立候補したとき、彼の所属するカトリック教会の聖職者が、教会の聖域に入るための鍵を持たせてくれた。ティムは感謝したが、この厚意の真の価値と先見性がようやく身に染みてわかったのは、選挙戦が険悪なものになったときだった。地元の政党幹部たちが、ティムは上院を目指すには若過ぎると判断した。攻撃広告やゴシップ、選挙運動への妨害がしだいに数を増しはじめるなか、彼は聖域の静かな空間を日々の避難場所として活用して、元気を回復し、やる気を保った。そうしなければ、やっていけなかった。教会は以前から、彼にとって重要な場所だった。彼はそこで育ち、かつて祖父がそこで案内係を務めていたし、「静かな時間とのもともとのつながり」を築いたのもそこだった。だが、選挙遊説の経験のおかげで、源泉とのつながりとしての静寂の根本的な必要性に気づいた。

今や民主党の連邦議会議員の幹部となったティム・ライアンに話を聞くと、今日の彼の人生における静寂の力について語ってくれた。彼は静寂が、重要なシグナルに対して持続可能なかたちで応答する自分の能力を支える活力と忍耐力のきわめて重要な源だという。「静かにしていると、大きな課題に取り組んだり……望みどおりの人生を送ったりするのに不可欠な内なる信念が得られます。その静寂は、自分の中から湧き出てくる必要があります」と彼は言った。「頭の中と周囲が騒音だらけでは、波長を合わせるのは難しいです。それは理性を超越しています。脳を超越しています」

グラインディング（身を粉にして働くこと）の苛酷さ

この世の騒音は増える一方だ。

だが、それはシグナルについてもいえる。私たちの注意を本当に必要とするものの指標も同様だ。余計な邪魔が増えているだけではなく、助けを求める正真正銘の重要な叫びも多くなっている。難民に関する憂慮するべきニュースであれ、環境危機であれ、うつや絶望にはまり込んだように感じている家族からの個人的な支援要請であれ、現代世界の音や刺激のじつに多くは、もっともなものだ。「注意散漫の原因」ではない。それは変化の必要性を知らせている。

今日の世界を眺めると、シグナルと騒音《ノイズ》の間には、ほとんど調べられていないつながりがあるのがわかる。ノイズが多く生み出されるほど、助けを求めるシグナルは数を増し、切羽詰まったものになる。人が耳障りなサウンドスケープで動揺しているときには、何が危険にさらされているのか？　人の注意が圧倒されているときには、どんなコストが発生しているのか？　人が自分の頭の中のおしゃべりにばかり夢中になっているときには、何が危うくなっているのか？　共通の答えが間違いなくある。人がお互いに思いやったり、自然の良き管理者になったりする能力が落ちるのだ。静かな時間を持つという倫理規範は、たんに個人的なものではない。それは、この地球のためにもなる。

パフォーマンスアーティストで神学者で活動家のトリシア・ハーシーは、騒音の文化と、無関心や燃え尽き症候群、さらにはトラウマまで含むさまざまな問題とを結びつける。彼女は、正義を求める今日の闘争の第一線にいる活動家たちを訓練して、センタリングと再生のためにひと息つけるようにするべく、1960年代の伝説的な「フリーダムスクール」の精神に則って、「レスト（休息）スクール」を設立した。

彼女は、自分が「グラインディング文化」と呼ぶものへの大胆で美しい抵抗の行為として、静かな時間の効用を説いている。「人間を機械のように働かせ、1日最長20時間、何世紀にもわたって毎日勤労させられるか、考えてみましょう」と彼女は言い、静寂や休息、睡眠、夢見る時間などの必要性を低く評価する現代の支配のパラダイムと奴隷制度とを結びつけてみせる。「グラインディングによって私たちはトラウマのサイクルにとどめ置かれます。けれど、休息を取れば、このサイクルを断ち切れます」と彼女は言った。彼女は私たちが暮らす文化――精神的な刺激の最大限の生産への中毒を賛美する文化――を眺め、静寂の力を「ヴェールを打ち破るもの」として称え、よく見逃されるライフスキル（生活技能）を伸ばすことを勧める。そのスキルとは、仮眠だ。「仮眠について覚える罪悪感や恥ずかしさは、本来のものではありません。それは見当違いの感覚です。休息は原始の欲求であり、神聖な権利なのです」

ジェニー・オデルは画期的な著書『何もしない』で、多忙と最大限の騒音を礼賛する文化は、人間を自然から切り離したままにし、最終的には生態系の危機を深刻化させることを指摘している。[4] 彼女の言葉を借りれば、成長しか念頭にない経済制度と「植民地主義の思考、孤独、環境に対する収奪的な姿勢はみな、協同して互いを生み出し合う」。オンライン生活の普及で大幅に増幅されている精神的な刺激に対する現代の執着は、地球上での身体的な「実在」からインターネット上での肉体のない「実在」への転換を意味する。オデルは「プレースフルネス」（彼女はそれを「バイオリージョナリズム（生命地域主義）」と呼ぶ）という解決策を処方する。それは、自分が住んでいる場所《プレース》——動植物、気候、地形、地表が文化と相互作用する様子——に注意を払う慣行だ。オデルは野鳥観察を通してプレースフルネスを見つける。どんなやり方でそれを見つけようと、1つ確かなことがある。それは、静かな注意が必要だということだ。

カリフォルニア在来植物協会のリヴ・オキーフとの会話の中で、オデルはこう言っている。「バイオリージョナリズムは、我が家にいるという感覚を与えてくれます。誰もが互いに競わされ、細分化されてしまっているときに、何かに関与し、その一部であると感じる方法を」。彼女は個人的見解として、こうつけ加えた。「それは私が知っている唯一の確実な方法です。オンラインで育まれた、目先のことしか見えない、狭量で、過剰に刺激され、恐れをなし、孤立した自己から抜け出すための」

では、正義のための仕事で無言にふさわしい場はどこにあるのか？　決断力の必要性と、平穏や明確に物事を見ることの必要性とのバランスを、どう取ればいいのか？　世の中のさまざまな危機に、タイミング良く真剣に対応し、それでいて騒音や切迫感による歪みを、どう避ければいいのか？　どうやって知的概念の術策をかいくぐって、他者の痛みを——あるいは、自分自身の痛みさえ——感じられるようになればいいのか？
ハーシーやオデルをはじめとする現代の声は、ガンディーが75年前に強調したことを繰り返している。静寂を見つけることは倫理上必須だ、と。シトー修道会の守護聖人である聖ベルナールは、かつて預言者のイザヤのメッセージについて、「静寂は正義のための仕事である」と述べた。[5]
だがこの仕事は、不断の気配りと注意を必要とする。

「識別」という高度な技術

私たちは、第2章に登場したサイラス・ハビブに、静寂と正義のつながりについて尋ねた。すると彼は、たったひと言の答えを示した。「識別」だ。

サイラスは次のようなたとえを使って説明した。「あなたが愛する人と口論になったら、頭に真っ先に浮かんだことを口にしないのが最善です。静寂と沈黙は、ほんの30秒であったとしても、どう先に進むかを判断するうえで、大きな助けになります」と彼は言った。同じ論理が制度上の変更というマクロのレベルでの仕事にも当てはまることを、彼は指摘した。サイラスは人目を引く政治家だったから、素早く行動し、出来事に瞬時に対応し、プレスリリースでの見栄えをできるかぎり良くするという社会的行為の流儀に慣れていた。だが識別は、何が本当かを判断する、もっとゆっくりした、目に見えない場合が多い仕事であることを、彼は強調した。それは、応急処置をするのではなく、何かを直す――何かを本当に直す――とは何を意味するのかに思いを巡らせることだ。彼は、イエズス会士として深い沈黙の修練を通して、識別のための能力を育むことに集中し、雑音に交じった真のシグナルを見つけるように努めてきた。彼は、識別が観想と行動の一種の合流点であることを力説した。

サイラスは、イエズス会士たちが奴隷制度への償いの問題にどう取り組んできたかを例に挙げた。1838年、メリーランド州のイエズス会士のある一団が、創立から半世紀にも満たないジョージタウン大学の負債を弁済するために、272人の黒人を奴隷としてルイジアナ州のプランテーション所有者たちに売った。このような残虐行為に対する償いが、過去10年間にようやくなされることになった。2019年にイエズス会と奴隷の子孫が共同して、事実認定と対話を促進するための組織を設立し、賠償プログラムの土台を築いた。そして2021年には、件《くだん》の272人の子孫の生活改善を目指す投資に、手始めとして1億ドルの拠出を発表した[6]。

こうした取り組みは、奴隷制度の遺産に対処するうえで、アメリカ政府や教育機関と宗教機関の大半のはるか先を行っているが、イエズス会の企ては、進行が遅いという単純な理由で批判されてきたことをサイラスは強調した。調査と対話に4年かけた後でさえ、彼らはまだ学習段階にあった。本格的な行動が始まるまでには、まだ何年もかかるだろう。弁護士として教育を受けたサイラスは、そのペースに依然として苛立つこともときにはあると認めながらも、こう言った。「それが肝心な点でもあるのです」

この過程は「多くの沈黙」を通して起こっている、とサイラスは言った。賠償作業の大切な柱は、静かに傾聴することだ。奴隷にされた人々の子孫に耳を傾け、どうすれば公正で効果的かや、正真正銘の提携関係と信頼を築けるかを理解することだ。心の中で耳を傾けることも重要だった。この過程は、多くの祈りと観想――正しい進み方についてのシグナルを心の中で徹底的に探すこと――を通して起こっている、と彼は明言した。

「なぜそれほど時間がかかるのでしょうか？」とサイラスは尋ねた。「それは、識別が必要だからにほかなりません」

プロテスタントのフレンド派（クエーカー）の伝統では、この識別の過程はしばしば「スレッシング」と呼ばれる。スレッシングとは本来、小麦を籾殻《もみがら》から分離することだ。クエーカーは宗教的な沈黙のミーティング（礼拝会）で知られている。そのミーティングでは、参加者は「聖霊に動かされたときにだけ発言する」ように言われているが、彼らも沈黙の実用的な側面を重視する。クエーカーには「実務のための礼拝会（Meeting for Worship for the Purpose of Business）」と呼ばれる特別な種類の集会があり、そこでは教徒間の揉め事にどう対処するかや、組織としてどのように財務上の決定を下すかといった、世俗的な問題の答えを探す。議論が白熱したり、行き詰まったり、混乱したりすると、ミーティングを取り仕切っている人（「クラーク（clerk）」）が、全員で沈黙を保ちながら観想することを呼び掛ける。これがスレッシングの主な手段だ。

「その沈黙に居心地の悪さを感じる人がいるかもしれません」とロブ・リッピンコットは言った。「けれど、その時間の力は、居心地悪く感じたまさにその瞬間にある、と私は言いたいです」。両親もクエーカーだったロブは、ハーヴァード大学で教育学の講師を務めるとともに、公共放送ネットワークのＰＢＳのシニア・ヴァイスプレジデントをはじめ、公共サービスや非営利サービスで多くの役割を担ってきた。彼は、対立が起こったときには、ますます多くを語り、思わせぶりな行動を取り、優位に立とうとするのが一般的になってきていることを指摘する。意見が衝突すると、たいてい音量が上がる。

だが、クエーカーの伝統では、全員が沈黙するという、正反対の対応が推奨される。彼らは沈黙を使って流れを変え、「調和」を探し求める。ロブはさらに詳しく説明してくれた。「それは厳密にはコンセンサスというわけではありません。合意のようなものです。完全な100パーセントの同意ではありません。それよりは、『私は邪魔はしませんよ』というのに近いです」

ロブは次のように言った。「クラークが沈黙を求めたときには、自分を落ち着かせるように努力します。そして、深呼吸します。すると、集中することができます。本当の問題は何なのか？　本当の対立は何なのか？　私は何かに気分を害しているのだろうか？　論理的思考の過程にどこか問題があるのだろうか？」。沈黙の時間がきちんと実行されれば、すべてが停止する、と彼は言う。書類が立てる、カサカサという音さえいっさい聞こえない。「その静寂のおかげで、私は『飛び込め、今すぐ』という本能から後ずさりすることができます」とロブは言った。「待つことができます。ひょっとすると、私よりも明確に感じている人が発言するかもしれませんから、それまで待つことさえあります。そして、その発言は私にとってとても衝撃的で興味深いことが多いです」。彼が考えていたのとまさに同じことを、誰かが口にするのも珍しくない、それももっと明確に、と彼は語った。「『わーっ！　話が前に進んでいるぞ』という感じです。連帯感を育てる実習になっています」

真実と力

詩人のデイヴィッド・ホワイトは、著書『安らぎ——日常の言葉の慰めと滋養と秘められた意味

（*Consolations: The Solace, Nourishment and Underlying Meaning of Everyday Words*）』で、次のように述べている。

静寂の中では、本質が本質そのものについて私たちに語り、一種の一方的武装解除を求める。私たち自身の本質的な特質がゆっくりと現れ、守られていた外縁が粉々に砕け散る。多忙な縁が崩れ去ると、私たちは現在の無知、屈強な無防備という入口を通して会話に加わりはじめ、耳を傾けるという行為の仕方の中で、異なる耳、より鋭敏な目、慌てて結論に至ることを拒む想像力を示す。それらは、静寂に入ったばかりの人間とは別の人間のものだ。[7]

地政学の世界では、「一方的武装解除」という言葉はたいてい、自国の主権を主張するのに必要な武器を置き、自らを防衛する責任を放棄することを指す。実際私たちは、自分のアイデンティティを守り、個性を主張し、自らの見解を擁護するために、現に言葉を使うことが多い。そして、二項対立の世界で起こる避けようのない小競り合いのときに、何が必要かを知らせ、自分の立場を堅持するためには、そうしなければならないこともある。

だが、ただそうした武器を置くだけならどうなるのか？　意見を持つことや立場を守る義務を放棄して自分の価値を証明するのをやめたら、どうなるのか？　「屈強な無防備」とホワイトは言う。「現在の無知」。知覚の洗練。自分のより深い特質の発見。

ロブ・リッピンコットは、紛糾するミーティングに静寂を意識的に差し挟む様子を説明してくれたが、それは一種の検閲ではない。彼は、余地を持たせることを言っていたのだ。言う必要のあることは言ってかまわないが、お決まりのプレッシャーは抜きにする。密室で意見が衝突して行き詰まっていたところに、隠し扉が開かれる。新鮮な風が流れ込むのが感じられる。

それは、シーナ・マルホトラが言っていた明確さと実在——ロサンジェルスでの「ブラック・ライヴズ・マター」のデモで、９分の沈黙の間に花開いた明確さと実在——に似ている。あるいは、サイラスが述べたような、今日のイエズス会士たちが見せている、識別のためのゆっくりした静かな作業にも似ている。無言には、正義のための仕事で果たすべき役割がある。大小両方の課題を解決するのに、静寂は不可欠なのだ。

クエーカーの信仰は、すべて沈黙の実践にかかわるものではあるが、彼らは「権力に対して真実を語る」という原理も大切にしている。知られているかぎりで、この言葉を最初に印刷物で使った事例は、１９５０年代の『権力に対して真実を語る——暴力に代わるものをクエーカーが求めて（*Speak Truth to Power: A Quaker Search for an Alternative to Violence*）』という本であり、人々を鼓舞して、核兵器の開発と冷戦の軍国主義に異議を唱えさせようとする作品だった。私たちはロブと話しながら、権力に対して真実を語るうえで最も難しいのは、真実そのものを識別することであるという、単純な問題を探った。「真実に耳を澄ますというのは、本当は修養です。瞑想の根本です」とロブは語った。「もし私が静寂のうちに何かを徹底的に吟味して、それが真実であることがじつに明確になったら、それは他の人々に伝える価値があります」

ガンディーが毎週のリトリートを終えてから火曜日に行った、人を奮い立たせる発言がそうだったように、沈黙から現れ出てくる言葉には道徳的な側面が多少ある。ガンディーは、自分が先導するのを助けた運動の精神的な力を指して、「サティヤーグラハ」というサンスクリットの言葉を使った。それは、えも言われぬものの全き状態から生じる発言が持つこの特性を伝えている。

「権力に対して真実を語る」というクエーカーの価値観に似て、「サティヤーグラハ」という言葉は、「真実から生まれる力」と訳される。明確な知覚。明確な行動。それは、静寂と正義を結ぶ懸け橋だ。

これまで挙げてきたことのどれ1つとして、静かな時間が自動的にその時代の問題を解決するとは言っていない。正義のための世俗的な仕事をすることも、当然ながらきわめて重要だ。抑圧的な制度に挑み、温室効果ガスの排出を大幅に減らし、公正な経済を築かなくてはならない。こうした変化はすべて必要だ。それでもなお、それらの変化はそれ自体では十分ではない。人間の意識の中にある根本的な切迫感と動揺に対処しないかぎり、どれほど賢明な政策をもってしても、今日私たちが直面している社会や生態系の危機は解決できないだろう。「成功」と「進歩」の概念を作り変え、ＧＤＰに執着するパラダイムと、音・刺激・モノの最大限の生成という発想を考え直さないかぎり、トリシア・ハーシーが「グラインディング文化」と呼ぶものの苛酷さは根強く持続するだろう。

第2部 静寂の科学

第5章　騒音と健康

静寂による回復

フェイス・フラーは幼かった頃、コネティカット州西部のバークシャー山脈の深い森を当てもなくさまようのが大好きだった。「近隣にほとんど人がいませんでした」と彼女は語った。「そして、我が家の暮らしは……複雑でした」。4人きょうだいの、歳の離れた末っ子だった彼女は、まるで1人っ子のように育った。「森が友達でした。森に見守られ、認められ、知られているように感じていました」。フェイスは1日がかりの遠出に没頭した。氷のように冷たい小川を歩いて渡り、宝物を探し、腹這《はらば》いになって休みながら、林床に点在する鮮やかな赤のクローバービラハダニを眺めた。「6歳から10歳ぐらいまで、私と森の間には、真の違いはありませんでした」と彼女は振り返る。

フェイスは大人になると、瞑想を始め、没入型の静寂に入る確かな道を新たに見つけた。そして、60年以上にわたって、その静寂の状態を求め、味わった。静寂は、親交と再生の源泉であり続けた。だが、それがやがて命を救ってくれる処方箋になるとは、夢にも思っていなかった。

2015年のある日、フェイスは仕事から帰宅するときに、対向車に衝突された。その車は中央分離帯を飛び越えてぶつかってきて、彼女の車は植え込みを突き抜けて歩道に乗り上げ、コンクリートの壁に突っ込んだ。「肩の骨が砂利のように粉々になりました」と彼女は言う。だが彼女は、脳にも重傷を負った。「ひどい脳損傷から回復するのは、もう一度生まれるようなものです。なにしろ、最初は赤ん坊のような状態で、言葉もろくにわからず、指示に従うのにも苦労し、込み入った指示だと」とそこで肩をすくめて続けた。「『まったく！　できるか、そんなこと』と言うしかありません」。その頃の自分の脳は、ぐにゃぐにゃで未熟だった、とフェイスは言う。

当初、脳の損傷があまりに深刻だったので、フェイスは医療従事者と直接話すことができなかった。言葉が出てこなかっただけではなく、時間や空間の感覚も失い、自分がどんな人間かさえも思い出せなかった。わかるのは、自分の名前と、すべてを取り仕切ってくれていたパートナーのマリータの存在だけだった。医療チームは来る日も来る日も終日、フェイスの回復ぶりを評価した。「私は必死に頑張って答えたり反応したりします。けれど、精も根も尽き果てる思いでした」と彼女は回想した。「それから脱力して、無に身を委ねます。でも、その無は恐ろしいものではありませんでした。私を支え、育んでくれました。私はその中に身を置く必要があったのです」

フェイスは、事故前の日々を、次のように説明する。「忙しくて、忙しくて、忙しくて、忙しくて

――でもそれは、くだらない忙しさではなく、有意義な忙しさでした」。それでも、そのときでさえ、自分にやり続けられることには限度があるのを承知していた。「私はこの世の中の、泡立つ小川のようなものと、考えてもらってかまいません」と、子ども時代の小川を思い出しながら彼女は言った。「けれど、その小川には水源があります。水源は巨大な、途方もなく大きな静寂で、泡立つ小川は、その巨大な、途方もなく大きな静寂から直接流れ出ています。そして、私がその小川の中であまりにも長く泡立ちながら流れていると――そして、その静寂に戻らないと――小川は干上がってしまいます」

トレーニングとコーチングの国際企業の共同創業者で社長のフェイスは、サンフランシスコからドバイ、東京、イスタンブールへという具合に、世界中を絶えず旅して回り、組織のリーダーに助言し、各地のコンサルタントのチームを指導したり管理したりしていた。瞑想の時間や自然の中で過ごす時間をできるかぎり取るようにしていたが、彼女の小川は干上がりかけていた。「車が道路から押し出された場所の傷跡やタイヤのスリップ痕を見に行きました」と彼女は言った。「おかしいですね。しばらく、本当にはぴんと来なかったのです。でも、自分が走っていた道から押し出されたのです――まったく文字どおりの意味と比喩的な意味の両方で」

フェイスの医療チームは、回復中の脳の大切な領域を過剰に刺激するのを避ける手順を重視した。だから彼女は、照明を暗くした静かな場所で静養し、そこでは看護師たちは小声で話すようにした。フェイスは負傷後何週間にもわたって、働いたり、人づき合いをしたり、スマートフォンを使ったり、とにかくあまりたくさん情報を取り入れたりしないように、担当の医師たちに言われた。だがフェイスにしてみれば、医師たちが示したたんなる生理学的な根拠以上のものが、その指示にはあるように思えた。

事故の直後の数日間、フェイスにまだ時間や場所の感覚がなかった頃は、本人の言葉を借りれば、「とても気持ち良かったです。自分の中で、何の対話もありませんでしたから……自己が何一つ語っていなかったのです」。彼女は笑い、こう言った。「たしかに、私は脳をやられて、たっぷり薬を投与されていました。でも、その静けさは深いものでした。大海に身を委ねているような経験でした」

通常の音や刺激を一時的に免れたから、意識の中にゆとりが生まれたのだとフェイスは思っている。その隙間を通して癒やしが訪れた。最近話したとき、フェイスはきっぱり言った。「静寂は脳に回復を許します」

事故の後の治癒のおかげで、フェイスは静寂への畏敬の念と思い入れを新たにした。その「大海に身を委ねているような経験」はそれまでにないものだったが、まったく馴染みがなかったわけでもない。やがてそれは、もっと定期的に「水源」に立ち戻り、静かな熟考や瞑想や、少女時代にしたような森での遠足にたっぷり時間を割こうという意欲の源泉になった。彼女とマリータと2匹の愛犬は、サンフランシスコの騒がしいベイエリアから、気を散らすものが少なくて、多くの鳥がさえずる、オレゴン州の農村部に引っ越した。

フェイスの治癒は、彼女の中に、医師も科学の専門家も誰一人満足に答えられたためしのない、次のような疑問も湧き上がらせた。

体を癒やし、心を明確にする静寂の力の、生物学的な基盤は何か?

これは、研究者たちがまさに探りはじめたばかりの疑問だ。

科学が明らかにした静寂の効用

歴史的に見ると、主流派の科学は聴覚のレベルでの静寂にはほとんど関心を示さずにきた。静寂は、念入りな研究の主要テーマではなく、実験室での研究の制御変数だった。実際、科学者が静寂について成し遂げた有用な発見の大半は、偶然の産物だった。

ルチアーノ・ベルナルディ医師の例を考えてみよう。イタリアのパヴィア大学の内科教授で、熱心なアマチュアミュージシャンの彼は21世紀の初頭に、音楽は健康の維持に役立つという古代ギリシアの哲学者たちの考え方を詳しく調べる、自分にとっては興味津々のプロジェクトに取り組んだ。彼は、テンポやリズムやメロディ構成のすべて違う6種類の音楽が、被験者の心血管系と呼吸器系に与える影響を調査した。彼は6種類の音楽を選んでランダムに並べ、被験者が元の状態に戻れるように、2分間の静寂による「休止」をそれぞれの間に挟んだ。

だが、奇妙なことが起こった。被験者たちは、それらの「休止」に耳を傾けているときに、元の状態には戻らなかった。彼らはリラックスした。実際、最もテンポが遅く、最も人の心を落ち着かせるような音楽を聴いている間と比べてさえ、音がしない休止期間のほうが、はるかにリラックスしたので、ベルナルディは実験の前提をそっくり考え直さざるをえなくなった。彼はけっきょく、心血管と呼吸器の健康に対して静寂には音楽よりも大きな効力があると結論した。[1]

2006年、ベルナルディの研究は、専門家の査読がある、心臓専門医向け雑誌『ハート』で、最もダウンロード回数が多い論文となった。静寂が循環系を落ち着かせるというのは、直観的に理解できることのように見えたかもしれないが、それまで実験でそれを立証した人は誰もいなかった。こうしてベルナルディは、図らずも変化を引き起こした。今では、静寂がただの制御変数以上のものであることは、広く受け容れられている。

それどころか今日、静寂はしだいに科学的調査の人気領域になりつつある。ベルナルディの研究が発表された後、スタンフォード大学の神経科学者たちは、音楽と音楽に挟まれた静寂の時間が、作動記憶を高める種類のリラックスした注意と結びついている脳の部位を、どうやって活性化させるかを突き止めた。世界中の大学の研究者は、マインドフルネスの科学への関心の高まりを足掛かりにし、機能的磁気共鳴画像法（ｆＭＲＩ）装置――脳の血流を追うことを可能にする画像技術――を使って、沈黙の瞑想の実践が注意力を高め、うつや不安と関連した要因を緩和する助けになることを実証してきた。沈黙の瞑想をすると、重要な刺激と余分な刺激（「シグナルとノイズ」）を識別する能力が上がることが、さまざまな研究によって証明されている。脳震盪《のうしんとう》その他の外傷性脳損傷からの回復に「認知的休養」が持つ価値については、医師たちは以前は意見が分かれていたが、新しい研究結果は、フェイスに対して取られたような手順が重要であることを裏づけている。「認知的緊張」（過剰な精神的刺激）を避ければ、ニューロン（神経細胞）の再生や脳機能の回復が可能になることが、しだいに認められてきている。

こうした最先端の科学の研究結果は、素朴な民衆の知恵が何千年にもわたって代々伝えてきたことを補強する。そうした知恵に加えて、１５０年以上前には、世界でも特に有名なある医療専門家が、健康に必要なものとして静寂をおおいに奨励した。

騒音とはストレスである

イギリスの裕福な家庭出身の才媛フローレンス・ナイチンゲールは1854年秋に、これ以上なさそうなほど不潔で憂鬱《ゆううつ》な環境での任務に志願した。[2] 彼女は、今日のイスタンブールに当たる場所にあったスクタリ野戦病院で看護師たちを指揮し、クリミア戦争の傷病兵の治療や介護をした。病院の下には下水管があり、それが日頃から破裂するので、重症や重病の患者が汚水の中を歩く羽目になった。発疹《はっしん》チフスや腸チフス、コレラ、赤痢など、病院で感染した疾患で亡くなる兵士のほうが、戦場で負った傷で亡くなる兵士の10倍も多かった。[3] 壊疽《えそ》の傷口は放置され、当時のごく基本的な衛生基準さえ無視された。イギリスの陸軍官僚たちは、おおむね無関心だった。戦争に勝つことで頭がいっぱいだったのだ。

当時、軍の病院の状況は主に、任意の寄付で運営される宗教団体や慈善団体に任せられていた。イギリスの王立統計学会で初の女性会員となるナイチンゲールは、見事な手際でデータを視覚的に示すことによって、陸軍の官僚制度をかわした。色鮮やかな1ページの鶏頭図を描き、自分の患者看護手順によって、予防可能な疾患や感染が激減したことを証明した。その後、洗浄や手洗いの要件を定めるといった抜本的な改革を迅速に実施するとともに、患者に基本的な栄養補給を確実に行うことができた。状況は劇的に改善した。死と悪臭に満ちたスクタリ野戦病院で、聴覚騒音を優先的な対処課題にする人がいるとは想像し難い。だが、ナイチンゲールはそうした。

1859年、ナイチンゲールはクリミア戦争での経験を振り返り、「というわけで、不要な騒音は、病人と健康な人のどちらに対しても、最も残酷な配慮不足だ」と書いた。[4] ナイチンゲールは、彼女が「動悸《どうき》、発汗、深い疲労、ため息呼吸、継続的に高い心拍数」と説明する症状――今ではたいてい、PTSD（心的外傷後ストレス障害）に関連していると考えられる症状――を見せる兵士を治療するときには、最も重要な方法として、静寂を保つことを推奨した。彼女はクリミアでの任務の後、特に都会の貧しい人々向けの、より人道的で効果的な治療制度を築くことに的を絞って、何千通もの手紙と、何十もの本や報告書や計画書を書いた。そうした文書の中では、病院内の「憂慮すべき騒音」が、健康を損ない、治癒を妨げるような特定の状況（血圧の上昇、不眠、不安の高まり）を引き起こすことを、頻繁に説明した。

ナイチンゲールは、音量の全体的なレベルを気にする一方で、さまざまな種類の騒音を精緻なやり方で区別した。そして、内容が理解できる範囲をわずかに超えた、ささやき声での会話や、廊下でのおしゃべりのような、「何だろうという思い」を抱かせる種類の「騒音」を何よりも非難した。それらは、頭を疾走させ続ける。あるいは、彼女の言葉を借りれば、外部からきちんと「遮断」されている感覚を患者に抱かせない。彼女は、人の意識を奪い取る種類の騒音――体と頭にいつまでも残る種類の騒音――のことを言っている。

では、切断された手足が転がり、想像を絶するような不潔な状態にある、不快の極みとも言える場所で、フローレンス・ナイチンゲールはなぜ、見たところつまらない騒音の問題に、それほどの重点を置いたのか？　それは、騒音の特質について、気づいたことがあったからだ。騒音は、癒やしに必要な実在から人を引き離す。騒音は人の適応能力に負担をかけ、闘争／逃走反応を促し、ウェルビーイング

（身体的・精神的・社会的に完全に満たされた状態）のフェルトセンス（漠然と体で経験している感覚）へのほとんど普遍的な脅威となる。

騒音は、突き詰めればストレスだ。

現代の研究が、この見解を裏づけている。

20年前、ニューイングランド水族館の科学者ロザリンド・ローランドは、絶滅の危機にある海洋哺乳動物の生殖機能と内分泌機能に対する環境要因の影響を理解しようとしていた。彼女のチームは犬たちを訓練し、船に乗っているときにクジラの排泄《はいせつ》物を嗅ぎ分けられるようにした。それから、カナダのファンディ湾で、ホルモン値を解析するために、ダイバーたちがクジラの排泄物のサンプルを収集した。[5] ローランドのチームは、騒音など、海洋環境のさまざまな状態が、サンプルの化学組成をどう変えるかを見てみた。

2001年、チームは調査サンプル中のストレスホルモンが、ほとんど一夜にして、極端に減るのを目の当たりにした。ところが、次のシーズンには、ストレスホルモン値は、以前の標準に完全に戻っていた。ローランドは、ハイドロフォン（水中マイク）を使って湾の海水を通して伝わる騒音レベルを測定することも含め、考えうるあらゆる要因を調べた。彼女のチームは、そのストレスの激減の説明として妥当と思われるものを1つだけ見つけた。9・11同時多発テロに続く、世界貿易の停止に伴う、海運の一時的休止だ。それに似たことが、2020年の春にも起こった。新型コロナのパンデミックで、世界の海運が急速に減少したときだ。クジラの排泄物を嗅ぎ取る犬たちを連れた遠征を再び率先して行おうという人はいなかったが、世界中の海洋科学者はハイドロフォンで聞き耳を立てた。そしてその多くが、やかましい、交通量の多い海域で長らく抑え込まれていたクジラの合唱――健康の主要な指標――の復活を耳にした。

人間は、海にいる哺乳動物の仲間たちと、とてもよく似ている。そして人間の場合、騒音とストレスのつながりは、生理学的に明確に説明できる。音波が鼓膜に届くと、内耳の骨が振動し、蝸牛《かぎゅう》と呼ばれる、エンドウ豆ほどの大きさの渦巻き形の空洞に入っているリンパ液に波が立つ。その波が起こす振動を、蝸牛の内側に生えている微小な毛髪のような構造が電気信号に変え、それを聴覚神経が脳に伝える。[6] 神経科学者たちは、その信号が扁桃体《へんとうたい》に行くことを突き止めた。扁桃体はアーモンドのような形をしたニューロンの集まりで、2つあり、おそらく人間の生活の情緒的側面の主な生物学的基盤を形成していて、闘争／逃走反応のような迅速な行動を引き起こす衝動も、ここに端を発する。信号が届くと、扁桃体が働きだし、人はストレスホルモンを分泌する。刺激が多過ぎると過剰なストレスが生じ、血液中のコルチゾールなどのストレス化学物質の存在からそれがわかる。

だが、ストレスの弊害はそれにとどまらない。「安全で社会的な状態」と呼ばれる状況下では、中耳の微小な筋肉が活性化し、人間の声など、中音域を聞き取ることができる。[7] ところが、人間が闘争／逃走モードに入ると、それらの微小な筋肉は不活発になり、主に、かつての捕食者が出していたような低音域と、別の人間あるいは動物が苦痛で悲鳴を上げているときのような高音域を聞き取る。中音域は聞こえづらくなる。言い換えると、脅威を感じているときには実際に、お互いが聞こえなくなる。

「騒音はストレスを引き起こします。特に、自分ではその騒音をほとんど、あるいはまったく制御できないときには」と、ペンシルヴェニア大学教授のマシアス・バスナーは言う。彼は、聴覚処理と休息を専門にしている。「体はアドレナリンやコルチゾールのようなストレスホルモンを分泌し、それが血液の組成を変えます——そして、血管の組成も。たったひと晩、騒音にさらされただけで、血管は硬くなることが実際に証明されています」とバスナーは言って、騒音が引き起こすストレスの典型的な経路を説明した。人々は長年、過剰な騒音が難聴を引き起こしうることに関心を向けてきた。難聴は、社会的孤立や孤独にもつながりかねない重大な問題だ。だが、それればかりではない。過去数十年間に専門家の査読を受けて発表された一連の広範な論文によって、心血管疾患や高血圧症、脳卒中、肥満、糖尿病、認知機能と学習能力の低下、うつ、睡眠障害、これらが引き起こす多種多様な合併症など、難聴に伴うリスクも立証された。[8]

ストレスで参ってしまったファンディ湾のクジラと同じで、高まり続ける騒音レベルから人間も本当に生理的な影響を受けている。地球規模では、世界保健機関は今や、騒音公害を人間のウェルビーイングに対するコストの点で、大気汚染に次ぐ第2位に挙げている。同機関による最近の研究は、病気や障害や早期死亡により、西ヨーロッパだけでも生存年が毎年100万~160万年失われていると計算している。[9]

2019年、騒音レベルを継続的に測定するフランスの非営利組織であるブルーイットパリフは、音響センサーのネットワークが生成する「騒音マップ」を解析し、報告書を公表した。その報告書は、パリ市内と郊外のとりわけやかましい地区に住む平均的な人はみな、自動車やトラック、飛行機、鉄道、産業用機械の騒音が引き起こしたり悪化させたりする症状の組み合わせのせいで、「健康寿命が3年以上」縮むと結論した。パリは、やかましさで選んだ世界の上位50都市のリストで9位にランクされている。[10] そこで、問わざるをえなくなる。世界でやかましい都市の3傑である広州《グァンジョウ》市とデリーとカイロについては、そのような統計は存在しないが、そこの平均的な住民はいったいどれだけの健康寿命を失っているのか？　デシベルの測定活動があったとしても稀な発展途上国で急速に成長中の、騒音が増すばかりの都市についてはどうなのか？

他の種類の汚染の場合と同じで、騒音も、経済的な力や政治的な力のない人々に偏った影響を与える。ジャーナリストのビアンカ・ボスカーの言葉を借りると、「騒音はけっしてただの音の問題ではない。それは、権力と無力の問題と分かち難く結びついている」となる。[11] 最近アメリカで行われた全国的な調査は、都会の貧しい地区は裕福な地区よりもたいてい2デシベル分やかましいことを示している。この違いは、対数スケールで記すとはっきり表れる。この調査からは、アフリカ系やラテンアメリカ系やアジア系の住民の割合が大きい都市が、一貫して騒音レベルが高いこともわかる。

嘆かわしいことに、騒音が大きいと睡眠が減る。そして睡眠の減少は、かつて誰も想像しなかったかもしれないほど重大な問題であることがわかってきている。睡眠の研究者で神経科学者のマシュー・ウォーカーは、あけすけに言う。「睡眠時間が短いほど、寿命も短い」。Fitbitのような個人用のフィットネストラッカーが登場したために可能になった、２０１５年の画期的な調査では、睡眠障害はアフリカ系アメリカ人の研究参加者の間では5倍も起こりやすいことが明らかになった。この「睡眠格差」は、ウォーカーによれば、心疾患や肥満、認知症、癌など、多くの健康問題につながるという。彼はベストセラーとなった著書『睡眠こそ最強の解決策である』で、「絶望から希望への最高の懸け橋は、ひと晩ぐっすり眠ることだ」と書いている。[12] だが、絶え間なくやかましい環境で暮らしていると、その橋を渡るのは、仮に不可能でないにしても、難しくなりうる。

　フローレンス・ナイチンゲールの警告が、現代世界では一律に無視されているわけではない。たとえば、フェイスの医師たちは、聴覚騒音が心身のストレスであり、回復中の患者は騒音を避ける必要があることに気づいていた。だが、この種の手順は例外にとどまる。過剰な聴覚刺激が人間の健康に与えるストレス効果を現代の研究が実証しているにもかかわらず、新生児集中治療室でのジャスティンの体験が示しているように、ほとんどの病院は途方もなくやかましい。平均的な集中治療室（ＩＣＵ）は、世界保健機関が推奨する35デシベルではなく、「賑《にぎ》やかなレストラン」並みの騒音レベルであることが多い。ある調査では、「すべての場所で、夜間は最高16回、日中はさらに頻繁に、85デシベル（Ａ）を超える最大値を記録した」[13]。２００５年のジョンズ・ホプキンズ大学の調査によると、同大学付属病院のデシベル値は、１９６０年以来、平均で10年ごとに4デシベル上がっており、これは今日の現代的な病院のすべてに当てはまるのではないかという[14]。

　デシベル値の急上昇は、音声アラームのせいであることが多い。もちろん、病院の現場ではアラームは必要だ。理想的には、何をする必要があるのかについての、医療従事者に対するシグナルであるべきだ。それにもかかわらず、問題含みの「便利依存症」も絡んでおり、私たちは過剰なアラームの真のコストを考慮に入れそこねている。最近知ったのだが、86種類の音声通知を発する心拍計があるそうだ。86種類！　聴覚の達人でもなければ、それぞれを区別できないだろうし、仮にそれが可能だとしても、臨床現場で発せられるアラームの72～99パーセントほどが誤報であることを、一流の研究が示している[15]。これほど誤報が多いので「アラーム疲れ」が起こり、医療専門家が感覚過負荷のせいでアラームに反応しなかったり、反応が遅れたりする。[16]医療従事者に対する騒音増加の影響を調べることはできるものの、患者にもたらされる広範な生理的結果や心理的結果を数量化するのはもっと難しい。

フローレンス・ナイチンゲールなら何と言うだろう？

騒音は騒音を生む

フェイスは、信頼できる人々に身を委ねていることを承知していた。彼女の医療チームは、静かな聴覚サウンドスケープが重要であることをしっかり認識していた。フェイスはこのときの感覚を、「柔らかな脱脂綿のような、これ以上ないほど柔らかな素材に優しくくるまれ」ていたような感じと評している。静寂は、癒やしをもたらす実在だ。それにもかかわらず彼女は、回復に向かう過程で、情報騒音と内部騒音という、他の種類の騒音には相変わらず悪戦苦闘した。

フェイスは仏教徒として、頭の中のおしゃべりを管理する技の訓練と実践を何十年も重ねてきたのに、電話をかけたり、ノートパソコンを開いたり、そして何より、放置してきた責務のいっさいについて際限なく思いを巡らせたりしたいという衝動に襲われる自分に、たちまち気づく羽目になった。「私は働くことを許されていませんでした」と彼女は振り返る。「医師たちはいつも私に腹を立てていました。なぜなら、私は我慢できなかったからです——何もしないでいるのに！」。医療チームにもっと優しく接することができたはずだ、と彼女は思う。「私の脳に休息を与えたかっただけなのですから」。それなのに彼女は、回復期間に入ってわずか数週間のときに、予定されていたヨーロッパへの出張の準備と手配で頭がいっぱいになった。どうしても行く、と誰にでも言った。「馬鹿丸出しでした」と、今では彼女も認める。「どうしても諦めがつかなくて。与えられた指示のなかで、従うのがいちばん難しかったです」

フェイスは救い難いワーカホリックのように見えるかもしれないが、私たちの誰もに生まれつき備わっている傾向を実行に移していただけだ。人間は情報を探し求める生き物だ。だから、人がひっきりなしに精神的な刺激を手に入れようとするのは、自然なことだ。第2章ではアダム・ガザレイとラリー・ローゼンを紹介した。人間の「太古の脳」が現代世界でどう作動しているかを広範にわたって研究してきた神経科学者と心理学者の2人組だ。[17]「他の動物たちを駆り立てて食べ物や飲み物という報酬を探させたのとまったく同じシステムによって」、人間も「情報という報酬を探し求めるように駆り立て」られている、と彼らは説明する。「情報そのものが生存に不可欠ではないのですが」。言い換えると、人間の脳の生理的なメカニズムは、ニュース記事の下の好奇心をくすぐるリンクをクリックするのと、森で食べ物を探しているときに熟したブラックベリーを摘むのとを、いつもはっきり区別するわけではない。「情報だけでも、太古の報酬メカニズムの作用を誘発します」と、ガザレイとローゼンは説明した。人がニュースフィードやメールやゴシップを貪るように読んだり聞いたりするのも、無理はない。人間の太古の脳にとって、それらは抗《あらが》い難いほど「美味《おい》しい」のだから。

フェイスの状態が良くなるにつれ、医師たちは休息の制約をだんだんに緩めていった。そして、大目に見てもらえるようになると、彼女の情報収集の傾向はアクセル全開になった。フェイスは、情報飽和状態という、本人が「デフォルト現実」と呼ぶものに戻った。「私は、9か月も物が二重に見えるといった症状はすべて軽視し、通常の状態に一直線に戻る必要がありましたし、そうする決意でもいました」。こうして外部の音と刺激がしだいに増すにつれ、自分もくどくどと物事を考えてばかりになってきていることに、フェイスは気づいた。「回復するにつれ、内部の静寂が減っていいきました」と彼女は回想する。

フェイスの体験を考えると、異なる種類の騒音の間には微妙なつながりがあるという考え方に立ち戻ることになる。注意散漫の聴覚的原因と情報的原因と内的原因はみな、互いに強め合うのだ。

この強化の仕組みを理解するには、トップダウンの注意とボトムアップの注意という、競合する押しと引きの2つの力を考えることが重要だ、とガザレイとローゼンは言う。最初のトップダウンの注意は、家族のために水や食料を運んでくるとか、小説を書くとか、頭部の外傷から回復するために医師の勧告に従うとかいった、個々の目標への集中だ。第2のボトムアップの注意は、木の枝が落ちてきたときや、自動車のクラクションが鳴ったときや、人込みで名前を呼ばれたときなどの、刺激に対する反応だ。私たちは、常時接続のせいでボトムアップの妨害にかつてないほど敏感になった、とガザレイとローゼンは言う。常時接続のせいでこの世界は前よりもやかましくなった――内部と外部の両方で。「テクノロジー機器の通知と社会の期待によって、私たちは外部に由来するボトムアップの注意散漫の原因に、前より反射的に応答するように条件づけられるとともに、内部に由来する注意散漫の原因も前より多く生み出すようになりました」と彼らは主張する。

私たちとの会話の中で、ガザレイとローゼンは、この状態を「妨害のジレンマ」と呼んだ。私たちはそれを「騒音のジレンマ」と考えている。

現代世界では、「ボトムアップの妨害」はたいてい、何かがポケットの中でピーピー鳴ったり振動したりするところから始まる。静かな唸りやカスタマイズした着信音は無害に思えるかもしれないが、精神的な投影を引き起こし、それが頭の中で藻のように繁茂する。私たちが気づいていようといまいと、そのボトムアップの妨害は、しだいに悪化して、外部と内部の両方の騒音のフィードバックループとなることが多い。

ガザレイとローゼンは、次のようなわかりやすい例を挙げている。あなたが混雑したハイウェイで車を走らせているときに、ショートメッセージを受信したとしよう（ボトムアップの妨害だ）。あなたは目的地まで安全に運転することに集中している（あなたのトップダウンの目標）。だが、懸命に無視しようとしても、2人の言葉を借りれば、スマートフォンの振動は「ポケットの中で火のように熱く」感じられはじめ、「ますます気になってしかたありません。『誰だ、こんな時間にメッセージを送ってくるのは？　何の用だろう？』」（これはボトムアップの注意散漫の原因で、その源は、自分自身の心だ）。あなたは注意を逸らされたせいで、出口を見逃し、またしても安全運転を中断してスマートフォンを手に取り、コースを変更しなくてはならなくなる。これはすべて、元のトップダウンの目標への道筋に戻るためには、やらざるをえない。

あのスマートフォンの振動――ボトムアップの注意散漫の原因――ごときのせいで、内部と外部の妨害の連鎖反応が生まれた。騒音は騒音を生むのだ。

この作用を理解すると、認知に果たす騒音の役割をもっとよく理解する助けになる。先駆的な環境心理学者のアーリーン・ブロンザフトは、１９７０年代にマンハッタンの中学で、地下鉄の高架線による高いデシベル値に直面した教室の生徒は、校舎の反対側のもっと静かな教室の生徒と比べると、読解テストの得点が最長で1年分遅れていることを突き止めた[18]。騒音に対してストレス応答が起こることはしっかりと立証されているので、ほとんどヘヴィメタルのコンサート並みのレベルまで断続的にデシベル値が急上昇するのが、本質的に問題含みであることは明らかだった。だが、問題は、扁桃体が動揺するだけにはとどまらなかった。ガザレイとローゼンのレンズを通して眺めれば見て取れるように、キーという音を立てる車両による束の間のボトムアップの妨害に、おそらく生徒たちは集中力を乱され、あらぬ方向に考えが逸れ、教師の話に耳を傾けるというトップダウンの目標が損なわれるだろう。外部の騒音が内部の騒音を助長し、注意力を散漫にし、それが認知と記憶に響いた可能性が高かった。

地下鉄の影響についてのこの調査が単純な聴覚の妨害の例だったのに対して、運転者のスマートフォンが振動するガザレイとローゼンの例は、もっと深い問題にかかわる。不思議にも、この種の明らかに現代的なデジタル刺激は、ヴィクトリア朝のロンドンの大邸宅でロウソクの明かりを頼りに執筆しているフローレンス・ナイチンゲールを思い出させる。なぜか？　それは、現代のサウンドスケープで人々が遭遇する、振動や着信音や通報音の類のボトムアップ騒音に共通するのが、「何だろうという思い」だからだ。19世紀の診療所での、内容を理解できる範囲をわずかに超えた、ささやき声での会話や、廊下でのおしゃべりと同じで、ニュースのアラートやインスタグラムの「いいね！」の通知も、くどくどと考えがちな人間の頭を興奮させ、ナイチンゲールが外部からきちんと「遮断」されている感覚と呼んだものを得るのを妨げる。

オランダの数百人のティーンエイジャーを対象とした最近の調査では、ソーシャルメディアの使用頻度の高さと、1年後の注意力の減退や衝動性と活動過剰の傾向の強まりとが結びついていることがわかった。[19] アメリカの1600人の成人を対象とした最近の別の調査では、フェイスブックの利用を1か月やめただけで、自己申告した孤独感の減少や、やはり自己申告した幸福感の増大など、情緒の健康にかなりの向上が見られた。[20]

「内的騒音、内的妨害こそが、最も油断ならないのです」と、近頃交わした会話の中でラリー・ローゼンは言った。若い人にとっては特に、テクノロジープラットフォームの利用は、ローゼンが「社会的《ソーシャル》な義務」と呼ぶものを大量に伴う。ソーシャルな義務とは、いつも連絡を取り、外面《そとづら》を維持し、返事を待っている相手を「既読無視」したままにしないように、メッセージには即座に返信する必要性のことだ。これらの義務は、陳腐なものに見えるかもしれないが、注意散漫なおしゃべりで意識を満たしてしまう。ローゼンはそのおしゃべりを、増大する現代の不安の突出した原因と考え、その不安を「頭の中のストレス」と呼んでいる。

私たちは最近、不安と内部騒音の関係について、神経科学者で精神医学者のジャドソン・ブルワーと話した。「それは直接的なつながりです」と彼は言う。「不安はさまざまな事柄について繰り返し考えることだけではありません。そうした思考に囚われてしまうことなのです」。そのような「反復性思考」は、未来を正確に予測するだけの情報がないときに起こることを彼は強調した。人はそんな思考を執拗に繰り返し、心配にはまり込んでしまう。

「恐れ＋不確かさ＝不安」とブルワーは要約した。

世の中で情報の量が急激に増えるに伴って、理論上は、不確かさは減り、そのおかげで不安も減って然《しか》るべきであるように思える。だが、そう簡単にはいかない。「消防ホースから水を飲むようなものです」。現代の情報の流れを説明しながら、ブルワーは言った。その情報をすべて活用するほどの作動記憶を人間は持っていない。そのうえ、誤情報や偽情報がしだいに蔓延するなか、不正確なコンテンツが増えているせいで、不確かさが増し、信頼が薄れ、その結果、不安が高まっている。ネットユーザーに思わずクリックさせるようなニュースやアルゴリズムを使った広告、継続的な関与を誘うその他の狡猾な手段が、かつて誰も想像していなかったようなかたちで、人間のドーパミン受容体――摂食や生殖のような生命維持行動を促進するはずの報酬中枢――をくすぐることを、ブルワーは強調した。「ドーパミンの経路は昔からずっとありました」と彼は言う。「それは、人間の最も古い生存メカニズムです。

けれど、こんなふうに利用されたことは、これまで一度もありませんでした」。ある重要な誤情報に対処する努力の一環として、彼は次のようにつけ加えた。「ドーパミンは幸福の分子だと書く人が大勢いますが、それは間違いです。コカインの中毒になっている私の患者の誰に訊いてもらってもかまいません。コカインは人をそわそわさせ、誇大妄想を抱かせ、偏狭にします。そこに幸福はありません」

現代の経済制度と社会制度は、内部騒音と外部騒音の悪循環の上に構築されているように、ますます見えてくる。

今日、これほど多くの騒音が人間の精神的な明確さと健全さに対して持つ意味合いが、しだいに理解されてきている。ミシガン大学の心理学者イーサン・クロスがベストセラーになった著書『Chatter(チャッター)』の中で書いているように、「言葉でくどくどと考えていると、自分の精神的苦痛の根源にばかり注意が集中し、もっと良い使い道があるニューロンの働きが、そちらに回されてしまう[21]」。彼はこう説明する。「私たちは自分の実行機能」――トップダウンの目標に取り組む能力――「を働かなくしてしまいます。何であれやりたいことをするタスクと苦しそうな内なる声に耳を傾けるタスクという、『デュアルタスク（二重課題）』に取り組むことで」。何歳の人であっても、内部騒音には、現実のものであれ想像上のものであれ、過去と現在と未来の状況における自己についての苦しそうなおしゃべりのいっさいが含まれる。

内部騒音の生理的な結果も、しだいに認められるようになってきている。カリフォルニア大学ロサンジェルス校の医学教授のスティーヴ・コールは、過度に活発な内部対話に伴うことが多い慢性的な脅威の感覚が、炎症遺伝子の過剰発現につながることを記録した。彼が共同研究者とともに指摘しているように、これは、ウイルスその他の病原体から体を守るのに必要な細胞の発現が減ることも意味しうる。クロスは最先端の研究を、こう要約している。「内部の会話が脅威に対抗するシステムを長期にわたって頻繁に活性化させると、細胞にメッセージを送って炎症遺伝子の発現を引き起こします。炎症遺伝子は、短期的には私たちを守るようにできていますが、長期的には害を引き起こします」。クロスが強調するように、「遺伝子はピアノの鍵盤のようなものです」。私たちはくどくどしたおしゃべりにはまり込むと、不協和音を奏でてしまうのだ。

では、騒音の原因と結果についてわかっていることのすべてを踏まえると、体を癒やし、頭を明確にする静寂の力の生物学的基盤については、何が言えるのか？

内と外のサウンドスケープの不要な妨害のいっさいには、1つの共通要素がある。それは、ひと言で言えば、ストレスだ。騒音は闘争／逃走反応を引き起こし、人の身体的システムと認知的システムの均衡を崩す。異なる種類の騒音が互いに補強し合い、悪循環を起こし、ウェルビーイングのフェルトセンスを損ない、細胞のレベルに至るまで、身体的健康に負担をかける。

良い健康状態と認知能力を達成するためには騒音の超越が重要であることは、何十年もの研究で実証されているとはいえ、フェイスの疑問にはまだ答えが出ていない面もあることを私たちは承知している。自分は静寂のおかげで回復できた、静寂は癒やしが訪れる隙間を提供してくれた、という彼女の直観には、たんに騒音を超越する以上のところがあった。それは、能動的なものでもあった。

静寂は良い種類のストレスを提供する

デューク大学メディカルスクール（医学大学院）教授のイムク・カースティは、珍しい研究を主導し、マウスを1日2時間、無響室――1951年にジョン・ケージがハーヴァード大学で入った部屋のミニチュア版――に入れた。彼女のチームは、マウスの赤ん坊の声、ホワイトノイズ、モーツァルトの「2台のピアノのためのソナタ　ニ長調」、周囲の音、静寂という、5種類の音（あるいは無音）に対する反応を試験した。無響室の中では、マウスには赤ん坊の声かホワイトノイズかクラシックの大家たちの演奏しか直接聞こえず、周囲の音の邪魔は入らなかった。静寂にさらすときには、カースティらは無響室に力を発揮させ、外部の騒音を消し去るとともに、内部の音と電磁波の反射をすべて吸収した。それぞれの設定にマウスを置いた後、チームはマウスの海馬《かいば》（記憶に深くかかわる脳領域）の細胞の成長具合を測定した。カースティのチームは最終的に、赤ん坊の声が最も大きな結果を生むという仮説を棄却した。じつは、静寂がマウスから最も大きな応答を引き出し、最も多くのニューロンが新たに成長して維持されたのだった。静寂に耳を傾けると、きわめて重要な脳細胞の成長が明らかに加速したのだった。[22]

とはいえ、カースティの解析では、静寂の力はくつろぎとは関係がなかった。直観に反するが、彼女は有益な静寂は、実際には一種のストレスを提供することを指摘した。

5種類の刺激のうち、静寂は「最も強い興奮を引き起こす。なぜなら、それは、野生の世界では極度に異常な状態であり、したがって、警戒するべきものと受け止められるに違いない」とカースティは書いている。彼女は、日常的なストレスの大半は、脳の成長や治癒を妨げることには同意するが、それまで経験したことのない静寂というこの「ストレス」を別格のもの――「良いストレス」あるいは「ユーストレス（快ストレス）」とさえ考えうるもの――と見ている。ユーストレスというのは、1970年代に内分泌学者のハンス・セリエが造った言葉であり、実際に機能を高める激しい活動を指す。カースティは、何が起こっているかを明らかにする。「静寂の中で音を聞こうとすると、脳の聴覚野が活性化し、『静寂の音』、すなわち、予期している音の不在を、実際の音と同列に置くことを、さまざまな機能的画像研究が示している」と彼女は言う。

要するに、無に耳を傾けることには、何か能動的なところがあるわけだ。それはたんに「ぼーっとする」ことではない。むしろ、ポジティブな激しい活動なのだ。

私たちは、「静寂の中で音を聞こうとする」というカースティの言葉に何度となく立ち戻り続けた。なぜならそれは、マウスばかりではなく人間という、ずっと大きな哺乳動物にとっても、何か深遠なことを意味しているからだ。それは、「奏でられていない音」に耳を傾けるという、ナーダ・ヨガの実践を思い出させる。また、音や刺激が事実上皆無の空間で熱心に注意を払う、深い瞑想の実践者のｆＭＲＩ研究の結果も思い出させる。感受性を研ぎ澄ました張り詰めた状態も、激しい活動の一種だ。それには集中が必要とされる。それは、良い種類のストレスだ。

受動的な力ではなく能動的な力としての静寂というこの考え方は、フェイスの胸に響いた。「それは、人の心を通って流れる、宇宙の創造性です。それを止めたいなどとは、金輪際、思わないでしょう!」と彼女は言った。そして、心がようやく落ち着いたときには、人は集中した注意に能動的に没入し、本当に静寂に出合っていることに気づく、と彼女は言う。幼い頃に、彼女がしていたのと、まさに同じように。

第6章　「頭の中の騒音」を静める

「フロー」という心の状態

「心の中の静寂とは何か?」

私たちはこの疑問を、神経科学者や医師や心理学者に投げ掛け、現代の物理学者やヴェーダ〔訳注　バラモン教とヒンドゥー教の聖典〕を信奉する神秘主義者たちが提供するものと驚くほど似ている答えを得た。生きている心は、生きている宇宙と同じで、常に振動し、発火し、唸りを上げ、激しく揺れ動いている。常に感覚データを集めたり合成したりしている。思考も知覚も活動もないという意味で「静か」であるとは、ひと言で言えば、死んでいるということだ。

それでも、私たちが話を聞いた技術専門家たちは、生きている人間の意識の中には「静寂」というものが存在するという点で意見が一致している。騒音を超えた実在の状態があるというのだ。どうして彼らにそれがわかるのか？　なぜなら、彼らは自らそれを経験したことがあるからだ。

全員ではないにしてもほとんどが、自分の経験した最も深い静寂は聴覚的に静かでない状況で、さらには情報的にさえ静かでない状況で起こったと述べていることを、私たちが学術研究者や医療従事者に伝えると、誰一人驚かなかった。行動保健と行動医学の教授のジョシュア・スミスは、彼が行ったストレス軽減研究の1つで、騒々しいチェーンソーで木彫をすることによって、比類のない内なる静けさを見つけるという参加者がいたことを教えてくれた。

心の中の静寂は、現実に起こる現象だ。だが、定義するのがはなはだ難しい。

そこで私たちは、医学界と科学界がこの内部の静寂の状態を記述したり分類したりするうえでの限界を踏まえ、この現象の概略を探るために、まず異なる種類の専門家に頼ることにした。友人のジャマルで、14歳の中学のバスケットボールスターだ。

なぜジャマルが専門家なのか？　みなさんも覚えているかもしれないが、思春期は内部騒音がピークに達する頃であり、変わりやすい外の世界からほとんどの人が自己感覚を引き出す人生の時期だ。中学生ぐらいの年齢のとき、私たちの大半が他の人々や外部の環境に頼り、自分が何者であり、何者ではないか教えてもらう。いつも「良いところを見せようとしている」傾向がある。外部の期待に絶え間なく従うという中学時代の規範は、内部騒音の強力なエンジンだ。

だが、ジャマルは人生のこの時期にいるとはいえ、内部の静寂を熟知している。

「絶好調《ホットな》のときは、シュートを外す気がしません……百発百中という感じです」と彼は語った。「そして、ホットなときは自分でもわかるし、チームメイトもわかります。だから、僕にボールを回してくれます。逆に、彼らがホットなら、僕がボールを回します。そういうものです」。彼は決勝戦の最終クォーターのただ中へと、私たちを一気に誘《いざな》った。心臓が激しく打ち、シューズがキュッ、キュッと音を立て、観客が声援を送る。「1回1回の攻撃権の積み重ねです。前に何があったかや、これから何が起こるかに焦点を当てる代わりに。今この瞬間にとどまらなければなりません」。そういう状態にあるときには、「僕の心は静かです」と彼は言う。

フリースローについて考えてみよう。フリースローは「基本的に、ただでもらえる得点」だとジャマルは言う。だが、自分の中の、例の静かな場所に入らないと、そのただでもらえる得点を逃しかねないことも認める。「深く息を吸って、今起こっていることにだけ集中します……胸のドキドキを落ち着かせます」と彼は言った。「それには時間をかけます」。ジャマルには、そんなときに静けさを見つけるための、決まった手順がある。「たいてい、1回ドリブルして、次に両手の間でボールをスピンさせ、それからシュートするんです」。そのフィードバックは瞬時のものだ。もし慌てたり、外部の要因に気を散らされるのを許したり、他の人々の意見を一瞬でさえも気にしたりしたら、ボールはゴールの縁に当たって外れる。もし心が静かなら、スパッと決まる。

ホットになれなかったときのことが思い出せるかどうか、私たちは尋ねてみた。「ええ、シーズンの最後の試合がそうでした」と、かすかに諦めの表情を浮かべながらジャマルは答えた。彼が話していたのは、2020年のシーズンのことで、このシーズンは、新型コロナのせいでカリフォルニア州の学校が「在宅避難」期を宣言するわずか4日前に、突然終わりを迎えた。「あの試合では、あれこれ考えてばかりいました」。先がまったく見えなかった当時、体育館は彼のクラスメイトやその親たち――普通なら、絶対に試合には来ない人々――で満員だった。彼らはホームチームに寄り添って、応援したかったのだ。場内には熱狂的なエネルギーが満ちていた。だがその頃、私たちが本格的なパンデミックに直面しているなどと思っている人は誰もいなかった。ジャマルは、試合の序盤でシュートを外したことや、「みんな、何を考えているんだ?」という声が頭の中でしたことを覚えていた。彼は、良い結果を出さなければならないというプレッシャーを感じた。成功しなければ、自分のイメージが揺らいでしまう。彼は「ホット」になれなかった。それは、頭の中のおしゃべりを断ち切ることができなかったからだ。

というわけで、世界でも一流の神経科学者たちでさえ、内部の静寂の状態を簡潔に描写できないにもかかわらず、ジャマルにはできるのだ。それは、コートで「ホット」になることだ。ジャマルが憧れるステフィン・カリーとレブロン・ジェイムズの両選手にも、「イン・ザ・ゾーン（完全に集中し、最高のパフォーマンスを見せる状態）」という、よく使う言い回しがある。心理学では、「心の中の静寂」のこの能動的な側面の描写にいちばん近い言葉は、「フロー」だ。

ポジティブ心理学の先駆的な学者で、「フロー」という言葉を世間に広めたミハイ・チクセントミハイはかつて、世界中でフローの認識の大規模な調査を主導した[1]。そして、人々は年齢や性別、文化、母語に関係なく、特定の種類の状態を描写するために「フロー」に類する言葉を何かしら使うことを、彼と共同研究者たちは発見した。「フロー体験は、裕福で産業化した社会のエリートだけの特色ではなかったとチクセントミハイは書いている。「それは、韓国の老女やタイとインドの大人、東京のティーンエイジャー、ナヴァホの羊飼い、イタリアのアルプスの農民によっても、事実上同じ言葉で報告された」。チクセントミハイのチームは、調べたり定義したりするのが難しいけれど、それでも人類の歴史の黎明《れいめい》期から人間の経験の中核を成してきた主観的現象を表す言葉を提供してくれたわけだ。

静寂とフローの間には、直観的な結びつきがある。ジャマルがフリースローを打ったりチームメイトからパスを受けたりするときの描写を聞いていると、彼が騒音を超越していることは明らかだ。だが、そこにはそれほど明白ではない共通点もある。チクセントミハイや他の学者たちは、人がユーストレスを感じているときにフローが起こることを指摘している。カースティ教授の研究で無響室に入れられたマウスと同じで、人間も苦悩と退屈の間の「スイートスポット」でフローの状態に入る。それは、難しい課題に取り組んでいるけれど圧倒されてはいない状態のことで、ジャマルがチームメイトとともに、実力が伯仲した相手と試合をしているときがそれに当たる。[2] チクセントミハイと長年の共同研究者ジーン・ナカムラは、この「スイートスポット」を、「既存のスキルを目一杯使う（そのスキルでは歯が立たないこともなければ、それを利用し切る必要がないわけでもない）、やり甲斐《がい》のある難題あるいは活動の機会と認識されたもの」と説明している。それは人が、意識的自覚を目の前の課題にそっくり委ね、それによって純粋な注意の状態に入るときだ。

私たちは、「これまであなたが経験した最も深い静寂はどんなものでしたか？」と初めて人々に尋ねはじめたとき、何かやりそこなっているのではないかと思った。なぜか彼らは、汗を滴らせながら何かに夢中になっているときのことや、厳しい気象条件下で登山しているときのことを語るので、それが不思議だったからだ。「質問がわかっていなかったのかもしれない」と私たちは思った。「やかましそうな話ばかりだ」。だがやがて、間違っていたのは私たちだったことに気づいた。彼らは心の中での静寂の経験を説明していたのだ。

私たち自身の精神状態は主観的であるものの、さまざまな人の経験に認められる明確な特質がいくつかあった。チクセントミハイは、フローの決定的な特徴をいくつか説明しており、そのうちの1つは、内部の静寂の核心的な面に直結している。それは、彼が「内省的自己意識の消失」と呼ぶものだ。彼が書いているように、「自己意識の消失は、自己の消失を伴わないし、意識の消失ももちろん伴わず、たんに自己の意識が消失するだけだ」。彼は、さらにはっきりさせるために、こう続ける。「自覚の閾下《いきか》に潜り込むのは、自己の概念、つまり、自分が誰かを自分自身に示すのに人が使う情報だ」。これは、楽しみのもとであるだけではなく、人間としての成長の根源でもある。「自分自身のことに気を取られていないときには、じつは、人は自分が何者であるかという概念を拡張する機会を手にしている。自己意識の消失は、自己超越につながりうる。自分という存在の境界が押し拡げられたという感覚に」とチクセントミハイは書いている。

つまり、内なる静寂の状態で何が起こるかを描写する方法が、ここにもあった。人は自己参照的思考をやめる、つまり自分自身について自分に対して語るのをやめるのだ。

これには、必要からそうせざるをえない一面がある。フローのユーストレスに没入しているときには、疑ったり、やきもきしたり、自己満足したりするだけの、注意の余裕がない。チクセントミハイの推定によれば、人間の注意のフィルターは、集めた情報の99・999パーセントほどを除去し[3]、およそ

0・001パーセントの重要な情報だけを残すという。[4] 活用できる注意力には限度があるので、内省的自己意識のような、より高度な形態の思考まで手が回らないのだろう、と研究者たちは推測する。人間の認知能力には、過去や未来、あるいは自我の地位にこだわるだけのゆとりがないというわけだ。

だが、フローへの没入が自己感覚の消滅につながると言っているわけではない。チクセントミハイは、そこで起こることを一種の進化と呼んでいる。そこには、引き下がる自己と、現れ出てくる自己がある。引き下がるのは、自らの自己概念と自己利益に囚われている自己だ。それは囚人だ――「私はどれだけの地位を占めているか？　彼らはどう思うか？　これは私にとってどんな意味があるか？」と絶えず問う、やかましい尋問者の。それこそ、2020年のシーズン最終試合でシュートを外した後にジャマルがはまり込んだ状態だった。フローを通して現れ出てくる新しい自己、コートで「ホット」な自己は、もっと「分化」していて、健全な個性と独自性を帯びていると同時に、より「統合」されていて、他者との団結や、皮膚の外まで拡がるものとの交わりを認識することができる。ジャマルは、シュートをしたり、ディフェンダーを振り切ったりしているとき、依然としてジャマルだが、それはよりしっかりと実在し、よくつながっている彼のバージョンだ。中学という不安な自己専念の絶頂にあってさえ、ジャマルは脱出芸で有名なマジシャンのフーディーニのように、「内省的自己意識」の格子を擦り抜け、広々とした、ほとんど永遠のように感じられる精神状態に入ることができる。

これこそ、生きている心の中の静寂だ。

自己の「ミュートボタン」

2014年、著述家で研究者のミチオ・カクは『ウォール・ストリート・ジャーナル』紙で、「神経科学の黄金時代が到来した」と宣言した。彼の言うように、「私たちは思考する脳について、過去10〜15年間に人類の全歴史を通してよりも多くのことを学んだ」。

過去10年間の主要な新聞やポッドキャスト、一般雑誌、学術雑誌に目を通せば、それと同じような勝ち誇った結論が見つかるだろう。物理学、コンピューター科学、統計学、その他の分野の進歩のおかげで、途方もなく幅広いテクノロジーが新たに実現した。fMRIスキャン、PETスキャン、EEGスキャン、CTスキャン、DBS、TESといった目まいがしそうな略語で呼ばれるこれらの技術が相まって、科学者が脳の物理的構造を観察するだけではなく、思考や神経系機能の神経生物学的意味合いも研究することを可能にした。このような発展は、脳の理解だけではなく、人間の生活を改善する実際的な能力にも、とてつもない影響をもたらしており、そこからは、アルツハイマー病患者のための「脳ペースメーカー」のような治療法や、下半身不随の人を歩けるようにする外骨格ロボットなどが誕生しつつある。

それでも、こうした数々の進歩の中にあってさえ、私たちは自らを欺いて、人間の意識の大きな謎を1つでも解明しかけているなどと思うべきではない。神経画像テクノロジーが内部の静寂の精神状態を解読する可能性について神経科学者たちに話を聞くと、彼らはたいてい、今の限界をはっきりと口にした。たとえば、ジャマルがバスケットボールでダンクシュートを決めているときのような、活動中のフロー状態の脳を、非侵襲的に継続して監視する「可動式fMRI装置」に類するものは、まだまったく存在しない。脳の活動をリアルタイムで見ることができるときでさえ、本人がその瞬間に何を実際に経験しているかについては、ほとんどわからない、とアダム・ガザレイは言う。誰かが、人生が一変するような発見をしているかもしれないし、すっかり打ちのめされるようなフラッシュバックを経験しているかもしれないが、こうした出来事は「神経の観点からは、ごく微妙かもしれません」とガザレイは語った。その一方で、大切な「出来事」と思えるもので装置が明るい光を放ったのに、その「出来事」が本人にまったく自覚されないこともありうる。今日の最も進んだ神経画像テクノロジーを使って「静かな」心を示すシグナルか、あるいはその代わりとなるものを見極めることが可能かどうか、私たちはガザレイに訊いてみた。

「静からしきものなら」と彼は言って、くすくす笑った。

測定可能な脳の特定の活動を、それに呼応する実体験と直接結びつけることができる段階には、依然として程遠いが、それでも神経科学では、脳の「地理」が前よりよくわかってきている。この、思考する器官のどの領域やネットワークが、不安や心配や自己参照的思考と最も関係が深いかの解明に近づいている。こうした進歩は、心の中の騒音と静寂の意味を理解するうえで重要な価値を持っている。

デューク大学の心理学と神経科学の教授マーク・リアリーは、かつてこう言った。「自己はしばしば幸福の邪魔となるが、もし人間の自己にミュートボタンあるいはオフ・スイッチが備わっていたなら、そうはならなかっただろう」[5]。リアリーの意見に触発された私たちは、次のような疑問に答えることに取り掛かった。脳にとっての「ミュートボタン」に近いような神経生物学的なメカニズムはあるのか？もしあるのなら、それはどこで見つかるのか？

私たちは最近、ベイルート・アメリカン大学の神経科学者アルネ・ディートリックに話を聞いた。彼は、ジャマルがバスケットボールをしているときのような、脳の神経認知的メカニズムを専門にしており、フロー状態の内的静寂の中で起こっていることを指す、「transient hypofrontality（一過性前頭前皮質活動低下）」という用語を造った[6]。「transient」は、この形態の意識が一時的状態であることを示し、「hypo」は、「frontality」すなわち、脳の前頭前皮質の活動の鈍化を意味している。前頭前皮質は、人が独立した自己の感覚を組み立てる部位だ。ディートリックによれば、フロー状態やその他の意識が拡張した状態（幻覚物質や精神活性物質によってもたらされる精神状態も含む）は、ワンネス（自分と森羅万象との一体感）の経験を促進するという。なぜなら、自己や時間の感覚を組み立てる脳の領域がばらばらになるからだ。ディートリックは、これにまつわる皮肉をすぐに指摘する。こうした状態は「より進化した意識の形態」として歓迎されることがよくあるものの、人間の最も進化した、最も称賛されている脳領域である前頭前皮質の活動を減らすことを通して生じるのだ。

進化か退化かは脇に置くとして、ディートリックが言っているのは、心の中の静寂への道筋だ。彼は、現代世界のこれほど多くを苦しめている注意散漫の内的要因を超越するための、生物学的メカニズムについて語っている。

彼は、「ミュートボタン」に相当しうるものについて語っている。

もっともこれは、静かな心の神経生物学的基盤を構成するものについての、唯一の考え方ではない。

前頭前皮質は、激しい身体活動に伴う一部のフロー活動の間に不活発になるものの、計算やジャズの即興演奏のような他のフロー活動には、通常以上の実行制御と、前頭前皮質の活動の増加が必要とされるらしい。だから「ミュートボタン」は、じつは脳の一部を休ませるだけのものではないかもしれない。脳全体に及ぶ複雑な活動を開始させている可能性がある。

前章では、トップダウンとボトムアップという、注意の押しと引きの力に関するアダム・ガザレイとラリー・ローゼンの説明を紹介した。フロー研究のなかには、たんなる前頭前皮質の活動減少ではなく、さまざまな注意ネットワークの一種の同期を説明しているものもある。たとえば、ジャマルが3点シュートを狙い（トップダウンの目標）ながらも、近づいてくるディフェンダーにも相変わらず注意を払っている（ボトムアップ）ときがそれに当たる。それらの研究は、ドーパミンのような神経伝達物質がかかわる報酬ネットワークの役割にも光を当てている。このネットワークは、注意の集中を強める一方、衝動性と注意散漫を抑えるようだ。この「同期」説は、異なる機能と活動の巧みな配列がやかましい心を静める、としている。[7]

「ミュートボタン」に相当しうるもののありかについては、過去数十年にわたって行われてきた、人間の心の「デフォルト（初期設定）状態」についての研究を通して、非常に有力な手掛かりがいくつか得られている。

大半の専門家が最近まで、「休止中」の脳は弛緩《しかん》した筋肉のようなものだと考えていた。生きてはいても、おおむね働いておらず、ほとんどエネルギーを使っていない状態だ。ところが２００１年、ワシントン大学医学部の神経学者マーカス・レイクルと共同研究者たちが、この思い込みを覆した。彼らは、一部の科学者が想像していたこと、すなわち、脳は常に盛んに活動しており、大量の、本当に大量のエネルギーを消費していることを発見した。じつは、デフォルト・モード・ネットワーク（ＤＭＮ）、つまり休止状態と関連づけられている一連の脳領域は、とんでもない量のエネルギーを貪る。

そして、やかましくもある。

マイケル・ポーランは著書『幻覚剤は役に立つのか』で、最近の科学の成果を簡潔に要約し、次のように述べている。「デフォルト・モード・ネットワークは、精神的構成概念あるいは投影の生成に役割を果たしているように見える。そうした精神的構成概念あるいは投影のうちで最も重要なのが、自己あるいは自我と呼ばれる構成概念だ。だから、このネットワークを『私《ミー》ネットワーク』と呼ぶ神経科学者もいる」[8]。ポーランは、内省的自己意識や、それが含むありとあらゆる心配や反芻《はんすう》、自己物語、自尊について語っている。そこから、人間の「デフォルト」であるＤＭＮは、「私」のやかましい思考を特徴とするという、人間の特質についての、当惑するような論評が生まれるのだ。

最近の研究で、ＤＭＮが脳の注意ネットワークと負の相関にあることがわかった。言い換えれば、ＤＭＮが活性化したときには、人の注意力を支える構造とプロセスが静かになり、注意ネットワークが活性化したときには、ＤＭＮの活動が減る。ポーランは、たとえとしてシーソーを使っている。一方の端にはＤＭＮがまたがっており、もう一方の端には注意がまたがっている。フローの感覚を生み出すもののような、注意ネットワークを必要とする活動は、ＤＭＮの活動を減らし、それとともに、自己参照思考と自己没入も下火になる。

ジャドソン・ブルワーは、人間の意識の最もやかましい側面が、ＤＭＮと関連づけられている脳の

2つの主要部分、すなわち前頭前皮質と後帯状皮質の活動に対応していることを、自分の研究を通して発見した。前頭前皮質が本人の名前や知的アイデンティティの言語化された感覚を司っているのに対して、後帯状皮質は、自己のフェルトセンスのほうをもっと重点的に司っている。後帯状皮質は、自己意識の言いようのない騒音――罪悪感や自己像にまつわる不安に関連する種類の、「うっ!」という一種の身体的感覚――と結びつけられている。熟練の瞑想者であるブルワーは、一人称的経験と、神経活動についての三人称的報告との隔たりを痛感している。だから、神経画像検査を、何が起こっているかについての本人の描写と組み合わせる、革新的な「グラウンデッド・セオリー」の手法を応用する研究を主導してきた。たとえば、研究の参加者に、fMRI装置かEEG（脳波検査）装置の中でほんの数分間、瞑想をしてもらい、それから、「あなたは、どんな経験をしていましたか?」と尋ねた。すると、参加者が、瞑想をしていて、うまくいかず、それから「なんとかやり抜こう」と本当に一生懸命頑張っているときのような、締めつけられる感じの精神状態あるいは感情状態に入っていくと説明した時点で、DMNが活性化する場合が圧倒的に多いことがわかった。それとは対照的に、参加者が拡張と結びつけられている精神状態や感情状態に入り、安らぎやたやすさや慈愛を感じているときには、DMN、特に後帯状皮質の働きが緩やかになることがわかった。

ブルワーは自分の研究で、瞑想をしたことのない人を対照被験者として使った。これらの参加者は、午前中に瞑想のやり方を教わり、それから午後にスキャナーに入って、学んだことを実践に移そうとした。「じつは彼らのほうが、瞑想の経験者よりも多くの点で興味深かったです」と、彼は最近のインタビューで、瞑想指導者で著述家のマイケル・タフトに語った。ブルワーによれば、瞑想初心者の数人は、後帯状皮質領域の「脳活動を」赤（活性化）から青（不活性化）へと「文字どおり切り替えて」いたという。[9]彼らはわずか9分間の神経画像フィードバック（「厳密には、各3分間を3回」）をしただけで、そのやり方を習得したのだった。彼らは即座に適応していた。自分の邪魔をしたり邪魔をやめたりするように感じられることを学んでいた、とブルワーは推測する。これらの参加者は、後帯状皮質の活動を一時的に減らすことができた。これは、「ミーネットワーク」を管理できる見込みがあるということだ。

たった1回の瞑想セッションで、やかましいデフォルト設定を超越する精神状態を生み出せるように見える一方、瞑想やその他のさまざまな形態の集中を長期的に実践すると、より持続的な静寂の精神的特性を生み出せるかもしれない。ハーヴァード大学の博士研究員のキャスリン・ディヴァニーと研究者のチームは、2021年の研究で、経験豊富なヴィパッサナー瞑想者と対照群の参加者に、集中タスク（注意ネットワークの重労働を要するもの）と、明確なタスクを伴わない休息（DMNの活性化を誘発するもの）という、2種類のタスクを与えた。すると、瞑想者は対照群よりも、休息している間のDMNの活動が少なかったことがわかった。[10]ディヴァニーと共同執筆者たちは、研究結果をこうまとめている。「瞑想の長期的な実践は、くどくど考えがちなDMNを効果的に抑制制御できるようになることで、脳の健康と精神的ウェルネスに貢献する」。ブルワーも、熟練の瞑想実践者が長年の間に自分の脳を配線し直して、休息中にさえDMNの活動を抑えられるようになることを発見した。[11]

これは朗報だ。私たちは自分のデフォルト状態のやかましさを減らすことができる。そうするスキルを磨き、練習を重ねれば、心の中の環境を整え、緊縮的である度合いを下げ、より拡張的になる能力を身につけられる。前頭前皮質と後帯状皮質を訓練すれば、ときおり一時的な「ミュートボタン」を見つけられるだけではなく、自分の意識の環境で日常的な騒音を減らす方法も見つけることができる。

こうした研究はすべて、心の中の静寂について、直観に反することを指し示している。私たちが普通に考える「休息」は、必ずしも静かではないのだ。スマートフォンの電源を切り、テレビも消し、コンピューターもシャットダウンし、周りを取り囲む、注意散漫の原因となる外部の聴覚要因と情報要因の他の源泉もすべてオフにしたところを想像してほしい。それは良いスタートだ。だが、もしあなたがまだアイスクリームの容器を手に、ソファに座り、最悪の被害妄想に浸りながら、自己中心的な夢想の好き勝手にさせているようなら、それは意識の中の静寂とは言えない。ぼーっとしているのは、最もやかましい状態になりうる。

私たちは、昔ながらの素晴らしい空想をこき下ろしているわけではない。ハーヴァード大学のキャスリン・ディヴァニーと共同執筆者たちが認めているように、「心の迷走がすべて、くどくど考えることではない」。非実際的な種類の思考もある。たとえば、記憶に浸ったり、新たな可能性を想像したり、ふわふわした雲がウサギへ、ドラゴンへと形を変え、またウサギに戻るところを眺めていたりするときがそうだ。それらは、自分のことしか頭になく、くどくどと考えがちな心の、陰鬱な回り道とはほとんど共通点がない。だが、ディヴァニーと共同研究者たちは、瞑想のような営み、あるいはただ静寂に意識的な注意を払うことが、騒音をいつも確実に超越するのに役立つと結論している。「本研究の主要な結果は、ＤＭＮの抑制に対する瞑想のトレーニングのポジティブな効果と一致している」

というわけで、たとえ完璧な「ミュートボタン」がなくても、騒音の音量を下げる方法を学ぶことはできるのだ。

自己超越体験（ＳＴＥ）の研究

「呼吸とともにある、フローの感覚」。ブルワーによるリアルタイムのｆＭＲＩニューロフィードバック研究の1つの参加者で、ある熟練の瞑想者は、実践中の特に輝かしい瞬間を、そう評した。モニターの測定値によれば、その瞬間は、彼女の後帯状皮質の活動が目立って減ったときと一致していたという。

フローはたいてい、ジャマルがバスケットボールのダンクシュートをしているときのような、身体的に活発な状態と結びつけられるものの、座る瞑想とのつながりも、理に適っている。呼吸集中の実践と同じで、フローでも今この瞬間にしっかりと腰を据えることが大切だ。フローは心と体を統合することにほかならない。実際、チクセントミハイは、フローのためのトレーニング法としての瞑想について、しばしば書いてきた。

ブルワーや他の研究者たちは、ｆＭＲＩ研究で参加者を異なる種類の瞑想に取り組ませることがよくあり、それには、「慈愛」の練習も含まれている。この瞑想では、他者への思いやりの気持ちや意図に焦点を当てる。表面上、そのような練習には、たとえば呼吸へ意識を向けることのようなフローに似た身体性があるようには、必ずしも見えない。それでも、それらの研究では、後帯状皮質の活動が同じように減少した。

最近の会話で、ブルワーは自覚の練習と慈愛の練習が現に中核的な要素――フローと直結している要素――を共有していることを指摘した。

「誰かに親切にされたときのことを考えると、どんな感じがしますか?」と、ブルワーは慈愛の練習での主要な熟考を引き合いに出して、私たちに尋ねた。「それは収縮したような感じでしたか? 拡張したような感じでしたか?」

「そして、呼吸あるいは何か他のものを自覚しながら、ただ休んでいて、自分の心のおしゃべりに囚われていないときには、どんな感じがしますか? その感じは、収縮したというものでしょうか、それとも拡張したというものでしょうか?」

私たちにとっては、それぞれの質問の答えは明確だった。拡張したような感じ、だ。これらの練習のどれをやったときでも、意識に現れる共通の特性があることを、ブルワーの研究は示している。それは、身体的なフローのユーストレス――脳が目の前の課題に完全に集中せざるをえなくて、自己偏愛や心配をわずかでも抱くだけの注意力のリソースが不足している状態――だけではない。独立した自己という感覚にぎゅっとしがみつくのをやめた、拡張の感覚だ。

拡張は心を静める。

自己超越体験(STE)に的を絞った学際的な学術研究分野が台頭してきている。STEとは、ほんの数例を挙げると、フローやマインドフルネス、畏敬、神秘的な遭遇といったものの精神状態を網羅する経験のカテゴリーだ[12]。

ジョンズ・ホプキンズ大学メディカルスクールのデイヴィッド・ブライス・イェイデンと共同研究者たちは、最近の論文でSTEを「自己顕現性の低減と、つながっているという感覚の増大の、一方あるいは両方が起こっている一過性の精神状態」と説明している。[13] 彼らはＳＴＥの副次的構成要素を2つ特定している。「自己境界と自己顕現の低減を伴う、自己の身体的感覚の解体を指す」、「消滅」のコンポーネントと、「何か自己を超えたもの——通常は、他者や、自分の環境あるいは周囲のコンテクストの諸側面——とのワンネスさえ感じるほどまでつながっているという感覚を指す」、「関係性」のコンポーネントだ。自己超越は、一種の「サイズの適正化」だ。自我的自己の重要性が低減するとともに、自分の周りの世界との相互接続性の感覚が高まる。私たちは、小さくなると同時に大きくなる——大海のただのひと滴《しずく》だが、それでもその広大さの一部なのだ。

ＳＴＥは、ほぼ例外なく、拡張の主観的感覚をもたらしてくれる。

また、たいてい別のこともする。人の口を閉ざすのだ。

畏敬について考えてほしい。カリフォルニア大学バークリー校の心理学者で、グレーター・グッド・サイエンス・センターの創設者のダッチャー・ケルトナーは、共同研究者のジョナサン・ハイトと、畏敬のことを、「認識された広大さ」と「順応の必要性」という2つの要因の組み合わせ、と定義する。[14]「認識された広大さ」は、「広大なもの、あるいは自分の基準枠——空間的基準枠か時間的基準枠か意味に基づいた基準枠——を超越するもののそばにいるとき」のことをいう。目もくらむような稲光を伴う嵐に驚嘆しているとき。グランドキャニオンの、この世のものとも思えない自然の造形を眺めているとき。神聖な儀式への参加や、弦理論のような概念についての観想を通して、宇宙の巨大さや壮大さに気づくときの場合もある。それにふさわしい、声に出しての応答は、「あーっ！」「おーっ！」「うーん！」ぐらいで、ひょっとすると、全身を沈黙に委ねるのが最善かもしれない。

畏敬の第2の特質である「順応の必要性」は、ある経験あるいは悟りが「自分の知識構造を超越して」いて、「理解できない」ときのことをいう。ケルトナーが説明しているように、「口も利けず、言葉も出ない」。それは、現実をすっきりしたカテゴリーにきれいに収められないことだ。オーストリアの論理学者で、数学の哲学と心の哲学の分野の先駆者だったルートヴィヒ・ヴィトゲンシュタインは、代表作『論理哲学論考』（丘沢静也訳、光文社古典新訳文庫、2014年、他）で、次のような要約を示している。「言葉で語れないものについては沈黙しなければならない。言葉に表せないものは、黙ってやり過ごさなければならない[15]」。彼の言葉は、論理計算のターボ過給エンジンを、宇宙の謎の慈愛に満ちた腕の中へと、ありがたく委ねるということに等しい。

現在の枠組みを超える知識構造とのこの遭遇は、スイスの心理学者ジャン・ピアジェの研究を思い起こさせる。彼は、子どもたちの発達は彼らの世界観が拡張する必要があるときに起こることを指摘している[16]。彼らが以前のパラダイムを超越するのは、そうせざるをえないからだ。あるいは、より正確に言うなら、子どもたちは以前のパラダイムを超越するとともにそれを含める。要するに、人は観察したことや経験したことを既存の精神構造に順応させられないときに成長する。これは、ピアジェや彼の同時代人が考えていたように、思春期だけに起こるのではなく、人の一生を通して起こる。この見解は、新しい考え方をする理論家や心理学者たちによって支持されている[17]。

グレーター・グッド・サイエンス・センターでのケルトナーの同僚であるサマー・アレンは、畏敬体験は「人の注意を自分自身から逸らし、自分よりも何か大きなものの一部であるように人に感じさせ、他者に以前よりも寛大にさせる」と書いている。心理的には、畏敬を通した自己超越には、「利用可能な時間がもっとあるという感覚を人に抱かせたり、つながっているという感覚を強めたり、批判的思考と懐疑的な態度を促したり、ポジティブな気分を高めたり、物質主義を抑えたりする」という恩恵があるように見える、と彼女は述べている。[18] こうした特質はみな、後帯状皮質の活動減少でジャドソン・ブルワーが見つけた種類の拡張を証明している。言うことがなく、自己感覚に圧倒されることもないので、緊縮的傾向は鳴りを潜める。ケルトナーが強調しているように、畏敬体験は「ストレスに反応する生理的特性を静め、迷走神経を活性化し、オキシトシンの分泌を促し、脳のドーパミンネットワークを活性化する」。彼はさらに続ける。この生物学的応答は、「人が世界を探究するのを助け、人をより優しくし、驚嘆の念でいっそう満たす」。

「ミーネットワーク」の不活性化は、沈黙の道徳的側面——「世の中の悲惨さの半分近くは、くよくよ思い悩む私たち人間が沈黙の美徳を知っていたなら、消えてなくなる」というガンディーの考え方——に人を引き戻す。あるいは、静寂は、何千もの群衆を通してさえエネルギーを移し、共感を伝える「海のよう」というシーナ・マルホトラの意見に。または、「連帯感を育てる実習」の中で調和を見つけようとするクエーカーの「実務のための礼拝会」で使われる沈黙の中にある、とロブ・リッピンコットが説明するものに。人は通常の脳の、騒音と緊縮と分断の経験から身を引き、静寂と拡張とつながりの状態へ踏み込むと、各自の自己だけではなく、他者との関係とコミュニティと社会も変えることができる。

イェイデンと共同執筆者たちは、２０１７年の論文で、ＳＴＥの最も強烈な種類である神秘体験について書いている。「神秘体験の間、自己感覚が完全に崩壊し、周囲との区別のない一体感を報告する人もいる」。そのような経験は、さまざまな名前で呼ばれる。ほんのいくつか挙げると、「原始的宗教体験」「宇宙意識」「キリスト意識」「悟り」「サマディ」「非二元体験」「超越体験」だ。これらの経験のそれぞれが、由来する伝統に基づく独自の特質やニュアンスを含む意味を持っているとはいえ、神経科学者と心理学者は、本人の物の見方に長期的な変化をもたらす傾向のような、すべてに共通の特性を指摘する。

ハーヴァード大学の学者で、今日ではアメリカの心理学の父として広く認められているウィリアム・ジェイムズは、1世紀以上前、神秘体験を統一する特質を記している。[19] ジェイムズによれば、神秘体験には4つの共通する特性があるという。1つは、認識的性質だ。神秘体験は現実で本物のように感じられ、「以後、奇妙な現実感を伴う」。次が一過性だ。神秘体験は束の間だが、もし繰り返されれば、「継続的発展」という要素も持ちうる。その次が受動性で、圧倒される感覚、あるいはすべてを委ねる感覚だ。本人は、「超自然的な力に捕まえられ、押さえられ」ているかのように感じる。

第4の、最も重要な特性は、ジェイムズによれば、表現不可能性であり、その体験は「言い表しようがない」という感覚だという。

ジェイムズにしてみれば、神秘体験は心にとって有益であるばかりでなく、全存在を覚醒させるものでもあった。20世紀初頭にエディンバラ大学で満員の聴衆に神秘体験について語ったジェイムズは、「[神秘体験が]唯一明確に立証しているのは、私たちが自分よりも何か大きいものとの合体を経験でき、その合体の中で至高の平穏を見出せるということである」と述べた。この「至高の平穏」の探求は、死ぬまで彼の学術研究の最大関心事であり続けた。

それでもジェイムズは他の学者と同じで、神秘体験の科学は研究するのが極端に難しいことに気づいた。なぜなら神秘体験は、科学的なスキャナーや器具から遠く離れた環境で自然に起こりがちだからだ。ブルワーが説明した革新的な種類の「グラウンデッド・セオリー」実験でさえ、真の神秘体験で働いている神経生物学的メカニズムを解明するとなると、たいして役に立たない。ジェイムズが認めているように、神秘体験はえも言われぬものなのだ。

突然の神秘体験

私たちは最近、グレイス・ボーダに、かつて経験した最も深い静寂について尋ねた。するとすると彼女は目にいっぱい涙を浮かべて言った。「まるで昨日《きのう》のことのように覚えています。人生が変わったからです」

彼女は次のように回想した。「6歳のときのことです。小学1年生でした。休み時間でした。芝刈りが終わったばかりでしたから、そういうときにいつもやることをやっていました。刈られた芝をみんな掻き集めて、大きな輪にして巣を作り、鳥さんごっこをするんです。

こうして、小さい子たちがみんな、羽をバタバタさせるふりをしながら駆け回り、ガーガー鳴き真似をしていました。オスの鳥たちは縄張り争いをし、メスの鳥たちは虫を探しています。そして、私は1年生でいちばん小柄だったので、雛鳥《ひなどり》役です。だから、ただそこに立って、ガーガー鳴いていました。本当はもっと甲高い声で鳴かなければいけなかったんですけれど、じつはただ空想に耽りながら、四つ葉のクローバーを探していました。そして、ただそうしていたら、突然、何をしたからというわけでもなく、パッとなって！　もう自分の体の中にはいませんでした」

グレイスはそこでゆっくりした口調になった。「自分自身が、自分の認識が、まったくあらゆるものを通して行き渡るのを経験しました。その瞬間のショックは覚えています。『ああ、私はすべてのものだ』という感じでした。それを表す言葉さえありません。6歳だった私は精一杯その意味を考えて、『これは神様に違いない』と思いました……そしてまさに思い当たったのです。『私はその実在の中にいる』と」

グレイスは純粋な善の実在を説明してくれた。そして、彼女は「すべてのもの」だったので、その実在でもあった。彼女は「自己」を超越し、全き状態とつながった。ただし、彼女は何かを問われていた。「そのとき1つ質問も投げ掛けられていました」と彼女は言う。「言葉によるものではありませんでしたが、それは、『お前にその気はあるのか？　本当にその気はあるのか？』という質問なのはわかりました」。そのとき、彼女の答えは明快だった。「私にはわかりました。自分の体のあらゆる細胞、自分の中にあるすべてのもののあらゆる繊維を通してわかりました。絶対に、断然、『イエス』でした。そう、『イエス！』『イエス！』

そして、我に返ったのは、休み時間の終わりを告げるベルが鳴ったときでした。その瞬間、一気に自分に戻ったのです。ぽーん、と。まるで、輪ゴムをピシッと弾いたかのような感覚です。休み時間に校庭にいる小さな女の子という、自分の体と自分自身の認識に、たちまち戻りました。そして、友達はみんな、叫んだり、ガーガー、ピーピー鳴き真似をしたりしながら、私のそばを駆け抜けて列に並び、教室へと帰っていきました。

そして、そのとき『私はすっかり別人になった』と思ったのを覚えています」

彼女はこの神秘体験が示してくれていたものを理解したかった。「カトリックの教えを受けながら育ったので、聖職に召されたのだろうと思いました。でも、教会の司祭に話すと、私の頭を軽く叩《たた》いて、当然、こう言いました。『女の子は司祭にはなれないんだよ』と」。これは彼女にとって、衝撃的な瞬間になりえただろう。だが、そうはならなかった。「あっさり、その話をするのをやめました」と彼女は言う。だが、「一度も疑ったことはありません」。ウィリアム・ジェイムズの認識的性質の説明にあるように、「直接の、激しい、強烈な体験でしたから。それが現実のものだったのを、一瞬でも疑ったことはけっしてありません」。

現在60歳のグレイスは、その後、企業重役の優れたコーチとなり、明確さや指針、あるいは人生の意味を探し求めている人々に、職業面と精神面の両方で助言を行ってきた。小学1年生のときのあの経験は、「イニシエーションであり、献身だったのです」と彼女は言った。「あれ以来、数多くの経験をしてきましたが、あの最初の体験が私の人生を方向づけ、説明のしようもないかたちで私の存在を変え、その他のいっさいがそれに続くようにしてくれました」

彼女にとって、それは「説明のしようもない」ものだった。なぜならその体験は、ウィリアム・ジェイムズなら言ったであろうように、表現不可能だったからだ。「あのおかげで心が全開になったのですから、どんな言葉も不十分です。すべての言葉が崩れ去ります。言葉は本質的に、異なるものとの対比で存在しているからです」

グレイスは、この最も深い静寂について話しているときに、それを「意識の中の1つの場所」としか呼べなかった。50年以上にわたって、それは彼女が頼れる井戸のようなもの、「心の中の静けさや充実感、全き状態、一体感」の場所だった。グレイスが経験した「場所」は、心の中の恍惚状態の静寂であり、そこでは知覚のあらゆるレベルの騒音が根本から取り除かれる。

そこで、ある疑問に行き着く。そのような出来事の神経生物学的な説明を考え出そうとすることに、何か意味があるのか？

おそらく、ないだろう。

私たちの見るところでは、グレイスのもののような神秘体験の意味は、外から観察できる現象だけに帰することはできない。とはいえ、その神秘性に敬意を払いつつ、そうした状態で脳と神経系に起こっていることの手掛かりの有意義な探究を行うことは、依然として可能だ。

グレイスに校庭で起こったような自然発生的な神秘体験をしている人の脳の活動を研究するのには、どんな種類の神経画像検査も使えないことは明らかだが、神経科学の新たな進展のおかげで、私たちは意外なほどそれに近いところまで来ている。特に、幻覚物質の研究が復活し、自己超越の神経科学的特性についての新しい見識を示してくれている。

ロビン・カーハート＝ハリスは２００９年に、脳に対するシロシビンの作用を研究することをイギリスから許可された。調査研究のボランティア参加者は、ｆＭＲＩ装置の中に滑り込み、合成のシロシビンを投与され、幻覚の世界へと旅立った。カーハート＝ハリスは、脳画像から盛んな活動が明らかになるだろうという仮説を立てた。「夢を見ているときの脳のように」見えるだろう、と彼はマイケル・

ポーランに語った。[20] ところが、彼とチームメイトたちは、「ミーネットワーク」がある程度不活性化したことを示す、DMNの血流の減少を記録した。[21]

これは、直観的に理に適っている。6歳だったグレイスの体験と同じで、幻覚物質や精神活性物質の経験の共通要素は、独立した自己あるいは厳密な自我アイデンティティの感覚の消失あるいは減少だ。[22] グレイスの子ども時代の体験と同様、内部騒音のこの徹底した超越は、永続的な変化を生じさせることができる。人の状態を変えるだけでなく、人の特性を変えることもできるのだ。

1962年の「聖金曜日実験」では、神学校の20人の学生が研究のために2つのグループに分けられた。一方のグループはシロシビン（当時は合法だった）を、もう一方のグループは活性プラセボ（本物を投与されていると思えるような副作用が起こる偽薬）を与えられた。全員がいっしょに聖金曜日の教会での礼拝に参加した。公民権運動の卓越した指導者で、著述家・神学者のハワード・サーマン師が説教をし、併せて、この研究を祝福した。

シロシビンを与えられた学生の1人であるマイク・ヤングは、実験参加を申し出たときには、聖職者としての将来に自信が持てなかったという。彼はシロシビンの影響を受けている間に、死んで生き返るという神秘体験をした。彼はそれを「とても嫌なもの」であると同時に「輝かしいもの」と評した。帰宅した彼をひと目見ただけで、妻は何か重大事が起こったことを察した。50年近くが過ぎた今も、その体験の影響は続いている。私たちの面接で彼は言った。「ユニテリアン・ユニヴァーサリズムの牧師になったのは、あの薬物体験の結果」――と、そこで間を置いてから訂正を加え――「部分的にはその結果です」。あの体験が、唯一の理由ではなかった。だが、彼の中で何かが永遠に変わったのだった。

名高い宗教学者のヒューストン・スミスもその実験の参加者で、彼もシロシビンを与えられた。そして、それが人格形成にかかわる体験だったことを、しばしば書いたり語ったりしてきた。その体験について考えるたびに、「新たな感謝の念」を抱くと言っている。35年後、その実験は「神聖なものを個人的なかたちで経験するのを可能にすることによって、自分の神聖なものの経験を仕上げて［くれました］」と述べた。そして、こう続けた。「おかげで、自分の経験のツールボックスが永久に拡張しました……それ以来、その神秘主義の古典的な様式を経験的に理解することができています」

もちろんこれは、幻覚物質の体験だけに対する証拠にとどまらない。断食、詠唱や読経、ブレスワーク（呼吸法）、平伏、感覚遮断、あるいはグレイスの体験からわかるように、純粋に自然発生的な不可思議を通しても、神秘体験をすることはありうる。それでも、幻覚物質の研究は、神秘体験の科学的特性を理解するための、特別に有用な手段になりうる。無作為化比較対照研究につながるからだ。これらのｆＭＲＩ実験は、神秘体験が脳の最もやかましい部分の活動低下と現に強い相関があることを実証している。

ジャドソン・ブルワーによれば、認識の拡張状態にある熟練の瞑想者たちの脳の研究を始めたとき、彼のチームは「活動の増加を見つけようと、あらゆる場所を探した」そうだ。だが、見つからなかった。「自己超越体験をしているときには、人間の脳は効率的なのだと思います」と彼は語った。「効率的」というブルワーの言葉には、重要な意味合いがある。「神秘的な自覚」とでも呼べそうなものには、驚くべき「有用性」があるわけだ。

「私」のやかましい思考ほど、認知的に不経済なものはない。

心の静寂という謎

では、心の中の静寂とは何なのか？

それは、前頭前皮質の活動低下か？　後帯状皮質の活動低下か？　ＤＭＮ全体の活動低下か？　ディフェンダー全員と自己参照的思考のいっさいを置き去りにした、バスケットボールコートでの能動的なフロー状態か？　存在の広大さを感じ、それに順応するために従来のメンタルモデルを捨てなくてはならない、受動的な状態か？　独立の感覚や自我の自尊を正す、宇宙の「サイズの適正化」ができる、高度な神秘的遭遇か？

そう。科学はそれらすべてを指し示している。

神経画像検査と、心や意識の生物学的基盤についての理解が大きく進んでいるおかげで、静寂——特に内部の静寂——の意味のますます多くの面を探れるようになっている。これは良いことだ。この世界を解明するのに役立ちうる。

だが私たちは、たんに「神経科学の黄金時代」を生きているからといって、心の中の静寂のメカニズムにまつわる謎を、どんなかたちであれ理解できたわけではない。人類史上有数の、厳密に論理的な人物であるルートヴィヒ・ヴィトゲンシュタインが言ったように、人間にはけっして分析できないものがである。けっして言葉や論理で説明できないものがある。騒音計やハイドロフォン、ｆＭＲＩ、ＥＥＧでわかることには、限界がある。

だが、それでかまいはしない。

ヴィトゲンシュタインの言うとおり、世の中には「黙ってやり過ごさなければならない」ものがあるのだ。

第3部

静寂の精神

第7章　なぜ静寂は恐ろしいのか

5年間の完全なる沈黙

少し時間をかけて、いっしょに思考実験をしてほしい。思考というより、どちらかと言うと、感覚の実験だが。

想像してほしい。あなたはたった今、これから5年間を完全な沈黙のうちに送ることを約束した。

何一つ手配する必要はない。どうやって生活費を稼ぎ、家族を養うかも心配はいらない。実際的な問題は、すべて処理が済んでいる。

あなたはまず、何を思うだろうか？

これが現に起こっているところを想像したときには、どんな気持ちになるか？　体はどう反応するか？　孤独の予感がするだろうか？　ほっとするだろうか？　あるいは、何かそれとはまったく違うものを経験するだろうか？

何も言うことができなければ、自分の心の中の風景はどう変化すると思うか？　ひと言も発さなければ、心はどこに向かうか？

この静寂の海に自分が実際に乗り出していくところを想像するとき、もう1つ考えてほしい質問がある。もっとも、少なくともあるレベルでは、答えは何か、私たちにはわかり切っているように思えるが。それは恐ろしいだろうか？

ピタゴラスが実践した「観想の第1の基本」

ピタゴラスという名前は、中学の数学の授業のぞっとするようなフラッシュバックの引き金を引きかねない。今日、多くの人は、この古代ギリシアの哲学者の名前を聞くと、直角三角形の辺の長さにまつわる幾何学の定理を思い出す。だがピタゴラスからは、この定理以外にも、じつに多くのことを学べる。

約2500年前、ブッダ（釈迦）や孔子が生きていたのと同じ頃、サモス島のピタゴラスは、今日なら不可能と思う人もいるだろうことをやってのけた。彼は科学とスピリチュアリティの間に存在するように見える隔たりを、超自然的な観想と厳密な研究とを組み合わせることによって超越したのだ。

ピタゴラスは、自分の名前を冠することになる有名な定理を導いたのに加えて、現代数学でも依然として根本的な概念である、数値比率と幾何学の5つの正多面体の理解で先駆的な働きをした。また、楽音の間の周波数比率を3対2の割合とする調律のシステムを発明した。このシステムは自然界の比率と一意的に調和している、と多くの学者が考えている。今日も気象学で依然として使われている5つの気候帯に地球を初めて分割したのもピタゴラスだった。彼は、明けの明星と宵の明星が、金星という同じ惑星であることも突き止めた。地球が平らではなく丸いと教えた、有史時代初の人物であると、広く信じられている。

とはいえピタゴラスは、今日なら実証研究者と呼ばれる人ではなかった。彼は謎めいた教団の指導者だった。その教団は、現実の特質についての深遠な疑問を吟味する教育を加入者に施した。教団の所属者は、生まれ変わりを理解するための枠組みである、輪廻転生あるいは「霊魂の転生」という霊性の科学を学んだ。彼らは、自然の中の秩序、つまり測定可能な宇宙の調和をすべて指し示す難解な教義を、数霊学と占星術を核として練り上げた。たとえばピタゴラスは、ムジカ・ウニヴェルサリス（宇宙の諧調）を提唱した。惑星は、聞こえないけれど美しいメロディを天空で生み出す特定の数学の方程式に従って動いている、という考え方だ。

ピタゴラス教団は革命的だった。当時の厳格な家父長制を打破し、知られているうちで最初の女性数学者・天文学者であるアレクサンドリアのヒュパティアにとって、知的拠り所となった。教団は創設者ピタゴラスの死後何百年も存続し、西洋哲学の多くの部分の基礎を築き、ソクラテスやプラトン、彼らに続く学問指導者の全員の考え方に影響を与えた。また、コペルニクスやニュートンら、近代科学を形作ることになる天文学者や数学者にも影響を与えた。

ピタゴラスは哲学者（知恵を愛する者）〔訳注　哲学を指す、もとのギリシア語「フィロソフィア」は「知恵を愛する」の意〕という正式な職業を初めて占めた人物だとする人々もいる。世界の謎めいた教団を研究しているマンリー・P・ホールによれば、ピタゴラスの「知恵」という言葉は特別なことを意味していたのだそうで、それは「万物の源あるいは原因の理解」だという。[1] 彼の見るところでは、知恵を獲得するには、「目に見えないものが目に見えるものを通して外に表れているのを直観的に認識する次元まで知性を高め」、知性が「ものの形態ではなく精神と、自らを共鳴させられる」段階に至る必要があった。

ピタゴラス教団の中枢に入る弟子になりたければ、食事制限や学習計画、個人倫理、生活様式の選択などを含む、多くの指針を守る必要があった。秘密の教えを受けたければ、1つだけ約束することを求められた。ただし、1つとは言っても、他よりもはるかに難しく、5年間、無言で通さなければならなかった。

「黙すことを学べ」とピタゴラスは弟子たちに勧めた。「自分の静かな心が耳を傾け、静寂を取り込むことを許せ」。15世紀の人文主義者ヨハネス・ロイヒリンは、ピタゴラスは静寂を「観想の第1の基本」――あらゆる知恵の前提条件――と見ていた、と説明した。ホールによれば、ピタゴラスは自らの深い静寂の実践も継続したという。彼は定期的に、数か月以上にわたって、世間から隔絶された自分の神殿に引きこもった。巻物や筆記具を持たず、筆記者やつき添いも連れていかなかった。ケシ、ゴマ、スイセン、ゼニアオイ、海葱《かいそう》の乾燥させた皮、オオムギとエンドウと天然のハチミツで作ったペーストを材料とする、自前の健康食品だけを携えていった。

なぜピタゴラスは、静寂を知恵へのカギと考えたのか？　なぜ教団の中枢を成す弟子たちに、正式な学習を始める前に5年にわたって口を利かずに過ごすことを求めたのか？　静寂の効用や側近の弟子たちに課す義務の具体的な根拠について、彼がいったいどう考えていたかを記した記録は、知られているかぎりでは伝わっていない。

だが、彼の理論に迫れるかどうか、やってみよう。

本章の冒頭の「感覚実験」にしばらく戻ろう。自分が教団の新規加入者になったところを想像してほしい。

5年間沈黙していたら、あなたの心の構造はどう変わるか？

瞑想のリトリートに参加したり、自然の中で長時間過ごしたり、静寂の中で観想を実践するその他の期間を送ったりする人の経験から、いくらか手掛かりが得られている。当然ながら、人は沈黙すれば否応なく自分と向かい合うことになる。注意散漫の原因となるものがないので、自分の内部騒音に対処する方法を学ばなければならない。すると、自分の中と外の両方で本当に起こっていることに波長を合わせられる。善悪や是非の判断も、憶測も、良いところを見せようとする行動もないので、心はコンパスが磁石に引きつけられるように、真理に向かう。

だが、これがたやすいプロセスだなどという印象を与えたくはない。深い静寂の中では、人はまず、習慣的なパターンや思考形態、空想、野心、情欲、思い違いの山を突破する必要がある。静寂の中で、私たち著者は2人とも、逃げ出したい、空白を埋めるためには何でもしたい、という強烈な願望を感じてきた。

英語には、気晴らしを意味する「diversion」という単語がある。スペインや他のロマンス語にも、「面白がらせる」「楽しませる」という意味の、「divertir」という似た単語がある。この単語は疑問を提起する。人は、楽しい時間を追い求めるために、何から自分を「divert（逸らせて）」いるのか〔訳注 divertはdiversionの動詞形〕？ 退屈から？ 損失から？ 死ぬべき運命から？ 深い静寂が平気になるというのは、こうした不快な事柄を抱えながら部屋に独りで座り、「私」というはっきりした感覚を守ったり飾ったりするのが専門の脳の部分（内側《ないそく》前頭前皮質や後帯状皮質など）からエネルギーを遠ざけることだ。

ニーチェは『道徳の系譜』（木場深定訳、岩波文庫、2010年、他）で「ホラー・ヴァキュイ（空虚への恐怖）」、つまり、感覚データあるいは精神的刺激がないときに人間が感じる恐怖について書いている。この恐怖は現実の現象だ。ヴァージニア大学の社会心理学者ティモシー・ウィルソンは、2014年の研究で、学部生と地域住民から募ったボランティアに、携帯電話や娯楽なしに、何もない部屋で15分間独りで過ごしてもらった。[2] 参加者は、静寂の中で独りで座っているか、ボタンを押して、痛みを伴う電気ショックを受けるか、という選択肢を与えられた。参加者の全員が、お金を払ってでも電気ショックを避けたいと事前に言っていたにもかかわらず、最終的には男性の67パーセントと女性の25パーセントが、静寂の中で座っているよりも電気ショックを受けることを選んだ。

その実験は15分間だった。5年という月日を想像してほしい。

キリスト教神秘主義の伝統には、長期にわたる深い静寂の中で遭遇する、もどかしくて激しい渇望と嫌悪を指す言葉がある。「魂の暗い夜」だ。仏教では、私たちは同じ現象が「虚無の奈落」と説明されるのを耳にした。
静寂は、この意味では恐ろしい。
だが、その向こう側では何が見つかるのか？

「基本的な現象」

スイスの著述家で哲学者のマックス・ピカートは、次のように述べている。静寂は「原初の客観的現実で、他のいかなるものにももとをたどることはできない。他の何をもってしても置き換えられない。他のどんなものとも交換できない。その背後にあって、それと関連づけられるのは、造物主そのもの以外に何一つない[3]」。

ドイツの詩人で劇作家で哲学者のヨハン・ヴォルフガング・ゲーテは、まさにこの種の現実を指す特別の言葉を持っていた。「基本的な現象」だ。ゲーテは、この「基本的な現象」――他の何物も拠り所としていない現象――のカテゴリーに入るものには静寂以外に、「愛、死、そして生命そのもの」が含まれることを強調している。この錚々《そうそう》たる仲間の間にあってさえ、静寂は真っ先に挙げられるべきだ。静寂は、その他のいっさいがそこから生まれる現象なのだ。ピカートは、こう書いている。「言語と発話しかない世界は想像できないが、静寂以外何もない世界は想像できる」。彼はさらに言葉を続け、静寂は「それ自体がポジティブで完全な世界だ」、それは「すべてを内に持っている」、それは「何も待っていない」、そして「それはそれ自体で常に全きかたちで実在し、それが現れる空間を完全に満たす」

と述べた。

ゲーテが説明したように、「基本的な現象が人の感覚に明らかになると、人は一種の恥じらいや恐れさえ感じる」。そして、それ以外のありようがあるだろうか？　愛、死、生命という、ゲーテが挙げた「基本的な現象」はみな、それぞれ独自の意味でぞっとするようなものになりうる。気晴らしや思い違いで満足している人間の小さな自己は、現実の巨大な全貌に直面したら、爪を立て、引っ掻き、震える。基本的な現象の母である静寂は、この上なく恐ろしいものになりうる。年中無休、1日24時間食べ放題の感覚的気晴らしのバイキングにほかならない現代世界に、人間はすっかり慣れてしまったからなおさらだ。

ゲーテの「基本的な現象」とニーチェの「ホラー・ヴァキュイ」は、静寂と恐れとの関係の説明の仕方としては、かなり抽象的だ。もっとわかりやすい説明に目を向けることにしよう。それは、ホラー映画だ。

ホラー映画を観ているとしよう。かわいそうに、主人公は貪欲な肉食獣あるいはチェーンソーを手にした頭のおかしい男に追われ、真っ暗な松林の中を逃げていく。こうした場面で映画監督と音声編集者は、恐怖心を煽《あお》るために、音声と情報を完全に取り除くという手法をよく使う。それは、静寂が「基準点の喪失状態」を生み出すからだ。静寂の中では、しがみつく手摺《てす》りが減り、何が起こっているのか理解するのに役立つ手掛かりも少ない。

アカデミー賞を受賞したアルフォンソ・キュアロン監督の２０１３年の映画『ゼロ・グラビティ』では、高速の宇宙ゴミがスペースシャトルに激突し、サンドラ・ブロック演じる主人公が独りで残され、漆黒の宇宙の真空を、宇宙服を着て漂う。彼女の唯一の命綱である宇宙船が派手に破壊されるときに、何がいちばん恐ろしいかと言えば、それは、それが完全な静寂の中で起こることだ。爆発の音波は宇宙空間では伝わらない。この場面が不気味なのは、それが非常事態だからだけではない。何が本当に起こっているのかまったくわからない、という感じを受けるから不気味なのだ。

静寂に対する恐れは、未知のものに対する恐れだ。だがそれは、知ることになるかもしれないものに対する恐れでもある。

これは、映画の地球外の恐怖だけでなく、ありふれた日常的な状況にも同じように当てはまる。たとえば、15歳の子どもに、日常的な恐れを挙げるように言うと、「きまりの悪い沈黙」にまつわる答えが返ってくる可能性が高い。あの、誰かと面と向かって、何も言うことがない状況に陥ったときだ。台本もない。協議事項の一覧もない。ただ、誰か他の人の、注意を逸らされていない存在という重苦しい痛切さがあるだけだ。人は大人になったときに、必ずしもそれを克服できるわけでもない。本書の共著者であるリーの弟で、『99パーセント不可視（*99% Invisible*）』というポッドキャストの創始者・司会のローマン・マーズは、「ルームトーン」――編集で、場面切り替えの時間を滑らかにするために使われるテープ――を拾うのが、どんなインタビューでもたいてい最も気づまりな部分だ、と私たちに語った。約1分間、部屋にいる人全員が静かにしていなければならない。きまって誰か――自分かもしれない、と本人も正直に認めた――が沈黙を破って言う。「よし、たぶんこれで十分だろう」と。だが、実際には30秒もたっていない。

そんな空白状態の中で、誰かといるのはつらい。

だが、その中にまったく独りでいるのは、もっとつらい。

最初のホラー映画が製作されるよりも１７００年ほど前、砂漠の教父の元祖で、あらゆるキリスト教修道生活の伝統の先駆けである聖アントニウスは、『エルム街の悪夢』ばりの経験をした。２世紀から3世紀にかけて生きたこの神秘主義者は、エジプトの砂漠で20年を独りで過ごした。彼が自己超越の至福を経験したのはほぼ確実だろうが、彼の静寂体験記録の一部には、１９７０年代の超現実主義ホラー映画の趣がある。マティアス・グリューネヴァルトが16世紀に描いたイーゼンハイム祭壇画の一部を成す「聖アントニウスの誘惑」という絵では、青い衣をまとい、長い顎鬚《あごひげ》を生やしたこの賢者が、牙を剝《む》く獰猛《どうもう》な獣たちに乱暴に地面に引きずり倒されている。彼らは聖アントニウスの髪を引っ張り、恐ろしげな棒で突き、その背後には、焼けた枝や霞んだ空という、世の終わりを思わせる光景が広がっている。深層心理学者のロバート・サーデッロは、この「聖アントニウスの誘惑」という絵を見て、獣たちという象徴表現について、次のように論評している。「人は静寂に入ると、「不安や恐れ、空想、馬鹿げた思考、やかましい衝動に遭遇する」[4]。静寂の深みでは、それらの思考や衝動は激しい苦痛をもたらしうる。

聖アントニウスが絵の中で、心が生み出したそれらの獣を殺そうとしていない点に気づくことが大切だ。彼は、獣たちから逃げようとさえしていない。聖アントニウスを眺めていると、これらの恐ろしげな生き物たちから逃れようとしたり、彼らを撃退しようとしたりしても意味がないという、明確なメッセージが伝わってくる。「私たち「絵を観る者」には、人間が全き状態にあるためには彼らがどういうわけか不可欠なのではないか、と思えてくる」とサーデッロは言う。

張り詰めた静寂の中では、人は自分の獰猛な獣たちを表に出てこさせる。自分自身の精神の下層にずっと潜んでいた、飢えた捕食者たちを呼び出す。人は、注意散漫の原因――気を逸らすものや気晴らし――のやかましさの中で生きていると、これらの獣たちが密かに暴れ回り、人目につかない場所から大混乱を引き起こすのを許してしまう。人は深い静寂に入るとき、必ずしもその獣たちを殺そうとしているわけではない。彼らを明るみに出せるように、さらには、ひょっとしたら彼らの友になれるように、深みから引き揚げているのだ。

老師ジョアン・ハリファックスは、最近私たちと話したとき、静寂が恐ろしいものになりうると同時に、人を育んでもくれうることを強調した。彼女は著書『死にゆく人と共にあること』の中で、こう書いている。「習慣になっている精神活動や身体活動をやめて静かに座っていると、問題点が前よりはっきりしてくることが多い。苦しみにいっそう敏感になり、破綻の危機を迎えていることを感じる」[5]。彼女は、さらに続ける。「破綻しかけているのはおそらく、自我――小さな、独立した自己というアイデンティティ――であり、自分の健全な部分は、これを歓迎するべきだ」。彼女は、静寂との直接の遭遇を、人を癒やす薬と考えている。彼女が『実り多い闇（*The Fruitful Darkness*）』で書いているように、「勇気があれば、人は静寂を、社会悪から救ってくれる薬、自己本位の疎外感の苦しみから救ってくれる薬として受け容れる。静寂の中、神聖な静寂の中で、人は冬の木々のように裸で立ち、自分のあらゆる秘密が、肌から透けて見える。そして、冬の木々と同じで、死んでいるように見えるが、じつは生きている」[6]。

静寂は悲嘆を癒やす

自ら選ばなくても、難しい種類の静寂に入る羽目になることがある。人生が静寂を突きつけてくることがあるのだ。

２０２１年4月7日の朝、ジャスティンは、親友の１人が睡眠中に思いがけない死を迎えたという知らせを受けた。その友人は、35歳の誕生日を迎える直前だった。彼は、ジャスティンにとって、完全に気心の知れた相手だった。彼は誰よりもうまくジャスティンを笑い転げさせられた。ジャスティンはあまりに激しく笑うので、まったく無防備になり、心配事もすべて忘れてしまうのだった。小学3年生のとき以来の親友で、裏庭でビートルズの歌をいっしょに歌ったり、完璧に調理したフライドフィッシュサンドの、最高に長くて度を越した説明をどちらが思いつけるか、楽しく競い合ったりしはじめたのがきっかけだった。２人は20年余りも、いっしょに実在しながら何も言わないでいられるという、珍しい能力を共有してきた。

ジャスティンは早朝に外に出て、裏庭のセイヨウネズの巨木の傍らにローブ姿で立ちながらその知らせを聞いたとき、友人と話したい、もうひと言だけ言いたい、彼を笑わせたい、友愛の気持ちを表現したいという、言葉で表せないほど強烈な願望を感じた。だが、その機会はもうなかった。扉は閉ざされてしまった。静寂の中以外に、行く場所はなかった。だからジャスティンは、静寂の中で、そこに立ち尽くした。何時間にも及ぶように思われたその数分間、静寂をはっきり感じられた。濃厚な静寂だった。

満ち満ちてきて、悲しみと感謝、苛立ち、ありがたさで破裂しそうに感じられるほどだった。静寂は、まるで独自の色を帯びているかのようだった――茶色がかった緑のさまざまな色調が混ざり合って。その静寂にすがる以外、彼にできることは何もなかった。それを感じ、泣き叫びながら、その中に入っていく以外には。

静寂は、悲嘆にとって並ぶもののない「入れ物」だ。感情と記憶の面で、人が最も完全に実在できる空間だ。逃げ出して、気を逸らすものを見つけることに心がそそられるとはいえ、静寂は、もし人がそこにとどまっていられるなら、たいてい喪失を「代謝」できる。言葉が出ないままにしていれば、意味が現れてくる。ライターでサイコセラピストでユダヤ神秘主義者のエステル・フランケルは、世界中の文化が、個人で悲嘆するときにも集団で悲嘆するときにも、静寂の役割を尊ぶ理由について、見識を提供してくれる。

ユダヤ教の戒律では、近親を亡くした人を訪れる者は、沈黙を守るように指示される――話し掛けられないかぎり、口を利かないように、と。哀悼者のために神聖な空間を保てば、彼らは自分の悲嘆の中に身を置くことができる。沈黙を保てば、私たちは善意ではあってもしばしば気の利かない言葉によって、哀悼者の経験を陳腐なものにしてしまう危険を冒さずに済む。[7]

リーも、この本を書いている間に、思いがけない喪失に見舞われた。父親が2020年11月に、新型コロナウイルスで亡くなったのだ。オハイオ州で感染者が急増していたときのことで、アメリカの死亡者数が25万人を超えたばかりだった。じつに多くの人がそうだったように、彼も集中治療室で独りで亡くなった。

彼の死の前後数日、飛行機での移動も病院への訪問も論外なのが明らかだったとき、リーは自宅のリビングルームに身じろぎもせずに座り、パチパチ音を立てて燃える暖炉の火をじっと見詰めていた。ときどき娘のエイヴァと夫のマイケルが、ソファや床の上で彼女といっしょに身を丸くして座った。ほとんど言葉は発せられなかった。リーの父親は、彼女が4歳のときから疎遠になっていた。彼は、娘のほぼ一生を通じて不在だった。だから、語るような話はほとんどなかった。

知人たちは、親を失うことについて、さまざまなことを語ってくれた。だが、リーの親子関係を知らなかったので、フランケルが言っていたとおりの、彼らの「善意ではあってもしばしば気の利かない言葉」に、リーは痛切に思い知らされた――じつは自分が、全人生を通して父親のことを嘆き悲しんできたことを。その静寂の中でリーは、それまでけっして存在しておらず、その後もけっして存在することのない関係の喪失を、自分が今、嘆き悲しんでいるのに気づいた。やがて、言葉がついにその悲嘆を表すことになる。だが、まずリーを慰めたのは、静寂だった。

ウィリアム・ブレイクは、「悲しみが深いほど喜びは大きい」と書いた。目一杯喜びを経験できるように、目一杯悲嘆を経験せよ、と彼は私たちに助言している。これまた、静寂の存在が生命そのものの存在でもあることの、1つの形だろう。静寂を感じるのは、老師ジョアンが言っていた「薬」を服用することだ。感じるのは、人間である経験のいっさいに心を開くことだ。これは静寂の「陰の面」ではない。それは、サーデッロが聖アントニウスの苦難について言っていたように、人の全き状態の表れだ。

激しい苦痛や、恐怖にさえ満ちており、はなはだ不快ではあるものの、静寂の中で応対される悲嘆は、喜びが花を咲かせる肥沃な大地になりうる。

静寂を通して自分を知る

古代ギリシアのデルポイのアポロン神殿に刻まれていた言葉は、ピタゴラスのものとされることがある。その言葉とは、「汝《なんじ》自身を知れ」だ。ユダヤ教、キリスト教、イスラム教、仏教、道教の聖典をはじめ、多くの書物が、この教えをさまざまなかたちで大切に書き記している。そのどれもが、まず自分自身の思考や言葉や行動を学び、自分を超えた所にあるものを理解する助けとするように勧めている。

第2章では、サイラス・ハビブがイエズス会の修練者として、最初の静寂のリトリートの間、何週間も不安と疑念に耐えたことを説明した。彼は静寂を通して自分自身を吟味し、自分の苦しみの源を見つけた。彼は自分の充足を、他の人にどう思われているかという土台の上に載せていた。彼が静寂を自分のものにすると、意識の中に自然に疑問が湧いてきた。「お前は何を欲しているのか?」

それから、確かな答えが得られた。「今自分がいるまさにその場所にいること」だ。

ヴァージニア大学の研究では、15分もしないうちに自ら進んで自分に電気ショックを与えた参加者がいたことからわかるように、静寂の中で過ごす時間は、いつも自己認識に直結する道とはかぎらない。静寂を真っ直ぐ掘り下げていくと、内部騒音が増すこともありうる。この上なく深い静寂に出合うのは、サイラスの言うように、社会的に条件づけられた脳の「雑音」とは対照的な、「実際に、本当に心の中にあるもの」の「シグナル」を識別する能動的な過程だ。この作業を人がしばしば避けるのには理由がある。勇気が必要だからだ。

チリの詩人パブロ・ネルーダは、こう書いている。

もし私たちが、人生を進め続けることだけに
これほど夢中になっておらず
一度だけでも、何もせずにいられたら、
ことによると、巨大な静寂が、
けっして自分を理解できないという
この悲しみを解消できるかもしれない。[8]

ネルーダが「けっして自分を理解できないというこの悲しみ」と呼ぶものは、自分は自分で思っているような人間ではないという根源的な恐れに対して蔓延している防衛機制なのだろう。ネルーダは、人が本当に注意を払ったら発見しかねないものから自分を守る傾向があることを言い表している。それは、自分の精神の深みで何か「悪いもの」を発見しかねないことでは、必ずしもない。ただ、何か奇妙なもの、あるいは不都合なもの、簡単に説明も制御もできないものに出合うかもしれない、ということだ。人は、本当に自分の中を覗いて、心の中にあるものや自分が本当に望んでいるものについての難しい問いを自分に投げ掛けるよりも、電気ショックのボタンのようなものを使って注意を逸らしたがることが

多い。それでも、ネルーダが言っているように、「この悲しみを解消」するには、「自分を理解」することに向けた旅が必要だ。その旅は、喜びを見つける必要条件ですらあるかもしれない。

ユダヤ・キリスト教の伝統には、人が自分の中で徹底的に注意を払ったときに出合うものを説明する謎めいた言葉がある。エステル・フランケルは、それについてこう書いている。「聖書も神の声を、『kol dmamah dakah』、すなわち『語る静寂』と呼ぶ」。そして、詳しい説明を添える。「このヘブライ語の句は、『the still, small voice（かすかにささやく声）』と訳されることが最も多く、神の啓示の本質的なパラドックスを表している。『kol（神の声）』は『dmamah（沈黙と静寂）』の声なのだ」

この句が由来する旧約聖書の一節は以下のとおりだ。

主《しゅ》が通り過ぎて行かれると、主の前で非常に激しい風が山を裂き、岩を砕いた。しかし、その風の中に主はおられなかった。風の後に地震があった。しかし、その地震の中に主はおられなかった。地震の後に火があった。しかし、その火の中に主はおられなかった。火の後に、かすかにささやく声があった。

——「列王記上」第19章11、12節

この一節には、翻訳で読んでさえ催眠術のようなところがある。パーカッションのようなところがある。今日、人類が気候変動をはじめ、じつに多くの激変がもたらす困難の真っただ中にいることを踏まえると、風と地震と火への言及は、いっそう痛切なものになる。引用した場面を体験する預言者エリヤは、さまざまな災難に遭い、それらの災難によって、通常の心の層が徐々に剝ぎ取られていく。そして、そのいっさいの後、彼は聖なる存在のありかに気づく。それは、「かすかにささやく声」の中だった。聖書学者たちは、この存在を「脆《もろ》い静寂の声」と訳すこともある。

シスター・シモン・キャンベルは、弁護士、貧困撲滅活動の擁護者、非営利組織の専務理事、カトリックの修道女であり、女性のリプロダクティブ・ヘルス（生殖に関する健康）と経済的正義の問題について、カトリック教会に対して非常に目立つかたちで異議を唱えてきた。対立や、果てしなく起こり続ける世の中の出来事によって身も心も擦り減るのがどんなことかを、彼女は承知している。そして、自分の人生でレジリエンスと明確さの源泉としている単純な習慣を説明する。静寂の中で座り、警戒を解き、彼女が「小さな小さな声」と呼ぶものに耳を傾ける。だが、これは典型的なマインドフルネスの実践ではないことを、彼女は指摘した。「深い傾聴は危険です。銘々に、何らかのかたちで変わることを求めるからです」とシスター・シモンは言った。そして、変わるのは恐ろしいことになりうる。

これも、老師ジョアンが語る「薬」の一部だ。静寂の中で自分と直面するのは、これまで隠されてきたものを、もっと自覚する勇気を持つことを意味する。「かすかにささやく声」の話は、聖書に出てくる類の神の啓示を示唆するとはいえ、ここで私たちが本当に語っているのは、もっと馴染み深くて利用しやすいもの、すなわち、「直観」だ。エリヤは偉大な預言者だったが、誰もが自分の意識の中の静かな手掛かりや発見に気づく能力を持っている。それは、サイラスが「本当に心の中にあるもの」を識別する能力と呼ぶものだ。それは、自分を知るようになるうえで不可欠の部分なのだ。

畏敬の念がもたらすもの

私たちは、これまで経験した最も深い静寂について語ってくれるように人々に求めたとき、超越的ではあるものの束の間の体験についての話をしばしば耳にした。6歳のグレイス・ボーダが校庭で無限をちらりと目にしたときのような自然発生的で神秘的な出来事や、教会の信徒席で起こる予想外の恍惚状態での没入、幻覚状態での自我の消滅などだ。これらは、必ずしも何らかの種類の有酸素運動をしているわけではないのに、心臓が速く強く打ちはじめるときだ。それは、慣れ親しんできた自己の喪失への身体的な応答だ。こうした一過性の経験では、宇宙のヴェールがめくり上げられるとでも言えそうな種類の静寂について、多くの人が語る。そこには、まばゆいばかりの明確さと、身体的な震えがある。

私たちは、神秘的な遭遇やフロー状態や畏敬の瞬間などを含む自己超越体験の科学的意味合いや心理的意味合い、スピリチュアルな意味合いを探るうちに、これらの束の間の出来事と、ピタゴラスが教団の中核を成す弟子たちに求めたような、長い静寂の期間との間にある、著しい類似性に気づいた。内に目を向ける点と気を逸らすのが不可能な点。他者に良いところを見せたい、あるいは、状況や出来事を制御したいという、典型的な衝動の消滅。「サイズの適正化」や、ジョンズ・ホプキンズ大学メディカルスクールのデイヴィッド・ブライス・イェイデンが「自己顕現性の低減」と呼ぶもの、すなわち、「自我的自己」の重要性の低減。[9] そして、ウィリアム・ジェイムズが「認識的性質」と呼んだものや、「推論的知性によって探られていない真理の深みを見抜くこと」と説明したもの。これらの状態は、静寂を保つ長期の作業中とちょうど同じように、深い静寂の束の間の体験の中に存在することが多い。ただ、徹底的に濃縮されている。

２０１９年にサンフランシスコで開かれた「Wisdom 2.0 カンファレンス」で、マイケル・ポーランとダッチャー・ケルトナーとともに討論者を務めた老師ジョアンは、あまり認められていない畏敬の一面を探った。[10]「畏敬の特徴でいつも検討されるとはかぎらないのが、恐れだと思います」と彼女は言った。「未知のもの、知りようのないもの、謎めいたもの、形を成していないものにさらされたときの。じつはそのとき私たちは、自我に対する脅威の瞬間を迎えているのです」と彼女は続けた。「自我は解体されるので、それが起こるのを避けるために、できるかぎりのことをします」。言い換えれば、恐れるのはごく自然なことだ。畏敬を幅広く研究してきたケルトナーは、人々の畏敬体験の約21パーセントが恐れの感覚を特徴とすると推定している。古英語と古ノルド語に由来する単語である「awe（畏敬）」の語源は、「恐れや恐怖、特に神に対するもの」を指し示す。この単語の意味が英語の中で進化するにつれ、畏敬の源はもっと非宗教的なものも取り込みはじめた。たとえば、「自然界の雄大なものが抱かせる、潜在的な恐れの色合いを帯びた、荘重で厳かな驚嘆の念」だ。

前の章でケルトナーが「認識された広大さ」と「順応の必要性」の状態と評した畏敬は、静寂が恐ろしい理由の本質につながっている。畏敬は、私たちの知っていることの土台そのものの正当性を問う。人に変わるよう呼び掛ける。前の章で見たように、多様な自己超越体験の神経生物学的共通点は、独立しているという私たちの感覚と関連している内側前頭前皮質と後帯状皮質での、活動の大幅な低下だ。ここから重要な疑問が提起される。そのような体験のときには、自己のどの部分が実際に怖がるのか？

恐ろしくなるのは必ずしもあなたではない。それは、やかましいデフォルト・モード・ネットワーク（DMN）、限られた「自我的自己」だ。差し迫った消滅を感じ取る「ミーネットワーク」だ。

ユダヤ神秘主義の熟練の指導者であるエステル・フランケルは、ミュージシャンでもある。彼女は恐れを理解し、それと対処するためのたとえとして音楽に目を向ける。「異なる恐れのオクターブがあります」と彼女は言った。低いほうのオクターブが自己保存で、生存のメカニズムです。高いオクターブが超越。自分の個人的な恐れを手に取り、それから、祈りや瞑想の中で、それを至高のものまで持っていきます。それは相変わらず一種の恐れですが、ばらばらになっていく自己の震えです」

「恐れは」、低いオクターブでは「人の宇宙を縮めます」と彼女は言った。「高いオクターブである畏敬は、それを拡げます。個人の自己は自己を超越します。人はやかましくしゃべる代わりに、あんぐりと口を開けます。言葉が出ません」。というわけで、畏敬の念を抱かせるのが、広大さや驚嘆の念を感じる、自然発生的で束の間の体験であろうと、ゆっくりした計画的な5年間のリトリートだろうと、結果は驚くほどよく似ている。聞き慣れた騒音が恐ろしいまでに抑え込まれ、開放と順応が起こって、より大きく、より充足して、より現実味のあるレベルの経験に至る。

異なる種類の知恵

今日、もしピタゴラスが生きていたなら、おそらく主要な大学では、終身在職権を与えるにふさわしい人物とは考えられないだろう。占星術と数霊学の教義を信奉し、普通でない食生活を推奨する彼は、主流派の経験主義者の枠に収まらない。それでも、自然の働きの認識を、人間の生活に本当の進歩をもたらす見識に変えることができた——今日、おおむね誰にもできないように思えるかたちで。この神秘主義者・科学者・指導者は、崇高なものと平凡なもの、精神的なものと物質的なものを合併することの意味を示し、現代中学校数学の教科書の事実上すべてに、依然として登場する。

ピタゴラスの見識は、現代の知恵の見方に反する。今日の最も支配的な世界観——GDP成長と精神的な刺激の最大生産というパラダイム——では、現実の理解は、大量のデータを収集・解析し、際限なく議論し、専門家の査読のある学術誌に発表し、公共の場でもったいぶって語ることから生じる。スピリチュアリティや宗教の領域においてさえ、人は聖典や哲学の分析を通して知恵を実証することが多い。説教や教えやテレビ伝道などだ。近頃では知恵と見なされているものには共通点がある。それは、考えること、書くこと、話すことだ。

ピタゴラス学派の人々にとって、賢くなる過程には、それとは違う核心的要素があった。空になること、開放すること、受け止めることだ。ピタゴラス学派の人々はむろん、極端に厳格な秩序と習慣を特徴としていた。彼らはたしかに議論も解析もした。それでも、意識を明確にする彼らの一般論は、現代のイノベーターが鼻にかける生産性の秘訣《ひけつ》よりも、神秘的な恍惚状態に近かった。

これは、タイムリーで重要な教訓だ。

私たちは、人類が皮相的なものにうんざりしつつある時代に生きている。根本的原因に取り組むのではなく症状を標的とする薬に不満を抱いている。気候変動や分極化や集団的な倦怠《けんたい》感の持続的な解決策は、最も人気の高いアプリや特効薬や複雑なアルゴリズムからさえ生まれ出てこないだろうことに、うすうす気づいてきている。人々は、最新の「ライフハック〔訳注　作業効率を上げる簡単な手法〕」の限界にぶち当たり、最も巧妙なゼロサムの政治戦略に対してさえ信頼を失っている。今日、ピタゴラスがいちばん重んじたこと、すなわち物事の根源を見抜くことが必要なのが、明らかになってきている。この深みから湧き上がってくる答えが欠かせないのだ。

それを念頭に置きながら、ピタゴラスという、有史時代全体を通じて屈指の創造的天才の勧めについて考えてみるべきだろう。

静寂の中に深く入り込め。
静寂を自分のものとせよ。
静寂によって恐れを抱くことを許せ。
静寂によって自分が形を変え、認識が広がるのを許せ。

第8章　ブッダの教えとイエスの教え

静寂という知恵

「雄弁は銀、沈黙は金」

本書の冒頭で、スコットランドの哲学者で数学者のトーマス・カーライルによる、この格言の解釈を紹介した。「雄弁は束の間のもの、沈黙は永遠のもの」

銀か金か、束の間か永遠か、という話は、一方がもう一方よりも価値があるかのようで、比較の問題に思えるかもしれないが、私たちは必ずしもそういうふうに理解してはいない。カーライルは発話の神聖さを傷つけてはいなかった。銀は貴金属であり、束の間の時間は神聖な謎だ。とはいえ束の間の時間は、人間が日常生活の中で実際的なかたちで測定し、管理する謎だ。発話は束の間の時間に似て内在的であり、静寂は永遠に似て超越的だ。

今日、精神的刺激が蔓延しているなかにあって、私たちが静寂の不足に直面していることは明らかだろう。これほど多くの思考や会話とは対照的な状態を、どうやって見つければいいのか？　切迫し、騒音だらけの生活に、どうすればたっぷり永遠性を浸透させられるのか？

世界中で、スピリチュアルな伝統や哲学の伝統は、この世とあの世の間のフロー状態として、発話と沈黙のバランスを重視してきた。宗教の伝統は、聖書やクルアーン（コーラン）や仏典のような、書き記された聖典や経典を神聖なものとすることが多いものの、大多数は、言葉や概念が溶けてなくなり、知らないことに取って代わられる空間の神聖さも認めている。たとえば、ユダヤ教の神秘主義者たちは、「黒い火」、すなわちトーラー〔訳注　ユダヤ教の律法〕に書かれた言葉を大切にするが、トーラーの白い余白（「白い火」と呼ばれる）も、無言の静寂という永遠の領域として、同じぐらい重視する。

宗教や哲学の偉大な伝統の多くが、知恵への道としてだけ静寂に目を向けているのではないことに、私たちは気づいた。どの伝統でも、最も深い観想の修練では、静寂が知恵の本質そのものと認識されていることがわかった。ルーミーは、静寂を「神の声」、それ以外のいっさいを「お粗末な翻訳」と呼んだ。オグララ・ラコタ族の偉大な呪術医で幻視家のブラック・エルクは、こう問う。「なにしろ、静寂は『大いなる神秘』の声にほかならないのではないか？」。老子の『道徳経』には、「口で言える名前は真の名前ではない」とあり、ユダヤ神秘主義のカバラの解釈は、「静かで豊饒《ほうじょう》な虚空」を「源泉」「あらゆる存在の神聖な子宮」としている。

インドの行者《サドゥー》から、オーストラリアのアボリジニの通過儀礼まで、事実上すべての宗教伝統やスピリチュアルな伝統が、静寂を神聖な霊的遭遇として大切にしている。それはなぜか？　知恵の伝統は、なぜ静寂を啓蒙への手段としてだけではなく、最終的には啓蒙そのものとして重視するのか？

言葉で表せないもの

禅の伝統で重要な位置を占める大乗仏教典の『楞伽経《りょうがきょう》』の中で、ブッダは「意味と完璧に合致しているものとして言葉に執着してはならない。なぜなら、真実は文字そのものではないからだ」[1]と説く。「指先で誰かに何かを指し示す人がいたら、その指先は、指し示されたものと誤解されてしまいかねない」と彼は言う。もし「究極の真実」を捉えたければ、口で語れること以上のものがあるという可能性を考えなくてはいけない、と彼は教える。

禅師ティク・ナット・ハンは、この仏教典を次のように解釈している。「月を指し示している指は、月ではない。指は、月を見つける場所を知るのに必要だが、指を月そのものと取り違えたら、本物の月のことはけっして知りえない。教えは、真実を説明するための手段にすぎない。だから、それを真実そのものと取り違えてはならない」[2]。こうした仏教の教えは、人々の生活の中で言葉が重要な位置を占めることは依然として認めているものの、より広大な存在の次元を尊ぶ。

言葉がどのように機能するかについては、科学的な面がある。言葉は、それによって示されたものを、示されていないものと区別するので、私たちは何が何であるかがわかる。実際、ヘブライ語で「言葉」を指す言葉は「milah」であり、「割礼を施す」「切断する」ことを意味する。人は言葉を使って分け、切り裂き、述べたり表したりできるようにする。人間の世界全体が、指が月を指し示すように、意図するものを指し示すことができるからこそ成り立っている。それでもなお現実には、明確に表現できるものの下や間や上に、それ以外の次元があり、その次元は、物事に呼び名をつけて区別することを超越している。私たちはエステル・フランケルに頼んで、この考え方を詳しく説明してもらった。「私が思考モード、つまり言葉の中に入っているときには、物事はばらばらになっています。私は『知ろうとしている』状態にいます。けれど、静寂の中にいるときには、『知ろうとしていない』状態になります。概念的思考を超えた状態です」

この世界を赤ん坊のように目にしたり感じたりしているところを想像してほしい。よだれを垂らした大きな犬か、ふわふわした花を咲かせている木に出合ったところを想像してほしい。自分の目の前のものには、呼び名も先入観もまったくない。赤ん坊の経験は、「これは～である」ということではなく、あるがままのものによって決まる。今日の生活で、あなたは天気の変化を感じたり、馴染みのない音を耳にしたりしたとき、赤ん坊の知覚のように、自分の「知っている」すべてのことよりも深い所まで達する経験の次元に波長を合わせられるだろうか？

「知ろうとしている」段階にとどまるこの現象を言い表す「概念のメッキ」という言葉を、私たちに最初に示してくれたのは、瞑想指導者で著述家のマイケル・タフトだった。彼はそれを、人がたいていのものに出合ったときに起こること、と説明する。人は、自分の感覚を使ってそれらを余すところなく観察したり経験したりする代わりに、それらについて考える。対象が馴染み深いときには、とりわけそうだ。「そういうふうに人間の脳は進化してきました——エネルギーを節約するために」とタフトは請け合う。「歩いて仕事に行くとして、途中で出合うものの1つひとつを完全なまでに明確な感覚で捉えようとしたら……けっして職場にたどり着けないでしょう。とても幸せになれるかもしれませんが、どこにも時間どおりには到着しないでしょう」。タフトは、「概念のメッキ」――いわば、「頭の中の速記」――の枠を超え、彼が「感覚的明確さ」と呼ぶものをより高度なかたちで見つけることの価値を説明する。たとえ束の間でも自分を止め、「知ろうとしていない」状態に入れれば、自分の感覚を通して直接月に出合うことができる。「月の概念」で良しとすることはない。月を、指し示している指と取り違えることはない。

「知ろうとしていない」状態で休止し、感覚的明確さを得ようと努めると、それはこうだと自分が思っているものや、こうだと記憶しているもの、こうだと恐れているもの、こうであってほしいと願っているものではなく、「あるがままのもの」と自分が、自ずとより直接的な関係を結ぶことになる。

この教えの核心を、映画『燃えよドラゴン』のブルース・リーほど簡潔に捉えた人はいないかもしれない。リーは弟子の1人に教えを1つ与えてから、何を学んだか尋ねる。弟子は顎に手を当て、「考えさせてください」と答える。すると、リーは弟子の頭をぴしゃりと叩き、言う。「考えるな！　感じろ！　月を指し示す指に気を取られるな。さもないと、あの輝きをすべて見逃すぞ」。リーは弟子を導き、自分の概念のメッキから離れさせ、感覚的明確さに向かわせる。

ジャスティンが指と月のたとえに初めて出合ったのは、19歳で禅についての古い本を手に取ったときだった。彼は瞑想に魅了されたが、子ども時代に叩き込まれたパラダイム――熱烈な政治活動主義や懐疑的な世俗主義と長時間のテレビ視聴にどっぷり浸かった、アメリカの郊外のやたらに話し好きな人々の間で体に染みついたパラダイム――から、どうやって抜け出せばいいのか、依然としてわからなかった。指と月のイメージは、静寂のより深い次元への誘いだった。良いところを見せようとしたり、実力や何かの正しさを証明したり、あらかじめ定められた人生に向かって絶えず前進したりする必要がないというのは、稀有《けう》な主張だった。子どもの頃、しばしば不安のざわめきを聞き――過去についてくどくど考え、未来について心配し――ながら過ごした彼は、この教えに慰めを見出した。時間についてやきもきするように条件づけられた心にとって、これは、くつろいで永遠の中に身を置くように、という招待状だった。

リーが瞑想のリトリートに最初に参加しはじめたとき、指導者のなかに、長い修練期間に入る前には、明確で揺るぎない意志を固めることの重要性を強調する人がいた。彼女はそれを肝に銘じた。実際、少し真剣に受け止め過ぎた。何時間もかけて、考えを書き留めた。毎回のリトリートのために、考えるべきテーマをはっきり言葉にした。恋愛関係での有害なパターン、親になることのメリットとデメリット、キャリアの道での次のステップなどだ。まったく動きのない瞑想場に1匹のハエが迷い込んだ日も、リーは強固な意図を持っていた。だが、そのハエは、リーの頭に止まり、隣の人の頭、さらに別の人の頭に止まり、またリーの頭に戻ってきた。まったく、忌々しかった。一生懸命に心を落ち着かせようとするのに、ハエが戻ってくるたびに、その努力も水の泡になった。ブンブンうるさいこの小さな脅威を、どうすれば（できれば誰にも気づかれずに）払いのけられるかという考えで、頭がいっぱいになってしまう。しばらくして、その日、意図していたことにまったく取り組めていなかった事実に気づいた。ハエのせいですべてが台無しだった。だが突然、彼女は考えるのをやめて、その不条理さのいっさいが胸いっぱいに拡がるのを許した。そして、自分の傲慢さに微笑《ほほえ》んだ。またしても彼女は、分析し過ぎで未来志向の個人的抱負を、今この瞬間についてのものであるはずのリトリートの主眼にしてしまっていたのだ。そこでの経験の生きた現実ではなく、リトリートはこういうものだと、自分が言葉と知性を使って考えていたことに、焦点を合わせてしまっていた。

そのハエが、彼女を自分の騒音から引っ張り出してくれた。

「観想」とは何か

「瞑想」はほとんどの場合、静寂を言外に意味する。ブンブンうるさいハエたちがいようと、この言葉は、瞑想用の座布団の上に静かに座っている姿――心の中の「概念のメッキ」を超越し、あるがままのものとの調和を求めている姿――を思い起こさせる。

「祈り」はもっと能動的なものを喚起する――手を組み合わせ、言葉を口にしているところを。たいていは、願いを表明する言語行為、あるいは少なくとも、内的独白の中で、懇願を言葉で表現する行為として理解される。「祈り」という言葉は、強烈な感情を引き起こしうる。並外れて信心深い人の間でさえ、人が個人的な希望の実現を神に願うのが思慮深いことかどうかについては、意見が分かれる。つまるところ、物事の究極の秩序に影響を与えようとするなど、身の程知らずもはなはだしい、というわけだ。

１９４５年に、イギリスの小説家で哲学者のオルダス・ハクスレーは『永遠の哲学』という本を刊行し、世界の偉大な宗教伝統の神秘的な核を見極めようとした。[3]その作品中でハクスレーは、祈りはたんなる1つの営みではなく、4つの営みだとしている。すなわち、（1）自分のために望んでいることを願う「請願」、（2）誰か別の人のために望んでいることを願う「執り成し」、（3）神を賛美する「崇拝」、（4）自分を空にしてひたすら耳を傾ける「観想」だ。ハクスレーは観想を、「あらゆる存在の、内在的で超越的な聖地に対して、魂が自らをさらけ出す、油断のない受動性」というふうに、より具体的に説明している。観想は最初から、人がどのようなかたちでも物事の秩序を変えられるとは想定していない。それは、「概念のメッキ」を捨て、あるがままのものに波長を合わせることだ。観想はある意味で瞑想に似ているものの、自分の思考や感覚、あるいは吸ったり吐いたりという呼吸の波を眺めるのとは、少しばかり違う。自分個人の主体性をもっと大きな謎に引き渡すための準備として、自己の中に静けさを見つけることだ。ただ指と月を区別するだけではなく、月の光の中に身を委ねることでもあるかもしれない。ハクスレーは観想の意味をじっくり考え、1つの結論を提供する。「最も高度な祈りは最も受動的だ」

14世紀にスピリチュアリティについて書かれた作者不詳の傑作『知ろうとしないでいることの雲（*The Cloud of Unknowing*）』は、ハクスレーが思い描いていた最も受動的な種類の祈りのような、没入型の観想の状態にどうやって入っていくかについての助言を提供してくれる。「観想を初めて実践するときには、知ろうとしないでいることの雲のような、暗闇を経験するだけだろう」と、この名も知れぬ著者は言う。[4]自分の位置や向きを見定め、自分の五感や知性を頼りに進んでいくのではなく、すべてを忘れるべきなのだ。その著者は、ただ「優しい動揺」に波長を合わせ、その感覚の中に身を委ねるように言う。自分の人生の状況的な中身や物質的な中身の概念のいっさいを捨て、生命の本質――生命そのものの根源――への完全な崇敬の中を漂うように、と。

究極の現実――自然、神聖なるもの、神と呼んでもいいだろう――は、人間の知性を超えている、というのが、このスピリチュアルな書物のメッセージだ。最も高次の現実は、愛の、直接感じる経験を通してしか知ることができない。発話や思考を通してではなく、感受性の高い注意を通してしか。

フランシスコ会修道士で社会活動に積極的に関与する神秘主義の指導者リチャード・ロールは、知ろうとしないでいることの雲の中で漂うのは、「概念やイメージや言葉などによって機能する、思考する心」を軽視したりおとしめたりすることではない点を強調している。それは、時間に縛られた人間の心が、人間を永遠の存在の所までは誘えない事実を認めることにすぎない。「神は概念では手が届きません」と彼は言う。より高い所にたどり着くためには、「知ろうとしないことと言い表せないことにまつわるパラドックス、謎、あるいは知恵」を、人は受け容れなくてはならない。

禅の伝統には、ブッダが説教をするために霊鷲山《りょうじゅせん》にたどり着いたときの話がある。僧や菩薩《ぼさつ》、神々、天人、動物がみな集まって、その説教を聞いた。彼らはみな、ブッダが何を言うだろうかと、一心に耳をそばだてて立っていた。ブッダは立ち上がり、誰もが見えるように白い花を1つ手に取った。そして、親指と人差し指でくるくる回した。それで終わりだった。説教は、花を使った単純な仕草だけだった。

それを見守っていた弟子のマハーカッサパ（大迦葉《だいかしょう》）は、真剣な雰囲気を破り、かすかに笑みを浮かべた。その瞬間、教えが彼に伝わった。たった1語さえ発せられなかったのに、彼は啓蒙されたのだった。

ブッダの時代から約５００年後、イエス・キリストがガリラヤ湖のほとりで弟子たちの前に立った。当時、弟子の多くが食べ物やその他の必需品を見つけることで頭がいっぱいだった。「マタイによる福音書」に記されているとおり、山上の説教の一部で、イエスは言った。「野の花がどのように育つのか、よく学びなさい。働きもせず、紡ぎもしない。しかし、言っておく。栄華を極めたソロモンでさえ、この花の１つほどにも着飾ってはいなかった」

イエスは弟子たちに、心配しないで森羅万象の豊かさを信頼するよう求めていた。そして、彼は具体的な方法を示していた。野の花（ユリ）を見なさい。花のようになりなさい。

人間が生き延びるためには、日の光と水以外のものも必要とするだろう。だが、人間の真の本質は、ブッダやイエスが示したものと同じ、神聖な単純さの中にある。

なんと思い切った考え方だろう。至高の知恵を垣間見たければ、口を利きさえしないものに目を向けよ、というのだから。それらを手本にせよ、というのだから。

宗教の歴史を通じて、人は「カタファティックな」かたちで知ること――言葉や観念や区別を通して知ること――と、「アポファティックな」かたちで知ること――静寂と象徴と統合を通して知ること――とのバランスを取ろうとしてきた。発話と沈黙、束の間と永遠のように、「カタファティックな」かたちと「アポファティックな」かたちの両方が、それぞれ役割と重要性を持っている。[5] だが、宗教改革と啓蒙運動以来、西洋のほとんどの宗教伝統では、言葉と観念と区別を優先する方向への転換が見られた。ヨーロッパの啓蒙運動は合理主義を重視し、印刷された言葉が優位に立ったので、おそらく、教会の指導者はえも言われぬものとの恍惚状態での遭遇よりも、説教や聖書の分析を「カタファティックな」かたちで重視することへと駆り立てられた。経験主義と合理性と言葉による競争の世界では、静寂の霊妙で直観的なやり方は、いったいどうすればそれに対抗しうるのだろうか？

前述のブッダとイエスの教え――ハスの教えとユリの教え――は、世界の知恵の伝統の核心にある「アポファティックな」本質を指し示している。リチャード・ロールは、えも言われぬものとの、この生きたつながりを宗教が必要としていることを強調する。神秘的なスピリチュアリティを「ダイナミックで創造的で非暴力的」にするのは、そうした「制約のない特性」だ。それらは、原理主義の宗教や狂信的な宗教の硬直した確信や、善悪や是非のやかましい判断とは、劇的な対照を成す。

あらゆる傾聴のうちで最も能動的なもの

ハスとユリの教えは、「最も高度な祈りは最も受動的だ」というオルダス・ハクスレーの考え方の例証となる。並外れた優しさに満ちたこれらの教えは、実在への道を指し示し、自己参照的思考の騒音や、過去と未来への没頭を超越する方法を教えてくれる。

とはいえ、ハクスレーには多大な敬意を払うにしても、「受動的」という言葉には疑問を禁じえない。もちろん、無言の観想には感受性がつき物だ。花は、音や動きを生み出さないという点では「能動的」ではない。だが、花に見習うというのは、通常の人間の境遇から、本当に思い切って離れることになる。その行為を「受動的」と呼ぶのは難しい。

ピタゴラスが弟子たちに与えた、「自分の静かな心が耳を傾け、静寂を取り込むことを許せ」という助言は、奇妙にも、イムク・カースティ教授がマウスの実験で発見したことを思い出させる。彼女は、「静寂の中で音を聞こうとすると、脳の聴覚野が活性化する」、何にせよその不在に耳を傾ける行為は脳細胞の成長を促すと述べている。人が最も感受性が強い状態に入ると、心が拡張する。静かな注意という深遠な状態では、私たちはカースティの言うユーストレスを経験した。深い静寂に耳を傾けるのが感受性を必要とする営みだとしても、それは能動的な営みでもある。神話学者で「ジ・エメラルド」というポッドキャストの司会者であるジョッシュ・シュライが最近私たちに語ったように、「集中した注意に伴う静寂は、油断がないものであると同時に、リラックスしたものでもあります」。

第3章で「ナーダ」という言葉について考えた。この単語は、ロマンス諸語の一部では「ナッシング（何も〜ない）」という意味だが、これまたインド・ヨーロッパ語族であるサンスクリットでは「音」を意味する。ナーダ・ヨガの実践は、能動的傾聴の真剣な実践であり、内と外の騒音の音量を（理想的にはゼロまで）下げ、万物の本質、生命の脈動を聞き取れるようにする。理解のしようによっては、これは人間にとって最高の創造行為となる。

ヒンドゥー教の伝統では、4巻の聖典も含め、最も神聖な種類の知識は、天啓の所産である「シュルティ」だ。後の教典は「スムリティ」、すなわち分析と詳述だと考えられている。「スムリティ」が「記憶されたもの」を意味するのに対して、「シュルティ」は「聞かれたもの」を意味する。「シュルティ」が第1とされるので、最も崇敬される根本的知識が地上に到来した過程は、思考を通したものではなく、瞑想中の一瞬の悟りを通したものでさえないことが窺《うかが》われる。それは、傾聴を通したものだった。あるがままのものを静かな心に吸収させるという過程だった。これ以上想像できないほど深い注意を自然や空気、生命の本質的な振動に対して払うことによるものだった。古代の賢者たちは、波長を合わせたのだった。

ユダヤ教の礼拝の中心は、「神が唯一」であることを確言する「シェマー」と呼ばれる祈りだ。「シェマー」という言葉は、文字どおりには「聴く」あるいは「聞く」ことを意味する。この祈りの間、礼拝者は目を覆い、「無数のものを目にしないで済むように視野を閉ざす」ことを指示される。エステル・フランケルは、私たちに次のように語った。「耳を傾けるのです。ワンネスに耳を傾けるのです。それを聞いてください」。神の単一性は、こうして認識する。聴覚的なものに能動的に波長を合わせる意味は、「神性に溶け込むこと」にすべての注意を向ける点にある、とフランケルは言う。ユダヤ教における最高の悟りは、ヒンドゥー教の場合とちょうど同じで、最も活発な聴取を通して――「シュルティ」を通して――起こる。「音の中に、多くの音が聞こえるかもしれませんが、それらはみな、自分の経験の中で1つになります」とフランケルは言う。最高の形の祈りは、全き状態をこのように認識すること、と言い表せる。

古代インドの最高の賢者たちや、カバラの最も偉大な師たちが、どうやって時間を超越した啓示を得ることができたり、「神性に溶け込む」ことができたりするほど波長を合わせられたのか、私たちにははっきりわかっているなどというふりをするつもりはない。だが、知識と経験に基づいて推測することはできる。修練だ。

彼らは静寂の中に身を置けるように、厳しい修練を積んだ。

シュライは言った。「賢者たちは自然の中で暮らしました。たくさん歌を歌いました。特定の食習慣を守りました。これらすべてが、調和をもたらしました……神聖な音を聞けるようになるために、彼らは厳しい修練法を定め、器を準備していました」。事実上すべての知恵の伝統が倫理と道徳性を重視し、たとえば、嘘をついたり、物質主義的になり過ぎたり、他者を傷つけたりするのを避けた。それには、社会秩序の維持以上の理由があった。「倫理の修練は、人が調和の取れた静寂を経験するのに必要です」とシュライは言った。「もし嘘ばかりついていたら、心の中の騒音に囚われてしまいます」

古代インドの賢者やユダヤ教の偉大な指導者たち――あるいは、どのような伝統であれ、観想の師たち――が、ただある日どさっと座って神の啓示を耳にしたというわけではない。彼らは修練を積んだ。多様な伝統のどれにおいても、賢者たちは自らの生活のすべてを、ありとあらゆる騒音を超えた場所に行き着くことを目指して組み立ててきた。それは、もう自我に奉仕しない場所、シュライの言葉を借りれば、全身が「音叉《おんさ》のように」なれる場所だ。

最も深い種類の傾聴は、ある意味で受動的だ。受け取る行為だ。ハクスレーの言葉を言い換えれば、宇宙に対して「自らをさらけ出す」こととなる。とはいえ、騒音を克服できるようになるために、そして、現在の瞬間の壮大さに完全に集中できるようになるために、自分の生活全体を調整する修練は、議論の余地もないまでに、能動的だ。

日本語の「間《ま》」の持つ意味

ここで時間を取り、前の章で紹介した「感覚実験」にもう一度立ち戻ろう。

5年間沈黙していたら、あなたの心の構造はどう変わるか想像してほしい。

これほど深い静寂を個人として想像するときには、もちろん、理屈や意見を練り上げるのに投入するエネルギーがはるかに少なくなるところを想像する。区別や、物事の呼び名をつけることといった、「概念のメッキ」をそれほど重視しなくなる——指し示す指に払う注意が減り、月のフェルトセンスへの注意が増す——ものと想像する。5年あれば、生命の根本的な振動を耳にできる古代インドの賢者たちに、少しは近づけるだろうと考える。

人は比較的短い時間を静寂のうちに過ごすだけでも、心が自分の好みやレッテルや「もし~なら」という筋書きから離れ、より高度な実在へと向かうのに気づくことが多い。ほんの短い時間で——「間にある」普通の隙間に感謝しているときに——この「リセット」を垣間見られることもある。

空白——静かな空間——に波長を合わせることのこの価値は、多くの面で、伝統的な日本文化の中心的な特徴だ。それは、日本人の美学や建築、儀式、コミュニケーションに見つかる。それはただの様式上の好みではなく、「アポファティックな」知り方の表れだ。

日本語では、「間《ま》」という字は、「門」と「日」という2つの字から成り立っている。それら2つの表意文字が合わさって、「寺の入口の扉の間から黄金色の光が差し込んでいる」というイメージを生み出している。

間《ま》の一般的な定義は、「余白」だ。「隙間」や「休止」、さらには静寂そのものとさえも説明される。

間《ま》は静寂と同じで、不在以上のものだ。間《ま》は、「純粋な潜在力」と説明したほうがいいかもしれない。時間と空間の両方を通して生じる。知覚を拡張する。

間《ま》は、音楽では音と音の間の休止期間を意味する。リズムとメロディを知覚可能にする空白だ。それは、時間と振動の中の実在で、そこからあらゆる音が起こり、またそこへと帰っていく。ジョン・ケージの「4分33秒」は、間《ま》の純粋な表現だ。

日本の伝統芸術である生け花では、間《ま》は、花の形や色や肌理《きめ》と、それぞれ細心の注意を払って配された植物の間や周囲の空白との、ダイナミックなバランスを表す。植物（枝や花）と空白（間《ま》）は、どちらも同じぐらい重要だ。鑑賞者は1歩下がって、その創作物を丸ごと捉えるように勧められる。

同様に、間《ま》は日本の書道や俳句、絵画、庭園、伝統的なストーリーテリング、舞踊、演劇の大切な要素でもある。狙いは、間《ま》の「目に見えないエネルギー」を、その間《ま》の輪郭を描く対話や意匠と同じぐらい劇的なもの、あるいは息を吞むようなものにすることだ。

黙礼で始まり、静かな注意のうちに長ければ4時間も続く正式の茶会は、間《ま》の儀式だ。そこでは静寂をみなで味わう。学者の岡倉覚三《かくぞう》（天心）が1906年に古典的な名著『茶の本』で力説したように、茶会は、静寂を俗世と神聖なものとの懸け橋として成立する。食べたり、飲んだり、洗ったりというありふれた行為を、鋭敏な自覚を伴う崇敬の念で満たす。

間《ま》は非常に重要なものと考えられているので、日本語で間《ま》を欠く人は、「間抜け」と呼ばれる。

間《ま》の根は深い。それは部分的には、仏教のさまざまな宗派に共通の、空《くう》と無私の原理に由来する。また、日本固有の宗教である神道にも由来する。神道は、多様な関係における調和と、自然とのバランスの両方を重視する。神道はアニミズム（精霊信仰）で、水、木、岩、風など、自然界のあらゆるものが、主体性を持った霊とされる。十分な間《ま》がなければ、霊は地上に降りてこないことにしかねない。間《ま》は農業にも根差している。種をびっしり蒔《ま》き過ぎると、作物はよく育たない。だから、「間引《まび》き」をして、間《ま》のための余地を作らなければならない。空白は、生命が繁栄するための必要条件だ。間のおかげで、水や日光、土壌、空気といった、必要な要素のそれぞれが、成長する実生に届く。そして当然ながら、日本のような小さくて人口密度の高い島国では、空間はとりわけ価値が高い。

私たちは、日本の文化を崇拝しろと言っているわけではない。東京の中心部の、込み合い、喧噪に包まれた、過度に商業的で、アニメやハローキティなどのキャラクターがあふれ返る通りを一度でも歩いたことがあれば、そこが地上でもとりわけ聴覚的にやかましく、情報に圧倒される場所であることがわかるだろう。それにもかかわらず、今日の日本では依然として、静寂を神聖なものとする伝統文化のさまざまな要素を見つけることができる。「間にある」空白に人々が波長を合わせられるように、意図的に構成された社会の手掛かりが、あれこれ見つけられる。

フェイス・フラーは、自動車事故に遭う何年も前、まだ重症のワーカホリックだったとき、定期的に日本に行き、研修を実施していた。彼女は、受講生に会い、「今朝は調子はどうですか?」とお決まりの質問を挨拶代わりにしたときのことを振り返って、語ってくれた。

そう訊くと、たいてい長い沈黙があり、それからようやく答えが返ってくるのだった。

フェイスは次のように語った。「いつも思いました。『意味がわからなかったんだ。別の言い方をしてみよう』と」。すると、日本人の同僚のモリカワ・ユリがそっと肘でつつく。待つように、という合図だ。「しばらく時間を取って、挨拶している相手の人といっしょに静寂の中に身を置くように」ということだった。

ユリは、フェイスに間《ま》を教えていたのだ。

フェイスが「今朝は調子はどうですか?」と尋ねると、受講生はしばしばその質問を1つのきっかけと捉え、自分の中に入っていき、その瞬間、実際に調子はどうなのかを感じようとするのだった。それには少し時間がかかる。彼らは会ったばかりの人との会話で沈黙しても違和感はないので、無言の空間を会話の一部にする。

今ではフェイスは笑ってしまう。世界中を旅して回り、異文化間コミュニケーションを広く学んできた彼女にとっても、それは実際には、根本的に新しいものだった。だから、何度となく肘でつつかれる羽目になった。

やがてフェイスは、この文化的な奇行に見えるものが、じつは深遠なものの表れであることを正しく認識するようになった。相手が沈黙していても気にならないと、その出会いに実在と真正性がもたらされることに、彼女は気づいた。それは、最も速い者、最も声高な者の横暴への対抗手段になる。彼女が、飛び込んでいって空白を埋めたいという、文化によって条件づけられた衝動を乗り越えられれば、これらの出会いに黄金色の日光を差し込ませることができた。純粋な潜在力に道を譲ることができた。

騒音の世界に静寂を見つける

社会はずっと、今日のようにやかましかったわけではない。だが、内部と外部の騒音のただ中で、どうやって静寂を知ることができるかという私たちの探究は、それでも古代からのものだ。「内なる騒音は、誰であれ何であれ歓迎することを不可能にする」とローマ教皇フランシスコは言う。人類と自然を歓迎する――生命を肯定する――には、「知ろうとしないこと」の中に漂い、花のようになり、静寂の謎の中に立つことが必要だ。

自分の人生に少しばかりの永遠性を吹き込むには、信心深い人でなくてもいいし、哲学的な秘密結社の成員でなくてもいい。この後の章では、騒音の世界に静寂を見つける実習に乗り出す。「日常的な静寂」と、「恍惚状態の静寂」の両方を見つける方法を取り上げる。前者は心理学や組織設計のような分野の知識の助けを借りて、後者は神秘主義的な起源を持つ教えを現代生活に当てはめて、それぞれ達成する静寂だ。

第4部

内なる静寂

第9章　静寂の見つけ方

「死刑囚監房の仏教徒」

相手を見下した言葉。

ガチャガチャ音を立てる鉄格子。

古いテレビやローファイラジオの騒音が重なり合い、陽気なビートやスポーツ解説などのような、あたりを圧するような不協和音を轟かせる。

隔てるものは金網1枚だから、すべて素通りだ。

2007年、ジャーヴィス・ジェイ・マスターズは、サン・クエンティン刑務所に確定死刑囚として入れられる理由となった犯罪を行っていなかったことを、山のような証拠が示唆していた。カリフォルニア州最高裁判所は検察側に、彼の裁判の証拠をすべて見直すように、という異例の命令を出し、最終的に新しい裁判を行う下地を作った。活動家たちは、ジャーヴィスが現に無罪であること――20年以上前に看守を殺害する陰謀の犯人の身代わりにされたこと――を示す厳密な主張を用意して発表していた。

その間、獄中のジャーヴィスは、りっぱな人物、平穏と助言の源と見なされるまでになっていた――刑務所長の部下たちにさえも。

上訴審が行われている間、ジャーヴィスは独房（ジョージ・オーウェル風の公式の用語を使えば、「アジャストメント・センター」）から出され、「イースト・ブロック」に移された。そこでは、受刑者が比較的多くの自由を与えられ、屋外で過ごせる時間も長く、ときどき電話の使用を許され、キャンディバーやラーメンのパックを売っている売店にも行くことができた。

ジャーヴィスは、独房（略称「ＡＣ」）で22年間過ごした。サン・クエンティン刑務所の歴史をたどっても、これを超える人はいない。ＡＣからイースト・ブロックへの移動は、何年もの月日をかけた、彼の個人的勝利だった。

だが、イースト・ブロックに移ったジャーヴィスは、騒音に圧倒された。発作を起こした。数十年ぶりで、それまでの人生で最悪の発作だった。彼は、他人が独房に監禁されることなど願いはしなかっただろうが、独房の頑丈な扉が外の騒音を締め出す役に立っていたことに気づいた。イースト・ブロックには、そんな防音壁はなかった。だから彼は、修練を深めるしかなかった。

ジャーヴィスは今では、「死刑囚監房の仏教徒」として知られている。近刊の自伝のタイトルが、彼をそう呼んだからだ。[1] 彼は1991年に、チベットのチャグドゥドゥ・トゥルク・リンポチェ師の下で入信した。ジャーヴィスは数十年にわたって、アメリカのチベット仏教の尼僧で人気作家のペマ・チュードゥンの愛弟子《まなでし》だった。彼はチュードゥンのことを、敬愛の念を込めて「ママ」と呼ぶ。彼は自伝に加えて、困難な状況下で心を手懐《てなず》ける作業についての詩も発表してペンクラブの賞を与えられている。菩薩となることを目指す彼は、生きとし生けるものすべての苦しみを消し去ろうと、できることは何でもしようとする。年月がたつうちに彼は、170年前に造られた、州立サン・クエンティン刑務所の重警備施設が、この仕事にとって他のどのような場所よりも好都合かもしれないことに気づいた。

まだ上訴審の最中なのだが、私たちがジャーヴィスと話したとき、サン・クエンティン刑務所の騒音はたんに聴覚的なものではないことを、彼は強調した。それは恐れの振動――想像できるうちでも屈指の有害な内部騒音――だ。来《きた》るべき尋問や、素行調査、看守や他の受刑者との日常の交流などに対する恐れだ。一部の受刑者にとってそれは、州の認可を受けた死刑が差し迫っているという、実存的不安だ。ジャーヴィスも含めて刑務所のほぼ全員にとって、それは子ども時代のトラウマの残響や、暴力に満ちた家庭あるいは無頓着な里親制度の、感情を揺さぶるしつこい亡霊だ。

「ここでは、心を静めざるをえません」と彼は語った。「そうしないと、頭がおかしくなりますから」

ジャーヴィスは1981年に19歳で初めて房に入ったとき、頭上に手を伸ばすと、簡単に手のひらを天井につけることができた。「まるで生き埋めにされているようなものだ」と思った、と彼は振り返る。房は棺のように感じられた。彼は、これが発狂への高速道路であることを悟った――その道路に入ってしまえば。

最近、彼と電話で話したとき、聴覚的背景として、怒りに満ちたわめき声や熱狂した叫び声が混ざり合って絶え間なく響いていて、唖然とした。

「ブロックの連中は、よりによって私が瞑想するときに、きまってうるさくしたものです」とジャーヴィスは冗談を言った。「まるで、大掛かりな陰謀か何かがあるのではないかと思いたくなりました」と、今度は笑う。彼が瞑想しているまさにその時間を、彼らがいつも知っているように見える理由を、どうしても突き止められなかったからだ。やがて彼には、騒音の最大の源泉が、自分の中のおしゃべりであることがわかってきた。「私が自分の心の中でうるさくしていただけなのです」と彼は言う。「騒音に対する私の応答が、おそらくいちばんやかましかったのです」。この現実を理解したのはよかったが、方針を立て直すとなると、話は別だ。だがジャーヴィスには、イースト・ブロックで生き延びるためにはこの難題を克服する方法を見つけるしかないことがわかった。「騒音に対する自分の応答を静めることによって、騒音を静めはじめました」と彼は語った。

近頃では、イースト・ブロックでもとびきりうるさい音でさえ、ジャーヴィスを苛立たせることはない。彼は騒音に対処する方法を見つけたのだ。彼は静寂を見つけるために、通常の、座っての瞑想以外の習慣も身につけた。たとえば、著書『自由を見つける（*Finding Freedom*）』の大半は、レイダーズ対フォーティナイナーズのような、大きなスポーツの試合の間に書いた。そういう試合のときには、誰も彼の名前を呼んだり、彼が何をしようとしているか気に掛けたりしないからだ。[2] 彼は自分の房で跳躍運動やヨガをしているときに、静けさを見つける。天文学を学び、今度はいつ庭に出る時間に日蝕《にっしょく》が見られるかを割り出しているときに、静けさを見つける。彼は、置かれた状況のせいで、自分の知覚と反応を管理するために絶えず自分を律する必要がある。こうして彼は、騒音の中でも平然としていられる。

ジャーヴィスは数十年前、友人で捜査官のメロディに、瞑想を紹介されたときのことを覚えている。「頭がおかしいんじゃないですか？　殺されてしまうでしょう、瞑想なんかしていたら。それでもいいんですか？」と彼はメロディに尋ねた。刑務所で絶対やってはいけないのが、目を閉じることだ、と彼は説明した。個人的な挫折と偶然の幸運が重なりながら、何年も過ぎてようやく、彼は観想の修練をするようになった。

「『瞑想』という言葉は、ここの連中のほとんどにとって、自分とは無関係に思える言葉です」と彼は私たちに語った。たいてい彼らは、「うおーっ、こいつは凄い」などとは考えていない、と彼は笑いながら言う。「連中はいつも最初は、『やってるふりをしているだけだろう』と考えるんです。そんなふうにして静かになれるとは思っていませんから……相手がミスをするのを待ちかまえています」

ジャーヴィスは、サン・クエンティン刑務所で誰かを説得して自分とまさに同じことをさせようなどとはしていなかったが、助言を求められることはある。「経験から言うと、人は問題を起こしてからでないと、何かやったりはしません」。ジャーヴィスが受刑者仲間に静寂を紹介するきっかけを見つけるのは、たいてい問題が起こった後だった。彼は典型的な筋書きを説明してくれた。すぐにカッとなる男性が、看守を罵って懲罰房に放り込まれようとしていた。ジャーヴィスは、自分もかつてはそうだったことを認めた。変化が促されうる別の筋書きは、受刑者が近親を失ったときだ。悲嘆は、人をうまく対等な立場に立たせる。「どうしたらいいんだ？　あれやこれやで、頭がこんがらかってしまって」と、彼らは問う。ジャーヴィスは、経典を読ませたり、マントラ（真言）を学ばせたりはしない。苦痛と混乱の中で、自分のために少しばかりの静寂を見つける方法について助言する。大きな進歩は、話したり、文句を言ったり、非難したり、同じことを執拗に繰り返したりといった行為の限界に、彼らが気づいたときに訪れるそうだ。その悟りは、「もう、黙っていることにする」などの抱負として表現される。それは素晴らしい出だしだ、とジャーヴィスは言う。そして、人はみな「二度と悪意を抱きたくない」段階まで行き着かなくてはならない、とつけ加えた。

静寂によって培われた思いやりや共感

ジャーヴィスは、サン・クエンティン刑務所の騒音に対処する修練について考えると、その修練のおかげで、自分にとって意外なほど重要なリソースを培えたことに気づく。それは、思いやりだ。彼は、長年をかけて自分の意識の中に見つけた静寂を通して、周りで本当に起こっていることにもっと注意を払いはじめた。外でバスケットボールをしたり、ウェイトトレーニングをしたりして、いっしょに時間を過ごす人々の過去の人生については、それまでろくに考えたことがなかった。だが彼は、心の中の騒音が小さくなっていくにつれて、彼らの手や顔に、うっすらと残っている傷跡に気づくようになった。そうした傷跡の1つひとつに独自の物語があることを直観的に察し、注意深く丁重に質問をしはじめた。答えようとしない人もいたが、心を開いて語ってくれる人もおり、子どもの頃、殴られたり育児放棄されたりした話が出てくることが多かった。ジャーヴィスには、静寂には道徳的な側面があることがわかってきた。その側面を通して、彼は自分自身の人生を乗り越え、共感を養うことができた。

最初の頃、イースト・ブロックのひどい騒音に、始めたての瞑想の修練を邪魔されたときには、ジャーヴィスは善悪や是非に囚われてしまった。「『この連中は狂っている』などと考えたものです」。だがやがて、「彼らは間口4フィート、奥行き9フィートの房に押し込められ、死刑執行を待っている」ことを思い出すようになった〔訳注　1フィートは30センチメートル余り〕。そして、「この人たちは、叫んだりわめいたりすることで、自分の本性の一部と取り組んでいるだけで、気持ちをぶちまけている」のが見て取れた。彼は、こういう状況下では彼らの行動がごく普通であることに気づいた。

ある日ジャーヴィスは、「あの連中は、何に苦しんでいるのか?」とじっくり自問した。1人ひとりの具体的な理由を考え、それからズームアウトして、もっと大きな構図を眺めてみた。すると、すぐに気づいた。彼の疑問は、あらゆる苦しみの起源にまつわるものだった。「ここでは本当は何が起こっているのか?」と彼は考えた。「彼らの苦痛は、いつ、どこで始まったのか?」。それから、彼の頭は再びズームインし、自分自身の現実に的を絞った。「私は何に苦しんでいるのか?」と。その時点で、自分と他の受刑者が、それほど違わないことが見て取れた。彼はもっと耳を傾けることを決心した。

「本当に聞くことができるように、心を静めなければなりません」と彼は語った。

ジャーヴィスは、数年間修練を積んだ後、騒音が自分を頑なにするのを許していることに気づいた。彼は、自分がどこかの僧院にでも入って、サン・クエンティン刑務所のサウンドスケープを自分の認識から排除しておくために修行しているふりをしようとしていた。そこで、現実に逆らうのをやめなければならない、と結論した。自分の人生を受け容れなければならなかった。他の人々を自分の心の中に迎え入れる必要があった。彼は、イースト・ブロックの「叫びやわめき」のいっさいが、自分の心の中の方向性を、音と刺激へと転じさせるのを許しはじめた。「物事を、もっと穏やかなかたちで感じはじめました」と彼は言う。

ジャーヴィスは、間《ま》を置き、考えてから言った。「私は騒音に、騒音を静めるように促しはじめました」

新型コロナ罹患《りかん》での経験

2020年後半に私たちが初めてジャーヴィスと言葉を交わしたとき、彼はその年、自分が知っているうちで最も深い静寂を経験した話をしてくれた。彼は新型コロナにかかっていた。重症だった。サン・クエンティン刑務所は、2か月ほどは運良く感染者が出なかったが、その後、クラスターが発生した。最初の数日間、彼は隣の房の、糖尿病の受刑者を励ましていた。だがそれから、「彼がどんどん具合が悪くなって亡くなるのを目にしました」とジャーヴィスは言う。「本当に怖かったです。自分も同じときに感染していましたから」。サン・クエンティン刑務所の状況は深刻だった。『ニューヨーク・タイムズ』紙は、このクラスター発生について、次のように報じた。

大勢の高齢の収容者が、自分の房の外に、「免疫無防備状態」という手書きの表示を提げている。その周囲では看守がマスクを着用するようにするためだ。ある収容者によれば、感染を恐れるために自分の房から出るのを拒む収容者もおり、この数日は、感染した収容者が立ち上がれなくなった後、看守たちが無線で「倒れた！」と叫ぶのが何度も聞こえてきた、という。[3]

ジャーヴィスは高熱を発し、片頭痛で衰弱した。アメリカが新型コロナに襲われてからわずか3か月後のことで、治療法はみな、依然として初期段階にあった。ジャーヴィスは、医師が彼の房にやって来て、処方薬の瓶を渡してくれたときのことを回想する。瓶の背面には、副作用が列挙されていた。「ちらっと見ただけで、『こんな薬を飲んだら、死ぬぞ！』という気がしました……以下に注意——肝臓痛、頭痛、胸痛、高血圧、心臓発作の危険、下肢の麻痺《まひ》……まるで、『何だ、これは、まったく』という感じでした」。憔悴《しょうすい》と気分の悪さと悲嘆のせいで頭が朦朧《もうろう》としていた彼は、そのラベルをひたすら見詰め、苦痛を伴う副作用のリストを読んではまた読み直しながら、自分と同じ病気で世界中で苦しんでいる人々全員のことを思うのだった。

そのとき、頭に浮かんできた言葉があった。「自分のことを考えている場合ではない」

その瞬間、ジャーヴィスの認識が、基礎疾患のあるすべての人——サン・クエンティン刑務所で新型コロナで亡くなった最初の受刑者である、隣の房の男性のような人——にまで拡がった。「今この瞬間、自分よりも重症の人が、いくらでもいる」ことに彼は気づいた。

「まさにこの瞬間に心臓発作を起こしている、心臓の弱い人々」のことを、ジャーヴィスは思った。「子どもを失うことになるすべての母親——今この瞬間に子どもを失っているかもしれない母親たち」のことを思った。彼の心が弾けた。彼は苦しんでいるそれらの人々に寄り添い、自分よりもはるかに大きなものに取り込まれるのを感じた。本人の言葉を借りると、次のようになる。

苦しんでいるじつに大勢の人に哀悼の意を示しているようなものでした。そしてそこから、絶えず自分に言い聞かせる段階に至りました。「お前は独りではない。お前は独りではない……きっと切り抜けることができる」

そして、それで私は完全に静かになりました。

自分が目覚めているのか眠っているのかさえわからないほどでした。それほど静かだったのです。その病気から抜け出すには、そう感じる必要がありました。

私たちはジャーヴィスと長い時間をかけ、この経験――静寂との、奇妙で、予想外の、癒やされる遭遇――の意味を徹底的に話し合った。「私はこの種のことを奇跡とは呼びません」と、彼はこの閃《ひらめ》きの瞬間について言った。「でもそれは、私への贈り物でした――それに気づき、それを受け取ることができる立場にあったということは」

自分に「制御できる範囲」を見極める

人は騒音の世界でどうやって静寂を見つけるのか？

その答えは人それぞれだ。

自然に見つかることもある。だがたいていは、意識的な努力の結果だ。

私たち人間は、静けさの見つけ方がみな異なる。瞑想の指導者であるジャーヴィスでさえ、独りで座って瞑想するのが唯一の道だとは言わないだろう。

自分の日々の送り方や、人生の組み立て方をどれだけ自分で決められるかは、1人ひとり違ってくる。最低賃金の仕事でフルタイムで働いているひとり親は、退職者や大学生や中小企業経営者とは、日々を構成する能力が異なる。このような自律性の程度の差は、人が日々の暮らしの中でいつ、どのように静寂を見つけられるかを左右する。

ジャーヴィスは、この自律性の範囲の一方の極端にいる。毎日23時間を房で過ごす。刑務所の運営陣が、シャワーを浴びられるかどうかまで含めて、彼の生活のほとんどすべての面を支配している。彼は自分を取り巻く騒音や気を散らすもののレベルは、事実上まったく制御できない。それにもかかわらず、自分の生活の中の騒音をうまく処理できるようになった。静寂の時間を確保することができる。不安と恐れのやかましい振動を調節する。静かで落ち着いた時間は乏しいものの、彼は深い注意力を持ってそうした時間に入っていける。これがいちばん重要かもしれないが、彼の人生が慈悲深い静寂に恵まれたときには、その静寂のために実在することができる——薬の瓶のラベルを読んで、「自分のことを考えている場合ではない」という言葉が浮かんできたときのように。彼が言うとおり、感謝の念を抱くことで、「それに気づき、それを受け取る」ことができた。

静寂の「専門家」を見つけたければ、世間を離れた修道院の修道士や、どこかの小屋に暮らす隠者を探すのが当然に思える。だが、それでは見当違いになる。私たちがジャーヴィスに目を向けているのは、彼が騒音に満ちた、地獄のような場所で生きているからにほかならない。人里離れた所にあるヒマラヤの隠者の庵《いおり》で静寂を見つけるのもいいけれど、不安と、騒音だらけのサウンドスケープと、恐れと、トラウマのただ中で静寂を見つけるとなると、話はまったく別だ。そして、今この瞬間に生きている人の大半にかかわりがあるのは、後者のほうだ。

ジャーヴィスにとって、静寂を見つけるカギは、自分に「制御できる範囲」を見極めることだった。[4] 最初に「生き埋めにされている」と思ったとき、この思いは、紛れもない真実を含んでいるように見えるとはいえ、破滅を招くことが彼には本能的にわかった。彼は主導権を握り、その思いを根絶する意志の力を見つけなければならなかった。そして、彼はそれをやってのけた。仏教の修練を通して正式な心のトレーニングを始めるのは何年も先のことになるが、当時彼は、ファンクバンドのファンカデリックのリーダー、ジョージ・クリントンの歌から、個人的な指針となるモットーを学んでいた。「心を解放しろ。そうすれば、尻《ケツ》はついてくる」だ。彼はこれを、自分の思考を管理するには梃子《てこ》の支点のようなものを見つける必要があるという意味で捉えた。それを見つけてようやく、自分の状況を多少なりとも制御する方向に進める。そして初めて、いくらかの自由を見つけることができる。

人はたいてい、「制御」という言葉を疑わしく感じる。

私たちは、腸内の微生物から、連邦準備制度理事会の金利政策や、天空の惑星や恒星の配置まで、自分の周りのあらゆるものを、無数の目に見える力や目に見えない力が形作っている、確率の世界に暮らしている。それでもなお、この「制御できる範囲」という考え方は、やかましい世界に対処しようとしているときには、とても役に立つ。

リーはかつて、この「制御できる範囲」の考え方を示して、ジャスティンが苦境を脱するのを助けたことがある。ジャスティンは、活火山のような男性——大きな影響力を持っているものの、はなはだ激《げき》しやすい政界関係者——と仕事上のつき合いがあった。その仕事は、ジャスティンが重要だと考えている建設的な社会活動を支援するもので、子どもの数が増えていた彼の一家にとっては、金銭的に絶好の機会を提供してくれた。だが、彼の世界でその仕事が生み出した騒音は、容赦がなかった。

騒音の一部は、ありきたりのもので、やたらに多い電子メールやショートメッセージ、確認の電話、ビデオ会議などだ。だが、1日24時間対応できるようにという不健康な期待や、通常のやりとりが緊迫した議論や完全に敵対的な口論にさえ変わってしまう傾向といった、もっと微妙なものもあった。ジャスティンは対立を避けるために、スマートフォンを手元に置き、いつでも着信メロディが鳴るようにしておいた。こびへつらうような態度を取れば、緊張が緩和する助けになることを願って、強迫観念に駆られるようにスマートフォンをチェックするようになった。だが、うまくいかなかった。ジャスティンがいっそう努力するにつれて、意識の中の騒音も大きくなった。彼は、頭の中での独り芝居で、難しい会話や、予想される破滅的な筋書きを繰り返した。彼の神経は、高電圧の送電線のように、唸りを上げていた。

ジャスティンは、ストレスの多い仕事は初めてではなかったし、瞑想を長い間学び、教えてきてもいた。だから、そうとうの数の対処メカニズムを持っていた。いや、少なくとも持っていると本人は思っていた。

ジャスティンは、その場を離れて短い瞑想をしたり、認知的リフレーミングの戦略を使ったりするたびに、順風満帆の状態を回復できたと思っていた。ところが、そのクライアントの所に戻ると、またしても内部騒音の渦に巻き込まれるのだった。彼は、このパターンが自己強化型のサイクルになることに気づいた。望まない会話をひっきりなしに交わし、スマートフォンなどを日夜チェックしてばかりいると、ますます心配が増え、心が奪われていく。へとへとになった彼は、この混乱状態をいっそうの騒音で取り繕った。電話で不機嫌そうに友人たちと哀れみ合ったり、深夜にネットフリックスでラテンアメリカの最も美味しそうな海辺のキッチンカーの映像を続けざまに見ることに慰めを求めたりするのだった。

このような混乱の中で、ジャスティンは自分についてひどく厄介なことに気づいた。そんなとき彼は、たとえ可能だったとしても、静寂を探し求めなかっただろう。自分自身と向き合いたくなかったのだ。現実に直面するよりも、気を散らしてくれるものを探すほうが心地好かった。

リーは様子を知るためにかけた電話で、ジャスティンに現状で何を強く望んでいるか尋ねた。彼に想像できるうちで最高の筋書きは、どんなものか？ ジャスティンは間《ま》を置き、砂漠の空高くから降り注ぐ日差しの下で椅子に腰掛けた。何度か息を深く吸い込んだ。休みやワーク・ライフ・バランスをただ切望していたのではなかった。彼が切望していたのは、具体的な感覚、ほとんどエネルギーとでも言えそうなものだった。それは、早朝に静かな海の前に立っているイメージとして、彼の頭に浮かんできた。彼がその切望を説明した後、リーは、何をいちばん恐れているのか尋ねた。するとジャスティンは、今と同じ騒音に耐え続けなければならないことと、この海のような「リセット」の感覚から遠ざけられたままになることを恐れている、と答えた。

リーはジャスティンに、1つのイメージを示した。アーチェリーの標的だ。中央の円は、彼が制御できるもの、その外側の円は影響を与えられるもの、さらに外側の円は、それ以外のすべてだ。内側の2つの円に集中するように、とリーは言った。

ジャスティンにとって、それは、「こんな仕事、くそくらえ」の類の瞬間ではなかった。彼は、あっさり辞める立場になかった。少なくとも、すぐには。そこで、何が自分に「制御できる範囲」にあり、何が「影響を与えられる範囲」にあるかを、もっときちんと見直しはじめた。それは、自分が依然として自律性を発揮して、自分の人生で必要な静寂を取り戻せる範囲だった。

ジャスティンは「制御できる範囲」という枠組みを使い、騒音が手招きしているとき、自分の体の中の感覚と、心の中のおしゃべりに、もっと細かい注意を払いはじめた。ときどき、ただその場凌《しの》ぎのセンタリングの実践をする代わりに、日常の静寂を見つけるための多様な戦略を、もっと自制心を持って使うようにした。そのなかには、ずっと以前に学んだ呼吸エクササイズや、日光を浴びながらの短い休憩、スマートフォンも持たずに定期的に出掛けるハイキングも含まれていた。彼は、このままの働き方では持続できないのではないかという懸念を伝えることで、状況に影響を与える方法にも思いを巡らせた。そして、自分の心身に騒音が及ぼす影響についてじっくり考え、そのクライアントと現状変更の交渉をした。話し合いは予想以上にうまくいった。こうして彼は、自分の生活状況に多少の静寂をもたらす可能性を取り戻した。

いちばん重要なのは、大切なものがじつは自分に「制御できる範囲」にあるのをジャスティンが発見したことだった。彼は、ジャーヴィスなら言うだろうように、「騒音に対する自分の応答を静めることによって騒音を静める」ことができた。知覚と反応に、前より巧みに取り組むことができた。騒音は、本質的に悪いものではなかった。たしかに、苛立たしかったし、苦痛でさえあった。だが、その騒音は、その根底にある状況で、変える必要があるものを指し示していたのだ。少し距離を置くと、ジャスティンは、騒音のうちで最悪のもの、すなわち内部騒音は、クライアントや仕事そのものとの接し方に無理があるせいなのが見て取れた。彼は、結果にこだわり過ぎていたのだ。そしてそれは、完全にジャスティン自身の力だけで変えることができた。

＊

自分には何が変えられ、何が変えられないかを知ると、ほっとする。株式市場や世界の各文化の好みといった複雑なシステムはたいてい、個人が影響を与えられる範囲の外にあり、標的の「それ以外のすべて」の部分に入る。地元の住民投票やパートナーの行動といったものは、影響を与えられる出来事の領域に収まることが多い。だが、アンゲラ・メルケルかウォーレン・バフェットかビヨンセでもないかぎり、自分で制御できる要因は、おそらくわずかだ。だが、かまいはしない。実際に必要とするのは、標的の中央にある小さなスペースだけだ。なぜなら、いちばん大事なことは、その中で起こるからだ。

この世界の騒音を超越するには、高品質のオーダーメイドの耳栓や、携帯電話の電波が届かない場所にある小屋での「デジタルデトックス」以上のものが求められる。ジャスティンの経験がそうだったように、心と頭の「アーチェリー」が必要だ。練習によってアーチェリーの腕が上がるのと同じで、心と頭のアーチェリーも、やればやるほどうまくなる。

生活の騒音は、ある程度までは避けられない。それでも、静かな内部のサウンドスケープや、静かな意識に狙いを定めることはできる。自分の「制御できる範囲」と「影響を与えられる範囲」を見極め、それに即して、人生を自分の望む方向に進ませるとともに、「それ以外のすべて」は手放す作戦を取ることは可能だ。

次の章から、静寂を見つける具体的な戦略を見てみる。だが、それらを実行に移せる段階に行き着く前に、いつそうした戦略が必要とされるかを見定められるようにならなければいけない。言い換えれば、騒音が実際に大き過ぎるときに、そうと気づけるようになる必要がある。

騒音のシグナル

ジャーヴィスの日々の修練には、厳密な方式はない。騒音に対処しようとするとき、つまり、いつ、どのように自分の制御と影響の力を発揮するべきかを突き止めようとするとき、彼はある本質的な出発点を重視する。それは、注意を払うことだ。彼は頭の中の思考や、体の中の感覚を調べる。絶えず正しい方向に進めるように、シグナルを、ほんの小さなものさえも、探し求めなければならないことを、彼は強調した。

第4章で、シグナルとノイズの区別を取り上げた。何が必要かを示す種類の音や刺激と、人の意識を不当に奪おうとする種類の音や刺激との区別だ。自分の中、心と体の中で探すことができる重要な類のシグナルがある。それは、あまりに多くの騒音が入り込むのを許してきた個人的なシグナル、過度に刺激されたり、気を散らされたりするようになってしまったシグナルだ。それらのシグナルに気づき、それに基づいて行動できるようになることが重要だ。ジャーヴィスは、例を使いながら説明してくれた。

「近頃では、些細《ささい》な、ほんの小さなことに苛立ちます」と彼は言う。「たとえば、朝食を取っていて、トレイに目をやると、バターが載っていなかったりしたときです」。彼は、次のような場面を描き出してくれた。


「バターはどこだ?」

「お前の分はなかったんだよ、ジャーヴィス」と連中は言います。

もっとひどいことを言われることもあります。「そこにあるじゃないか、お前のトレイの上に」

――本当は、ありもしないのに。

毎回、ムカッとします。不意を衝かれて。ありえないほど大げさに受け止めてしまうのです。わかりますか?


ジャーヴィスにとって、「ほんの小さなことに苛立つ」のは最初のシグナルだ。幸い彼は、長年の修練のおかげで、素早く再調整する方法を知っている。彼は、自分の思考と感覚と行動を理解すること――自分が「引っ掛かった」ことを告げに現れるシグナルを感じ取ること――を、自分の使命にしてきた。この種の自己認識は、サン・クエンティン刑務所の中では一般的ではない(それを言うなら、外でも同じだ）が、ジャーヴィスは、生き延びるにはそれが必須だと考えている。それを私たちに語るとき、彼の陽気な声は真剣な調子に変わる。「全人生を変えるのに、2秒しかかかりません――特にここでは……2秒後には、どこかの地下牢のような場所に放り込まれていることもありえます」

ジャーヴィスにとって、「頭の中」に入り込み過ぎることも、過剰な騒音を示す有力なシグナルだ。何が正しく、何が間違っているか、誰に非があるか、なぜ人生が他のかたちではなくこんなふうに展開しているのかを、知性を使って正当化することに夢中になってしまっているときが、それに当たる。

「ロジックは一種の幻覚体験ですよ、わかりますか？」と、彼はくすくす笑いながら言った。問題は、考えること自体ではない。考え過ぎがもたらす苦悩が問題なのだ。「人は、自分を動揺させる方法をよく知っています。本当によく」とジャーヴィスは説明する。「そのプロですよ」

それでも、人はしばしば考え過ぎてしまう、と彼は続ける。「なぜなら、周りにいる人のことを気に掛けているからです。自分が支持している理念を大切に思うからです」。「シグナル」は問題ではない。それは、何かを告げてくれている――何か重要なことを。ジャーヴィスは、シグナルを抑え込むように勧めているわけではない。細心の注意を払い、それに即して自分の応答を管理するように振る舞うことを勧めているのだ。

ジャーヴィス同様、私たち著者も、自分のシグナルを調べている。そして、過剰な外部の刺激と内部のおしゃべりの明確な兆候に気づく。苛立ちや動揺、思考と行動の硬直性、条件反射のような保身、耳を傾けることへの嫌悪（配偶者や近しい人々が証人になってくれることだろう）などだ。これらのシグナルには、首筋や横隔膜、臀部《でんぶ》、腰の張りが伴うことが多い。息が浅くなったり、急き立てられているような気がしたりすることもある。

こうした身体的な感覚自体が、重要なシグナルだ。人の認識の隅のほうに、やかましい感情が息づいている。激しい怒りや絶望のような、人が最も軽んじがちな感情だ。これらの感情のせいで、リーは真夜中にパニック発作を起こすことがある。ジャスティンは、慢性的な痛みを感じるほどまで歯を食いしばる。これらのシグナルのどれに対しても、人の自動的な反応は、どこであろうとここではない場所、いつであろうと今ではないときに身を置きたいというものだ。とはいえ、そのようなシグナルは、より深い不協和音の大切な指標であり、無視すれば、繰り返し戻ってくる。変えなくてはならないものがあれば、その種のシグナルはしだいにやかましさを増し、いっそう注意を奪っていく。

人は、シグナルに見つけてもらうのを待つこともできれば、先手を打って、シグナルを探し出すこともできる。次のように自問すれば、騒音の「棚卸し」ができる。

今この瞬間、その騒音はどのようか？　聴覚的には？　情報的には？　内部では？

私は何を感じているか？　どんなシグナルが生じているか？

騒音は体の中でどのように感じられるか？　その騒音は、気分や展望や関心の焦点にどのように現れているか？

騒音は自分の仕事や行動にどのように反映されているか？　人間関係の調子に、どのように反映されているか？

自分の生活の騒音が実際にはどのようかをいったん感じられれば、自分の持てる主体性を利用し、どれほど小さいものであれ変化を生み出せる。それは、洗ってはすすぎ、洗ってはすすぎ、というような、反復的な過程だ。あるいは、本書の趣旨に沿えば、狙いを定め、「制御できる範囲」と「影響を与えられる範囲」を見極め、シグナルに気づくことを繰り返す過程となる。

＊

ジャーヴィスは、極端な騒音のただ中で静寂を見つけるための基本原理を提供してくれる。彼は、人が経験する騒音——聴覚騒音、情報騒音、内部騒音——の特質を調べる。入ってくるシグナルを正確に感じ取って、その間をうまく進んでいくための戦略を教えてくれる。

この後の章では、これを土台とし、静寂を見つけるためのフィールドガイドを示す。人の内部と外部のサウンドスケープの棚卸しの仕方を具体的に説明し、個人や家族、チーム、社会全体として、制御あるいは影響の能力を発揮して騒音を超越するための実践的なアイデアを探る。この瞬間の騒音を処理する実習や、1日あるいは1週間にわたって静寂を見つけるための手順、1年あるいはそれ以上にわたって人生に大きな変化をもたらすことのできる恍惚状態の静寂に出合う可能性に目を向ける。

第10章　束の間の静寂を見つけるための戦略

健康を害する喫煙の恩恵

リーには1つ告白しなければならないことがある。

彼女はかつて、タバコを吸っていた。

じつは、タバコを吸っていたこと自体がそれほど重要なわけではない。本当に告白しなければならないのは、喫煙が大好きだったことだ。昼の間に挟んだタバコの、優しい「キス」が大好きだった。最初の一服のときの、スーッという音が大好きだった。日光や光の筋の中を煙が渦巻くように昇っていく様子が大好きだった。彼女の一家の伝統とは裏腹に、深く息を吸ったり吐いたりするのをリーに教えたのは、ヨガではなく喫煙だった。

そうは言っても、やめる理由はたっぷりあった。しつこい咳、増える一方の出費、夜ベッドで丸まって横になったときに鼻を衝く、髪に染み込んだ煙の臭い。そしてもちろん、長く健康な人生を送りたいという、最も重要な願望。

リーは、やめるまでになぜあれほど長くかかったのかを振り返ると、喫煙の大きな恩恵に帰り着く。喫煙が提供してくれる、束の間の静寂だ。

ざっと計算してみると、その束の間が積もり積もって、1日当たり2時間30分になる。これはまた、かなりの時間の浪費だ。

過去数十年間、ほとんどの喫煙者が中毒から足を洗ったとき、1日の中の、社会的に容認された休み時間も放棄することになった――特に、職場では。

エディンバラ大学と、イギリスでも一流の、独立系の社会調査センターのスコットランド支部が、今日、若者が喫煙を選ぶ理由の定性的研究を最近発表した。[1] その論文のタイトルは、ある研究参加者のじつにわかりやすい言葉から取ったもので、「喫煙者ですと言えば、余計に休憩がもらえる」だった。「特定の職業、特に接客業や、コールセンターでの継続的需要に対応する仕事では、喫煙者であれば、短い休憩を取れるという大きな恩恵を受けられ、それが休憩を取る唯一の方法の場合もあった」ことを研究者たちは突き止めた。彼らは、さらにこう言葉を添えている。「それらは、一般にあまり権利が認められていない、低賃金・低技能の職業のことが多かった」

しばらくこれについて考えてほしい。発癌物質であるのが立証済みのものを継続的に吸い込むことを、大勢の人が選んでいて、それは、骨の折れる単調な仕事から休憩を取る方法が他にまったくないからだ。

これは、静かな時間に対する人間の必要性が満たされていないことを、雄弁に物語っている。

そして、こんな疑問も提起している。何がタバコ休憩の健康的な後継者となるのか？言い換えれば、職場や家庭、あるいは頭の中の心配事の騒音に圧倒されたと感じたときに、人は何をし、どこに行き、どうやってリセットボタンを押せばいいのか？

人は日常的に必要とする束の間の静寂を、どうすれば見つけられるのか？

あなたは、コンピューターの前を5分間離れられるかもしれない。幼い息子がおもちゃに夢中になっているときに、15秒間だけ時間が取れるかもしれない。いずれにしても、静寂の量に的を絞るのではなく、質について考えるべきだ——それがどれほど素早く過ぎ去ってしまうにしても。これほどの音と刺激の間の空間に、あなたはどれほど深く飛び込めるだろう？

本章では、自分の1日の中に束の間の静寂を見つけるための、さまざまな戦略を示す。それらの戦略は、厳密に処方されたものではなく、指針となるアイデアやインスピレーションとして利用してもらうものだ。あなたの生活の状況や好み、必要とするものを知っているのは、あなただけだ。あなたが「制御できる範囲」と「影響を与えられる範囲」に何が入っているかを知っているのも、あなただけだ。私たちは、ここで挙げるうちで役に立つ戦略や魅力的な戦略を使うことをお勧めするものの、「ダメ！それはダメ！」という強い反応が出たときには、詳しく検討する価値があるかもしれないことも、覚えておいてほしい。強烈な応答を引き出すものは何であれ、そこから学べることがあるかもしれないからだ。最も深遠で、最も大きな変化をもたらす静寂を見つける作業には、まだ触れない。それは次の章に譲る。だが、その瞬間その瞬間に静寂を見つける練習——束の間の静寂を見つける練習——を積み重ねれば、最も深遠な静寂が訪れたときにそれに気づいて受け容れる能力を培うことになる。

同様にここでは、人間関係や家庭や組織で騒音を管理する練習には立ち入らない。それも全部、後に譲る。後に続くものの基礎を築くために、独りで行う練習――自分に「制御できる範囲」にいちばん多く含まれるもの――から始めよう。

この探究に乗り出す前に、一般的な推奨事項を挙げておく。

第1に、先入観を持たないこと。チェーンソーで彫刻をしながら、没入型の内部の静寂を見つける人のことを覚えているだろうか？　ウィーンというモーターの唸りと、飛び散る木片の中で、その人の内部の騒音は消えてなくなる。「静かというのは、何であれ、本人が静かだと思っているものです」と、ジョシュア・スミスは大切なことに気づかせてくれる。だから、静寂を見つけるための練習を探るときには、ある人にとっての騒音も、別の人にとっては静寂かもしれないことを、覚えておいてほしい。自分のやり方が風変わりであってもかまいはしないのだ。

第2に、多くの練習を試すこと。世の中の騒音は多くの形を取り、さまざまなレベルで鳴り響いている。だから、とても多様な環境に対処するには、とても多様なツールが必要なのは自然なことだ。自分が直面している種類の騒音や、自分の居場所、気分、その瞬間に自分の「制御できる範囲」と「影響を与えられる範囲」にたまたま何が入っているかなどに基づいて、ふさわしい練習を選んでかまわない。

第3に、自分のあらゆるシグナルに気づくこと。過剰な騒音を指摘する心の中のシグナルと体の中のシグナルに気を配ることが必要なのとちょうど同じで、ポジティブな内部のシグナル――自分が静けさを通して休息と栄養と明確さを見つけているしるし――に注意を払うことも大切だ。こうした好ましいシグナルのほうが、気づくのが難しいこともある。ほとんどの人は、望ましくない刺激や不快な刺激に気づくのは得意だ。これは、認知科学者が「ネガティビティ・バイアス」（あるいは「ポジティブとネガティブの非対称性」）と呼ぶもので、生存に重要なことが多い。とはいえ、歓迎するべきシグナルも、データ点として同じぐらい重要だ。そのようなシグナルは、いつ人が順調に進んでいるかや、自分の人生で何が効果をあげるかや、効果的なものに基づいてどのようにしてさらに効果をあげるかを教えてくれる。

最後として第4に、喜びをもたらしてくれる練習をすること。本書を書くことにしたのは、あまりに多くの人にとって、マインドフルネスの実践が「義務」に、ときには自己嫌悪の一撃を加える棍棒《こんぼう》にさえなってしまったことが、1つの理由だ。リーはザナに出会ったとき、すぐにこの原理が頭に浮かんだ。ザナも、リーの娘が所属しているバレーボール・チームに子どもが入っている親だった。2人はたちまち仲良くなった。ザナは、サンフランシスコにある大きな法律事務所の共同経営者になったばかりだった。思わず尻込みしそうな通勤をして、週に最長70時間も働きながら、独りで娘2人を育てていた。それでもどういうわけか、バレーボールの試合は、ほぼ必ず見に来た。リーが静寂に関する本を書いていると聞いたザナは、瞑想を実践していないことについて、自分を延々と非難しはじめた。「わかっている！　わかっている！　本当に瞑想する必要があるのよ！　どうしてもやらなきゃ。ずっとやるつもりだったんだから。私って、なんでやってないのかしら！」という具合だ。この種のやましさの泥沼にはまり込むことは、人づき合いの中ではよくある。だが、そうである必要はない。本書で紹介する練習は、やる人をリラックスさせ、豊かな気分にし、あえて言えば、快い。ある程度の自己規律は必要とされるだろうが、自分が喜んでやり続けられる練習を選び、選ばなかったものについて自分を責めるのをやめよう。

この先のページに書かれた原理や話を見ていくときには、これら4つの助言を心に留めておき、何を自分の生活にすんなり――それどころか、この上ないほど幸せに――取り込めるか考えてほしい。

アイデア1　ただ耳を傾ける

2020年5月。世界各地でロックダウンが行われていた。街路には人も車もほとんど見当たらない。空は静かで、空港は閉ざされていた。それなのに、多くの人にとって、生活はかつてないほどやかましかった。

ジャスティンは、抑制の利かない家庭のサウンドスケープを電話会議中の同僚から隠すために、反射的に何度となくミュートボタンを押した。赤ん坊たちの泣き声。焦げているオートミール。ロボット掃除機の唸り。大音量で鳴り響くディズニーのミュージカル。ジャスティンの3歳になる娘は、電池式の子ども向けインタラクティブ書籍を持っていて、映画『アナと雪の女王』の歌の録音を小さなスピーカーから聞くことができる。ある日、彼女は、まず間違いなく1時間近く、繰り返し再生でそれを聞いていた。

ジャスティンは、頭ごなしに止めさせようとする寸前、この癪《しゃく》に障る録音には、有意義な誘いが含まれていることに、突然気づいた。

「レット・イット・ゴー！　レット・イット・ゴー！」と、メゾソプラノの声でイディナ・メンゼルが高らかに歌い上げていた。

そうだ、もう気にするのをやめようと、ジャスティンはその助言に従った。

外に出て真昼の日差しの中に足を踏み入れ、仕事のことも、家事のことも、しばらく忘れた。裏庭で、遠くを走る車の音と、鳥たちの振り撒《ま》く優しい鳴き声が聞こえた。主に、春の若葉を揺らすそよ風が聞こえた。彼は立ち止まって本格的な瞑想をすることはなかった。ただ耳を傾けた——特に、何にというわけでもなく。

数千年の歴史を持つインドのナーダ・ヨガの伝統についてはすでに触れた。このヨガは、「音のヨガ」と呼ばれることもある。この修練を、「静寂の音」に波長を合わせること、と説明する指導者もいる。上座部仏教のアマロ師は、やり方を次のように説明する。「注意を自分の聴覚に向けます。自分の周りの音に入念に耳を傾ければ、背景のホワイトノイズのような、自分の中の継続的な高音が聞こえてくるでしょう」[2]。アマロは、こうつけ加える。「それが厳密には何なのかを突き止めようとして、この内なる振動について深く考える必要はありません。ただそれに注意を向ければいいのです」。人は、「それに耳を傾けるという単純な行為を、瞑想修練の一形態として活用することが」できる、と彼は言った。「ひたすら注意をその内なる音に向け、音が自分の全認識領域を満たすのにまかせるのです」

ただ耳を傾ける——自分の中と自分のすぐ周りに存在するものに耳と注意を向ける——というこの練習には、浄化と覚醒の効果がある。イムク・カースティは無に耳を傾けるという行為がニューロンの成長を加速することを研究で発見したが、これはそれに似ている。人は、ただ耳を傾けているとき、音の源泉について頭を悩ませたりしない。代わりに、耳、注意、体、存在そのものといったあらゆる手段を使って、生命の振動に波長を合わせる。

それには、1つの正しいやり方などというものはない。

ジェイ・ニュートン＝スモールは、ナーダ・ヨガなど聞いたこともなかった。だが、この修練の自分独自のバージョンを発見し、何年もそれに助けられてきた。ジェイは、『タイム』誌のワシントン通信員とブルームバーグニュースの記者を長年務めた。その後、ストーリーテリングを使って医療を改善する企業を創設した。彼女はニューヨークとワシントンの、ストレスが多くてやかましい環境で何十年も働いているうちに、猛烈な生活を送っていると、「雑音」が増幅され、時間を取って耳を傾ければそれが実際に聞こえることに気づきはじめた。そこで日頃から、1日の仕事を終えて帰宅するとソファに腰掛け、耳の中に響く音にただ耳を傾けるようにした。最初の1、2分はたいてい、全身で感じ取れるような、ブーンという音の壁とでも呼べるものとして、それを経験した。だが、5分ほどただ耳を傾けていると、音量が下がるのがわかった。そこで彼女はソファから立ち上がり、夕食の準備に取り掛かるのだった。

ジェイは重要なことに気づいた。耳を傾けるという行為そのものが、騒音を弱めるのだ。仕事を終えた後に耳の中で響いている音は、狂乱の1日の名残で、残っている緊張の代理のようなものだった。そのエネルギーに注意を向け、それとともにただ座っているだけで、それがおおむね消えてしまうことを彼女は発見した。彼女の神経系は、平衡状態に戻った。この世界の騒音は、処理しやすくなった。

大半の人にとって、大半の状況で、ただ耳を傾けること——たんに、騒音と静寂に気づくこと——は、自分に「制御できる範囲」に収まっている。2、3分時間を取る。2020年春のあの日にジャスティンがしたように外に出たり、ジェイがいつも仕事の後にするようにソファに腰掛けたりしてもいい。立ち止まって、周りや自分の中の音に耳を傾けよう。注意を払おう。気にするのをやめて。

アイデア2　予想外の空白を贈り物として尊ぶ

リーが住んでいるあたりでは、春になるとカリフォルニア・ライブオークが、夏の成長に備えて琥珀《こはく》色の葉をそっと地面に落とす。するとたちまち、小型内燃機関の不協和音の大合唱が始まる。リーの近所で落ち葉掃除に使われるリーフブロワーの音は、背景雑音どころではない。あまりに不評なので、隣のバークリー市では使用が完全に禁止されているほどだ。

あなたの近所にも、それに相当するものがあるかもしれない。ニューヨークでは、ゴミ収集車の場合が多い。ニューデリーでは車のクラクション。人口密度が高い場所では、たいてい何かしら、人間が原因の音による頭痛の種が、至る所に見つかるものだ。もちろん、そうした騒音の知覚は人それぞれで、音響コンサルタントのアルジュン・シャンカーはよく言っている。

音は、あなたが自分の芝生を刈るとき、
騒音は、隣人が自分の芝生を刈るとき、
そして音楽は、隣人があなたの芝生を刈ってくれるとき。

リーにとって、他の人々のリーフブロワーが立て続ける音は紛れもない騒音だ。それでもときどき、しばらくそれが中断することがある。1分ぐらいかもしれない。わずか10秒かもしれない。だが突然、騒音が一斉にやむときがある。リーがその休止に気づいたときには、それは贈り物になる。彼女の扁桃体がくつろぐ。呼吸が深まる。極限まで濃縮したリトリートのようなものだ。

このリーフブロワーの件は、人間の経験についての、より広範な疑問のたとえになっている。人は、騒音がやんだときをどのように楽しむのか？

人は、思いがけず自分に届けられるこのような「ささやかな贈り物」をどうやって最大限に活用するのか？

ひょっとすると、これがいちばん重要かもしれないが、人は、そもそもこうした贈り物にどうやって気づき、それを受け取るのか？

ブリジット・ファン・バーレンは、大きな多国籍企業の重役たちに、A型人間〔訳注　外向的・競争的でエネルギッシュな人〕の傾向を克服して、ささやかな静寂の瞬間が訪れたときにそれを尊重するよう指導して、キャリアを築いてきた。1992年、オランダを本拠とする彼女のコンサルタント会社は他に先駆けて、企業文化に禅の修練を公然と取り入れた。彼女の主要業務は、クライアントに、大小を問わず、さまざまな計画が頓挫したときにそれを受け容れ、ありがたみさえ感じるように指導することだ。クライアントはほぼ全員が「時間の無駄」を嫌悪する。飛行機や列車の遅れや、打ち合わせに遅刻する人、列に並んで待つこと、電話で「保留」にされること、その他、予定外の静寂のいっさいを、ひどく嫌いがちだ。「彼らは自分が主導権を握っていると考え、また、主導権を握ることを望みますが、実際には主導権は握っていません」とブリジットは語った。彼女はクライアントに、自分の時間が無駄にされているように思えるときには、2つの選択肢がある、と説明する。（1）苛立ち、感情的になり、エネルギーを失うか、（2）その時間を、静寂の中で明確さと再生を見つける機会と捉えるか、だ。

「静寂はいつもあなたとともにあります」とブリジットはクライアントに注意する。遅れのように見えるものは、じつは贈り物なのだ――そのように見さえすれば。人間の素晴らしい長所の1つは、静寂を手に入れる能力、特に、予想外のことが起きたときにそうする能力だ、と彼女は信じている。このスキルを伸ばすために、彼女は計画が挫折したときに向けた単純な指示を与えてくれる。

・その出来事を、自分がすべてを完全に制御しているわけではないことを、そっと思い出させてくれるものと捉える。
・苛立つ代わりに、その遅れを、計画のない時間を楽しむ機会というふうに捉え直す。その時間を埋めようとする誘惑を避ける。
・「どうすればこの時間を再充電に使えるか？」と自問する。そういう時間をささやかな贈り物として受け取れば、そのうち、恐ろしい思いで迎える代わりに、楽しみにするようになれるかもしれない。

ジャスティンが最近、車を運転しながら、あるポッドキャストの番組を夢中になって聴いていると、どういうわけか、録音された音声が途切れた。「誰かから電話か？」と彼は思った。「ブルートゥースが故障したのか？」。ジャドソン・ブルワーが内部騒音の代名詞となる感覚として語っていた生理的・心理的「収縮」をジャスティンは感じた。3秒ほどでポッドキャストがまた聞こえてくると、自分の体が平衡状態へと戻っていくのを感じた。だがジャスティンは、振り返ってみて思った。その予想外の空白に、なぜ自分はあっさりくつろいで入り込めなかったのか？　音と刺激が途切れたとき、収縮ではなく拡張の感覚を味わえるように自分を訓練できないだろうか？

ジャーヴィスが「ママ」と呼ぶ、仏教の指導者で著述家のペマ・チュードゥンは、「物事がうまくいかないとき」にさえ、その空白の中で休息する能力について書いている。[3] 彼女は「物事がうまくいかないとき」という言葉で、人生でも比較的重大な状況を指している。自分が持っている現実の地図が剝がれ落ち、方向を見失う状況――失業したときや、人間関係が思いがけず破綻したときなどだ。ここで取り上げているのは、そのような深刻な出来事の極小の縮図だ。それでも、応答の根本的なメカニズムは似ている。人は基準点を失ったとき、空白を埋めたいという衝動を避けることができるだろうか？　人は心を開くことができるか？　静寂に身を委ねられるか？

リーフブロワーの休止といった些細な瞬間から、自分もいつか死ぬ身であることを腰を据えて考えるときのような重大な瞬間にまで、驚くほど似通った探究の道筋が当てはまる。人は、自分に訪れる静寂に対してどうすればもっと鋭敏さや受容性を高められるか？　ただ耳を傾ける練習と同じで、ここでも最も重要な第一歩は、気づくことだ。予想外の隙間が生じたとき、注意を払うことだ。人は本当に気づくと、ありがたみを感じはじめることができる。そのような空白に対する態度を改め、その空白を贈り物として尊ぶことができる。

アイデア3　呼吸に注意を払う

「自分の静寂をどこで見つけるのでしょう？　それは、間《ま》で見つかります——呼吸の中に」と、イスラム神秘主義の導師シャブダ・カーンは言った。

彼の属するスピリチュアルな系譜によれば、呼吸は人が自分の内部の状態について知る必要のあることのいっさいを教えてくれるという。「呼吸の神秘主義的な特性を調べれば、人の心を掻き乱す感情——それをそう呼びたければ、ですが——はすべて呼吸のリズムを乱すことがわかります」。彼はさらに説明してくれた。「寂しいときには、呼気に囚われ、腹を立てているときには、吸気に囚われる、といった具合に」

「間《ま》——呼吸の中」について語るとき、導師シャブダは呼気と吸気の間の時間のことを言っている。一方からもう一方への「スイング」のことだ。「混雑した空港だろうと、その他、混雑したどんな場所だろうと、私はどこにいても、そんなときにさえも、呼吸を通して意識の中に入り、静寂への道を見つけることができます」と言い、「リズミカルな呼吸をする習慣を身につければ、それが長期的には、万能薬になります」とつけ加えた。呼吸の「スイング」の質は、診断であると同時に、治療薬でもあるのだ。

この呼吸の「スイング」は、数秒ごとに起こる。そして、人はどんな瞬間にもその中に深く入り込めれば、拡張的な静寂に出合うことができる。導師シャブダは、人は呼吸にせめて少しでも注意を払うべきだと考えている。

1999年、スティーヴン・デベリーには静寂のための時間がなかった。呼吸について考える時間さえなかった。「とにかく忙し過ぎて。それに、自分はとても重要な人間だから。CEOみたいな人間なので」と言って、自分を思い切り笑い飛ばした。

人類学の教育を受けたスティーヴンは、父親で、エリート運動選手で、テクノロジーの分野への社会的インパクト投資の先駆者だ。しばらく前、『エボニー』誌と、『ザ・ルート』誌／『ワシントン・ポスト』紙が選んだアメリカの有力なアフリカ系アメリカ人100傑に選ばれている。スティーヴンは、当時も今と同じで、忙しく、仕事に没頭している重要人物だった。

1999年に厳しいスケジュールをこなしているとき、スティーヴンはヨガ・インストラクターもしている重役補佐と仕事をしたことがあった。彼女がやんわりと忠告してくれたときのことを、こう振り返る。「彼女はこんな調子でした。『いいわ、お偉いさん。こんな応急措置《ハック》がぴったりね。1日を通して、思い出せたときにはいつも、3回呼吸するだけ。どっちみち、息はしているんだから。でも、注意を払うことが肝心』と、そこを強調しました。『3回だけ。それぐらいの時間はあるでしょう？　いくら忙しいあなたでも』と」。彼女は、「ハック」や効率に取り憑かれたシリコンヴァレーの言葉で語っていた。だから、スティーヴンは耳を傾けるしかなかった。

彼女の言葉について考えたスティーヴンは、気づいた。「そのとおりだ、どっちみちやっているんだ。それに注意を払うぐらい、できるだろう、と」と彼は語った。「そして、それで私は変わりました」。彼にはわかっていた。意識の中のこの変化がなかったら、健康を害さずに猛烈な働き方を維持できていなかっただろう。

以後、スティーヴンはその瞬間その瞬間の呼吸に注意を払うことに取り組み続けており、それが内部の静寂への入口として、しだいに効果を増している。彼は、3回続けて呼吸をし、注意を払えば、それだけでいい、という忠告を守ってきた。会議のときにも、通勤の途中でも実行する。私たちに話している間にも、そうした。彼は、日々の生活の慌ただしさのただ中でも、この空間に静寂を見つける。「もう20年以上になるのに、ほとんど同じことをしています」と驚いたように言う。私たちはスティーヴンの単純な方法がおおいに気に入った。すでにしている呼吸の一部に、ただ今まで以上に注意を払えばいいのだ。

呼気と吸気の動き——と、特に両者の間の空間——をもっと自覚すると、意識の中に静けさが生まれる。何が起こっているかがすんなりわかる。

そして、もし静かな時間を数分見つけられて、もう少しだけ努力してみたくなったら、呼吸にもっと深く入り込み、より深遠な種類の内部の静寂に出合うこともできる。

風変わりで途方もない人気を誇るオランダのウェルネス（健康維持・増進）の権威ヴィム・ホフ（凍るように冷たい水に何時間も浸かったり、シャツも着ずにエベレストに登ったりするのを好むことから、「アイスマン」という通称でも知られている）は、一種のヨガ風の呼吸エクササイズを普及させた。そのエクササイズは、深く息を吸い込み、素早く吐き出すことを30回ほど繰り返し、それから肺を空にしたまま、できるだけ長い間休止することを軸としている。ジャスティンは、この種の呼吸法の練習――体に目一杯酸素を取り入れ、それから1、2分、すべてを状況に委ねる――をするときには、思いがけないほど豊かな内部の静寂を感じる場所に行き着けることがある。それはほんの束の間、何であれ――呼吸をすることさえ――しなくてはならないという責任を放棄するようなものだ。喘《あえ》ぐことなく最低でも30秒間、その静かな空間にとどまるためには、ジャスティンはやかましい思考を行うことができない。心を過去や未来にさまよわせることができない。現在にとどまらざるをえない。そうしないと、脱線してくどくどと考える状態に戻ってしまったことを、横隔膜反射が自動的にフィードバックしてくれる。内部の静寂は、このエクササイズをするための前提条件なのだ。

静けさのために意識を訓練する、さまざまな強度のヨガの呼吸法の練習は、何十種類もある。インストラクターの下でプラーナヤーマの伝統的な訓練法を学んでもいいし、「ボックス・ブリージング」や「横隔膜呼吸」のようなエクササイズをただ調べて、体を落ち着かせ、心を静める方法を学んでもいい。そのほとんどが、標準的な職場でのタバコ休憩よりも短い時間しかかからない。

その瞬間その瞬間の呼吸の統合された自覚であろうが、もっと強度の高い呼吸エクササイズの熱心な練習であろうが、人が静寂との最も即時的・直接的ですぐに利用できる出合いを見出せることが多いのは、呼気と吸気を通してだ。それは、より深い感覚や身体的な自覚、拡張の内的な感覚への単純な道筋となる。私たちはこうした練習を、呼吸という、どのみち常にしていることの延長と考えている。ただ、いつもより深くやるだけだ。

アイデア4　体を動かす

ルース・デニソンは20世紀の先駆的なヴィパッサナー・インストラクターで、西洋の女性としてはごく初期に仏教の指導者となった。彼女は1960年代に日本で禅を学び、それから、ビルマ（ミャンマー）のヴィパッサナー瞑想の指導者ウ・バ・キンから教えを伝授された。つまりルースは、瞑想修行が厳しかった時代に成年に達したということだ。それは、座った姿勢を厳格に固守する時代だった。動きは、瞑想の合間のストレッチングでさえ、おおむね禁じられていた。身体の静止は、「聖なる沈黙」の特質と考えられていた。

デニソンは、自分がその系譜に連なっている伝統を尊んだし、指導者として世界的に敬われていたものの、長年の規範をいくつか破った。たとえば、彼女がアメリカ人の弟子に教えているところを訪ねると、彼女が全員を引き連れてプールに行き、シンクロナイズドスイミング（アーティスティックスイミング）のセッションを行う様子を見られる日があった。弟子たちに隊列を組ませ、踊らせていることもあった。全員を床に横たわらせ、ミミズのようにのたくり回らせている日もあった。デニソンは、さまざまなマインドフルな動きの練習の多くを、他に先駆けて行った。歩く、立つ、飛び跳ねる、横たわる、ヨガのポーズを取る、細心の注意を払いながら食べる、笑う、などがあり、今日では前よりよく知られるようになっている。

もしブッダが弟子には動きを止めて座ることだけによって修練させるつもりだったとしたら、ルースはそのメッセージを受け取らなかったことになる。

「私は自分の体の声を聞くことが自然にできるのを知りました」とルースは１９９７年に『インサイト』誌に語っている。「腰が悪くて座っているのが非常につらかったですが、自分の身体的な感覚に注意を払い続けることができ、ますます深いレベルの意識集中を楽しみはじめました」

体に意識を集中させることは、マインドフルネスに欠かせない土台であり、ブッダの本質的な教えを尊ぶ方法だと、ルースは信じていた。弟子たちをシンクロナイズドスイミングに連れていったり、彼らに床を這い回るように促したりするとき、彼女はたいてい「聖なる沈黙」を守って、自分の直接感じている経験にできるかぎり波長を合わせるように言った。

第６章で、フロー状態が心の中の静寂に似ていることを説明した。私たちの友人のジャマルは、「コートでホット」になり、「シュートを外す気がしない」とき、「心は静かです」と言った。バスケットボールの試合で勝敗を競っていようと、シンクロナイズドスイミングをしていようと、没入型の身体的な動きが生み出すユーストレスは、注意の大半を要求する。他に回すだけの注意が残っていないので、人の注意のフィルターは、わずかな量の肝心な材料を選りすぐるために、集めた情報の圧倒的多数を素通りさせなければならない。チクセントミハイが主張したように、そうした身体的活動をしていると、過去や未来についてやかましい思考をくどくどと繰り返す余力はほとんど残らない。

ジャスティンの友人で、最近柔道を始めたクリントは、この考え方を別のかたちで言い表した。「心がさまようのを許すと、こてんぱんにやられます」。クリントは、自分の騒音に囚われたときには、畳の上に叩きつけられる結果になる。武術は、多くの身体運動と同じで、内的静寂に波長を合わせられる

るように。

ように心と神経を訓練する——その瞬間だけでなく、生活のもっと全般にわたって、波長を合わせられるように。

「稽古の後は、1日以上、心と体の中で深い静寂を感じます」とクリントは言う。

科学は、身体的な動きと内なる静寂のつながりに、ようやく気づきはじめたところだ。だが、そのつながりは直観できる。あなたは頭をはっきりさせるために、散歩に出たことがあるだろうか？　たしかに散歩は、ジャマルがスラムダンクを決めたり、クリントが打ちのめされるのをかろうじて免れたりするほどの強烈な活動ではない。だが、足の単純な反復運動と、それがもたらす呼吸数と心拍数の増加は、フローの根本的な要素へと、人を導くことができる。そうした要素のなかには、チクセントミハイが「行動と自覚の融合」と呼ぶものや、活動「そのものがやり甲斐を持つ」ようになる「自己目的的経験」に向かう傾向と呼ぶものが含まれる。ジャドソン・ブルワーが、フロー状態に入ったと自己申告した研究参加者の後帯状皮質の活動の大幅な低下を発見したのとちょうど同じで、今この瞬間の自覚を促す身体運動活動も、デフォルト・モード・ネットワークを構成する領域を含めた、脳の騒音中枢の活動を低下させる可能性が高い。

身体運動は、運動選手のユーストレスの典型である必要はない。瞑想場の床をミミズのようにのたうち回るだけでもいい。

大事なのは、それに没頭することだ。

アイデア5　一瞬の間《ま》を大切にする

アーロン・マニアムは、この地球上でも際立ってやかましいスポーツイベントの特等席を持っている。シンガポールの上級公務員の彼は、世界的に有名な——そして、信じられないほど高デシベルの——自動車レースのF1世界選手権で、同国で行われるプログラムの一部の開催責任者を務めた。電子統治問題と公務員教育の広く認められた革新者であり、発表した作品で賞を獲得している詩人で、現在は同国の情報通信省副大臣のアーロンほど、現代世界の音と刺激に没入している人はいない。だが、少しいっしょに時間を過ごせば気づくように、彼は静けさに伴う明確さを発散している。その明確さは彼の詩の中にも見られる。[4] 彼の発言の感じと調子に表れている。

自分の世界のあらゆる騒音のただ中で、どうやって静寂を見つけるのかを尋ねると、アーロンは単純な慣行をいくつか説明してくれた。導師シャブダ・カーンやスティーヴン・デベリーと同じで、アーロンも呼吸へ意識を向けることを、自分の主要な取り組み方の要にしている。だが彼は、この自覚を特に変わり目に向けている。日本文化が間《ま》を大切にするのに似て、彼は間にある空白を尊ぶ。

「私は、思い出せるときはいつも、何をする前にも深呼吸を1回することの効果を、おおいに信じています」と彼は言った。「ドアを開けるときでも、部屋を出るために立ち上がるときでも、栓を捻って水を出すときでも、明かりをつけたり消したりするときでも、とにかく1回深呼吸します」。それから、こうつけ加えた。「そして、それには全然時間がかかりません。せいぜい2、3秒でしょう」。彼は、仕事日にもそうする。「新しい文書に取り掛かる前や、新着のメールを読む前に、1回深呼吸し、それから続けます」。アーロンはこの方法を、ベネディクト会修道士《ブラザー》で著述家のデイヴィッド・スタインドル＝ラストから教わったという。熱心なイスラム教徒のアーロンは、シンガポールの多様な大家族の一員で、一家には、カトリックなど、他の信仰の伝統に従っている人がいる。彼は、ベネディクト会修道院でのリトリートで、静寂とのとりわけ深い遭遇を経験してきた。変わり目に取り組むというこのテクニックが、間違っても静かとはいえない自分の職業生活に、修道院にいるような感覚をもたらす方法を提供してくれるのに気づいた。「私はよく、ミクロからマクロまで、静寂を同心円のように考えます」と彼は語った。

アーロンは、しばしば見過ごされてしまう静寂の瞬間、変わり目の瞬間の利用の仕方を、身をもって示している。ブラザー・デイヴィッドの教えは、ミクロの瞬間に深く入っていける――実際に、圧縮されていた時間を展開するところまで――というものだ。静寂の瞬間の豊かさに、どうやったら十分入り込めるのか？　十分集中して、2、3秒の空白に少しばかりの永遠性を見つけることができるのか？

私たち著者は自分の人生で、時間を引き延ばしてじっくり楽しむ代わりに、F1チャンピオンを目指しているかのように、猛スピードで駆け抜けてしまうことが多過ぎることに気づいた。変わり目や計画のない時間を、早急に埋めるべき空白と見なしがちだ。わずかな休止の間にも、メールを確認したり、ショートメールを送ったり、今日のニュースの速報にさっと目を通したりしたいという誘惑に負けかねない。だが、間《ま》という知恵が忠告するように、こうした隠された空白に永遠性とのつながりが見つかる。アーロンの仕事は政策の策定という「散文」を中心としているものの、彼は日々の経験をもっと「詩歌」

のようにしようとしている。詩歌では、口に出されないことが口に出されたことと同じぐらい重要であり、間にある空白は、物事自体と同じぐらい大切にされる。

アイデア6　1つのことを儀式のように丁寧に行う

プシューッ。

「素敵な音じゃありませんか?」と、密封されていた缶を開けながら、フェイス・フラーは言った。彼女はコーヒーを淹《い》れるところだった。ありふれた日常の作業だが、彼女は意外なまでに超越的に感じる。

フェイスは毎朝、摺り足でキッチンに行く。キャビネットの棚から、カフェイン入りとカフェイン抜きの2つの缶を取り出す。そして、封を開けるときの音を楽しむ。

「いちばん良いところは、香りです」と、まるで秘密を明かすかのように語った。「私は香りに出合い、香りは私に出会います。その瞬間、私はそのつながりの喜びに包まれます」

フェイスは注意深くコーヒーの粉をすくい、量を調節し、断然見栄えのしない、ありふれたドリップ式コーヒーメーカーのバスケットに入れる。カップ6杯分の水を量って、タンクに入れる。「注意と正確さが必要とされる瞬間です。この水を入れるのは」と彼女は説明した。

フェイスは、人がありきたりの作業のどれをするにせよ、そこで直面する選択について、神秘的になる。「結果から抜け出して、過程の中に入り込むのです」と彼女は言う。「もし結果、つまり作業を完了させること、に焦点を合わせていたら、私は淹れているコーヒーの香りを経験しそこなってしまいます」。大好きな、空気が吸い込まれる音も、コーヒーの粉のチョコレートのような色合いも、水の輝きも、スタートボタンを押すときの力強い感覚も、楽しみそこなってしまう——そしてもちろん、コーヒーそのものの味も。

「1つのことをするというのは、そういうことではありません。物事は、『1つのこと』の連続なのです」とフェイスは言う。「そして、『1つのこと』のほとんどどれもが、一瞬の満足への入口なのです」

フェイスにとって、満足は感覚の経験だ。それは、喜びのときだ。そして彼女は、それについて少しも弁解がましくない。「仏教では、五感は悟りへの戸口です。清教徒たちが言うような意味での問題ではありません」と彼女は説明した。

ほとんどの人にとっては、コーヒーを淹れるのは、骨折り仕事のただの一部でしかないことが多い。これまた「やらなければならない」ことの1つとして、乱暴に急いで片づけようとし、コーヒーの粉をこぼしたり、水をはね飛ばしたりする。電子レンジのお知らせ音を、駆け寄って止める。牛乳が腐りかけていると、罵る。

フェイスは、日々の些細な雑務を儀式に変えるように求める。つまり、平凡なことの中に神聖なものの経験を見つけるように求める。

「ritual（儀式）」という単語は、サンスクリットで「自然の秩序」や「真理」を意味する「Ṛta」という語に由来する。儀式は、ポジティブな毎日あるいは毎週の習慣を、ただ神聖なものとして大事にすることではない。何か、より高いものとつながることだ。いつも注意と敬意を払いながらすることは、実在に人を近づけてくれる。

「儀式は人生を安定させる」と、韓国系ドイツ人哲学者のビョンチョル・ハンは書いている。「儀式は世界を信頼できる場所に変える。儀式は時間にとって、空間にとっての我が家に相当する。時間を居住可能にする」。日常の「間にある」瞬間から、もっと高度な畏敬の状態や、一生に一度の神秘体験まで、静寂を見つけるための儀式は、大小にかかわらず、現に人の人生を安定させる。空間と時間をより「信頼できる」「居住可能」なものにする。

「コーヒーを淹れるのは、私にとって重要な儀式です」とフェイスは言った。それは彼女の1日の素朴な出発点だ——物事が込み入ってくる前の。それは緩衝装置だ。彼女は、こうつけ加えた。「儀式は構造、つまり習慣を心と結びつけます。人には、そのどちらも必要です。構造に心が伴っていなければ、人はそこに実在していません。夢うつつの状態です。けれど、心に構造が伴っていなければ……美味しいコーヒーは飲めません」

第8章では、平凡なものや馴染み深いものが存在しているときに、概念のメッキ（自分の感覚を活用して物事を十分に観察したり経験したりする代わりに、習慣的にレッテルを貼る、かすかな騒音）に最も囚われやすいことを説明した。日々の素朴な儀式を確立し、細心の注意とつながりの瞬間を持つようにしていくと、直接的で静かな出合いを神聖なものとして大切にできる。それは、マイケル・タフトが「感覚的明確さ」と呼ぶものを育む方法だ。フェイスは、毎日のコーヒーを淹れているとき、言語化の空間にも、思考の空間にさえもいない。彼女は直接感じる空間にいる。指ではなく月だ。ブルース・リーも、心から賛同することだろう。

アイデア7　読むという行為に没入する

2010年に刊行され、今日のほうがますますよく当てはまる、『ネット・バカ――インターネットがわたしたちの脳にしていること』という本の中で、ジャーナリストで社会学者のニコラス・カーは、オンラインの生活は中断に尽きる、と嘆いている。[5] そしてそのような生活は、人が情報を処理する方法を根本的なかたちで変える。オンラインで物を読んで情報を集めれば効率が上がるにしても、人は「もっと時間をかけて観想する思考モード」を使う能力を失った、とカーは主張する。つながりを形成するような種類の認知能力から、たんに些末な情報を漁《あさ》るような種類の認知能力へと人は移行した、と彼は説明する。「深い読み《ディープリーディング》」のスキルを失ってしまった、というのだ。

言葉の働きについてこれまで本書で探ってきたことを踏まえれば、「ディープリーディング」は道理に合わない考え方のように聞こえるかもしれない。もし言語が本来、月を指し示す――「それによって示されたものを、示されていないものと区別する」――指のようなものだとしたら、どうして内部の静寂という結合体験への道筋になりうるのか？

この疑問には、別の疑問で答えようと思う。フロー状態のように感じられる種類の読書に没入したことがあるだろうか？

私たち著者は、長い飛行機の旅の間や、気を散らすものがない場所――ある程度の時間、他に注意を引こうと競い合うものが何もない状況――で、それを経験したことがよくある。優れた物語に完全に夢中になっているときに、それを感じてきた。行動と自覚を融合させるフローの典型的な身体性は、読書にはないものの、読書は人を自己超越へと向かわせることができる。たしかに、読書は精神的刺激の一種だ。それにもかかわらず、その中にすっかり身を置いていると、内と外の、気を散らすものを乗り越える手段になりうる。たとえ心は詳細や主題を追っていても、人はそれでもなお、その中にいられる。外部の音や情報に心を開いていない。自分の過去や未来について、善悪や是非の判断や期待を抱いていない。

ナカムラとチクセントミハイは、読書や、考え事をしながらのいたずら書きのような、2人が「マイクロフロー活動」と呼ぶものの研究という新領域を提唱した。[6] これらの活動は、「注意の調整の最適化をするうえで、重要な役割を果たすかもしれない」と2人は考えている。

カトリックと英国国教会の伝統には、「レクティオ・ディヴィナ」と呼ばれる修練がある。「レクティオ・ディヴィナ」というラテン語を訳せば、「聖なる読書」となる。[7] 書かれた言葉の観想を通して有意義な空間を育てることを指す。この修練では、これ以上ないほど深く集中して聖典の1節を読み、それからその意味についてじっくり考える。「ディープリーディング」に似て、これも言葉と可能なかぎり直接出合う試みだ。最小限の概念のメッキしかない。

同じような経験を、話し言葉の中に見つけることも、ときどきありうる。エステル・フランケルは、こう語ってくれた。「優れた礼拝指導者は、祈りの間に必ず静寂を織り込みます」。彼女は自分が属する伝統の、「ユダヤ教再生」と呼ばれる詠唱に基づく礼拝を次のように説明した。「詠唱は感覚を十二分に使います。心が静まり、静寂に浸る準備が整います」。神聖なストーリーテリングのときにも、似たようなことが起こる、と彼女は言う。「あなたがユダヤ教ハシド派の物語を語るとしましょう。とても上手に。禅の公案のような静寂の瞬間があり、心がそれを理解しようとし、それから諦めるというような感じです」。彼女は礼拝指導者として、そうした瞬間を楽しむ。彼女は、次のようにつけ加えた。「心に減速させなければなりません。良い詠唱、良い祈り、良い物語は、人をいつもとは異なる状態に導き、静寂に向けて準備させます」

優れた詩も同じだ。

「詩は静寂から現れ出て、人を元の静寂へと導きます」と、ストーリーテリングをする詩人のマリリン・ネルソンはクリスタ・ティペットによるインタビューで語った[8]。「静寂は、人が人生を生き抜くのに必要なもののじつに多くの源泉です」。彼女はさらに続ける。「詩は、何かが水から浮かび上がるように出現する単語や句や文からできています。それらは私たちの前に現れ、私たちの中にあるものを呼び出します」。ピューリッツァー賞を受賞した詩人で、アメリカの桂冠詩人に2期任命されたトレイシー・K・スミスはあるインタビューで、「詩は言葉に表せない感情のすぐそばにある言語です」と語った[9]。詩は、不可能に挑む。誕生、死、霊的な目覚め、恋に落ちたときなど、人が人生で最も言いようもなく胸を打たれる瞬間に頼るのが詩であることに、彼女は思いを巡らせる。

リズムや語数に関係なく、あらゆる詩は、その構造の中に静寂が組み込まれている。静寂は、ページの上、節や連の中、単語と単語の間にある。優れた詩は、文字にされていることとされていないことの間に、創造的な緊張を保っている。滑らかな石が水を切るように、時間の上を跳ね進んでいく。この1人の読者に、この1つの日に、この1つの瞬間に現れるもののために、空白を残す。

もしあなたが、これまで一度も詩に「感動した」ことがないように感じているのなら、感動したことのある友人や近しい人に、気に入っている詩は何か、それのどこが好きかを訊いてほしい。彼らの気に入っている詩を読んだり、彼らに朗読してもらったりし、静寂に耳を澄ませる。言葉と空間の間の境界を聞く。「銀」と「金」のバランスだ。詩人のデイヴィッド・ホワイトは、「詩は、それによって人が現に静寂を生み出すことができる言語的芸術形態だ」と書いている。作家で識者のスーザン・ソンタグは、最高の形態の芸術、散文、あるいは韻文は、「後に静寂を残す」と述べている。[10]

毎朝、1つの詩か本の1節を読むという単純な習慣によって、その日1日のトーンを決めることができる。寝る前にひと読みすれば、夢の世界の種蒔きができる。たとえ最も高尚な文学作品を読んでいなかったとしても、読書そのものを純粋な注意を払う修練にしようとするべきだ――「後に静寂を残す」努力をするのだ。

アイデア8　自然とつながる

「では、鳥の歌声は？」

私たちは、どうやって静寂を見つけるかについて、長年他者と会話を重ねるうちに、この質問のバリエーションを何十回となく耳にした。人々は、日の出や澄んだ湖や人里離れた所にある小屋などの静寂について語っていると、鳥の歌声についてしばしば詩的になり、それから話を中断して尋ねる。「待ってください。それも静寂のうちに入るのですか？」と。たしかに鳥の歌声は、聴覚的には静寂ではない。

ときには、紛れもなくやかましいものとして認識されることさえありうる。アマゾンのスズドリのオスは、配偶者候補に求愛しているとき、たいてい最大125デシベルで鳴く。これは、救急車両のサイレンとジェットエンジンの間ぐらいのレベルだ。

だが、多くの人にとって、鳥たちに耳を傾ける行為は、静けさを感じている経験を生み出す。それが静寂の本質だ、と言う人もいる。

世界のどの大陸でも、どの時代にも、人間は鳥を眺め、その声に耳を傾ける習慣から、魅惑とインスピレーションを見出してきた。過去2年ほど、この習慣は思いがけない流行を見せている。コロナ禍の間、外出を控えているうちに、都会や郊外に住む人の多くが、自宅の庭でようやく鳴き鳥の声を耳にした。2020年には、鳥たちが急にやかましくなったのかと、現に問う記事が相次いだ。それに科学者たちが応じた。いや、鳥たちのせいではない。原因は私たちだ。私たちがようやく前より静かになったのだった。

2020年春、ライターで、マーベルコミックの編集者で、熱心な野鳥観察者のクリスチャン・クーパーについてのニュースを聞いた人は多いだろう。彼はニューヨーク市のセントラルパークで野鳥観察をしているときに、引き綱を外した犬を連れた白人女性と出会った黒人男性だ。彼は、その公園の規則に従って犬に綱をつけるように頼んだ。すると彼女は、そうせずに、緊急通報用番号に電話し、彼に脅されているという嘘の主張をした。クーパーは自分のスマートフォンを使い、冷静にやりとりを録画し、後でツイッターに投稿した。ほんの数日のうちに、何千万もの人がそれを視聴した。『ニューヨーク・タイムズ』紙のインタビューを受けたクーパーは、記者と2人でセントラルパークを歩きながら、制度的な人種差別主義という真の難問と、やり直しの機会のありがたさについて語った。「もし私たちが進歩したければ、こうした事柄に取り組まなければなりません。そして、痛みを伴うこのプロセスが、この問題に取り組む助けになるのなら」と、そこで彼は話すのをやめた。「あそこに、イエロー・ウォーブラー(キイロアメリカムシクイ)がいます!」と、インタビューを中断して双眼鏡を覗き込んだ。クーパーは何度もインタビューに応じたが、数分のスペースに、あの白人女性の個人としての責任と、制度的な人種差別主義について語りながらも、その間中、自分の個人的使命の1つ——野鳥観察を特に非白人に奨励すること——を際立たせていたのが、私たちの印象に残った。彼の静けさ——野鳥観察——は侵害されたが、静かな明確さはそのまま残っていた。

新型コロナによるロックダウンのさなかに起こったこの一件は、野鳥観察アプリのダウンロード回数の急増や、人々が自宅近くの鳥を記録した録画と録音の前例のない投稿数の増加と時期が重なった。[11] 俳優のリリ・テイラーは最近、野鳥観察は広範囲に及ぶ社会救済策であるというクリスチャン・クーパーの説明と同じことを言っている。「瞑想をする時間を取るのは簡単ではありません……でも、1分ぐらいは絶対取れるでしょう——たとえ窓の中で仕事をしていて、インターネットに接続していたとしても。窓から外を見ることはできるし、鳥が何かしているかもしれませんから」と彼女は言った。「ただ、見ていることはできます——数分間。そうすれば、それで頭が少し休まります」

小説家のジョナサン・フランゼンが言うように、「鳥たちは人間にとって、周りの野生との、すぐに利用できる最後のつながりなのです。夏に裏庭で子育てをしている鳥が見られれば、それを支えている生態系がまるごと1つあるに違いないことがわかります」。フランゼンは、要約するように次のように言った。「そこに鳥がいれば、そこに野生があるのです」。人間の日々の生存が鳥たちにかかっていたのは、それほど昔のことではない。鳥たちの行動と言語が、変わりゆく気象のパターンや捕食者の居場所を教えてくれたからだ。

たとえ人間は、基本的な生命の維持にこうした情報のすべてをもう必要としていないにしても、鳥は相変わらず必要だ。鳥が代表する生態系全体を、人間は依然として必要としている。野生とのつながりは、今なお欠かせない。

「野生」という言葉は、深い没入を示唆するものの、人はしばしばそれを、ただ鳥の歌声に耳を傾けている瞬間のように、素早く手軽に成果をあげる「クイック・ヒット」で見つけられることが多い。このつながりは束の間のものではあっても、意識の中の静寂を見つける、有数の直接的な方法だ。ありがたいことに、それに至る道はじつにたくさんある。

ムーヴオン（MoveOn）やマムズライジング（MomsRising）、最近ではリビングルーム・カンバセーション（Living Room Conversations）といった組織の共同創立者ジョーン・ブレイズは、静寂への道筋として気に入っているのが「デッドヘディング」だという。リーは、ジョーンが「I Need a Miracle」という手製のサインを持ってグレイトフル・デッドのコンサートに行く途中の姿をまず思い浮かべたが、じつは彼女は、さらに花を咲かせるために、多年生植物からしおれかけた花を切り取る過程のことを言っていたのだった。「あれ以上くつろげるものはありません」とジョーンはリーに言った。

園芸の専門家たちによれば、「五感を落ち着かせるために」庭園を利用するというのは、少なくとも紀元前２０００年のメソポタミアまでさかのぼるという。庭園には、心を鎮静する効果に加えて治癒効果もあり、フローレンス・ナイチンゲールの時代には、それが広く認識されていた。ナイチンゲールは生涯を通じて植物学に興味があった。1つには、植物には薬効成分があったからだが、花を摘んで押し花にするのも楽しんだ（お気に入りはキツネノテブクロだった）。1860年、彼女は庭園と草木の治癒力について、次のように書いている。

人々は心にしか効果がないという。とんでもないことだ。効果は体にもある。

ナイチンゲールは、自分の患者たちが恩恵に浴するのを我が目で見ていた——自然を眺めることができる患者は、そうでない患者よりも手術から急速に回復することを実証する研究を、ロジャー・ウルリックが行う100年前のことだった。[12] これについても、人々はナイチンゲールに耳を傾けておくべきだった。

今では、森林浴や、「フィトンチッド」と呼ばれる、樹木由来の化学成分が現代のさまざまな苦痛の種に対抗できることや、「自然体験不足障害」が大人にとっても子どもにとっても現実の、差し迫った問題であることを示すベストセラーが無数にある。イギリスとオランダの両方の調査で、緑の空間が多いコミュニティの薬局のほうが、不安やうつの処方箋の薬を出す回数が少ないことがわかった。[13] 一方、2008年には、スコットランド政府が世界のほとんどの国に先駆けて、これらの症状に対して自然を処方しはじめた。[14]

イリノイ大学の自然資源と環境科学の准教授ミン・クオによれば、「土いじりを5分間するだけで、副交感神経の活性化の仕方が変わるのがわかります――『闘争か逃走』から『世話をし、味方になる』に向かって」という。[15]クオは最初、騒音と過密に関心があった。ところが、データによって人間に対する自然の影響へと導かれてきた。研究を始めたとき、自然は「あると便利なもの」程度にしか思っていなかったことは、本人も認める。ところが彼女は、重要な研究を何十も行い、30年が過ぎた今、都会の緑の空間や自然体験が――脆弱な立場にある人々に対して特に――もたらす、心理的・社会的・身体的恩恵の代表的な提唱者だ。「人はたとえ屋内からでさえ、緑の風景を眺めると」心拍数が下がることが研究からわかっている、とクオは言う。言い換えれば、自然の「クイック・ヒット」でさえ役に立つわけだ。

ジャスティンにとって、「クイック・ヒット」の1つは、靴と靴下を脱いで、草か土の上に裸足で立ち、ただ足の裏の感触を味わうことだ。それは、大地と同期する機会になる。地面を本当に感じると、仕事日のストレスに満ちた振動を、岩石と土壌の果てしない広がりの中へと吐き出せる。これは、ニューエイジの浮ついた自己意識運動の、健康に関連した流行の1つのように聞こえるかもしれないが、この「大地との接触」の実践を支持する、実験に基づく証拠が積み重なっている。2019年に行われたランダム化比較試験では、「湿った土の上、あるいは草の上を裸足で歩くなど、地面との身体的接触」にそうとうな時間を費やした実験参加者は、「地面と接触していないときと比べて、接触している間は、身体機能と活力の大幅な向上と、疲労や憂鬱な気分や痛みの大幅な軽減」を含む、多様な恩恵を経験したことを自己報告した。[16]

自然とつながると、心が静まる。人生は人間中心の社会の、ただの精神的な刺激にすぎないという、やかましい思い違いを取り除く助けになる。歩道の小さな亀裂から生えているダスティブルーのチコリに本当に気づくために、少し静かに休めば、生命が奇跡であることを思い出せる。生命は、畏敬に値する。

みなさんが自然を「ヒット」している時間は短いかもしれないが、研究が強調しているとおり、その「ヒット」はけっして些細なものではない。以下の2つを、日に少なくとも一度はやるように努めよう。

1　そびえ立つ樹木や、夜空の星々など、何か自分よりも大きいものと接触する。

2　咲いたばかりの花や、アリの行列、スズメなど、何か自分よりも小さいものと接触する。

自然とのつながりを取り戻せば、生命の広大さと接触しつつ、自分の「サイズの適正化」、すなわち、「自我的自己」を縮小させるのに役立つ。

アイデア9　時間と空間の中の聖域を守る

ミシェル・ミルベンは、オバマ大統領のホワイトハウスの顧問と、議会連絡担当補佐官を務めていたときに、静寂と静かな熟考の時間を見つけるのは不可能に思えることが多かった。だが、現役の聖職者でプロのミュージシャンでもあるミシェルは、静寂がスピリチュアルな意味で必要であることに気づいていた。政権の最後の数年間にワシントンで大統領と議員たちの関係を管理する仕事をする間ずっと、彼女は空白を守るために意識的に自分の日々の手筈《てはず》を整えなければならなかった。ときどき、静かな時間の区分をいくつも文字どおりスケジュールする必要があった。それらの静寂の時間は、どれほど短くても、不可欠だった。それらは、意思決定するときに自分の倫理に忠実であり続けるため――他者との関係で、ポジティブで誠実であり続けるため――に、一番の方法となった。ミシェルは手を休め、深呼吸し、目を閉じる。「これは私自身の、ちょっとした力場《りきば》なのです」と彼女は言った。彼女は今日、エクスプラネーション・キッズ（ニュースに出てくる世界の出来事や問題について子どもたちが抱く大きな疑問への、年齢にふさわしい答えを提供するスタートアップ）の創業者・ＣＥＯとして、自分の聖域を意識的に守るよう、取り組み続けている。

ミシェルは学生時代から、「リアリティ・チェック」にスプレッドシートを使い、自分の1日にいつ静けさのための時間を見つけられるか調べてきた。スプレッドシートのセルの1つひとつが午前5時から午後10時までのどこかの、15分の時間区分を表している。彼女はまず、自分の役職に伴う主な責務や、母親への定期的な電話、食事など、しなければならないことを入力し、それからセルフケアなど、やりたいことも少し入力する。それからゆったりと座り、自分のスケジュールを点検すると、実際、「隙間時間」が必ず見つかる。

そうした「隙間時間」は、いちばん仕事から守りやすい。だから彼女は毎朝、聖書や心を動かされる引用を読む時間を少しだけ確保する。その後、静かに観想する。本人の言葉を借りれば、「神に私の心を支えてもらえるように」。その後、1日の仕事に取り掛かる。

エクセルのスプレッドシートは普通、静けさの感覚を呼び起こしたりはしない。だがミシェルにとって、特にホワイトハウス時代以降、そのスプレッドシートは自分の聖域の境界を定めるツールになっている。人は、他の重要な用事と同じように静寂の時間をカレンダーに確保することができる。アメリカの元国務長官ジョージ・シュルツは在任中、毎週1時間の枠を決め、そこには絶対に何の会議も約束も入れなかった。そしてその時間には、ペンと紙だけを用意してただ座り、何であれ頭に浮かぶことについて考えた。秘書には、電話はすべて取り次がせなかった。「妻か大統領のどちらかからでなければ」

私たちは何十回ものインタビューを行っている間に、時間と空間の両方における聖域の重要さについて、何度となく聞かされた。多くの人が「朝のマインドセット」を守ろうとする。日の出前に、他者の心のインプットを受けずに済む、純粋な注意のスペースを維持しようとする。心を空にし、意識の中に残っている騒音を取り除く手段として、1日の終わりに静かな時間を取り、それを神聖なものとして大切にする人もいる。第2章に初めて登場したサイラス・ハビブは、「意識の究明の祈り」というイエズス会の修練について語ってくれた。それは、夜に時間を取り、それまでの1日に起こったことをすべて思い返し、自分が恩寵《おんちょう》やつながりを感じたときのことを振り返る、というものだ。ジャスティンはときどきその1バージョンをやり、1日のうちに安らかな静けさを感じたときについて考え、意識の移ろいゆく特性を調べてきた。

聖域は単純であるべきだ。ストレッチングをしたり、入浴したり、ジャーナリング〔訳注　頭に浮かんだことをそのまま書き出すこと。「書く瞑想」とも言われることがある〕をしたり、テラスに座ったり、床に寝そべったり、その他、くつろいだ、静かなあり方を見つけたりするための、物理的な空間を作り出そう。

カレンダーにも空白を作ろう。少しだけ早起きしたり、夜の時間を空けておいたりして、意図的に「空っぽにする」時間に充てる。実際にその時間を自分のために過ごす。大切な同僚や仲の良い友人と会うかのように、その約束を守る。

早起きの人と夜更かしの人は正反対だと思われがちだ。だが、両者はともに、1日のうちの静かな時間帯、外部からの要求がない時間帯の真価を理解している。詩人や求道者は、昔から、「午前4時の静けさ」の持つ、境界としての特性を称賛していた。ミシェルにとっては、時間と空間におけるこれらの聖域、特に朝に確保しておく時間帯は、ホワイトハウス時代にも、スタートアップを築き上げている現在も、どれほど効果をあげるかの決め手だった。彼女はこの聖域で自分の信条を確認する。「静けさを経験し、静寂の修練をすることが、これまでずっと、厳しい状況で知恵を絞り出す能力を磨くのに不可欠でした」と彼女は語った。「そして、成果をあげる戦略を生み出すのにも。特に、自分が世の中で創出したい善に対して不利な状況のときには」

アイデア10　騒音と仲良くなる

本書の初めのほうで、騒音を「注意散漫の原因となる望まれないもの」と定義した。人の注意を、自分が本当に望んでいるものから逸らす、聴覚や情報や内部の妨害についても説明した。そのような妨害から逃れたり、それを克服したりする方法は無数にあるものの、騒音をなくすことはできないという単純な事実を考慮に入れることも重要だと思う。

ジャーヴィスは、それを誰よりもよく知っている。イースト・ブロックのわめき声や、古いテレビとラジオががんがん鳴り響く音は、どうやっても避けられない。数十年に及ぶ瞑想の修練を積んだ彼でさえ、どのように、あるいはいつ、再び自由の身になれるのかをけっして知ることができない不安は、完全に消し去れてはいなかった。

それでもジャーヴィスは、自分の「騒音に対する応答」が、物事をいっそうやかましくしていることに気づいていた。彼は、収縮した感覚に囚われ、自分が望まない音と刺激に固執していた。

「私は騒音に騒音を静めるよう促しはじめました」と彼は語った。その瞬間には、この変化しか彼に制御できる範囲にはなかった。だが、それが深遠な効果をもたらした。

アイルランドの詩人パドレイグ・Ó・トゥアマは、自分の人生に現れたものには何にでも「ハロー」と言うのを習慣にしている。「物事に挨拶するのは、昔ながらのやり方だと思います。ルーミーは確実にそれに関心がありました」と、ルーミーの「宿坊」という詩に触れながら、彼は含み笑いを浮かべて言った。その詩では、偉大なイスラム神秘主義者のルーミーは、どれほど不愉快な相手であっても、客が訪れたら「歓迎してもてなす」ように言う。それを実践すれば、「新たな歓喜」を迎え入れる余地が生まれるかもしれないと、ルーミーは主張する。

パドレイグが言うように、「自分の人生に登場するものに挨拶する方法を見つけるのは、重要なことになりえます。特に、自分が挨拶したくない物事に挨拶できるようになるのは」。彼は著書『シェルターの中で（*In the Shelter*）』で次のように書き、騒音を歓迎するという考え方に彩りと肌理を添えている。

だから、古傷に「ハロー」と言おう。コントロールする能力の欠如に「ハロー」。すぐには終わりそうにないこの状況に「ハロー」。思いがけない電話に「ハロー」。思いがけない悲しさに「ハロー」。思いがけない幸せや慰めに「ハロー」。

そして、何かに「ハロー」と言うことで、人は言っている。「あなたは来てくれたのだ」、そして、「私もここであなたといっしょにいます」と。

そして、それは何を意味するのか？

現在の純然たる真実に呼び名をつけるという過激な行為をするようにと、それは私たちに迫る。[17]

人はそこに存在するものに、敬意を持って挨拶すると、相手の角が取れる。自分も角が取れる。そこに存在しているものを観察し、認め、どうしても避けられない騒音とともにいることに同意すれば、それの友になることさえ始められるかもしれない。

リーはコンサルティングをするとき、相手が何を望んでいるかだけを尋ねるわけではない。何を恐れているかも訊く。すると、反応が顔に表れるのを見て取れることもよくある。「なぜわざわざ余計なことをするのか？　ポジティブな面に的を絞るべきではないのか？」。彼女は、表面化させて認める作業――「ハロー」と言う作業――を重視する。なぜなら、恐れや疑いや動揺を脇に押しやろうとすると、逆効果になることが多いからだ。大急ぎで追い払ったものは、ほぼ必ず戻ってくる。しかも、しばしばスケールが増大して。

パドレイグは会話の中で、次のように強調した。困難あるいは動揺に「ハロー」と言うのは、「それをコントロールするためではありません……とはいえ、それが自分をコントロールするのを許すためでもありません。ただ、それにあるがままにさせ、その文脈の中で語るためです」。

私たちは、神経科学者で長年瞑想をしているジャドソン・ブルワーに、彼自身の個人的な修練に自分の研究結果がどう反映されているか尋ねた。すると、今では、精神的あるいは身体的に拡張ではなく収縮したと感じるときに対して、注意を払っているだけだ、とのことだった。これが肝心なのだが、彼は、その収縮した感覚――内部騒音と結びついている感覚――に気づいたとき、何もする必要がない、と言う。善悪や是非の判断は下さない。無理やり追い払おうとはしない。ただ注意を払う。その収縮に気づき、内部騒音を自覚するという行為だけで、それを変えるのには十分であることを、彼は指摘した。

ジャスティンは最近、カスタマーサービスの電話に合計3時間半かける羽目になった。たしかに、彼はマルチタスキングをしていたが、妙に情熱的なスペインのギター音楽の繰り返しと、「お待ちいただいてありがとうございます。まもなく担当者がご対応します」という愛想の良い声に耳を傾け続けなければならなかった。もちろん彼は、すべての段階を経た――怒り、諦め、ネガティブなオンラインレビューを書くところの想像、ただこの不条理を認めるところまで。だが、彼はやり通した。このサービスに頼るよりほかになかった。「これは宇宙が忍耐に関して何かしら教訓を与えているのだろうか?」と、3時間ほど過ぎたときに彼は思った。苛立たしい録音が、不都合のシグナルであると同時に、無礼という感覚――誰も気に掛けてくれていないかのような感覚――でもあることに気づきはじめた。そして、これもまた、やかましい感覚を引き起こした。そこで、とうとう深呼吸をし、身体的収縮と精神的収縮のいっさいをただ感じた。それに本当に注意を払った。彼は、しぶしぶ「ハロー」と言った。彼は、不条理なまでに配慮に欠けるカスタマーサービス部門のノイズと仲良くなれたのか？　いや、なれなかった。だがそれでも、その気持ちに挨拶したとき、変化が起こった。彼の角が取れ、内部騒音の源泉について、何か学んだ。私たちは現代世界の騒音を乗り越えるための手引きとして本書を書いたものの、それを乗り越えるには、その中に入り込むしかない場合もあることは認める。

「タバコ休憩」に代わるものをどうやって作り出すか

最近ある喫煙者から、好ましからぬことを教えてもらった。近頃タバコ休憩に行く人の大半は、じつは深呼吸したり、日差しを浴びたりはしないのだという。彼らはスマートフォンをチェックするのだそうだ。社会に認められた、「何もしない」数少ない時間の1つを理想化した光景は、実際にはノスタルジアにすぎなかったわけだ。

というわけで私たちは今や、新しい、健康的で、社会的に許容でき、広く認められるような、日中の休憩のカテゴリーを作り出さなければならないと思う。それを「静かな時間《クワイエットタイム》」と呼んでもいいだろう。そのあり方は、その日の必要に応じて変わってかまわない。深呼吸、あるいは、集中した読書、没入型の運動、ただの傾聴などのための休憩でもいい。だが、どんな形式であろうと、日々の生活の中に組み込まれていなければならない。

ヴィパッサナーの指導者で著述家で、かつて『エスクァイア』誌の編集長を務めたフィリップ・モフィットは、人がこれほど頻繁に静かな時間を自分に与えそこなう理由の当を得た分析を行っている。それは、彼がコーチングをしているCEOの一部で目につく傾向だ。

人はストレスの感覚を、生き生きとしている証拠と取り違えることが多い。「人は、心がほとんど途切れなく情報を受けていないかぎり、自分の人生には意味がないと、無意識に思いはじめます」とモフィットは語った。「人は、たとえ刺激が心と体の中で絶え間ないプレッシャー、あるいは自分を疲労困憊《こんぱい》させるストレスのように感じられていても、果てしない刺激は自分が本当に生きていることを意味すると信じ続けます」。彼はこう警告した。「その解釈は正しくありません。心は何によっても刺激されます——有益なものによっても、有害なものによっても」

心は、自らが生み出す思考を、その正確さや価値とは無関係に、「常食とする」傾向にあることを、モフィットは強調する。もともとの思考は無害かもしれない。だが、ほどなく次の思考、さらに次の思考が続く。ありがたいことに、「心の勢いには歯止めをかけることができ、いったん歯止めがかかると、心は気分が良くなります」とモフィットは言う。それから、こうつけ加えた。「人は『刺激の流れ』からいったん抜け出すと、心と体が自然に、もっと静かな状態に戻ります」

モフィットは、タバコ休憩の健康的な後継者についてどう考えるべきかの雛形を提供してくれる。彼は、瞑想の生徒たちによくやらせる「中断」のエクササイズについて語った。それは、たとえば60分あるいは90分など、ひと区切りの時間に何を成し遂げたいか、目標を定めるというものだ。タイマーをセットし、それが鳴ったら、自分の集中度や気分、経験している身体的感覚などの質に注目する。もし集中度が高ければ、たんに考えをまとめたり、していることを仕上げやすい箇所を見つけたりする。もし集中度があまり高くなければ、やっていることをただちにやめる。していることを中断する。自分の心と体にとって何かポジティブなことを見つける。お茶を1杯淹れたり、呼吸エクササイズをしたり、ストレッチングをしたり、体を動かしたりする。「私は、『短い散歩に出ましょう。立ち上がってストレッチングをしましょう。30秒間目を閉じましょう』と言います。そして特に、『自分の思考に注意を払うのを意図的にやめましょう。休憩が必要だとは感じていないかもしれませんが、思考がどんどん積み重なっていくのを中止させる必要が、本当にあるのです』と言います」。要するに、何かをして、自分の意識に静けさをもたらすのだ。

これまでに紹介したアイデアに刺激されて、タバコ休憩の自分なりの健康的な後継者を見つけるための、さまざまな選択肢——自分に「制御できる範囲」と「影響を与えられる範囲」にある可能性——が頭に浮かびますように。

第11章 恍惚状態の静寂

ステージ上の静寂

マシュー・キイチ・ヒーフィーは、大音量の絶叫で知られている。彼は、バロック音楽風のメロディと、目にも留まらぬ速さで掻き鳴らすギターソロのありえないほど複雑な拍子や、満員のクラブや汗まみれの観衆でいっぱいのスタジアムに、巨大なワット数のアンプを通して轟く、オーバードライブとワウペダルの耳をつんざくような音で有名だ。

私たちは、グラミー賞にノミネートされたことのある人気ヘヴィメタ・バンド、トリヴィアムのリーダーのマット（マシュー）と、彼が自分の音楽のどこで最もパワーを感じるかについて話した。

「いちばんヘビーな歌のいちばんヘビーな箇所は、ブレークダウン、つまり、ノイズと強度が全部、静寂の瞬間で区切られる箇所です」と彼は語った。「あんまりのめり込んでいるので、静寂が訪れるまで、自分がのめり込んでいることに気づきさえしません」

意味を正しく認識するには、音と刺激から抜け出さなければならないのだ。

日本人の母親とアメリカ人の父親の間に日本で生まれ、アメリカで育ったマットは、間《ま》という日本の原理の意味について語るうちに、しだいに活気に満ちてきた。彼は昔からいつも、心が過剰に活発で、かなりの不安に対処しなければならなかったことを話してくれた。自分の生活の間《ま》は、フローの瞬間だそうだ。それは、いちばんヘビーな歌の「ブレークダウン」と同じで、自己参照的自覚の騒音から抜け出して、その瞬間に起こっていることを本当に正しく認識する瞬間だ、と彼は説明した。「脳が静かになるときで、外から自分を観察しているようなものです。でも、その瞬間を捉え、自分がその状態にあることに気づけば、自分から飛び出せます。自分はきれいさっぱり、消えてなくなります」

マットはこの間《ま》の個人的な状態を、主に柔道の中に探す。好敵手と対戦しているときだ。音楽を演奏する前に、静かな瞑想をしているときのこともある。幼い双子の子どもたちとくすくす笑いながら転げ回っているときのように、家庭生活を通して得られることもある。

マットはごく稀に、何千人ものメタルファンから成る興奮した観衆を前に、まさに舞台に上がっているときに、静寂――目一杯の実在と明確さ――を見つけることがある。

「たいていは、ステージに出ると、『この音をうまく出せるだろうか？　ちゃんと覚えているだろうか？　今晩はうまくやれるだろうか？　ショーの前に食べ過ぎてしまったか？』といった考えで頭がいっぱいです」。ところが、喝采する観客や、轟くドラム、鳴り響くギターのただ中で、内部騒音がすっかり消えてしまうときがあるという。

マットは10年以上前に、イギリスの大きなフェスティバルで初めて演奏したときのことを振り返った。バンドはオープニングの曲を2曲演奏し、それから彼は、観客に話し掛けるためにマイクに近づいた。彼の言葉を聞こうと、観客は静かになった。彼はその瞬間が、思っていた以上に延びるのにまかせた。

「あの熱狂的なショーの最中に、あのステージに立っていたのに、とても静かに感じられました」

思いがけずに訪れたこの純粋な注意の瞬間は、完全に偶然のものではなかった。それは、準備の結果だった。「ショーで演奏しているときには、この種の静寂を求めて努力します。週に5日、最長で1日6時間練習し、徹底的にリハーサルをやって、音楽を体で覚えたときにだけ起こります。ただ身を委ねることができます」

そのような瞬間はマットにとって、たんなる明確さの束の間の経験ではない。そこからは、得るところが大きい。この最も深い静寂の中では、急速に進んでいる時計が減速する。自我が手を緩める。日常の心配や、「もし~したら」という想像が、遠い背景へと退く。

マットにとって、この種の瞬間は、どう生きるべきかの指針となる。

静寂が人を変える

世界の宗教の伝説的な学者ヒューストン・スミスはかつて、スピリチュアルな修練や儀式が目指すのは、「変容した状態ではなく自らの特性の変容」だと書いている。[1]

これは、1960年代の世代にとっては有用な基準であり、無我夢中の経験を追い求めがちな人なら誰にとっても、有意義であり続けている。スミスは、超越の瞬間を追い掛けるのが悪いとは言っていない。ただ、そうした経験は、人生のもっと大きな文脈に統合されたときに――現実や、もっと愛情や思いやりを持った生き方の理解を深めるのを助けるときに――最も役に立つと言っているだけだ。

前章では、自分の「状態」――自分の心と体の中の騒音と静けさの日常経験――に取り組むための、その瞬間その瞬間の修練や日々の修練を探った。こうした努力を積み重ねれば、自分の「特性」を形作る助けになりうる。自分に「制御できる範囲」と「影響を与えられる範囲」を見極めて、普通の生活に束の間の静寂を組み込めば、やがて注意や共感や忍耐を増大させることができる。これらの経験は、私たちの人となりを変える。

だが、人の知覚や傾向への静寂の影響は、いつも少しずつゆっくり表れるとはかぎらない。静寂とのたった一度の深遠な出合い――一度の神秘体験あるいは畏敬の瞬間――だけで、人の特性が変わることもありうる。人は、思い込みに疑問が突きつけられたり、物の見方が変わったりすることがありうる。新たな方向に向かったりすることもありうる。

それでも、マット・ヒーフィーの経験が立証しているように、最も深い静寂を見つけるには、徹底した準備が必要な場合もある。計画を立て、段取りを整えたりすることや、ひょっとすると、仕事や家事をしばらく休んだりすることさえも、必要かもしれない。

最も深い静寂を見つけるには、自分の恐れに直面するという真剣な作業が求められることが多い。

本章では、めったにない静寂や人を変容させるような静寂を見つけるための原理や練習を取り上げる。

前章の初めに紹介したものと同じ一般的な助言がここでも当てはまる。先入観を持たないこと、多くの練習を試すこと、自分の心と体の中のシグナルに気づくこと、喜びをもたらしてくれる練習をすることだ。前章でもそうだったが、これらのアイデアは、規範的な措置というよりもむしろ、人をやる気にさせるのを助ける例だ。あなたはこれらの練習の一部に毎週、あるいは毎日さえ取り組むことができるかもしれないとはいえ、ここで紹介するものの大半は、もっと長期的な時間枠に当てはまる。月に一度、年に一度、あるいは一生に一度でさえあるかもしれない。

「恍惚状態の」静寂には、単一の定義はない。それは、個人的で主観的な経験だ。第6章で取り上げた自己超越体験に似て、「自己顕現性の低減と、つながっているという感覚の増大の、一方あるいは両方」を共通点とする。この種の静寂は、人里離れた隠遁所《いんとん》や、山の頂上、大規模なヘヴィメタルのコンサートの舞台上で見つかるかもしれない。それは、紛れようがない。人はそれを感じたとき、それとわかる。独立した自己を超えて拡張し、それと同時に何かもっと大きなもの——自然界、人類全体という、より幅広いもの、あるいは宇宙——とつながるのは「恍惚状態の」体験だ（ただし、第7章で知ったように、それは恐れを帯びていることもありうるが）。突き詰めれば、体験者はどれほど短い間であっても、変えようのない独立した自己という思い違いを克服する。これは私たちが、熟練のスピリチュアルな指導者と、一流の神経科学者の両方の調査を進めていくうちに、発見したことだ。そして、自分自身の人生でも、他者の証言の中にも見出したことだ。

私たちが言っているのは、認識の仕方を高める種類の静寂だ。

人はときどき、最も深い静寂を孤独と結びつけがちだが、恍惚状態の静寂は、それとは違う。どちらかと言えばそれは、独立していて単独だと人に感じさせる通常のさまざまな力の超越だ。

アイデア1　やることのリストを持ってハイキングに行く

絶滅の危機に瀕している自然界のサウンドスケープを研究する音響生態学者のゴードン・ヘンプトンは、自分の生活が手に負えなくなっているかどうかを判断する簡単な指標を持っている。やることのリストが、シングルスペース（行間隔が1行）で13ページを超えたかどうか、チェックするのだ。最近話したとき、ゴードンはちょうど繁忙期を乗り切ったところだった。彼のリストは、前代未聞の23ページまで増えていた。

ありがたいことに、ゴードンはすでに、そのような状況のための手順を定めてあった。彼はリストを印刷し、鉛筆を手に取り、車を数時間運転し、ワシントン州のオリンピック国立公園のホー温帯雨林に行き、草木に覆われ、苔《こけ》が一面に生えた保護区まで、数キロメートルのハイキングをした。そこは、道路や航空路から十分離れているので、「アメリカでいちばん静かな場所」という呼び名にふさわしかった。[2]ゴードンはそこに着くと、時間を取って、ひたすら耳を傾けた。この特別な場所にしっかりと身を置き、そことつながり、彼の言葉を借りれば「自分の存在の中に存在する状態」に戻った。

それから鉛筆と23ページのリストを取り出し、信じられないほどの量の、社交上の約束や仕事上の約束を、暴力に満ちたアクション映画の最終場面のヒーローさながら、容赦なく消し去っていった。ゴードンがリストを畳んで胸のポケットにしまい込み、夕暮れ前に森から出るために歩きはじめたときには、やることのリストから4～5か月分の責務を取り除きおえていた。1日休みを取ることで、5か月取り戻せたわけだ。

人の認識を環境が形作っているのだから、面白いものだ。ゴードンが自宅にいたとき、コンピューター上では、23ページのリストに載っている項目のどれもが、そこにあって当然に見えた。だが、人里離れた温帯雨林で眺めてみたとき、ゴードンは自分の人生で本当に大切な事柄とつながることができた。彼はあらゆる会議に出席したり、オンラインで論文などを発表する機会をすべて捉えたり、インタビューに1つ残らず応じたりする必要はなかった。

「答えは静寂の中にあります」とゴードンは言った。

ジャスティンは、人の生活の平凡な責務や思い込みを変容させる静寂の力について考えると、2015年のワシントンでの暑い夏の日を思い出す。彼は、ユニオン駅のりっぱな大理石の建物の中で、タイ料理のライスヌードルを食べていた。そのとき、いっしょに座っていた友人のエリフが口にした言葉のおかげで、ジャスティンは自分が経験しているものの多くを理解することができた。

「あなたはサターンリターン（土星回帰）の時なんだわ」と彼女は言った。そして、これは、彼が激しい変化や、人生の目的と方向についての疑問を経験する時期に差し掛かっていることを意味しうる、と説明した。

ジャスティンは、占星術についてはろくに知らなかった。だが、それでも彼女の言葉は本当のように思えた。彼と妻のメレディは、ワシントンを離れて西へ向かう時が来たことを承知していた。やたらに慌ただしい労働環境とパーティで大騒ぎする週末に別れを告げ、子どもを持ち、もっと自然に近づき、スピリチュアルな修練にもっと真剣になる時が来ていた。問題は、どうやって、だ。どうやって生計を立てるのか？　さまざまな活動の場の近くに、どうやればとどまれるのか？　ワシントンで築いた友人たちのコミュニティはどうなるのか？

どうしてよいかわからなかったジャスティンは、少し短気になり、都会の騒音に異常に敏感になり、余計な考えで頭がほとんどいっぱいだった。そこで彼は、エリフの占星術の見立てを明確な手引きと捉え、森の中でしばらく時間を過ごすことにした。

ジャスティンは数日間、ヴァージニア州北西部の木々に覆われた丘陵地帯にある小屋に行った。そこでほとんどの時間を、木のデッキに横たわってオークと松の枝葉が作る天蓋を見上げながら過ごした。ムシクイやキツツキに耳を傾けた。日差しの暖かさを感じた。スマートフォンの電波は届かない。Ｗｉ‐Ｆｉもない。本もない。ほとんど言葉を発することもない。メモ帳とペンがあるだけだ。

最初に気づいたのは、呼吸のしやすさだった。新鮮な空気のおかげだけではない。生理的なものでもあった。胸と横隔膜と腹部の緊張が解けていきはじめた。空気が彼のすべての肺胞に行き渡ることができた。たった1日後には、彼の頭の中のおしゃべりの音量が、はるかに小さくなった。ジャスティンは、メモ帳に手を伸ばす気になった。

奇妙にも、ジャスティンは深い分析に踏み込まないまま、地理的な柔軟性は保ちながらも自分が大切にしている理念に取り組むことができるキャリア変更の、かなり完成度の高い計画を素早く書き出すことができた。彼はそれ以来ずっと、おおむねその計画に沿って行動している。

ジャスティンは、ゴードンがしていたように、やることのリストを切り詰めていたわけではない。図らずも、天からアイデアがダウンロードされるのを待っていたわけだ。つまるところ彼は、自分がするはずのことの根底にあるロジックを更新していたのだ。これには、静寂の中にしか見出せない種類の広大さが必要だった。

ジャスティンがワシントンに戻ったときには、何かが変わっていた。ひょっとしたら、土星が天空の軌道を通過したのかもしれない。だが、彼が自然との出合いのおかげで、厖大な数の古い計画や経験や優先事項を手放すことができたから、という可能性もそれに劣らず高い。自分の人生が、もう前ほど行き詰まっているようには感じられなかった。前に足を踏み出すことが可能になっていた。

心配事や思い込みを、自分のお好みの自然環境に持ち出そう。気が向けば、やることのリストとノートを手にして出掛けてもいいし、頭の中で渦巻いているさまざまな考えだけ携えていけば十分かもしれない。それから、自然の中で時間を過ごす。「静寂を取り込むように」とピタゴラスは弟子たちに忠告した。試してみるといい。

アイデア2　無言の水曜日を送る

ガンディーが毎週一度、「沈黙の日」を送るのを習慣にしていたことはすでに述べた。彼はその日に、外部からのインプットや頭を使うことをいっさい避けられたわけではない。彼は瞑想と熟考に加えて、読書をすることもあれば、人に会うことさえあった。だが、彼は口を利かなかった。言語化された意識という人間の通常モード——話したり、議論したり、物事を実行したりすること——は、現実を知る邪魔になると信じていた。それは、最も深い種類の奉仕とは相容れない。「真理の探究者は黙さなくてはならないということが、しばしば頭に浮かんだ」とガンディーは書いている。彼にとって、この毎週の習慣は、恍惚状態の行事になりえた。周囲の人は、彼が翌日に見せる言葉の明確さと力の中に、彼の「沈黙の日」の深遠さを聞き取れた。

というわけで、ここにガンディーに端を発する習慣がある。1日間、口を利かないようにするのだ。もし仕事や子育てや高齢者介護の責務のためにそれが不可能なら、数時間だけでも沈黙の時間を取ろう。その間に、真理の探究者は黙さなくてはならないと言ったときにガンディーが意味していたものを、感じ取れるかどうか、試してほしい。

ガンディーは月曜日を選んだが、ほとんどの人にとって、仕事を再開するこの日は負担が大きいことは、私たちも承知している。だから1週間の真ん中を、立て直しのための「無言の水曜日」にすることを提唱したい。

全部あるいは一部を静かに送る日を設定するのは、聴覚的静寂のリトリートとは違うと、私たちは理解している。無言の日は、自分を点検するためにある。その日は、自分の思考と言葉と行動が一致しているかどうか、確認する。人間関係や、傾聴の質を評価する。そして、自分の最も深い直観に波長を合わせられるほど、内部が静かかどうか確かめる。「耳を傾ける気になれさえすれば、聖なるラジオは常に歌っているが、静寂なくして傾聴することは不可能だ」とガンディーは書いている。

私たちは静寂の日を、何を言うべきかを考えなくてはならない責務からのちょっとした休暇と考えている。それは、その責務に必要な注意をすべて別の目的、すなわち、周囲を観察して、自分の本当の気持ちと必要に気づき、自分と他者をどう扱っているかを顧みるために使う機会だ。習慣的なサイクルや人間関係ではまり込んでいる場所から外に踏み出し、誰が正しくて誰が間違っているという二分法を乗り越えて、自分の人生の真のシグナルに波長を合わせる機会だ。

ガンディーはこの単純な慣行を、世の中を変えるという自分の仕事の本質的な部分と見ていたとはいえ、それは誰もがもっと平凡なかたちで波長を合わせるのを助けることができる慣行でもある。

数年前の夏、リーは家族とともに一生で一度の大旅行に出て、タットシェンシーニ川とアルセック川を11日間かけてゴムボートで下っているときに、無言の日を試してみる気が湧き起こった。この2つの川は、アラスカ州とカナダのユーコン準州の、人里離れた手つかずの原野を流れている。そこは世界最大の、保護された公園地区だ。[3]

5日目頃に、リーは悲しみの波に襲われるのを感じた。旅の日程がどんどん過ぎていくのに、まだこの地域の並ぶもののない野生とつながれた気がしていなかったからだ。そのとき、彼女の人間関係には何の問題もなかった。家族は明らかに幸せで、3人のガイドと9人の同行旅行者から成るグループは、親密になっていた。実際、彼らが親しげな声を上げてからかい合うので、土地の臆病な生き物たち——イヌワシやヘラジカ——はおそらく寄りつかず、何キロメートルもの距離を置いていたのだろう。リーにとって、自分が注意を払うべきなのは、自然との関係だった。

翌日の午後、川下りの中断が告げられると、リーは広大なネットランド氷河を背に、ノイジー山脈に向かって腰を下ろした。「ノイジー（やかましい）」という名は、岩や氷が落ちてきて、その騒々しい音が谷にこだますることに由来する。彼女は、文字どおりにも比喩的にも、騒音と静寂にサンドイッチにされているように感じた。

夕食のときリーは、その晩のデザートから次の晩のデザートまで沈黙を守るという計画をみんなに告げた。他の人から「許可」をもらう必要がないことはわかっていたが、彼らの支援があったほうが、どんな誤解も避ける助けになる。リーは本書のことにも軽く触れ、さらなる背景説明とした。誰もがとても協力的で、魅了されさえした。そして、「相変わらずいっしょに食事をしますか?」「代わりにパントマイムをするんですか?」「私もいっしょにやっていいですか?」といった質問をした。リーの答えは、順に、「はい」「いいえ」「もちろん!」だった。

その晩、トランプが始まると、グループのほとんどは、川向こうの砂利の土手に目を向けた。ハイイログマが魚を捕まえにやって来るのを見つけられれば、と願ってのことだ。彼らがいっしょに過ごした晩のうちで、間違いなく断然静かなひと時だった。リーは、自分の頼み事のせいで、みんな興を削がれてしまったのかもしれないと、少し心配した。グループの振る舞いを変えるつもりはまったくなかったからだ。そこで、早々に自分のテントに向かうことにした。途中、誰かが小声で、「ご主人がいちばん大変でしょうね」とささやくのが聞こえたので、リーは思わず微笑んだ。「とんでもない!」と心の中で思った。

夜のうちに風向きが変わった。ネットランド氷河からひどく冷たい空気が真っ直ぐ流れ込んできた。リーは震えていた。テントの中で、夫のマイケルの隣でしきりに寝返りを打った。冷え切った体のあらゆる細胞が、彼を起こして、「寒い〜! 凍えそう〜!」と言いたがっていた。だがそれから、自分が沈黙の最中であることを思い出した。彼に言うのは次の晩まで待たなければならない。とはいえ、それでは意味がないではないか？　彼女は眠りに戻っては目覚め、同じ飽くことを知らない衝動、同じ自分の中での対話、同じ結論を繰り返すのだった。

翌日は見事な天気だった。気温が上がり、空は晴れ渡った。リーはコーヒーを手に取ると、ノイジー山脈の麓の、ハイイログマが活動することで知られている砂利の土手を見下ろす場所に、キャンプ用の椅子を据えた。ガイドたちは、高性能の望遠鏡を持ってきていた。それまでのところ、クロクマしか見つけられていなかった。誰もが少しがっかりしていた。特に、野生生物の写真を撮る人たちは。リーは、「ぞくぞくする」としか説明のしようのないものを感じた。「クマ時間のような気がする」と心の中で思った。彼女が双眼鏡を目にあてがうと、ほぼ同時に、大きなハイイログマが川の向こうの森から現れた。彼女は弾かれたように椅子から立ち上がり、クマの方をむやみやたらに指し示した。それに気づいた女性が、「リーがハイイログマを見つけた！」と叫んだ。グループ全員が一斉に立ち上がり、20分ばかり眺める間、クマはのんびりと歩き回り、立ち止まって魚を捕まえ、ゆっくりと浅瀬の反対側に上がり、深い松の森に戻っていった。

その日、リーと12歳の娘のエイヴァは、グループが日帰りのハイキングに出ている間、後に残った。リーは、グループがいないと、自分の中での対話が減り、ほんのわずかになるのに気づいた。リーとエイヴァはひと言も言わず、ふわふわした白い雲をいっしょに何時間も眺めていた。至福の1日だった。

何万年という途方もない時間を内に秘めた氷河に囲まれて過ごすのは、リーにはこれが初めてだった。口を利かずにいる間、彼女はこの場所とのつながりをしだいに感じていた。この公園が設立されたことに感謝の念を覚えた。この土地の先住民について、もっと知りたかった。彼らは、どうやって川を行き来し、冬を耐え忍んでいるのか？

他の人々がハイキングから戻ってくると、何人かは夕食の準備に取り掛かり、残りは、またハイイログマが見られることを願って、川向こうを眺めた。リーは空を見上げ続けたが、そのうちあの「ぞくぞく」をもう一度感じた。そこで上半身を起こし、双眼鏡を手に取ると、川の向こう岸にまたしてもハイイログマが見えた。それまで、5人が目を凝らしていたのに、見えていなかった。「たいしたものね、静かにしているっていうのは」と女性の1人が言った。リーはたしかに、前より波長が合っているように感じられた。

エッセイストで自然愛好家のバリー・ロペスは、無言の日にハイイログマが目につきやすくなる傾向を、次のように説明している。

観察者が、自分の五感が伝えてくるものをただちに言語に変えなければ、つまり、自分の経験を定義しようとするときに私たちの誰もが使う語彙や構文の枠組みに落とし込まなければ、最初は重要には見えないかもしれない細かい点が、印象の前景に生き生きと残り続ける機会が増す。そして、後にそこで、その経験の意味を深めてくれるかもしれない。[4]

ガンディーとは違い、リーは24時間後に名演説をしたり、重大な決定を下したりすることはなかった。彼女はただ、デザートのフルーツクランブルを楽しみ、グループの軽口の輪に再び溶け込んだだけだった。だが、1日の沈黙は、たしかにその旅の調子をわずかに変えた。詳細を観察し、それを「前景に生き生きと」とどめておく彼女の能力を高めた。リーは、前より地に足がつき、落ち着いた感じがした。沈黙のうちに過ごした1日は、彼女の経験の「意味を深めた」。

アイデア3　すべてを忘れてただ漂う

「アポファティックな」神学には難点がある。日常生活に取り込むのがあまり簡単ではないのだ。スピリチュアリティへの「アポファティックな」取り組み方——独立した自己を宇宙の謎の総体に無言で溶け込ませること——は、聖典や経典を読んだり、説教を聴いたりすることや、さらにはほとんどの種類の祈りあるいは指導の下での瞑想を行ったりすることのような、言語化された概念的実践を中心とする「カタファティックな」取り組み方よりも、たいていずっと利用しづらい。

第8章で、『知ろうとしないでいることの雲』という、５００年以上前に書かれた作者不詳のスピリチュアルな書物を紹介した。[5] 古英語で書かれたこの古いキリスト教神秘主義の不可解な文書が、ほとんどの人が生きている現在の文化の文脈から掛け離れていることは明らかだ。それでもこの大著には、「アポファティックな」やり方である静寂の神学を、実践的で利用可能なものにするカギが含まれている。

そのカギは、「忘却」という言葉の中にある。

第8章では、「観想を初めて実践するときには、知ろうとしないでいることの雲のような、暗闇を経験するだけだろう」という、その書物の中核的な教えを紹介した。これは、感じたり、対処したり、考え抜いたりして物事を乗り越えていく代わりに、すべてを忘れるように指示するものだ。著者は読者に、「愛の優しい動揺」に波長を合わせ、自分の人生の物質的な状況の概念や心配のいっさいを完全に手放すよう勧める。自分は何者かや自分の人生に何が起こっているかについての、自分自身の筋立てや語りを、全部捨てるということだ。生命そのものの愛に満ちた本質の中に、ただ漂うのだ。

『知ろうとしないでいることの雲』の教えにインスピレーションを得て、手早い休息の時間をはじめとする、日常生活に応用可能な修練が生まれた。たとえば、「センタリングの祈り」というキリスト教の瞑想慣行は、あらゆる思考を手放し、自分が選んだ、慰めとなる1つの短い単語に何度も何度も焦点を当てることに、ひたすら意識を戻す。もちろん、仏教その他の瞑想の伝統の中にも、自分自身の筋立てや言語による分析をどうやってやめるかについての、同じような教えが見つかる。

私たち著者は悟った。自分の人生の中身をすべて一時的に「忘れ」、「知ろうとしないでいることの雲の中に漂いに」行くことができる、深い観想の空間に入るのは難しい。この祈りや瞑想の深さに達するには、準備が必要だ。私たちは、友人の神話学者ジョッシュ・シュライの説明を思い出す。古代インドの賢者たちは、波長が合っている状態、つまり、聖典のヴェーダが聞こえる状態に行き着けるように、自然の中で暮らし、詠唱し、決まったものを食べ、厳格な倫理を固く守ったという。「倫理的修練は、人が調和の取れた静寂を経験するのに必要です」と彼は言った。人は、たとえ古代インドの賢者と同じ恍惚状態の静寂を探し求めていなくても、自分の準備を整える作業をすることが依然としてできるだろう。

というわけで、次のような練習の実行を考えてほしい。自然の中、あるいは、その他の平穏な場所で自分独りになり、静寂の中に身を置けるように、数時間を確保する。その時間をしっかり守る。カレンダーに書き込んでおく。できれば、邪魔が入らないように、必要な手配はすべて済ませておく。この意図的な静寂のスペースでは、ブレスワークに取り組んでもいいし、瞑想してもいいし、祈ってもいい。もしそれがあなたの習慣に入っていて、あなたが適切な物の見方ができ、適切な環境にあるのなら、聖なる植物や幻覚剤を意識的に使うことも可能かもしれない。あるいは、ただ休息してくつろぐだけでもいい。大切なのは、あらゆる問題や心配事を置き去りにすることだ。そのスペースを、すべてを忘れるための安全な「入れ物」として神聖にする。

このスペースに入る準備のため、内部の静寂を容易にする助けとなる練習を、まずいくつかできるかどうか、考えてほしい。正しいやり方が1つしかないというわけではない。内部の静けさを見つけることと専用の準備方法は、自分の内部騒音の特質次第だ。たとえばあなたは、この静寂の特別な期間に入る前の数日、あるいは数週にわたってさえも、自分の人生における重要な人間関係について考えているかもしれない。少し時間をかけ、どんな問題であれずっと気に掛かっているものについて考え、それが自分に「制御できる範囲」あるいは「影響を与えられる範囲」に入っているかどうか検討する。もちろんあなたは、親やパートナーとの何十年にも及ぶ問題を解決することはできないが、重要な関係を強める助けとなる実行可能な計画を立て、それに沿って1つか2つ、小さなステップを踏んでみることはできるかもしれない。することのリストから、本当に重要な項目をいくつか片づけられるかもしれない。静寂の期間に入る直前には、運動をしたり、ヨガをしたり、詠唱したり、ジャーナリングをしたり、歌ったりして、体と心を準備することができる。

ここで1つ簡単な助言をしておこう。まだメールを送ったり、ゴミを出したり、冷蔵庫を掃除したりしていないために、内部の静寂のスペースに自分を解き放てそうにないのがわかっているのなら、そうした仕事はさっさと片づけてしまうことだ。

この場合、あまり野心的になる必要はない。内部騒音のごく直接的な原因のいくつかを、少なくとも意識の表層レベルからは取り除けないか、やってみるだけでいい。

このとき大切なのは、雲の中で漂えるような状況を積極的に生み出すことだ。静寂のために「器を準備する」のだ。

忙しい1日にただ休憩を取って、自然に「すべてを忘れ」、あらゆる思考や概念を超えた「アポファティックな」領域に入るよう試みることはできる。だが、手間と暇をかけ、一時的にではあっても、自信を持って「良い旅を《ボン・ヴォヤージュ》」と言えるように、自分の人生をできるかぎり入念に正し、整理し、調整するとなると、話はまったく別だ。

アイデア4　「リトリート」に入る

「retreat（リトリート、静修、修養会、隠遁）」という単語には、「撤退する」あるいは「退却する」という、古い軍事的な定義がある。私たちには、通常の生活を離れることを考えているときにはいつも、そうした意味合いがずっしりとのし掛かってくる。まるで自分が、苦しんでいる同胞を前線に置き去りにする兵士のようだからだ。空想的な個人の関心のように思えることもあるものを追い求めて、仕事や介護・養育や市民としての務めを放棄するのは、無責任に感じられる。

「retreat」という単語の語源を調べると、古フランス語の「retret」に行き着くことがわかる。これは、「手を引く」「隠退する」という意味の動詞「retrere」の過去分詞に由来する名詞だ。その定義からは、人生の義務の放棄という意味に至る。だが、もう少し深く探ると、別の視点も見つかる。「retreat」の元の、もっと古いラテン語「retrahere」は、「re（後ろへ、あるいは、再び）」と「trahere（引く、牽引《けんいん》力がある）」の2つの部分から成る。その「牽引（traction）」には「distraction（気を散らすもの）」という反意語がある。したがって、「retreat」は、自分にとって重要なものを再発見し、それを梃子にして人生を前に引っ張る能力を取り戻すことも意味する。

この意味で「リトリート」について考えると、新しい可能性が現れ出てくる。それは、何を後に置き去りにするかよりも、前へ進むための牽引力を取り戻すことのほうに重点を置く行為なのかもしれない。

長期にわたるリトリートは、何千年間も尊ばれてきた習慣的行為で、先住民の通過儀礼や、イスラム神秘主義者、ヴェーダの指導者、仏教の修行僧、砂漠の教父たちと教母たちなどが頼みとする光源だった。そして、現代の芸術家や創作家、あらゆる種類の専門家の役に立ち続けてきた。

名高い著述家で歴史学者で社会理論家のユヴァル・ノア・ハラリは毎年、60日間の静寂のリトリートに参加する。もっと長い時間をかけることもある。「気を散らすものは何一つありません。テレビもなければ、電子メールもなく、電話も本もありません。物も書きません」と彼はジャーナリストのエズラ・クラインに語った。「どの瞬間も、今この瞬間に本当に起こっていること、何が現実かに集中します。すると、自分について気にくわないことや、世の中について気に入らないことに出合います。自分が膨大な時間をかけて無視したり抑え込んだりしていることに」世界でも屈指の卓越した識者が、どうやって外の世界との接触を断って1年にまる2か月も過ごせるのかは、想像し難い。それでもハラリは、この休止期間は、著述家としての成功と相容れないことはまったくないと言い切る。それどころか、それこそが彼の成功のカギなのだ。

彼の時間を求めるものが数限りなくあるのにもかかわらず、ハラリは毎年2か月間のリトリートを優先することを選ぶのだから、彼にはそれを実現する主体性があるわけだ。つまり、彼はそれが自分に「制御できる範囲」にあると判断しているのだ。

では、他の人々はどうなのか?

シーラ・キャペラー＝フィンは、個人的なリトリートを大衆化することに一生懸命取り組んでいる。まもなく刊行される著書は、彼女が「ミニ・リトリート」と呼ぶ、期間が1週間未満で、最短8時間でさえかまわないリトリートのＤＩＹ（ドゥー・イット・ユアセルフ）ガイドだ。彼女が勧める低コストの選択肢の例を、いくつか以下に挙げておく。

・近所の人の家で、1週間ペットの世話をする。
・友人と2日間、アパートの部屋を交換する。
・地元の公共図書館で、1日のリトリートをする。

・近所の公園や大学の緑の空間でリトリートをする。

環境を変えることは、いつでも可能だ。「出掛けることができなければ、部屋の家具の配置換えをします」とシーラは語った。「絵や写真を何枚か移動したり、何かをして部屋を落ち着かせたり、逆に、活気づけたりします。植物を持ち込んだり、花を買ってきたりするといいでしょう」と、彼女は次々に選択肢を並べ立てるが、肝心の点がぶれることはない。「部屋が変わったように感じることができたら、心理的に大きな影響を与えます。それがリトリートになるのです」

ジャネット・フルードは自分のしていることを、あえて「リトリート」とは呼ばない。前にその過ちを犯したことがある。「もし、『1か月休みを取ります』と言ったら、ただの休暇に出掛けるようじゃありませんか」と彼女は警告した。「みんなに、『あら、なんて幸運な人！』って言われます。その一方で、『長期休暇《サバティカル》を取ります』と言うと、『へーえ、それは改まった話』といった具合です」。今では彼女は言葉にとても気を遣っているので、リトリートに行くという彼女の決心に人々は関心を抱き、その決定を尊重する。それに、どうして学者だけに楽しみを独り占めさせておくことがあるだろうか？

自分のコンサルティング事業を経営するのは、ジャネットにとってこれが2度目だ。とうに20年以上前になる1度目には、完全にやり間違えてしまった。彼女はまったく休みを取らなかった。当時の信条は、「私はいつでも対応できるからこそやっていける」だった。だが、母親が癌になり、ついに亡くなったとき、その信条に入っていた亀裂が明らかになった。彼女はその頃、母親の介護をしながら、２人の幼い子どもを育て、事業を築いていた。「そのやりくりの中で、自分を見失ってしまいました」と彼女は語った。

2000年に、ジャネットは会社を畳むという難しい決断を下した。それからの5年間、別の組織の下で働き、暮らしを立てた。だがジャネットはやはり、自分で会社を経営する人間だった。そこで2005年に再出発した。ただし今度は、年間カレンダーに1か月のサバティカルを組み込んだ。収入のないその1か月を、持続可能な事業を経営するコストとして計算に入れている。この休暇に関しては、譲る余地はない。新しい顧客にも潜在顧客にも、それについては前もって告げておく。この公約をして以来、「気持ちが揺らぐことは一度もありません」と彼女は言った。

ジャネットのDIYサバティカルには、いくつかカギとなる要素がある。水域へのアクセス（ヒューロン湖に身を浮かべるのが、これまでのいちばんのお気に入りだ）、ハンモックを掛ける場所（宙に浮いているのは、水に浮かんでいることに完全に準じる）、読書やうたた寝や雲を眺めるための時間などだ。ジャネットは水に浮かんだり、浸かったり、漂ったり、宙に浮いたりする。それだけだ。そして、それで十分だ。彼女は、休眠するという忘れられた技術を練習する。順調な年には、本当に飽きるほどたっぷり休息することもある。

キャサリン・メイは著書『冬を越えて』で、人はしぶしぶ自分の「リトリート」に入る場合もあることを教えてくれる。[6] ジャネットの母親が癌の診断を受けた折のように、計画が台無しになったときだけではない。人は冬を無期限に先延ばししようとするからでもある。人は人生における盛衰そのものを否定しようとする。メイはこう書いている。「植物や動物は冬とは戦わない。彼らは冬が来ていないふりをして、夏の間に送ったのと同じ生活を送り続けようとはしない」

第4章に出てきたトリシア・ハーシー（自称「仮眠《ナップ》ビショップ」）は、2020年に準備なしの3週間の「安息日《サバス》」を取った。「サバス」は「サバティカル」のもととなる単語だ。サバティカルは、うまく行えば、神聖な休息日であるサバスに「値する」。ハーシーはアフリカ系アメリカ人の教会で育った。父親が牧師だったのだ。毎週のサバスは体に染み込んでいたが、彼女が初めて長期のサバスを取ったのは、ごく最近のことだった。

ハーシーはそのサバスを始める3か月前から、50万人のインスタグラムのフォロワーを含め、周りの人々に知らせておいた。そして、サバスには以下のことを予定しておいた。「朝、遅くまでゆっくり寝る、静寂を保つ、毎日仮眠する、デトックスの塩風呂にたっぷり入る、本を読む、仕事やキャリアや仮眠伝道《ナップ・ミニストリー》については話さない、少ししか執筆しない、友人や家族と時間を過ごす、完全に家にこもる」。これを全部やるために、彼女はあらかじめ次のように警告しておいた。「すべてのソーシャルメディアから離脱します。催しも、メールも、ナップ・ミニストリーの仕事の詳細の検討も、予約も、旅行もすべてなしです」。唯一すると決めていたのは、この過程で学んだ事柄を後で少し紹介することだった。

ハーシーはサバスを終えると、自分のブログにその経験を綴り、オフラインにするとクライアントに予告しておきながら、「じつは、応対できて働いているときよりも、このサバスの間のほうが、仕事関連のメールやショートメッセージやリクエストを多く受け取りました。本当に興味深いことです」と述べた。人は、自分が休息を取るに値しないと自分に納得させてしまったばかりか、時間を捻出するときに助け合う方法もわかっていないことに、彼女は驚いた。憤慨していたわけではない。呆れて物が言えなかったのだ。ハーシーによれば、私たちはみな、騙《だま》されているのだそうだ。「休息は贅沢《ぜいたく》だとか特権だとか言うのをやめる」ことが絶対に必要だ。贅沢でも特権でも「ないからです。それは人権です。休息を贅沢だと思えば思うほど、こうした制度的な嘘を受け容れてしまいます」。彼女は、十分に休息を取った目を通して、根本的な原因をはっきりと見て取っている。

あなたが休息を取っていないのは、誰か1人のせいでないことはわかっています。このグラインディング文化に搦《から》め捕られてしまったのも、あなたのことを機械と見なす有害な制度の下に、ここであなたが生まれたのも、あなたのせいではありません。そのどれ1つを取っても、あなたに責任はありません。でも、嬉《うれ》しいことに、そうした文化の思い込みを捨て、そこから解放されることは可能です。


私たちは静寂の中で思い込みを捨てる。

私たちは休息するときに解放される。

ハーシーは、こう書いている。「休息は、あなたが静寂を楽しむのを助けてくれます。静寂と休息は、何が起こっているかを私たちが本当に目にできるように、顔からヴェールを取り除いてくれます」

というわけで、リトリートあるいはミニ・リトリート、押しつけられた冬あるいは選び取った冬、サバティカルあるいはサバスなど、何と呼ぼうと、それはあなたの生得権だ。それは、あなたにも、あらゆる生き物にも与えられて当然なのだ。

アイデア5　内部騒音の源泉を見つけて対処する

ジョン・ルベッキーは以前、デスメタルとオフロードバイクにフロー状態を見つけていた。だがイラクでの経験で、やかましさとの関係が変わった。

2005〜2006年、彼はスンニ・トライアングルの中央――イラク戦争でも屈指の激しい戦闘が展開された地域の真ん中――にあるバラッド空軍基地に駐屯しているアメリカ軍の砲兵隊所属軍曹だった。基地は頻繁に致命的な砲撃にさらされたので、兵士たちはそこを「モータリータヴィル」と呼んだ。ジミー・バフェットの酒飲みの陽気な歌「魅惑のマルガリータヴィル」に敬意を表した、絶望的状況でのユーモアだ〔訳注「モータリータヴィル」の英語での綴り「Mortaritaville」の中の「mortar」は「迫撃砲」の意味〕。迫撃砲やロケット弾、負傷兵後送ヘリコプターの耳障りな音のせいで、兵士たちは迫りくる死のことが常に頭を離れなかった。誰もが、少しでも静けさに近いものを渇望していた。誰もがピリピリしていた。

2006年4月のある晩、ジョンはくたびれ果て、仮設トイレで腰を下ろしていた。そのとき、近くに砲弾が落下し、彼はしばらく意識を失った。幸い、砲弾の破片は体に当たらなかったが、彼は外傷性脳損傷を受けた。

帰郷は、静けさへの復帰のはずだった。だが彼は、たちまち他の種類の騒音の連射を浴びる羽目になった。結婚生活が終わりを迎えた。集中することができず、仕事を辞めるしかなかった。ベンゾジアゼピン、抗うつ薬、筋弛緩剤など、1日42錠も薬を処方された。だが、どれ1つ助けにならなかった。頭の中では、自己批判と疑いのやかましい声が容赦なく響いていた。バックパックを背負って歩道を歩く普通の男性が1人残らず自爆テロリストに思えてしまい、不安で押し潰されそうだった。

「ＰＴＳＤを抱えていると、静寂などというものはありません」とジョンは語った。「トラウマが深刻なほど、内部の騒音がやかましくなります。そして、それを止めるためなら何でもするという気持ちが募ります」

イラクから戻ってから2か月後の、２００６年のクリスマスの朝、ジョンは自らの命を絶つことにした。ベレッタ9ミリ拳銃の撃鉄が落ちたとき、これまで経験した最も深い静寂とも思えるものを感じた。

「すべておしまいでした。もうまったく騒音は聞こえません。平穏あるのみでした」

30秒ほどだろうか、彼は自分が死んだと思っていた。

だが、大きな音は、雷管の爆発だった。弾薬の製造上の欠陥のせいで、彼は命拾いした。さらに4回、自殺を試みたが、そのたびに、彼は生き延びた。

彼は苦闘を続けた。

ある日、退役軍人病院で、いつもの精神科医がオフィスにいなかったので、メディカルスクールを出たばかりの研修医がジョンを診た。彼女は、ジョンのカルテを読み込んでいたことを告げた。それから、机の上を滑らせるようにしてメモを1枚渡して言った。「病院を出てから読んでください。それについて、あなたに話してはいけないことになっているので。ですから、さっさとポケットにしまっておいて」。そのメモには、「ＭＤＭＡ　ＰＴＳＤ　をグーグル検索」とあった。

ジョンはその助言に従った。そして調べていくうちに、ＰＴＳＤのある人を治療する、ＭＤＭＡ〔訳注　3,4-メチレンジオキシメタンフェタミン。幻覚剤〕の助けを借りたサイコセラピーの、法的に認可された研究に参加することができた[7]。その研究は、サウスカロライナ州チャールストンでの、居心地の好い家庭のような環境で行う3回の治療と、その治療セッションの前後に行われる一連のサイコセラピー・セッションから成っていた。セッションは、ただ「ハイになる」以上のものだったという。

たしかに、「自分のことを地球でいちばん愛してくれているとわかっている人に抱き締められながら、ふわふわした子犬たちに埋もれて顔を舐められているような感じでした」とジョンは言う。だがそれは、彼の意識の中にある、人を衰弱させる騒音の源を、徹底的に暴き出して取り除いていく過程でもあった。

最初のセッションのとき、「精神科医たちは、『それで、イラクでは天気はどんな具合でしたか？』といった、当たり障りのない質問を投げ掛けてきました」とジョンは回想した。

「そこで、話しだし、話し続けるわけです」とジョンは語る。この幻覚剤の生理学的作用機序は、「扁桃体の闘争／逃走反応を抑制することです。そのおかげで、人はそれを服用していなければパニックを引き起こしていたかもしれないようなことに取り組めるのです」と彼は説明してくれた。言い換えれば、ＭＤＭＡは、いつもならあまりにもつらい記憶にアクセスしても大丈夫だ、という気にさせてくれる。

このセラピーは、セロトニンがどっと分泌される「意識の変容状態」に入るだけにとどまらず、それよりもはるかに大きな効果をもたらした。ただし、ジョンが説明した「ふわふわした子犬たち」の感覚や、彼が心を開くのを許した安心感は、セロトニンの分泌によるところが大きかったが。訓練を受けたカウンセラー2人の指導の下で服用したMDMAのおかげで、ジョンはあらゆる騒音を一時的に超越し、普通なら行けない場所に、意識的に到達することができた。彼はそうした場所で、記憶を再編集し、不安を捉え直すことができた。健全な距離を取りながら、自分の経験を眺めることができた。その結果、彼の物の見方全般が根本的に変わった。それは、一時的な状態ではなく、永続的な変化であり、「自らの特性の変容」だった。

ジョンは自分の騒音の源を解明した。

「それまで誰にも話していなかったことについて話しました。そして、それで治ったのです」

ジョンのうつの評価レベルは、その後半年間、確実に下がっていった。ある日、気がつくと、通りでバックパックを背負った男性を見掛けても、恐ろしさを感じなかった。MDMAを再び服用する必要は、これまで感じていない。今では、回復の継続を導くためのトラウマに、もう対処してしまった、と彼は語った。彼の展望が変化した。今では、回復の継続を導くためのリソースを、自分の中に持っている。そして、助けを求めるという、じつに頼もしいリソースも持っており、必要があればそれを使うことができる。

「スマートフォンを後に残して山に登り、そこで座っていれば、聴覚的な静寂に浸ることができるでしょう。あるいは、感覚遮断室に入ることもできるでしょう。でも、内部の静寂を得るための遮断装置はありません」とジョンは言う。そのためのワークをしなければならない。

ここで言う「ワーク」とは、内部騒音の根本的な源泉を見つけて、それに対処することだ。

「ワーク」は、人それぞれ違って見える。

ジョンは、ＭＤＭＡの助けを借りたサイコセラピーという、特定の癒やしの実践のおかげで、闘争／逃走反応を引き起こさないかたちで自分の気持ちについて語ることができた。彼は、治療チームと、入念に準備された環境に支えられている気がした。彼は安心できた。落ち着き、静かだった。じつに久しぶりに、ジョンは静寂を経験することができた。それは恍惚状態のように感じられた。

アイデア6　「深い遊び《ディーププレイ》」に没入する

「祈りの一形態となるような物の眺め方がある」と、博物学者で詩人のダイアン・アッカーマンは述べている。[8]「頭も心も縛るものがない」。彼女はこのような認識を行う神聖な状態を、次のように描写している。

> 分析も説明もしない。ロジックを探し求めることもない。約束もない。目標もない。関係を持つこともない。心配もない。どんなドラマが展開しようと、完全に受け容れられる。
> アホウドリが求愛するのを眺めることであれ、刻々と模様を変える日没の空を目で追い続けることであれ、何がその感情を引き起こすかはどうでもいい。その感情が湧き起こったとき、啓示を得たという感覚と感謝の念を経験する。何も考えたり言ったりする必要はない。

このように眺めるとき――「何も考えたり言ったりする必要のない」とき――には、言葉で飾り立てられ、心配に満ちた、大人の生活の中では、いつもたどり着けるわけではない。だが私たちは、子どもだった頃は、そのようなときを見つけ出すことができた。リーが小学3年生だったとき、両親は離婚して久しかった。彼女と弟のローマンと母親のリッキーは、親族の近くで暮らすために、カロライナズに引っ越した〔訳注　「カロライナズ」とは、ノースカロライナとサウスカロライナの2州のこと〕。「カロライナズ」と呼んでいたのは、親族が州境の両側に点在しており、花火でもため込むのでもなければ、「ノース」と「サウス」の区別は基本的に無意味だからだ〔訳注　ノースカロライナ州では免許や認可がなければ花火の所持や打ち上げはできないが、サウスカロライナ州には花火の規制はない〕。リーは、母親が自宅から田舎道を８００メートルほど行った所にあるガソリンスタンドで遅番で働く間は、弟の世話を任されることが多かった。毎週のいちばんの楽しみは、3人で出掛ける「ロードトリップ」だった。州間高速道路85号線を降りた所で建設中の、桃を模した巨大な給水塔「ピーチョイド」を見に行く、たった30分のドライブでも何でもかまわなかった。

　多くのひとり親家庭でそうであるように、助手席に座ろうとする子どもどうしの争いは熾烈《しれつ》だった。楽しいことが起こるのも、楽しいものがあるのも、すべて前の座席だったからだ——遮るもののない眺め、足元の広さ、ラジオ、ＣＢ無線、カセットプレイヤー、そしてこれがいちばん重要なのだが、土砂降りの後にぼろ布でフロントガラスを拭いて、曇りを取るといった、何か役に立つことをする機会。ところが、ほぼ2回に1回は、リーは後部座席に追いやられるのだった。それは、密封された金庫に閉じ込められたのも同然だった。一家のシボレー・ヴェガはひどくやかましい老朽車だった。マフラーと排気パイプにはひっきりなしに穴が空くので、高速で走る改造車のような轟音を立て、シャーシーはフロアマットの下で少しずつぼろぼろになっていった。騒音のために、前と後ろの座席の間で気軽に会話を交わすことはできなかった。だから、前から締め出されて後部座席に座らされた子は、音の壁で独りぼっちの世界に閉じ込められることになった。

だが、そこでリーは静けさを見つけた——いや、より正確には、静けさがリーを見つけた。

暑い真昼の晴天が雨に変わると、リーは自分の横の窓に舞い降りてくる雨粒を、下から見上げた。その1つひとつに、性格特性や動機、さらには抱負さえも割り当てた。雨粒が期待に身を震わせるのを我が目で見た。雨粒たちの目標は、車の窓の外面を撫でるように高速で通過して、宇宙へと猛然と飛んでいくことのような気がした。飛び抜けて賢いものたちだけがそれに成功するのだろう。たいていは他の雨粒と力を合わせることによって。悪戦苦闘したり、失速したりするものもいた。すっかり消えてしまうものもいた。

これは、歓迎すべき没我の境地だった。お金の問題や学校に溶け込むことについての、望んでもいない内部のおしゃべりが消滅した。高デシベルのエンジン音のただ中で、リーは静寂の魅力あふれる空白を見つけた。

リーは自宅に戻っても、これと同じ深さの恍惚とした注意の状態を、自然の中で見つけた。彼女はしばしば、家の裏手の「沼地」に出掛けた。クズに覆われた木々の間を、細い道が1本通っている。その場所は、『スター・ウォーズ』シリーズに登場するヨーダの故郷の惑星ダゴバを思わせた。彼女は乾いた場所に立ち、ごく小さな生き物たちが儚《はかな》い一生を生きている姿を眺めた。その大半が、ほとんど、あるいはまったく音を立てずに動き回る。彼らのドラマは魅惑的だった。アリたちは本当に親しげで、いつも立ち止まっては、おしゃべりをしている。甲虫は、とても辛抱強く待っている。アメンボは目立ちたがり屋だが、なにしろ水の上を歩けるのだから、それも当然だろう。リーは通常より研ぎ澄まされた認識の状態になり、ときには数時間も、身じろぎしなかった。

あるときリーは、ガガンボの幼虫がウシガエルに食べられ、そのウシガエルが、今度はヘビのカパーヘッドに食べられるところを目撃した——正確に言うと、食べられたように見えた。家に駆け戻り、『ブリタニカ百科事典』で調べると、もしウシガエルが美味しい幼虫たちにあれほど夢中になっていなかったなら、カパーヘッドがウシガエルに食べられてしまうことも十分ありえたのがわかった。沼地の静寂の中で、リーはこうした瞬間に、生命の危うさに気づき、命が不気味なものと不思議なものの間でぐらぐら揺れていることを知った。

リーの世界は、完全に静かだったわけではない。彼女の内部の恐ろしい黙想が、コオロギたちの鳴き声を破ることがときどきあった。彼女は一目散に家に逃げ戻ることもあった。だが、たいていは、生命の神秘が展開されるのを眺めながら、できるだけ長くとどまり、あたりがすっかり暗くなることさえあった。

それは子ども時代特有の物の眺め方だった。

今振り返れば、じつはそれは一種の祈りだった。

本章と前章では、日々の暮らしに組み込まれていたり、「特別な出来事」として取り分けられていたりする静寂を、個人がたっぷり、あるいは少しばかり見つける様子を見てみた。だが、とても深い静寂のうちには、私たちが子どもの目を取り戻したときの、ごく単純なものもあった。それは、ダイアン・

アッカーマンが言う「何も考えたり言ったりする必要のない」ときに得られる静寂だ。

アッカーマンは著書『ディーププレイ（*Deep Play*）』で、「生活の習慣や秩序や掟を免除される、普通の生活からの避難場所、心の聖域」としての「遊び」について書いている。そして、「ディーププレイ」は、遊びの無我夢中の形態だとしている。それは、人を祈りに似た注視の状態にさせる種類の経験だ。

アッカーマンは「『ディーププレイ』は活動よりもむしろ気分によって分類されるものとしているが、『ディーププレイ』を特に促しやすい種類の活動がいくつかある。『芸術、宗教、危険を冒すこと、いくつかのスポーツ――スクーバダイビングやスカイダイビング、ハンググライディング、登山など、とりわけ、比較的遠隔の、静かで、体が浮遊する環境で行われるもの――だ」

無我夢中のレクリエーションは秩序とは正反対だと思えるかもしれないが、「ディーププレイ」には秩序を強く感じることが多い。そこには特別な時間、あるいは独特の場所という区分がある。

人は音楽や登山などのやり方を身につけて初めて、それに没入できる。マット・ヒーフィーは、音楽をすべて体で覚えるまで徹底的に練習すると、ステージ上で深遠な静けさの状態へと「身を委ねる」ことが可能になると言っていたが、それと同じだ。あるいは、名サクソフォーン奏者の故チャーリー・パーカーの言葉を引けば、「全部覚えて、それからそんなもんは全部忘れて演奏しろ」となる。

これまでのページで紹介した他の練習法――たとえば短いリトリート――は、「ディーププレイ」の助けになる。子ども時代のような意識に入り込み、夢中になって注意を払うためには、他の責務を締め出し、忘れる余地を作ることが必要な場合がある。

ジョン・ルベッキーは、以前は遮断されていた自分の精神の深みに到達する方法を見つけた。それには、自分の知覚を歪めて実在を不可能にしているトラウマを取り除く方法を見つけなければならなかった。ジョンは厳格な医学的条件下で幻覚剤を利用してそれに取り組んだが、心を開かせてくれる薬物を誠実に責任を持って利用すれば、やはり恍惚状態に至ることができる。では、何を持って誠実とするのか？　私たちの経験から言うと、それはけっきょく、共感や倫理の方向への永続的な変化を求めるところに戻ってくる。安直なスリルを求めることや空虚な好奇心を満たそうとすることとは別物だ。

ここで説明している包括的な練習法は、生命の脈動――制服をまとい、「とても真面目な大人」の視点を身につける前の自分の姿――と同調するための「ワーク」だ。

というわけで、名称と区別から純粋な感覚的明確さへと、どうやって切り替えるかを考えてほしい。

子どものような世界の認識の仕方に、何があなたを最も近づけてくれるか？

どの活動や人や気の持ちようが、あなたを支えてくれるか？

子どものような注視の仕方を、どうすれば日常生活に持ち込めるか？

自らの特性の変容

スカイラー・ビクスビーは1日中、テントの中で小雨と雪が交互に降るのに聴き入っていた。夕暮れが迫ってきた頃、雨も雪もやんだ。彼は仲間たちとテントから這い出し、近くの丘に登った。空は晴れ渡り、針葉樹のホワイトバークパインや花崗岩《かこうがん》の峰々の向こうに沈んでいく太陽の黄金色の光に満ちていた。

普通なら、12人のティーンエイジャーの一団がスマートフォンも持たずに完全に黙り込んでいっしょに立っている姿は奇妙に、いや、滑稽《こっけい》にすら見えるだろう。だが、このときには自然に見えた。ワイオミング州のウィンドリヴァー山脈から始まった3か月の野境《ウィルダネス》旅行も13日が過ぎ、全員の五感がこのような瞬間――敬意を呼び起こす瞬間――に波長が合っていた。

スカイラーは日が沈んで、仲間がみなキャンプに戻ってからも丘の上にとどまった。変わりゆく夕空の色を眺め、風の音に耳を澄ませ続けた。その瞬間、自分について、あることに気づいた。彼の心は、ほんの数週間前に自分が知っていたものとはまったく違っていたのだ。

「僕はずっと、学校について心配したり、友達にどんな情報を伝えるかに頭を悩ませたり、どうやって自分らしくなればいいか気を揉んだりしていました」と、典型的な高校生の現実を説明しながらスカイラーは言った。何か月にもわたる非対面型のオンライン授業や、志望大学に入学できるかどうかという不確かさ、隔離を強いられる日々の人づき合いのぎこちなさを考えれば、無理もないことだった。だが、そうした不安がすべて、過去のかすかな記憶になった。テレビゲームをしたくてたまらない気持ちも、ゲーム向けコミュニティアプリのディスコードで集まりたくてたまらない気持ちも、消えた。「自分の優先順位がそこで変わったのに気づきました。普通の暮らしでの優先事項のリストとは完全に違うリストになっていたんです」

都会から遠く離れた山の中で3か月過ごすうちに、スカイラーはまず、日常生活の聴覚騒音と情報騒音が遠ざかるのに気づいた。次に、将来の予測や心配、過剰な分析といった、もっと微妙な内部騒音も薄れた。彼は、一連の新たな課題に注意を向けざるをえなくなった。水を見つけること、糧食の量を確認すること、率先して道筋を決めること、体を冷やさないこと、クマを避けることなどだ。

スカイラーが山の中から帰ってきてから数週間後に話を聞いたとき、21世紀のティーンエイジャーの暮らしに戻っていたにもかかわらず、この根底にある感覚が残っていたので彼はありがたがっており、意外そうですらあった。「今では気晴らしの必要もないまま、静かな時間を過ごすことができます」と彼は言い、こうつけ加えた。「何もしないでいられるというのは、1つのスキルです。そして、僕はもう、そのスキルを持っているんです」

そのスキルを習得するのは、スカイラーには楽なことではなかった。日々の決まり切った生活の気楽さと馴染み深さを捨て、山の中で何か月も身体的に苦しい思いをする必要があったのだから。マット・ヒーフィーやジョン・ルベッキーと同じで、スカイラーもワークをしなければならなかった。彼は、丘の頂上で迎えたあの日没のような体験をする機会を得るためなら、不快さや不便に耐える価値があることがわかった。あの輝かしい静寂の中で、自分の頭を根本から作り直したことに、彼は気づいた。彼は自分の状態だけでなく特性までも変えたのだった。

ダイアン・アッカーマンは「恍惚状態の」という単語を、そのような体験を指して使っている。それは、強力な捕食者である猛禽《もうきん》に運び去られていくかのように、文字どおり「力ずくで捕らえられた」状態を意味する、と彼女は述べた。

静寂の通常の意味を考えると、恍惚と猛禽とはおかしな組み合わせだ。

だが、真の静寂を、現実のものとの直接の出合いとして受け容れれば、それは21世紀の普通の生活との完全な訣別《けつべつ》となる。ソーシャルメディアや超高速の情報社会の手管とは根本的に違う。それは、変容をもたらす力だ。それを言い表すのに「恍惚状態の」という言葉を使うのは、ごく自然なことなのだ。

今後の章では、日常的な静寂と高度な静寂を引き続き探るが、個人ベースの静寂だけではなく、静寂が共有される環境も取り上げることにする。

第5部

みなで静かに

第12章　静かに取り組む

騒がしいキャピトル・ヒルでの集団瞑想

もしあなたが1787年夏にフィラデルフィアを歩き回り、独立記念館に行き当たったら、奇妙なものに出くわしたことだろう。アメリカの建国者の多くが合衆国憲法を起草するために集まったその議事堂の前の通りは、巨大な土の山でふさがっていた。[1] 憲法制定会議の代議員たちが、この土の遮音壁の設置を命じたのだった。馬車や街の物売り、屋外での会話といった騒音が、真剣な討議や記述を妨げると考えてのことだった。彼らは、修道院のような静寂は求めなかった。歴史の記録が示しているように、たびたび激しい議論の応酬があった。当時の社会習慣を考えると、ときおり怒鳴り合ったり、物——丸めた紙、あるいは果物——をぶつけ合ったりして、感情を発散することがあったかもしれない。それでも、みなで難問に知恵を絞るには静かな「入れ物」が必要だ、という認識が根底にはあった。大きな土の山は、それを可能にするための取り組みだったのだ。

それから時間を２３５年早送りすると、アメリカの立法者たちの現実は根本的に変わったことがわかる。ジャスティンは、連邦議会の３人の議員の立法担当ディレクターを務めている間、キャピトル・ヒルは物を考えるにはやかまし過ぎると、一貫して感じていた。オフィスのテレビからは（どちらの党に属しているか次第で）ＦＯＸニュースかＭＳＮＢＣの番組が大音量で流れ、議場での投票を知らせるアラームベルが鳴り響き、飲み放題のレセプションで業界のロビイストたちがそつのないおしゃべりをし、親しげに背中を叩き合ったりしているという、今日の議会の音響環境は、憲法の立案者たちが働いていた環境とは大違いだ。しかも、現代の立法者は情報騒音にも耐えなければならない。各種の擁護団体から果てしなく送られてくる急ぎの電子メール、有権者の集会、選挙戦略の打ち合わせ、寄付金集めの電話かけ、報道機関向けの催しや、ネットワーク作りや政治活動や、メディア管理を行わなければならないという、逃れようのないプレッシャー。今日の議会で気を散らすもののレベルは、18世紀フィラデルフィアの街の物売り数人が精一杯声を張り上げた騒音レベルとは数桁違うだろう。憲法制定会議とは対照的に、今日の連邦議会は、明確な思考のために静けさが必要であることは認めていない。騒音を生み出すのは名誉なことなのだ。

ジャスティンは数年前、キャピトル・ヒルの文化を変えるのを助けるための、小さな実験に参加した。ティム・ライアン下院議員と数人の仲間が始めた、新しいマインドフルネスのプログラムを通して、ジャスティンはキャピトル・ヒルで政策立案者たちに瞑想を教えはじめた。予算争奪戦と異論の多い環太平洋パートナーシップ協定をめぐる激しい論争のただ中、レイバーン下院オフィスビルで、特に張り詰めたある月曜日の午後、初めてセッションを行ったときのことを彼は覚えている。政策担当職員やコミュニケーション担当職員が40人ほど参加した。そうとうヨガを練習してきた西海岸の進歩主義の民主党員もいれば、以前に金融あるいは法曹の分野で働いて、職場のストレスに対処するために瞑想が実用上必要であることを理解するようになった、南部と中西部の共和党員もいた。普段は政治的傾向や派閥ごとに自ずと分かれている建物の中で、この会場だけは驚くほど交じり合っていた。

参加者が落ち着くと、ジャスティンはキャピトル・ヒルに典型的なエネルギーが空気に満ちているのを感じた。誰もがピリピリし、オフィス内の駆け引きや出世争い、その日に予定されている重要な投票などについて、あれこれ考えが頭の中を駆け巡っていた。「こんなところで私はいったい何をやっているんだ?」と内心思っている人も1人や2人ではなかったに違いない。

一方、ジャスティンは全員を歓迎し、瞑想の実践についてのオリエンテーションを、数分かけて行った。彼の目の前には、驚くべき光景が広がっていた。いかにも公の建物らしい青いカーペット、地味な色の木製家具、それを見下ろす照明とアメリカ国旗。その狭い会議室には、神経の張り詰めた政府の職員が、フォーマルな服装で所狭しと座っていた。ほとんどが椅子に腰掛けていたが、床で脚を組んでいる人も数人いた。

ジャスティンが、20分の座位の瞑想を始めさせると、静寂が部屋を包み、何かが変化した。ワシントンで働く職員たちのターボチャージャー付きの扁桃体が、減速しはじめた。ジャスティンの見るところでは、それはどれか特定のマインドフルネスのテクニックの結果ではなかった。そのグループが何一つ言わずに、ただいっしょに座っている結果だった。

連邦政府のほんの一角に、わずか20分の静寂を促しても、「体制」を変容させるのに必要な種類の明確さが得やすくなったとは思いにくい。だが、私たち著者にとって、このささやかな実験の価値は、最もありえなそうな環境にあってさえ何が可能かを実証してみせた点にある。みなで静かにすることはできるのだ。

他者とともに静寂を経験する

「静寂」と「孤独」という言葉がひとまとめにされることがあるのは理解できる。音と刺激は人間関係にはつき物だ。人は他者といっしょにいると、きまってすることがある。からかい、くすくす笑い、言い争い、同情する。

そうは言ったものの、人がこれまで経験したとりわけ痛切な静寂の瞬間のいくつかは、他者がいるときに訪れた。深い悲しみ、あるいは息を呑むような美しさを共有している瞬間、衝撃を受けた瞬間、あるいは畏敬の念を抱いた瞬間などだ。こうした瞬間に、人はたいてい、言葉に表したり、言動を正当化したり、他者を楽しませたり、物事を分析したりするという、社会的義務を放棄する。

だが、共有された静寂の価値は、人が口も利けなくなるような、こうした稀な瞬間には限られない。自宅でただ自分独りで座っているほうがはるかに好都合であるのにもかかわらず、人がしばしば集まって静寂の中で瞑想するのには理由がある。簡単に言えば、他者とともに静寂を経験するのは、一種の錬金術なのだ。平凡な灰色の日常から、何か黄金色のものが現れ出てきうる。2人以上の人が「概念のメッキ」を捨て、いつもより深く鋭い知覚モードにいっしょに入っていくと、独特の拡張感覚が生まれる。

静寂は共有されると力を増す。

これまでの章では、独りでする修練として、静寂を見つけたり生み出したりすることに的を絞った戦略を探ってきた。今度は、集団で騒音に対処したり、共有の静寂を見つけたりする方法に目を向ける。後で示すさまざまな戦略を見ればわかるように、「みなで静かに」なるというきわめて重要な作業は、自分たちの規範と文化を理解し、それに磨きをかけるというものだ。人は「文化」という言葉を使うときには、社会が独特の芸術や料理や文学を生み出すことを考えがちだ。だが文化は、共有されている、ありきたりの日常的規範も意味しうる。人がいつも他者と交流しているところでは必ず生まれる、言葉にされたルールや暗黙のルール、習慣、様式、儀式、リズム、標準、好み、期待などだ。組織開発の分野では、企業の文化は、それに関して従業員が意図的であっても、気づいていなくても、常に存在し、自らを表現している、とよく言われる。同じことが、友人の集団や家族やカップルについても言える。規範は一般に有機的に無意識のうちに出現して進化するので、定期的にそれに光を当て、その創造や現れにもっと意識を向けると有益だ。そして、そのデフォルト状態に疑いを投げ掛けるのは良いことだ。

今日のアメリカ合衆国議会は、職場としては、やかましさという規範に明らかに支配されている。テレビをいつでもつけっ放しにするのが、社会的に受け容れられている。誰かが物を書いているときに大声で話したり、誰かに話し掛けられているときに、ショートメールに目をやったりするのが、許されている。勤務時間後にメッセージを送り、すぐに返信してもらうことを期待するのが標準的な作業手順だ。人々はたいてい、自分の目的やキャリアのために、その瞬間その瞬間に求められることについて考えるのに忙し過ぎて、騒音と情報のサウンドスケープが引き起こしている歪みや注意散漫を、一歩下がって見直すことができない。ジャスティンの実験セッションがあれほど異例に感じられたのは、共有の静けさがキャピトル・ヒルの主流文化からは遠く掛け離れていたからだった。

それとは対照的に、1787年の憲法制定会議の参加者は、静かな討議をめぐる規範を持っていた。純粋な注意を払うのを容易にすることが、共通の目的だった。あの大きな土の山は、気を散らすものを乗り越えて重要な仕事をするのが会議の目的であることを、参加者に、そして世間にも、思い起こさせる働きをした。

キャピトル・ヒルに存在するもののようなやかましい規範は、今日では社会全体のデフォルトになっている。それでも、静けさの文化も依然として存在している。修道院や図書館、あるいは人里離れた所にある農場を考えてほしい。そうした環境では、人はその特定の場所の目的や価値観を反映する明確な規則や期待を、騒音に関して採用する。それらの規範は、ケーブル局のニュースを大音量で流したり、物に憑かれたようにＴｉｋＴｏｋをチェックしたりすることは許さない。共有の静けさを見つけるためには、禁欲的な修道会に入ったり、本の山の間に入り浸ったり、辺鄙な場所に引っ越したりする必要はない。人は、職場、家庭、友人たちとの間といった、今の生活状況の中に静けさの要素を生み出すような規則や期待を形作るのを後押しできる。ただし、それには少しばかり創造力が必要だ。とはいえ、これがいちばん大切かもしれないが、うまくいっていないことを指摘したり、先に進むにはどうするのが最善かについて建設的な会話を促したりするには、勇気がいる。

他者に静けさを求める

2人は何年も前から、この引っ越しを楽しみにしていた。リーの母親リッキーと、パートナーのベティは、オハイオ州中央部からカリフォルニア州北部に移ることになっていた。高齢者向けの手頃な値段の住居を探す間、リーとその家族と暮らす計画だった。サンフランシスコのベイエリアでそのような住まいを見つけるのは、クリスマスの奇跡でも起こらないかぎり無理なのだが、報い――孫のそばで暮らせることも含む――を考えれば、試す価値はあった。

いくらもしないうちに、誰もが新しい日課に慣れた。「私のママ」と「私のベティ」(リーは愛情を込めて2人をそう呼ぶ)は、素晴らしい客だった。2人は弁当を作り、家を掃除した。相乗りで進んで人を車に乗せ、孫娘のエイヴァの宿題を手伝った。笑い声とチョコチップパンの香りで家を満たした。リーは大人4人に子ども1人という割合を考え、とうとう本書に取り組むのに必要な時間が得られると思った。

ベティの愉快そうな甲高い笑いを別とすれば、彼女もリッキーも人格スペクトルの「静か」な側に分類できた。たいてい自分たちだけで過ごし、読書やパズルやワードゲームで満足している。一家の共用スペースでは、スピーカーフォンも音声入力ソフトも使わない。全員一致で「ダンスパーティ」ということにでもならないかぎり、音楽の音量を上げることなど、夢にも思わない。リッキーとベティはとても思いやりがあった。だが、2人の電子機器となると、話は別だった。

今では家のほとんどどこからでも、リーン、ピーン、シューッといった音、そして何より耳障りな、カシャ、カシャ、カシャというキーを叩く音が、リーには聞こえた。リーは正気を保つためには何か言わなければならないことはわかっていたが、ためらった。客たちに心から歓迎されていると感じてほしかったのだ――子どもの頃から体に染みついている南部のおもてなし精神《サザン・ホスピタリティ》を発揮して。2週間の予定だった2人の大陸横断の旅は、ベティがアリゾナ州で目の緊急手術を受けて回復するのを待つために、なんと6週間もかかった。だから、安心してくつろいでもらって当然だ。リーは、音の問題を自分の胸にしまっておくことにした。

だが、騒音はひどくなる一方だった。30分おきぐらいに鳴る、カスタマイズして最大音量に設定された着信音――虫唾《むしず》が走るような1980年代のヘアメタルのギターのリフ（「私のママ」）と、甘ったるいハープ音楽（「私のベティ」）――が、リーには最もつらかった。かかってくるのはたいてい、セールス電話か自動音声電話だった。

リーはそこに突破口があるように感じた。彼女は電話お断りリストや自動音声電話ブロックアプリなどを知り尽くしていたので、手助けを申し出た。だが、リッキーもベティも、そういう電話は気にならないという。「どうしてそんなに大騒ぎするの？　セールス電話がかかってきたら、ただ切ればいいじゃない」

リーは平穏な時間を見つけた。深呼吸した。それからリッキーとベティに次のように告げた。実際2人は電子機器のピーン、カシャ、シューッといった音が気に入っているようだし、自動音声電話がかかってきても気にもしないのはわかっている。2人の好みや選択は尊重する。けれど、集中するのや、仕事をするのや、会話をするのや、静かに食事を楽しむのが難しくなっている、と彼女は説明した。

「デバイスのデフォルトを再設定してもらえない？」とリーは愛情のこもった声でお願いした。2人はしばらく黙って考えていた。

「もちろんよ。あなたにとって、それほど大事なことなら、リー」

リーにとっては、本当に大事なことだった。

みなで静かになるための3つの指針

これがパラドックスなのは、私たちも承知している。だが、共有の静寂を見つける作業は、いつも以上に話をすることから始まる場合がよくある。たっぷり会話を交わす必要があるときさえある。コミュニケーションには気配りが大切だ。なぜなら人はそれぞれ、騒音や、静寂の必要性について根本的に異なる経験をしているかもしれないからだ。リッキーとベティの規範は、2人にとってはじつにうまくいっていた。2人の間の文化が、リーの家庭にすでに存在していた文化と出合ったときに初めて、問題が表面化した。理想的には、騒音と静寂についての会話は、人と人との間の違いを尊重するべきで、1つのやり方が唯一のやり方だなどという前提に立ってはならない。

そういう会話をすると、人それぞれの価値観が前面に出てくる機会が得られる。リーの家庭内のささやかな例では、リッキーとベティは、騒音についても、静寂の必要性についても、それまでは一度も話したことがなかった。2人の間には、規範が確立されていなかった。必要とされることがまったくなかったからだ。だが、リーの家庭に無期限にとどまることになった以上、会話が必要になった。

リッキーとベティは、新しい規範に合わせるためには、少しばかり行動を変えなければならなかったが、愛想良くそれを受け容れた。リーも、自分の要請が2人に及ぼす影響を確認すること——2人との関係に気を配ること——が重要だと感じた。だから、ポジティブなフィードバックを与えることを忘れなかった。2人が行動を調整してくれたおかげで、リーは大助かりだった。これで仕事にもっと集中できるようになった。苛立ちが減った。やがて誰もが、一家族としてのこの共同生活の質が、わずかながら改善したことを実感できた。

こうした会話が、いつもリーの場合のように円滑にいくわけではないことは、私たちも承知している。状況によっては、調整は気まずいものになったり、衝突を招いたりするかもしれない。キャリアを危険にさらすことさえありうる。たとえば、キャピトル・ヒルのオフィスのやかましいデフォルトを変えようとするのは、込み入った、危険な企てになりかねない。長年続いている仕事の手順を変えたり、繊細な自尊心をつついたり、ということもありうる。新型コロナで「在宅避難」命令が出されると、家庭はオフィス兼用となったり、教室と合わせて3役を担わされたりし、多くの人が家庭内での規範について、この種の会話を交わす羽目になった。親密な人の間でさえ、いや、そういう人の間では特にかもしれないが、こうした会話は難しかった。だがけっきょく、今やもっと多様な環境での騒音——聴覚騒音と情報騒音の両方——について話しやすくなった。

規範と文化についての、ときに困難なこのような会話は、文脈次第で異なる特徴を持ちうる。労働生活では、常時接続や、いつオフラインにしていいか、中断されずに注意を払い続けられるスペースを確保するのがいつなら受け容れてもらえるのかといった話題にまつわる期待を中心に、会話が展開されることが多い。家庭生活や家族や友人との間では、食事中にスマートフォンを手元に置いておいたりテレビをつけておいたりするのは許されるかといった疑問が焦点になることがよくある。どんな文脈でも、会話はもっと深い文化的な疑問に入り込みうる。いつも空白を埋めようと努力しなくても、みんなで静寂の中で快適にしていることは可能かどうかや、誰かが話し掛けているときにマルチタスキングしていてもいいのかといったことが問われる場合もあるだろう。

私たちは、あらゆる環境や状況で、みなで静かにしようとすることを考えているときに当てはめるべき一般原則がいくつかあることを発見した。

第1に、内面に目を向けること。

共有の静けさについての会話を始めるというのは、他者のやかましい習慣を非難する機会を捉えることだけを指すわけではない。集団の規範に関する会話の出発点としていちばん望ましいのは、自分自身を顧みることだ。集団の聴覚のサウンドスケープや情報のサウンドスケープに、さらには内部のサウンドスケープにさえ、自分はどのような影響を与えているのか？　こう、自問するといいかもしれない。

「私は、他者にネガティブな影響を与える騒音を、どんなかたちで生み出しているのか？」

あなたはひょっとしたら、リッキーとベティがしていたように、着信音や通知音をうっかり最大音量に設定したままにしているかもしれない。「声に出して考え」たり、他人の言葉を遮るのが癖になっていたりするかもしれない。衝動的にソーシャルメディアに投稿したり、返信を必要とするようなショートメッセージやメールをやたらに送ったりしているかもしれない。他者の了承を得ずに共用スペースで音楽やポッドキャストを聴いていたり、娘が宿題をしている隣で重要な仕事の電話に出たりしているかもしれない。私たちもこれまで、こうした違反行為をしてきた。自分が、自分自身や周囲の人にとっての騒音を生み出していることに、はっきりと気づこう。どれであれ、騒音を生み出している習慣が必要なものなのか、それとも、ろくに検討したこともなかった衝動なのか、つまり、リセットする必要があるデフォルトなのかを、時間を取って自問してほしい。もし自己観察から明確な答えが出なかったら、身の回りで、本当のことを言ってくれる人に、自分がどうしたらもっと良くなれるか、意見を求めるといい。

第2に、自分の「黄金律」を見極めること。

自分に「制御できる範囲」と、それを梃子にして自分が他者と共有している環境の騒音を最小化する方法について考える。自宅や職場、あるいは生活の他の文脈で、あなたの音や刺激の生み出し方を管理する個人的な規範を定めるところから始める。個人的な規範は、騒音を減らしたり、意図的にもっと静けさをもたらしたりする、自分なりの「黄金律」と考えることができる。この世にもっとあればいいと思うものを手本にしよう。それが、小規模な個人的実験の出発点となるかもしれない。実験がうまくいけば、それを自分の日々の振る舞いの指針とすることが考えられる。

天然素材のパーソナルケア製品企業イーオー　プロダクツの共同ＣＥＯを務めるスーザン・グリフィン・ブラックは何年も前、「誰かに話し掛けられているときには、絶対に電話やコンピューターを使わないし、誰かといっしょにいるときには、けっしてマルチタスキングはしない」と誓った、と話してくれた。彼女は150人以上の従業員を抱え、家庭も持っているし、社会的責任も大きいにもかかわらず、自分の黄金律を守っている。

というわけで、騒音を減らし、静けさを見つけるとなったら、自分が何を最も大切にするかを考えてほしい。どんな個人的黄金律が自分の価値観を反映するか？　あるいは逆に、どんなやかましい習慣がいちばん気になるかを考えてほしい。どんな黄金律ならそれに対処できるだろうか？

自分個人の規範に取り組んでしまえば、集団の規範について会話を始めやすくなる。家庭や仕事のチームの文化を変えにかかるだけの信頼性が備わるからだ。

第3に、他者に気を配ること。

場を選び、自分に「制御できる範囲」で、どうすれば静けさの擁護者になれるか考えるといい——たんに組織全体の中でだけではなく、特に、自分の状況を決める力も自由もない人々のために。あなたは会社で、職場の騒音から逃れられる場所を明らかに必要とするエンジニアかコピーライターの苦境を指摘する立場にあるかもしれない。内向的な甥《おい》が家族の騒々しい催しへの参加をときどき免除されてもいいのではないかと思っていたら、彼の親にやんわりと話を持ち掛けてみることもできる。周りが子どもばかりだったり、あなたが専門家チームの上級メンバーだったりして、相対的に上位にある場合にはとりわけ、自分の影響力を活かし（それが可能で分別のある行動ならばだが）、共有の認知的・情緒的スペースの保護者になろう。あなたは自分が正しいと考えていることに基づいて、集団の全体的な規範や文化を一方的に定めることはできないものの、サウンドスケープを管理したり、環境を改善したりするための新しいアイデアや可能性——特に、影響力のない人々のためになるようなもの——がないか目を光らせることはできる。

内面に目を向けること、自分の「黄金律」を見極めること、他者に気を配ることということこれら3つの指針を念頭に置きながら、さまざまな例を通して、みなで静かになるためのプロセスを探ることにしよう。本章で、仕事生活を調べ、集団的な騒音に対処して静かな明確さを構築するための5つのアイデアを提案することから始める。仕事環境は人それぞれだが、職場での静寂の擁護者が採用している戦略を検討し、それを採用してどうすればあなた自身の状況に合わせられるか考えてほしい。

アイデア1　あれこれ試してみる

マイケル・バートンは、現代的なオープンプラン・オフィスの創出現場に居合わせた。長年にわたって企業重役とコンサルタントとして、組織の文化と運営に的を絞ってきた彼は、オープンプラン・オフィスという概念に伴う当初の夢のような願望を覚えている。壁を取り払って、縦割り主義を排する「反サイロ思考」を育てることで、協同を促進しようという願望だ。マイケルはときおりその恩恵を目にしていたものの、オープンプラン・オフィスにつき物の音や注意散漫は、あまりに高くつくと思っている。

「こんなことが何度もありました。電話に出ていると、相手に言われるんですよ。『フライトの後で、空港を出たら、かけ直してくれますか?』と。そのたびに私は、『いや、違うんです！　ここは空港ではありません。自分のオフィスなんですよ！』と」

マイケルは、1990年代にシティサーチ社（現在はチケットマスター社の一部門）の重役だったとき、従業員、特にプログラマーと開発者が、騒音と頻繁に入る中断に苦労しているのに気づいた。そこで、彼らが必要としている静けさを守るのを助けることにした。社内のある若いアナリストがアイデアを出してくれた。チームメンバー全員に「赤いサッシュ」(長さ90センチメートル、幅8センチメートルほどの細長い真紅の布)を支給し、「邪魔しないでください」という表示として体に掛けてもらう、というのがそれだ。引き出しを開け、その赤いサッシュを取り出し、首から掛けるだけで、「外出中」と見なしてもらえることを誰もが知っていれば、サッシュを使っても、とやかく言われたりしない。マイケルは経営陣と交渉し、許可を取りつけた。

赤いサッシュは万能薬ではなかった。騒音と中断の問題の多くが残った。だが、出発点にはなった。彼らは他にもあれこれ試してみた。たとえば、プログラミング作業のための、電話ボックスほどの大きさの静かなミニ・ワークステーションや、外部から遮断された「テクノロジー洞窟」の導入だ。だが、もっと重要なのは、赤いサッシュという対策を講じたおかげで、騒音と注意散漫の問題が提起され、有益な会話が始まったことだ。それまで騒音問題についてまったく考えていなかった営業担当者たちは、アナリストやライターやエンジニアの苦境に、突然気づいた。オープンプラン・オフィスの暗黙の了解、すなわち、誰もがいつでも仕事を中断されうることは、全員にとって最善というわけではなかった。赤いサッシュの実験や、その後の会話に背中を押されて、会社は問題含みの規範から抜け出すことができた。

今では想像するのが難しいが、かつてオープンプラン・オフィスは理想郷のように思われていた、とマイケルは言う。支持者たちは、「コミュニケーションが改善し、みながオープンになり、透明性も上がり、部署間の流れが良くなる」と主張した。従業員の机の海の真ん中にCEOの机を配置すれば、あるいは、早い者順で机を選べるようにすれば、平らな組織構造と平等主義の文化を生み出せる、と彼らは言うのだった。

後から振り返れば、1990年代のテクノロジー理想郷のビジョンは、人間の集中力への弊害を考慮していなかったことが見て取れる。もっとも、当時、流れに逆らって、「偶然の相互作用」や「創造的衝突」といった優先事項よりも静けさの重視を提唱するのは難しかった。この風潮に抵抗するのは、チームメンバーになるのに抵抗することだった。赤い布切れがどれほど馬鹿げたものに見えようと、その若いアナリストがアイデアを出し、マイケルが上層部にそれを伝えるには、かなりの勇気が必要だった。

オープンプラン・オフィスが今後どうなるかはともかく、この事例の教訓は単純だ。自分が本当に望んでいるものや必要としているものについて考える。会話を始める。実験を構想する。それを実施し、改善し、繰り返す。「金曜日にはメールなし」とか「水曜日には会議なし」とかいったことを試みる組織もあるだろう。週末や午後5時以降も対応でき、電子機器で応答できるのが当然という発想の排除を試みる組織もあるだろう。間取りを手直しすれば、特定の種類の労働者が、必要とする集中力を発揮しやすくなる職場もあるだろう。仕事日に中断の入らない時間帯を設けるのを許可するというのも、1つの解決策になりうる。オープンプラン・オフィスに見切りをつけて、全社で新しい建物に移るという解決策もあるかもしれない。さらに、電子メールを主な通信手段にするのをやめ、毎日2回、最新情報の交換ミーティングを開いたり、静かな心の状態を保てる電子システムを導入したりしてもいい。

幸い、少しばかりの創造性を発揮して実験を行えば、一見すると手のつけようのない騒音の規範も、変えることができる。

アイデア2　仕事で間《ま》を取る

1939年にニューヨークの広告業の重役アレックス・F・オズボーンが、集団でアイデアを生み出すミーティングである「ブレインストーミング・セッション」を初めて提唱しはじめて以来、その効率に疑問を抱く人は常にいた。今では何十年もの学術研究によって、異議を唱えるよりも同意するのを好むとか、いちばん大きな声あるいは最高位の人に屈するとかいった、社会的圧力のせいで創造性が台無しになることが示されている。高速・高プレッシャーのアイデア創出セッションは、従来型の思考を生み出すのには向いていることもありうるが、とりわけ複雑な難問に取り組むのに必要な種類の、これまでにない斬新な思考には、まったく不向きだ。

こうした問題点に対する認識が高まっているのにもかかわらず、ほとんどのチームが依然としてオズボーンの時代のチームと同じやり方でブレインストーミングをしている。熟考や内省の余地はほとんどない。時間も空間もほとんどない。

第8章では、間《ま》という日本の文化的価値を紹介した。「間にある」空白への敬意だ。それは、音楽から茶道まで、そして演劇から生け花まで、伝統的な芸術と文化に浸透している原理であり、価値観だ。間《ま》の価値は、日本の職業的文化の一部としても感知できる。日本では、人々が会議や会話の中に沈黙の時間を残し、それによって、口に出されずじまいになるものの余地を残すところがしばしば見られる。

私たちの標準的なビジネスのブレインストーミングの過程に、少しばかりの間《ま》を持たせるとはどういうことか、しばらく想像してみてほしい。

集団での討議の中にさえ、静かな熟考のための公認の時間を組み込んでおくということかもしれない。

「その疑問についてひと晩考え」、翌日、新鮮な気持ちで再検討する選択肢を確保しておくということかもしれない。

たとえば、さまざまなアイデアを付箋に書き記して、ギャラリーのように壁に貼り、人々が黙って熟読し、無記名で投票できるようにするといった、非言語的なフィードバックをするということかもしれない。

小さな声やあまり顧みられない物の見方が中心に進み出るのを促すための余地を作るということなのは、ほぼ確実だ。ガンディーが断固として信じていたように、真理の探究には最低でも沈黙が少しだけ必要なのだ。

もちろんこれは、ブレインストーミングに限ったことではない。たいていの人の週間予定表や、立て続けに会議を開きたがる、多くの組織の傾向を考えてほしい。大半の職業的文化では、「間にある」空間に対する敬意はないに等しい。仕事に間《ま》を持ち込めば、空白を神聖なものとして大切にするようになる――来るべきものの準備のために、起こったばかりのことの統合のために、そして、今この瞬間についての熟考のために。

だが、他のどんな理由にもまして、人は仕事での間《ま》を、傾聴する能力を持つために必要としている。

*

医師のルパ・マリアは、ある調査の結果を教えてくれた。医師は患者を診るときに、平均すると最初の11秒以内に患者の言葉を遮るという。「私たちは研修で、沈黙していないように教えられます」と彼女は振り返った。「じつは、きっとこういうことが起こっているのだろうという思いがあって、それについての多くの騒音が頭の中で響いている状態で、患者と向き合うのです」

彼女はこの傾向を熟知している。

「患者の話を聴いているとき、自分がどれだけ頻繁に話を遮りたくなるかに気づいています――肝心な点に迫ったり、自分が知りたいことに話を持っていったりしたくなるか、に」と彼女は打ち明けた。「でも、相手に何が起こっているかは、黙って能動的に傾聴していなければ、本当に聞き取ることなどできません」

ルパはスタンディングロックの人々に、この習慣がどれほど有害かを痛感させられた。ダコタ・アクセス・パイプライン建設に反対するために集まっていた先住民コミュニティを健康面で支えるために、サウスダコタ州に行っていたときのことだ。仕事をしている最中に、オグララ・ラコタ族の高齢の女性に、フィードバックを聞く気があるかどうか訊かれた。彼女は、「入植者の取り組み方」は自分のコミュニティではうまくいかない、と言う。そして、その取り組み方を次のように説明した。

あなたは自分の考えを差し挟んで、自分がどれほど賢いかを証明しようとしたり、会話の内容を特定の方向に進めたりするために、相手が黙るのを待っているのに、相手が話しはじめた後、黙っていられない。

その女性があまりにも率直なので、ルパは最初は驚いたが、その言葉の重みに気づいた。「誰かが話しはじめた後、黙っていると、丁重な意思疎通に不可欠な謙虚さが伝わります」と、その女性は続けた。ルパはこの助言を肝に銘じた。キャンプにいたオグララ・ラコタ族の高齢の女性たちも、それに気づいた。そして、診療所を設置するのを手伝ってほしい、とルパに頼んだ。4年後の今も、彼女はその診療所を相変わらず支援している。

ルパは、オグララ・ラコタ族の患者がいつ「心を閉ざし」て自分の中に引きこもるかに、細心の注意を払いはじめた。そして、自分の患者との、この絆の分断を、「癒やしのアンチテーゼ」と見るようになった。「先住民の方々を診ているときには恐縮し、絶えず『教えられ』ました。そんなふうにそれほどまで『賢く』ならないように、寛大で、許容力があって、静かになれるように、自分の心を再教育せざるをえないからです」。ルパはこの見識を熱心に語ってくれた。彼女はこの課題――本人の言葉を借りれば「アンラーニング（学習棄却）」――に取り組むべく、意気込んでいる。彼女は最近、ベストセラー作家のラジ・パテルとの共著『炎症を起こして――深遠な医療と、不正義の構造（*Inflamed: Deep Medicine and the Anatomy of Injustice*）』の中で、西洋医学が必要とする「アンラーニング」を詳述した。[2]

ルパにとって、ペースを落とし、傾聴の余地を生み出すことこそが深遠な医療なのだ。それが癒やしをもたらすことを、彼女は身をもって知っている。

もっと能動的な傾聴を通して自分の仕事に間《ま》を取り込むようにという警鐘を耳にしているのは、ルパだけではない。リーも、まったく異なる文脈で同じようなメッセージを受け取ったことがある。NASAのゴダード宇宙飛行センターの気候担当チームに向けたパイロットプログラムでのことだった。

同センターは、ハッブル宇宙望遠鏡とジェイムズ・ウェッブ宇宙望遠鏡の運用拠点だ。そこの科学者とエンジニアは、その他に、あまり知られていない50以上の宇宙探査機も誘導している。それらは、太陽や太陽系、もっと広範な宇宙、地球の変わりゆく気候を調査するのが任務だ。りっぱなことだが、NASAは、そこで勤務する非常に専門的なチームの「ソフトスキル」の構築に力を入れている。

NASAの職員は並外れている。4つの勤労世代から成っているのだ。理由は単純で、誰も退職しないからだ。パイロットプログラムの研修は、複数世代がいるチームにありがちな、意思疎通の問題に取り組むことが目的だった。最初、リーともう1人の担当者は、ありとあらゆることをしようとし、2週間分の研修を2日に詰め込んだ。じっくり考え、消化する時間はまったくなかった。不服を言う暇さえなかった。間《ま》は皆無だった。それは、間《ま》の抜けた、大混乱だった。

この研修は、リーにとって、途方もない機会だった。彼女は光栄に感じると同時に、怖気《おじけ》づきもした。あいにく、研修内容の立案の大半をしたのが、リーのこの「怖気づいた」部分だったらしい。彼女は自分の真価と研修の価値を実証しなければと意気込み、参加者がとうてい処理できないほどの内容を盛り込んだ。

リーは当たり前のことを見落とした。会場は内向的な人々で埋め尽くされていたのだ。その割合は、NASA内部の計算では75パーセント以上にのぼった。初日の終わりには、参加者たちは、へとへと、よれよれ、といった体《てい》で、まるでハリケーンに襲われたかのようだった。抑えの利かない外向性によって増幅された、ペテン師症候群の突風を伴うハリケーン・リーに。

ほぼ全面的に計画を立て直すと、今度はうまくいった。リーはもう1人の担当者と、内容を絞り込んだ。もっと休憩を予定した。黙って観察するための合間を挟み込んだ。要するに、間《ま》を加えたのだ。リーはその研修を、何年にもわたって繰り返すことになった。最初の研修で自分の問題点を学ぶ――ルパなら「アンラーニング」をする、と言っただろう――間、参加者が与えてくれた教訓と示してくれた忍耐力に感謝しながら。

間《ま》という言葉は日本独特のものだが、この価値観の少なくとも一面は、事実上すべての文化で見つけることができる。西洋文化では、「沈黙は金」という格言が、それを体現している。世界の先住民や土着民や、スカンディナヴィアと東南アジアの人々の多くの文化を含めて、その価値観を根本的なかたちで保持している文化もある。NASAの内向的なエンジニアたちのように、適切なスペースと静寂をごく自然に必要とする集団もある。だが、ビジネスのブレインストーミングから会議のスケジュールや医師の診断まで、現代の手順やプロセスの落とし穴を眺めると、実質的にあらゆる人がもっと間《ま》を必要としていることは明らかだろう。

アイデア3　誰かといっしょに「深い仕事《ディープワーク》」を行う

今日ではマリー・キュリー夫人として知られるマリー・スクウォドフスカは、愛情豊かなポーランドの教育者の家庭に生まれ、両親はたちまち彼女の並外れた知性に気づいた。母親が早死にすると、マリーは姉のブローニャにパリのメディカルスクールを卒業させることを誓った。マリーは住み込みの家庭教師として働き、さまざまな科目や言語を教えて、その誓いを守った。余暇には自分の勉強を続け、化学実験をしたり、数学の方程式に頭を捻ったりした。彼女は、父親が手紙で与えてくれた指示に導かれた。ブローニャはメディカルスクールを卒業すると、マリーがソルボンヌ大学に通う間、自宅に住まわせてそれまでの恩に報いた。

マリーは、世界でも有数のこの大学で学ぶほんのひと握りの女性の1人として、さまざまな障壁にぶつかったのに加えて、自分が何年も遠ざかっていた科学の勉強で追いつかなければならなかった。また、フランス語ももっと使いこなせるようになる必要があった。予想していた以上に勉強が必要なことに、彼女は気づいた。本人の言葉を借りれば、「完璧な集中力を見つける」ことが求められた。

ブローニャの家は、来客と音楽、治療を求めて時間に関係なくやって来る患者であふれていた。マリーはそこでは「完璧な集中力を見つける」ことができなかったので、自分の住まいを探しにかかり、アパートの屋根裏部屋を見つけた。そこで彼女は飢えと寒さで死にかけた。勉強するためにランプの油を買うことを優先し、生きていくだけの栄養を取るための食物や、暖房のための石炭が買えなかったからだ。それでも、それだけの犠牲を払った甲斐があった。同級生たちに追いつき、やがて彼らを追い越した。娘のエーヴ・キュリーは、ベストセラーとなった母の伝記の中で、こう書いている。「母は、注意と静寂に満ちた環境をこよなく愛していた。それは研究室の『風土』であり、最期まで他のどんな環境よりもそれを好んだ[3]」

ソルボンヌ大学で研究しているときに、物理学者で大学教授のピエール・キュリーと出会って結婚した。2人の結婚の基盤は、この研究室の「風土」への共通の熱愛だった。それは、「注意と静寂」の共有スペースであり、そこで2人は放射能の分野での画期的な研究を行った。夫妻は1903年にノーベル物理学賞を授与された。フランスの学者たちはもともと、ピエールだけがその栄誉に浴するべきだと主張していた。だがピエールは、自分とマリーが共同受賞者になる、と言い張った。2人は極度に集中した研究をすべていっしょに行ったのだった。

ノーベル賞を受けた数年後、ピエールは馬車に轢《ひ》かれ、非業の死を遂げる。失意のマリーは、それでもその後20年以上研究を続けた。

マリーは、夫の後任に任命され、ソルボンヌ大学初の女性教授となった。娘のイレーヌとエーヴの養育を義父が助けてくれたので、マリーは「完璧な集中力を見つける」ことができ、ライフワークに取り組み続けられた。有名な話だが、彼女はノーベル賞を受賞した初の女性だけでなく、物理学と化学という、2つの異なる科学のカテゴリーで2つのノーベル賞を受賞した最初の人にもなった。

キュリー夫妻の長女イレーヌは、科学者として有望だったので、まもなく研究室で母親に加わった。第1次世界大戦中、まだ10代だったにもかかわらず、イレーヌは母親が移動式のX線撮影装置を搭載した車を運転して前線の野戦外科医たちの所に行くのに同行した。医師たちは装置を使って弾丸や破片や骨折の位置を突き止めた。この種の車両は、「プチ・キュリー」と呼ばれるようになった。200台の車両が用意され、150人の女性が訓練を受けた結果、100万人以上の負傷兵がX線検査を受けたと推定されている。

マリーは後にラジウム研究所を設立し、そこでイレーヌが同輩研究者たちの研修を行った。そのうちの1人がフレデリック・ジョリオで、やがてイレーヌとフレデリックは恋に落ち、結婚し、マリーとピエールがしたように、共同の研究室で恍惚とした注意力の「風土」でいっしょに研究した。

1935年、イレーヌとフレデリックのジョリオ＝キュリー夫妻は、ノーベル化学賞を受賞した。母親の2度目の受賞から24年後、両親の受賞から32年後のことだった。

キュリー一家は5つのノーベル賞を受賞した。これは他のどんな家族よりも多く、今日でさえこの記録は破られていない。彼らは、貧困や戦争、教育における性別の壁、専門職の世界で女性を取り巻く社会的規範など、多くの障害に直面した。だがキュリー一家は「完璧な集中力」の威力を核とする規範を共有した。ただ独りでなく、みなでいっしょに。男性だけでなく、女性の大人や子どもにも当てはまる規範を。

それは、静かな明確さの文化が生み出せるものの一例だ。

＊

カル・ニューポートは2016年の著書『大事なことに集中する――気が散るものだらけの世界で生産性を最大化する科学的方法』で、キュリー一家の研究に見られるような没入型の注意が失われたことを嘆き、読者にその取り戻し方を指南している。[4] ニューポートは「深い仕事《ディープワーク》」を、「自分の認知能力を極限まで発揮させ、注意散漫とは無縁の集中した状態で行われる、専門的な活動」と定義している〔訳注　彼の著書の原題は『Deep Work』〕。「こうした活動は新たな価値を生み、あなたのスキルを向上させ、再現するのが難しい」。ニューポートはこの「ディープワーク」という指針に目を向けながら、オープンプラン・オフィスと、常時接続に対する人々の期待の真のコストを精査している。彼は歴史上の人物や現代の思想的リーダー、創造的な人々、意思決定者に注目し、「ディープワーク」が有意義で効果的な仕事の本質である理由の例を示す。ニューポートは、「ディープワーク」の主眼はたんに生産性を向上させることではない点を強調する。それは没入型の注意力の威力を発揮して、しだいに皮相化するオンライン世界に広まる不安感や不快感を克服することだ。

　ニューポートは最近、とりわけやかましい文化を持ったテクノロジー企業の従業員のトムについて書いた。トムによれば、仕事のメールやインスタントメッセージには、すべてただちに返信することが求められているようだという――彼が何か別のことの最中だったとしても。「すぐに返事をしないと、怠けているものと思われてしまいます」とトムは言った。

　何週間も迷った挙句、トムは勇気を奮い起こして上司に会い、尋ねてみた。「私が毎日調査と文書作成にどれだけ時間をかけ、メールとチャットでチームメンバーとのコミュニケーションにどれだけ時間をかけたらいいと考えているのですか?」と。彼女には答えは明白だった。トムの仕事は調査と文書作成であり、彼はそのために給料をもらっていた。トムは、毎日午前と午後に1時間半〜2時間、中断されずに調査と文書作成に取り組める時間枠を取る承諾を得た。他の人々もそれに気づいた。そして、同じような承諾を求めた。こうして従来の規範が変わりはじめた。トムは、次のように振り返る。「そもそもこれが問題化したのは、何を当然とするか、誰もじっくり考えたことがなかったからという一点に尽きます」

トムの業界は、他の多くの業界と同じで、改革期の最中だ。将来の職場がどのようなものになるかはわからないが、ポジティブな未来を迎えるには、「完璧な集中力を見つける」能力と「ディープワーク」を生み出す能力が必ず求められることはわかっている。「ディープワーク」という言葉は、単独での探求を想像させるものの、この種の純粋な注意の社会的側面について考えることが不可欠だと、私たちは信じている。キュリー一家は、静かな没入——カル・ニューポートが「ディープワーク」と呼ぶもの——の最も強力なスペースを、いっしょに見つけた。憲法制定会議の議場の外にあった土の山は、あの共有された作業空間の中で、少なくともある程度のディープワークがなされていたことを示している。今日の問題は、多くの人が個人として、ディープワークにつき物の純粋な注意を払うだけの規律がなかったり、そうした注意に関心がなかったりすることだけではない。チームや組織、社会全体として、純粋な注意を神聖なものとして大切にする、共通の価値観と運用システムを組み立てる方法を突き止めることも、大きな課題だ。

アイデア4　静寂によって和解を導く

パドレイグ・Ó・トゥアマは5年にわたって、アイルランド最古の平和構築組織である、歴史上有名なコリミーラ・コミュニティを率いた。この役割を引き受けたパドレイグは、何世代も続く暴力的な紛争を解決する仕事の要になった。それは実務的な立場であり、彼は重大な管理業務をこなしながら、何十年もの紛争のトラウマからコミュニティが立ち直るのを手伝う重い責任も負わなければならなかった。

だがパドレイグはこの任務に、典型的な非政府組織の統率者やセラピストや調停者のような取り組み方はしなかった。

彼は、詩人としてそれに取り組んだ。

パドレイグは適切な言葉や物語を見つけて、人々に心を開かせるように努めた。そして、力を与えてくれるような言葉や話を見つけることに加えて、静寂のスペースを確保するのを助けようともした。その静かな隙間で、人々が本当に互いの言葉を耳にできるように――しっかりと根づいた立場を見直したり、憎しみを過去のものにしたりさえできるように。

パドレイグは、「自己の最果ての地」まで行くように人々に呼び掛け、「それについて私は別の視点から眺めたことがあっただろうか?」などと自問しながら、自らが語る話を徹底的に検討するよう求めた。自分の善意をよく眺めてみるように頼んだ。「その善意は、良い影響をもたらすかたちで発揮されただろうか？」と問うことによって。

「『私は本当に良いことをしているだろうか？』と問うには、誰もが多少のアナーキズムを必要とすると思います」。彼はかすかな笑みを浮かべ、次のように言った。「『もし、私たちこそがろくでなしだったらどうするのか？』とさえ問う必要があるのかもしれません」

「静寂」はこの種の和解作業を、その内面でも外面でも進めるために不可欠の要素だ、とパドレイグは言う。「静寂」とは、「奇妙な疑問を自分に投げ掛けるだけのスペースを自分の中に持つ」ことだ、と彼は言う。

パドレイグが書いているように、「話の語りの質は、人々による傾聴の質に関連することになる」。それは、ストーリーテリングだけの問題ではなく、ストーリーキャッチングの問題でもあるのだ。ここで変容が起こる。受け取る能力の中で。

パドレイグは、コリミーラ・コミュニティとの仕事を振り返る著書『迷惑をかけて申し訳ない（*Sorry for Your Troubles*）』の中で、自分の詩のタイトルの、文字と文字の間にスペースを取るようにした。「静寂や傾聴、悲嘆、言葉に表せないものの重要性を示すためだ[5]」。癒やしが可能になるのが、これらの小さな隙間なのだ。

私たち著者は真っ先にそれを認める。危機に瀕したり道義的な憤りを感じたりしたときの最初の衝動はしばしば、声を大にすることだった。注意を引くために。犯人を非難するために。たまには猛烈に攻めまくるために。根底にあるこの衝動は、正当だ。人は他者に自覚させる必要がある。迫害や戦争や環境破壊といった問題に対処するためには、迅速に行動する必要がある場合が多い。同様に、職場やコミユニティで起こる、もっと小規模な不正や無礼も、素早く断固として処理しなければならないことがよくある。

それでも、空白の中で——注意と傾聴の深さを通して——しか起こりえないレベルの解決や癒やしがあることを、パドレイグは示している。２０２０年夏、ロサンジェルスで行われた「ブラック・ライヴズ・マター」のデモで、学者で男女同権論の活動家のシーナ・マルホトラが何千もの人とともに９分間、沈黙のうちに片膝をついていた話は、第４章で紹介した。その束の間の静かなスペースで、彼女は自分や他者が感じていた痛みと憤りの中に、いっそう深く入っていった。「静寂は、なんとなく海のようです」とシーナは語った。「形を変えることができます。静寂は感情が形を変える余地を与えてくれます。周りの人々のエネルギーを吸収する空間を与えてくれます」

サイラス・ハビブは、イエズス会の賠償の過程が前例のないものであることを教えてくれた。「奴隷にされた人々の子孫と、奴隷にした人々の子孫」の間の対話によって、１億ドル以上の支払いの話が進んでいる。そしてそれは、「じつに多くの静寂」を通して起こっている、とサイラスは語った。彼の言う「静寂」とは、傾聴や、ともに行う祈りと観想、正しい行動方針を念入りに見分けることのためのスペースのことだ。北アイルランドでの和解の努力や、イエズス会によるこの賠償の過程のような「修復的司法」の実践は、学校やコミュニティに、さらには公式の司法制度にさえ、しだいに普及してきている。世界各地の先住民評議会の慣行に着想を得る場合が多い、この修復的司法の本質は、傾聴だ。罰することに的を絞る代わりに、当事者全員が罪の原因と影響を最大限まで理解することを確実にするのが重要になる。個々の「側面」に焦点を当てるのではなく、全き状態を回復することを最終的に目指す。

成功の前提条件は、いっしょに静寂の中に身を置く能力だ。

第4章に出てきた、生まれながらのクエーカーのロブ・リッピンコットは、紛糾する会議では静寂が怒りと分断の行き過ぎを抑える力であることを示した。審議のためのセッションで参加者が互いに耳を傾けていない――人々が自分の考えに固執したり、興奮したりしている――のが明らかなときには、クエーカーのミーティングでは議長に当たるクラークが、しばらく沈黙することを求める。本人が説明しているように、ロブは自分を落ち着かせ、何度か深呼吸し、会議のより高次の目的に思いを馳《は》せる。その静寂は、参加者たちが実際に準備ができる前に、解決を強要しているわけではない。人々がその場にしっかりと身を置き、耳を傾けることを確実にしているだけだ。この集団的静寂によって、誰もが言語化された立場や議論を捨てて、共有されたスペースの根底にあるエネルギーとつながらざるをえなくなる。それは、「概念のメッキ」を捨て、「感覚的明確さ」を見つけるという知恵に似ているが、会話と熟考の作業に応用されたものだ。

「静寂」という言葉は、身を引くことを意味する場合もありうるが、ここでは全面的な関与の本質を含意している。この意味では、静寂はこの上ない不快に向き合う勇気だ。火中にとどまることだ。大規模な紛争にかかわっているときだろうが、職場の些細な口論にかかわっているときだろうが、直接的・恒久的な解決策を見つけるためには、人は「みなで静かに」できる――共有された静寂が招く恐ろしい赤裸々な状態に耐える――必要がある。

アイデア5　減速して静けさを持ち込む

カリフォルニア州の海岸沿いのセコイア原生林は、重要で複雑な問題についてじっくり考えるのにはもってこいの環境だ。それらの巨木の柔らかい樹皮と落ち葉は、静けさの守護者さながらだ。この場所は、平穏と明確さを発散している。人類が抱えるきわめて切迫した環境問題をめぐる戦略を練っているときにさえ、それを感じられる。

登山家で生物物理化学者のアーリーン・ブルームは2013年以来、少数の科学者や政府の規制者、非政府組織、小売業者、製造業者を精選し、有毒化学物質による世界的危機の問題を分析して解決策を構想するために、この原生林に来てもらっている。アーリーンはリーに、毎年行うこの4日間のリトリートの企画・進行を依頼した。

有毒化学物質の問題を解決すればなぜ誰もがもっと健康になることができるかは、しばらく時間を取って説明するだけの価値がある。アメリカでは、日用品に何万という未検査・未規制の化学物質が添加されている。消費者製品に使われている撥水剤《はっすい》、難燃剤、ビスフェノール、その他の化学物質は、癌、肥満、精子数減少、神経や生殖や免疫関連の問題を助長している。アメリカの子どもは、難燃剤として使われる、ある化学物質にさらされているせいでIQが平均5ポイント下がり、アメリカは1年当たり推定2660億ドルの生産性損失を被っている。

化学企業は、自社の化学物質を消費財に使う前に、安全性を証明する必要がない。化学物質は、科学者が安全でないことを示すまでは、安全だと見なされる。そして、有害性を証明するには、時間もお金もかかる。

だが、規制制度がうまく機能しているときにさえ、問題は残る。科学者たちはデータを集め、有害性を証明し、特定の化学物質使用の段階的廃止を推奨することに成功する——最近、水筒に使われているBPA（ビスフェノールA）で実現したように。それで、どうなったか？

こういう場合、ほとんどの製造業者は、最速で最もコストのかからない解決策として、その化学物質に似たような構造と機能を持った、手軽な代用品を探す。ところがたいてい、代用の化学物質にも、元の化学物質と同じ有害な特性がある。実際、BPAの代わりに使われているBPS（ビスフェノールS）は、BPAと同じぐらい有害だ。ある化学物質の使用を段階的に廃止しても、同類が使われてしまう。それの使用を廃止しても、さらに別の代用品の出番となり、それも同じぐらい、あるいはもっと有害かもしれない。アーリーンはこの状況を、果てしないモグラ叩きになぞらえる。

こうしたテーマについての会議は、破滅的なデータと激化するパニックに偏ることが多い。だからアーリーンとリーは、落ち着いた、道理に適った雰囲気を生み出すことを試みる。2人のモットーは、「減速しよう、あまり時間がないから」だ。

どのリトリートでも、戦略と問題解決に専念するセッションが午前と午後に開かれ、そこでは高度な集中力が必要とされる。だが、毎日午後にリーとアーリーンは、風光明媚《ふうこうめいび》な場所のハイキングや、浜辺での散策など、多少の静けさを得る機会を提供するし、ロッジで仮眠するという選択肢も常にある。作業セッションの間には、3分間のダンスパーティや詩の朗読、創造的な即興演劇／演奏、静かな熟考が所々で差し挟まれる。合間に行うこうした遊び心のある活動や静かな活動は、先に待ち構えている複雑で困難な旅に参加者たちを備えさせるためのものだ。参加者は最初、このスケジュールに驚くようだ。この世界的な問題に取り組むために、地球の裏側からやって来る人もいる。だから、へとへとになるほど努力するべきなのではないか？

ときには、たしかにそうする。

だが、変革を引き起こすような解決策に行き着く最善の方法は、余白と静寂の全体的な雰囲気を生み出すことだ。それは、参加者が扁桃体を落ち着かせ、デフォルト・モード・ネットワークのやたらに活発なマインドセットを超えて拡張できる環境だ。そこでは、ただ「しゃにむにやり抜く」のではなく、感受性を発揮して、答えが現れ出るのを許すことを目指す。

最終日の朝、リーは参加者を外に送り出し、自然の中で30分間、独りの時間を過ごさせる。そのとき、次の2つの簡単な指示を与える。（1）自分がここにいる理由を思い出す。（2）耳を傾ける。

このわずかな時間にさえ、精神的刺激の不足に苦しむ人もいる。だが、時が過ぎていくうちに、ほとんどの人が波長を合わせる。自分がこの仕事に取り組むようになった理由と再びつながる。多くの人が、変化をもたらすために、自分に「制御できる範囲」と「影響を与えられる範囲」に何が含まれるかを見て取る。マイクというある男性は、明らかに左脳型のエンジニアで、それまでは神秘体験にもガイア意識にも興味はなかったが、戻ってきたときに、製造業における有毒化学物質の使用の歴史を詳細に記録した本を書くように「セコイアに言われた」と語った。会場は、拍手と、「そうだ！　そういう本が必要だ！」という歓声に沸き返った。

1回目のリトリートがもたらした画期的な進展は、同じような構造あるいは機能を持つ化学物質を6つの群に分類したことだ。現在それらは「6クラス(the Six Classes)」として知られている。[6] そのうちの1つで最悪のものが化学物質PFASであり、製品に防汚性と撥水性を与える。ところが、自然環境ではけっして分解せず、わずかな数だがこれまで研究されたものは、有害であることがわかっている。PFASを管理するときには、ただ単一の化学物質に的を絞るわけにはいかない。なぜなら、何千種類もあるからだ。その「クラス」全体を考慮に入れなくてはならない。「2013年に思いついたときには、『ビッグ・アイデア』と呼んでいました。まったく新しいものだったのです。けれど今では、『クラス』という考え方全体が、広く受け容れられています」とアーリーンは言い、こう続けた。「たとえば、IKEA(イケア)はPFASの害のことを知ると、世界中の自社の全製品からこの『クラス』の化学物質をすべて取り除くことを決めました」。9か月後、「やりました!」という電話が、同社からアーリーンにかかってきたそうだ。IKEAは自社のサプライチェーンを細かく調べ、PFASを含んでいる製品をすべて洗い出した。それから無害の代替品を探し出し、自社のシャワーカーテンや傘を防水加工した。耐脂性のテーブルクロス用には代替品が見つからなかったので、「もう、テーブルクロスは完全に販売を停止します」とアーリーンに告げた。そして、そのとおりにしている。

「極め付きの外向的人間」を自称するアーリーンにとって、リトリートに組み込まれた静けさは、直観に反するものだった。だが彼女は、結果を並外れて重視してもいるし、減速して静けさを持ち込むことで、参加者たちが彼女さえ想像できなかったほどの成果をあげているのがわかった。社交的で、結果志向で、懐疑的な科学者であるアーリーンは、斬新な思考や画期的な戦略を促す静寂の力の真価を理解するようになった。

みなで静かに耳を傾けよう

ジャスティンはキャピトル・ヒルでマインドフルネスを教え続けているうちに、この場所の騒音を前よりも強烈に意識するようになった。ディープワークはほとんど行われていなかった。音と刺激の多さに苦労している人を助ける、赤いサッシュの類の対策は、まったく講じられていなかった。憤慨している当事者たちを一堂に集めて、意識的で静かな出会いの中で癒やしと和解に向けて取り組むという発想は、異様に映った。

だが、それはなぜなのか? アメリカの政府では18世紀までさかのぼる、静かな集中した注意の伝統が現にあるのに、どうして誰も、現代のやかましさという規範に異議を唱えていなかったのか?

ある日ジャスティンは、レイバーン下院オフィスビルでマインドフルネスのセッションを行っていたときに、「キャピトル・ヒルでは口にするのが最も忌み嫌われている言葉」かもしれないものについて、話すことにした。

「surrender（降伏する、引き渡す）」

連邦議会では、ほぼすべてが勝つことを主眼としている。議論に勝つ。選挙に勝利する。競争相手よりも有能で賢いことを証明する。やかましさという規範を変えるには、会話以上のものが必要となる。

だがその日ジャスティンは、「surrender」という単語が、アメリカの立法府で勤務する人々を苦しめているもののじつに多くに対する治療法に、現になりうるかもしれないことを語った。「時間を取って、心配や『もし～たらどうする?』といった考えを呼吸と今の瞬間に引き渡してください」と彼は言った。「硬直した好戦的なアイデンティティと複雑な力関係を、あるがままに存在するという単純さに引き渡せるかどうか、やってみましょう」

議会では、他の無数の職場でと同じで、規範とニーズが体系的に吟味されたことはまだない。それは、共有されている価値観を表面化させ、いくつかの規範を調整するという、比較的単純な作業かもしれない――リッキーとベティや、マイケル・バートンと若いアナリスト、ルパとオグララ・ラコタ族の高齢の女性たち、リーとNASAのエンジニアたち、トムと上司、その他の事例がそうだったように。関心事や規範や文化を共有するこうした場所を見つけ、前に進む道を明らかにするためには、ある程度の時間と、火中にとどまることとが必要になるかもしれない。

だが、キャピトル・ヒルのように、問題がさらに根深い状況もある。アメリカ合衆国議会のような、極端にやかましい場所の激烈な競争の価値観を変えるための、明確なアイデアが私たちに1つでもあるなどとは、とうてい言えたものではない。だが、本章で示したさまざまなアイデアはみな、正しい方向へのごく小さなステップになる。

みなで集まろう。騒音と静けさについて、率直に話し合おう。実験すること。調整を繰り返すこと。そして何より、耳を傾けること。

第13章

静かに生きる

月が刑務所にもたらした静寂

ジャーヴィスはごく稀に、サン・クエンティン刑務所の確定死刑囚たちと静寂を共有できることがある。何年も前、月のおかげでそうなったことがあった。

ジャーヴィスが、手に負えない囚人を収容するアジャストメント・センターに入っていたとき、満月が昇るのを目にした近隣の囚人たちが大声を上げはじめた。1年のうちで、月が房の向かいの窓から見える低い位置に来る時期だった。「本当に間近に見えました」とジャーヴィスは語った。「こんなに月がそばまで来ることがあるなんて、思ったことがありませんでした」

ジャーヴィスが大の天文好きであることを、誰もが知っていた。だから、質問を投げ掛けはじめた。

「なんであんなに大きく見えるんだ？　この後、どう動く？」」。これを好機と見たジャーヴィスは、それに乗じることにした。「みんなに言ってやりました。『ああ、そうだ、あれは月だ。だけど、5分遅れだ』と。それから、どんどん話しました」。ジャーヴィスは、月の正確な速度と軌道を知っているふりをした。そして、月面の影に特別注意するように言い、美辞麗句を並べて、どんな特徴に目を凝らしたらいいか教えた。最後に、月を観察するときの正しいエチケットでいちばん大切なことを説明した。「静かにしていなくちゃダメなんだ。質問されるたびに、気が散っちゃうから！」

囚人たちは静かになった――宗教団体が運営する、規律の厳しい学校の、従順な生徒たちのように。思いがけないことだった、とジャーヴィスは回想した。その一角に閉じ込められていた15人全員に、20分近く黙って月を眺めさせることができたのだから。普通なら、サン・クエンティン刑務所では10秒と黙っていられる者はいない、と彼は言う。

この光景に釣り込まれた看守の1人も、月を見上げはじめた。揃いも揃って、一群の確定死刑囚と、彼らに羽目を外させないのが仕事である州刑務所の職員が。

じっと月を眺めていた。

いっしょに。

沈黙のうちに。

この没我の境地は、永遠に続いていたかもしれない。囚人の1人が、もう十分、と思いさえしなければ。

「あの野郎に聞こえるわけがないだろう！」と、彼は叫んだ。耳を持たない月のことを指して。自分たちが一杯食わされて、これほど長く静かにしていたことに気づいたのだった。「万事休す、でした」とジャーヴィスは言った。「でも、彼らを20分黙らせられましたから！」

静寂を見つけるための「方便」

『法華経』という古代の仏典には、ある裕福な男性の家が火事になる寓話《ぐうわ》が載っている。家の中には大勢の子どもがいるが、自分たちが危険にさらされていることに気づいていない。それどころか、火事とは何かや、家とは何かさえも知らない。男性は、全員を抱いて逃げることもできなければ、自力で逃げるように言い聞かせることもできない。そこで、外には子どもたちが欲しがっていた3つの車がある、と告げた。ヒツジが引く車、シカが引く車、牛が引く車がある、と。子どもたちが急いで外に出てみると、その3つの車はなかった。代わりに、彼らを安全な場所へと運ぶべく、白い大きな牛が引く、宝石で飾られた乗り物が待ち受けていた。

話の要点は、中途半端な真実を語ったり、子どもを報酬で釣ったりすることではない。この寓話は、一部の修練が究極の現実を明らかにするためのものではなく、人を苦しみから救い出して悟りに向かわせるのを助ける便宜上の手段であることを説明するのに、よく使われる。仏教ではこれを、「ウパーヤ（方便）」という。私たち著者はしばしばウパーヤを、人々がそれぞれの旅路でどこにいるのか――何を理解できるのか、あるいは、何を聞く気があるのか――を考慮し、彼らにふさわしい言葉を使うことの重要性と考える。

私たちは、より多くの静寂の必要性について、リーが母親やベティとしたように、可能なときにはいつも直接話し合うことを勧めるものの、幼い子どもやティーンエイジャー、親、同居者、友人、親族などを相手とする実生活の状況では、やかましい規範に真っ向から取り組むのがいつも妥当であるわけではないことは承知している。たいていの人が、途絶えることのない会話と電子的な刺激の中での暮らしに適応するよう教え込まれている世界では、友人や家族に音量を下げさせ、静寂に慣れてもらうには、方便を見つけなければならないことがよくある。すでに述べたように、自分に「制御できる範囲」は、人間関係に対処しているときには、少し違って見える。人間関係については、人はたいがい、「制御できる範囲」よりも「影響を与えられる範囲」のほうが広い。

ジャーヴィスは、サン・クエンティン刑務所の囚人たちにウパーヤを使った。めったにない静寂と観賞の機会を捉えるために、月が昇るときに何かとても素晴らしいことが起こっているという考えに耽ってもらうために、ジャーヴィスも私たちも、友人や隣人や家族の儚い注意を引くために、話をでっち上げることを奨励しているわけではない。だが、創造力を発揮してもらいたいのだ。

ジャスティンは5歳になる娘と山の中を歩いているときに、ときどきこんなふうに言う。「今日の風は何か特別だね。足を休めて、耳を澄ませてみよう。ヤマナラシの木立の梢で風がダンスしているのが聞こえるかい？」。2人はしばらく立ち止まり、いっしょに注意を払う。ジャスティンは、娘がそれと同じ戦略を自分に対して使っているのに気づくときもある。大きな声で話しながらハイキングをしていると、娘がコットンウッドの幹の大きな裂け目を指差し、「パパ、妖精さんのおうちよ。あそこに妖精さんたちが住んでいるんだから。邪魔しないように、静かにしないと」。ジャスティンは素直に口を閉ざす。

私たちは自分にも、静寂を見つけるための「方便」を頻繁に使う。ときには、仕事やどうでもいいようなやりとりから自分を遠ざける理由を捻り出すこともある。カエデが色づくのを見るのに、今が1年で最高のときだ、あるいは、このコンピューターの調子が悪いのには何か理由があるのだろう、などと自分に言い聞かせる。ひょっとしたら水星が逆行中で、しばらく電子機器と縁を切る時期なのかもしれない。リーは、過去の自分が未来の自分を週末のリトリートに参加させる申し込みをしているのに気づいて、今日の自分がしょっちゅう驚かされる、とよく冗談を言う。そう、このように、私たちはときどき創造力を発揮して、自分のやかましい傾向を克服する方法を突き止める必要がある。そして私たちは、自分のためになるような方便を、知らず知らずのうちにうまく使うものだ。

みなで静かにするための土壌を整備する

私たちは、これまで経験した最も深い静寂について尋ねはじめたとき、単独での体験について聞かされるだろうと思っていた。最も深い静寂のときの大半が、じつは共有されたものであるとは予想していなかった。時がたつうちに、私たち自身の最も深い静寂の体験のほとんども、共有されたものであることに気づいた――ジャスティンが生まれて間もない双子の我が子を初めて胸に抱き、肌と肌が触れ合ったときのように。こうした、生々しく、親密で、ときに畏敬の念を引き起こす出会いが、この先を書くきっかけとなった。

この後のページでは、自宅や自由時間、家族や友人と過ごす生活の中で共有の静寂を見つけることの意味にズームインし、集団として聴覚や情報や内部の騒音を小さくする方法の探究を続けることにする。みなで静かにするための土壌を整備するとはどういうことかという、より深い疑問を考察する。そこには、自分の変化し続ける真のニーズを尊重する規範と共有の文化をどのように決めるかという問題も含まれる。では、恍惚状態の静寂を招くスペースを生活や自宅の中で育むための、7つの異なるアイデアを詳しく調べていこう。

アイデア1　「静かにしよう」と呼び掛ける

ロジン・コーヴェンは、多数の楽器を使う、分類が難しい音楽アンサンブルだ。それでも創設者でリーダーのミッドナイト・ローズは、重ねて尋ねられると、「私たちは世界最高の無宗教ラウンジ・アンサンブルです」と答える。ジャンルの分類には疑問の余地があるものの、楽才に関しては疑いようがない。メンバーのほとんどは正式の音楽教育を受けており、主要なオーケストラで演奏した経験を持つ人も何人かいる。彼らは、チェロ、コントラバス、トロンボーン、バイオリン、アコーディオン、トランペット、ビブラフォン、ドラム、ハープ、ギター、パーカッション、キッチンや廃品置き場でも見つかりそうながらくたなど、無数の楽器を使い、歌いもする。どのメンバーに話を聞いても言われるように、全員の才能を一度に披露することは不可能だ。それどころか、場を分け合うことが、成功の前提条件になっている。「アンサンブルが良いサウンドを生み出すためには、それがじつに重要なのです」とミッドナイト・ローズは語った。「年がら年中、ステージの中央を占める必要がある人など、1人もいません」

ロジン・コーヴェンは25年にわたっていっしょに作曲や編曲をしているうちに、共有方式が脱線してサウンドスケープが込み合い過ぎたときに、それを表す1語に行き着いた。誰かが、「プンパーニッケル！」と叫ぶのだ。

「プンパーニッケル！」という宣言は、パラシュートを開くリップコードを引くようなものだ。「それは、ゆとりと静寂を生み出すために『私たちが今すぐ本当に必要としているのは、引き算のプロセスだ』という意味です」とミッドナイト・ローズは説明した。かつてフランスの作曲家クロード・ドビュッシーは、「音楽は音符の合間の静寂にある」と述べた。パーラメントというファンクバンドの伝説のベーシスト、ブーツィー・コリンズは、間にあるそのスペースが「ファンクのありか」と言ったと、私たちは聞いている。どちらの意見も、プンパーニッケル・メカニズムの根底にある前提を証明している。それは、音楽性が失われたときに、「ブレーキをかける」ように、という呼び掛けだ。それによって、過剰な音を削ぎ落とし、神経系を落ち着かせ、知覚を研ぎ澄ませる過程が始まる。

私たち2人は、それについてしばらく考えてから気づいた。本書を書く目的は、広く世界全体に「プンパーニッケル！」と声を掛けることなのだ。

そこで話は規範と文化についての疑問に戻ってくる。「プンパーニッケル！」は、ロジン・コーヴェンのエキセントリックな文化を反映するエキセントリックな規範だ。彼らは、自分たちの邪魔になる障害に呼び名をつけるという、共有の必要性に対処するために、この言葉を受け容れた。

そこから私たちは、関連した疑問に導かれた。自分の人生のオーケストラが耳障りな音を立てはじめ、音量が大きくなり過ぎたら、私たちはどうやって「プンパーニッケル！」と声を掛ければいいのか？

多くの家庭では、「ここはあまりにやかましくなってきている」と口にするという発想はタブーだ。それは、質の高い時間への憧れではなく、個人攻撃と見なされるかもしれない。その結果、静寂の必要性を伝えようと思うと、ひるんでしまいかねない。画面の前で過ごす時間が長過ぎたり、カレンダーに書き込む予定が多過ぎたり、言葉での処理が行き過ぎたりしているのを制御する方法はなさそうに見える。「プンパーニッケル！」と声を掛ける方法で、誰にも許容されるものはない。

だが、ここで赤いサッシュに倣う実験が役に立ちそうだ。あなたは家族といっしょに、独自の実験を始めてはどうだろう。「プンパーニッケル！」（最も色の濃い全粒粉パンの、ドイツ語での呼び名）のような、あなたなりの馬鹿げた言葉を思いつくかもしれない。何を試すにしても、実験に挑むマインドセットと少しばかりの遊び心があれば、集団の規範を拡大して、共有の静寂を含め、ありとあらゆる可能性を受け容れる方向へと、大きく前進できる。

アイデア2　「安息日《サバス》」を思い出す

マリリン・ポールは20代と30代を通して、常に「遅れている」という気持ちが収まらず、切迫感の泥沼にはまって身動きが取れなかった。ほとんどの人の物差しをあてがえば、彼女は「先を行って」いた。名門大学で大学院を修了し、良い仕事に就いて、活発な社交生活を楽しんでいた。だが、時がたつにつれ、しだいに疲れ果て、ベッドから起き出せなくなった。けっきょく、ノンストップのワーカホリックの生活ペースがもたらした免疫不全症候群という診断を受けた。それからまもなく、ある友人がマリリンに、ひと晩休みを取って、自分と友人何人かが予定しているサバスのディナーに加わってくれるように頼み込んだ。彼女は信仰を持たないユダヤ人だったので、あまり関心がなかった。だから友人の招待に応じるのを何か月も先延ばしにしていたが、ついに根負けした。そして、そのディナーに行くという決断のおかげで、人生が一変した。

やがてマリリンは、サバスを毎週守るのが習慣になった。ユダヤ教のサバスは、金曜日の夕暮れから土曜日の日没まで続く。それから数十年が過ぎた今、この習慣は彼女の全人生の要になっている。サバスを守るのは、毎週「プンパーニッケル！」と宣言することだ――そこで選ばれるパンは、ドイツのものではなく、サバスにユダヤ教徒が伝統的に食べるハーラだが。

「騒音のコストの1つは、人生で何が重要かがよくわからなくなることです」とマリリンは語った。サバスには、近しい人々とともに騒音を乗り越え、真に重要なものとつながれる、と彼女は説明してくれた。

実体験があればご存じかもしれないけれど、サバスは、特定の物事に関して静かだが、他の面ではとても活発になることがある。マリリンは友人や家族に囲まれ、何時間も陽気な会話に興じ、笑い、激論を交わすことさえある。客たちとテーブルを囲んで、しばしば歌を歌ったり、祈りを唱えたり、さまざまな話を語り合ったりする。

だが、ありきたりで世俗的な生活の責務がそこに入り込む余地はほとんどない。マリリンも家族もスマートフォンやコンピューターやテレビの電源を切る。仕事もしなければ、仕事にかかわる話さえしない。「仕事を話題にすると、サバスには発火させたくないニューロンを発火させてしまいます」とマリリンは語った。「仕事はいつまでも、いつまでも、果てしなく続くことを、みんな知っています……もちろん、世の中の仕事はしなくてはなりませんが、ストップすることも必要です。なぜなら、ストップしなければ、やっていけませんから」

サバスは、適切に守れば、力場のような働きをする。「重要なことに再びつながれば、ひどい忙しさがずいぶん収まります」とマリリンは言った。「私にとって、サバスの習慣は、外面的な意味では『静か』ではないかもしれませんが、内面的には落ち着きと喜びをたっぷり生み出してくれます」。サバスは文化の主流からあまりに掛け離れているので、人はしばしばその考え方に抵抗を覚える。「万事をこなすには、週に6日ではなく8日必要だ」と、言いかねない。だが、休息を十分に取れば、物事を広い視野で捉え、喜びが増し、創造性が深まることを、マリリンは思い出させてくれる。それは、絶えず人々につきまとう、やることのリストを切り詰める、優れた方法だ。

著書がベストセラーになっていたマリリンは、サバスにおおいに価値を見出したので、『時間のオアシス（*An Oasis in Time*）』という本も書いた。この作品は、ユダヤ教徒とそうでない人の区別なく、また、信心深い人と非宗教的な人の区別もなく、興味ある人なら誰もが自分の1週間にちょっとしたサバスを取り入れる手伝いをしてくれる。[1]

アイデア3　「意図と注意」の両方を重視する

ザック・テイラーは、夏に向けて野心的な計画を立てていた。

妻のマーラは教壇に立っているだろうから、ザックは自分の教職を休んで自宅にとどまり、5歳と生後半年になる娘の面倒を見ながら、同時に、目を見張るような自宅のリフォームを実施するつもりだった。ところが夏が始まった頃、ザックはサッカーをしていて、横からタックルされ、足首を骨折した。ジョン・レノンが歌うように、「あれこれせっせと計画を練っているときに、思いがけないことが起こるのが人生だ」。ザックはリフォーム計画をそっくり断念するしかなかった。松葉杖が手放せなかったその夏、できることといったら、娘たちと床に座って遊ぶことだけだった。

ある日、3人揃って寝そべり、積み木で楽しんでいた。色鮮やかな積み木に、みなひたすら注意を集中していた。「とても静かだった」とザックは回想した。背景では音楽が小さな音で流れていたが、3人でなんと心地好い時間を過ごせていることだろうとザックが思っていたちょうどそのとき、偶然にも、父親と娘の関係の重要性について歌った、ジョン・メイヤーの「ドーターズ（娘たち）」という曲が流れてきた。「きれいな歌」と5歳の娘が言った。みんなで座って耳を傾けた。それから娘が、ごく自然に大きな声で言った。「パパ、世界中のきれいなものを、全部見せてあげる！　さあ、立って」。ザックが一生懸命に床から起き上がると、娘は彼を庭に連れ出し、植物の作る渦巻き形や、アリたちがジグザグのパターンを描きながら歩く様子、尖った松葉が日差しを浴びてちらちら光るところを、次々に見せてくれた。
「あの瞬間が、私の転機になりました」とザックは言う。「そして、それは起こっていなかったでしょう、足首を骨折していなければ。リフォームに忙しくて、あの場にいなかったら、起こっていなかったでしょう」

今日ザックは、社会性と情緒の学習の分野の指導者として定評がある。この分野は、学校にマインドフルネスを導入しようと努力している。彼は青少年がどのように内なる静寂に入り、深いかかわりに行き着くかを調べ、学区や管理者に、こうした注意のモードを可能にする適切な状況を整える方法について助言している。

私たちはザックに、子どもたちの間で彼が経験した最も深い静寂について尋ねた。彼は、ある日訪れた、15人の幼稚園児のいる教室の場面を説明してくれた。「入っていくと、鮮やかな色がいくつとなく目に飛び込んできたので、その視覚的な光景に釣り合うだけの聴覚的な音量が聞こえてくるものと思いました。ところが、静かな雰囲気に包まれていました」。子どもたちは、さまざまな場所を順ぐりに回っていた。ある場所では自然の風景の絵を描き、別の場所ではビーズを使って数を数える練習をし、さらに別の場所では三次元の物体に取り組む、といった具合だ。「100パーセントの静寂というわけではありませんでした。先生が指示を出したり、話し合いが行われたりしていたからです。でも、内面的な静けさがありました。深い学習が行われていました」とザックは言う。

「静寂とマインドフルネスを対象とする自分の仕事でいちばん目についたのは、子どもたちが何か創造するものがあるときに、物事に最も深くかかわることでした。適切な材料、適切な雰囲気、並行遊びのための適切な『入れ物』があるときで、じつに驚くべきことです」。今日、強烈な娯楽をあまりに多く与えて——大量の画面やベルやホイッスルで過剰に刺激して——子どもたちにかかわらせることの落とし穴に、社会全体が気づきはじめている、とザックは語気を強めて言った。最も深いかかわりは、ザックが松葉杖を使っていたあの夏の日のように、実在があるときに起こる。あるいは、きれいな絵を描いたり、積み木でお城を作ったりしているときのような、今この瞬間に没入している状態で起こる。学校でマインドフルネス瞑想を行う動きが盛んになっているのは好ましい展開ではあっても、それは子どもたちの本性に「適合したもの」でなければならないことを、ザックは強調した。いつも子どもたちに目を閉じてじっと座っているように頼むわけにはいかない。どうしてもじっとしていられない子どももいる。家庭での困難な状況に由来するトラウマのせいで、目をつぶると安心できない子どももいる。だから、子どもたちがすでにしていること、つまり動いたり、いたずら書きをしたり、息をしたりといったことへの自覚を高め、その中での実在を充実させるためのワークを行う。静寂の尊重の基本を固めることを目指す。

ザックは家庭生活での静寂を検討するにあたり、「意図と注意」の両方の重要性について語ってくれた。さまざまなデバイスの電源を切り、静かな聴覚サウンドスケープや情報サウンドスケープを生み出すのもいいが、そうしたうえで、さらに日常の仕事やマルチタスキングをやめて子どもに注意を集中できるかどうかは、話が別だ。

ザックは、毎晩ディナーの食卓で捉える機会について説明してくれた。家族で食事を取りながら、彼は次のような質問を好んで子どもたちに投げ掛ける。「私たちは、何に感謝しているかな？　最近決めたことで、良い結果につながったのは何だろう？　近頃、どんな失敗をしただろうか？　最近、他の人たちに何をあげたかな？』」。こうした質問をし、それから沈黙を許して、きまり悪さと戦いながら、何も話さず、考えるのに必要な時間が流れるのにまかせることが肝心だ。「質問をした後に静寂があれば、『ああ、子どもたちは理解できていないんだ。ヒントを出そう』と考えがちです。でも、その静寂の時間を守らなければいけません」。その余白で、子どもたちは「小さな声に耳を澄ます」ことができる、とザックは言った。ごく幼い子どもにとって、「その小さな声は、表面に出ていることがずっと多いです」と彼は言う。「彼らの自発性は、直観とよくつながっています。静寂の時間を許せば、部屋の奥のほうのおとなしい子どもや、ディナーの食卓のおとなしい子どもも、発言する余地を見つけられます。そして、彼らが発言すると、何か重要なことが起こったように感じられます——部屋に入ってくる必要があった何か、表面化するのにふさわしい時間と空間をひたすら待っていた何か深遠なものが、伝わってきたように」

アイデア4　ささやかな余白を大切にする

1つ大切なことを打ち明けよう。私たちは家族や友人との静寂の共有体験について詩的になったものの、そうした瞬間をもたらす段になると、じつは如才なくというわけにはいかない。人はおそらく、仏教の尼僧やベネディクト会の修道士でもないかぎり、他者といるときに完全な沈黙を守ることに慣れていない。誰かといっしょに無言の散歩や食事をするというアイデアを提案するだけというのは、いかにも気が利かず、間《ま》が抜けている。

沈黙の共有がどれほど胸に迫るかは、たいていその自発性の度合いで決まる。人がいっしょに沈黙するのは、何か衝撃的なことが起こり、言葉が用をなさなくなったからだ。驚嘆の念や畏敬の念を覚えたり、悲嘆に暮れたりしている。そういう状況には、いつもなろうと思ってなれるわけではない。

それでもなお、私たちの経験に基づくと、家族や友人と有意義な静寂を共有する余地を生み出すために、1つ単純なことをお勧めできる。

ささやかなものにすることだ。いわば、ひと口で食べられるような、スナックサイズにすることだ。

ジャスティンと妻のメレディが自宅近くの山々にハイキングに行くときはたいてい、仕事や、3人の子どもの養育に注意を向けることもなく、電子機器に気を散らされることもなしに、夫婦の間のコミュニケーション不足を解消する機会になる。2人は多くの言葉を交わし、さまざまな話を語り合い、あれこれ物の見方を分かち合い、生活のこまごまとした事柄を詰めていく。だが、可能なときには、いちばん高い場所か眺めが良い場所の、座り心地の好さそうな岩に腰掛け、いっしょに静かにしている。鳥の鳴き声や風の音に耳を傾ける。せいぜい5分ぐらいかもしれない。わずか3分かもしれない。だが、それがハイキングの要になる。

ジャスティンは高校時代、よく友人のロブと自宅の玄関前の庭に寝そべって、夜空を見上げたものだ。ありとあらゆる種類のとんでもない冗談を言ったり、でたらめな話を語ったり、過去1週間に学校で起こったことを振り返ったりした。だが、少なくとも数分は、ただ黙っているという了解があった。それは2人が共有する規範であり、それについてはわざわざ話す必要もなかった。2人の友情がいちばん深まったのは、まさにその余白の間だった。

発言の合間に短い静寂を共有するというこの習慣は、集団での創造的な過程の一部にもなりうる。数年前、私たち2人が本書に取り掛かるためにベイエリアで会ったとき、バークリーのすぐ東にある、ユーカリが生えた丘や谷をしばらく歩き回った。その時間の半分は執筆の計画に充て、残りの半分は、ただ静かに歩いていた。口を利かなかったのはわずか20分ほどだったが、この執筆プロジェクトの見通しが2人の間ではっきりと形を取りはじめたのが、このときだった。

誰か他の人と分かち合う短い静寂は、それが言葉で計画されたものであれ、ただ自然に訪れたものであれ、互いのつながりや、協同して取り組んでいることに、深みと肌理を加えることができる。こうしたささやかな余白の中では、静寂は発言の間のただの幕間《まくあい》ではない。それはバランスだ。共生だ。銀と金のようなものだ。会話の内容と発話の調子は、静寂の質を高める。同様に、静寂の明確さは、前後の会話の質を高めることができる。沈黙と発言の両方のための余地を確保すれば、静けさを共有する意図的な習慣は、手軽に続けられるようになる。

アイデア5 「集合的沸騰」を経験する

私たちは数年前、カリフォルニア州北部に車で出掛けた。そびえ立つセコイアの間にあるワンルームの簡素な家の外で、ボブ・ジェシーに話を聞くためだった。ボブは、20~30年ほど時代の先を行っている類の人だ。工学の教育を受けた彼は、シリコンヴァレーの先駆者だった。何十年も前、オラクル社の重役だった彼は、このソフトウェアの大企業を説得し、他のフォーチュン500企業〔訳注『フォーチュン』誌が選ぶアメリカの企業総収入上位500社〕に先駆けて、同性パートナーのための手当を支払わせるようにした。当時それは、ほとんど前代未聞のことだった。1990年代初期にはスピリチュアル活動評議会（Council on Spiritual Practices）を開いた。同評議会の使命は、「神聖なものの直接体験をより多くの人に可能にする」ことだ。1990年代後期にジョンズ・ホプキンズ大学の精神薬理学者ローランド・グリフィスに、第6章で取り上げたもののような神秘体験を研究するという構想を、同評議会を通して持ち掛けたのもボブだった。

ボブは、静寂の共有の革新的な実験を考案・開発するうえでも重要な役割を果たした。それは、ベイエリアの、ダンスに基づく教会というものだった。

「さまざまな理由から、『創設者』という言葉が好きではありません。この言葉には、過剰な厳粛さや権威がつきまとっています。けれど、私たちが最初にテーブルに着いた、と言うことはできるかもしれませんね」。そのテーブルが準備されたのは1996年で、サンフランシスコのある教会の同意を得て、ボブと教会の音楽家のチャールズ・ラスは内陣と図書室と庭を使い、人々が無我夢中でダンスに興じられる夜通しのイベントを企画した――ただし、翌日には会場を元どおりにするという条件付きで。ボブとチャールズは、10人の友人を集め、最初のダンスの祝典を構想した。これがその後多くの祝典につながり、他の友人たちも招かれることになる。こうして1つのコミュニティが誕生した。

やがて会場が変わり、コミュニティは独立した教会組織となったが、季節ごとの集い（春分、夏至、秋分、冬至の前後に開かれる）は、依然として続いている。「25年間、この四季の集いは、一度として開催しそこねたことがありません」とボブは語った。

このグループの起源は、１９８０年代にイギリスで生まれたエレクトロニック・ダンス・ミュージックにたどれる。アングラの音楽イベントや大規模なフェスティバルに参加したことがあれば、積み上げられたスピーカーやウン・チャッ、ウン・チャッという大音量のビートといった、音絡みの特徴的な要素にきっと気づいたことだろう。会場は、やかましいどころではなく、ボブたちの教会の祝典も同じだ。そうは言っても、このスピリチュアルなコミュニティは、祝典で他の種類の「騒音」を減らすために多くの予防策を講じる点が独特だ。このグループは20年以上かけて、合意項目に磨きをかけ、進化させてきた。それに賛同しない人は参加を許されない。これらの指針は、他者の体験を侵害しないかたちで「あらゆる形態の精神探究にとって安全な環境」をもたらす。

たとえば、コミュニティの夜通しの祝典は、アルコール抜きであり、酩酊《めいてい》状態につき物の騒音がなく、その点では爽快なまでに「静か」だ。酔っぱらう人がいないので、「同意が不可欠……互いの境界を尊重すること」といった、他の合意が強化される。意匠を凝らした会場の装飾やライトショーやアート・インスタレーションが目を楽しませてくれる。とはいえ、別の合意によって、写真撮影は許されず、すべて頭に刻みつけるしかない。

ときどきこの教会の恩恵に浴するリーは、思慮深くまとめ上げられたこれらの合意から直接影響を受けてきた。これらの合意が、外部騒音の源と、併せて自分の内部騒音の源も、劇的に減らしてくれることに彼女は気づいた。彼女は、大勢の人といっしょに行くこともできれば、独りで行くこともできるし、ヨガパンツ姿で出掛けることも、豪華な衣装をまとって出掛けることもできる。何より重要なのは、彼女の経験が「不謹慎な要因」で邪魔されない点にある。いやらしい目で見られることも、ハラスメントを受ける恐れも、暴力の脅威や心配もないと、リーは確信している。そうした要因のせいで、彼女はそれまで思う存分踊れなかった。だから、このような自由を満喫する。それどころか、たいてい「リー」が消えてしまう。彼女は、こうした日常の心配で頭がいっぱいの自己を超越し、とりわけ素晴らしい瞬間には、全体と1つになり、集団フローの状態になる。フランスの社会学者エミール・デュルケームが「集合的沸騰」と呼んだものだ。それは、このグループのモットーにも要約されている経験であり、このグループの唯一の信条とさえ呼べるかもしれない。すなわち、「私たちはダンスで1つになる」。

念入りに調整された、この人気上昇中の音の儀式は、内部の最大限の静寂をもたらすためのものだ。やがてコミュニティに発展したこの集団の創成期に、ボブは指針を求めて意外な所に目を向けた。静寂の信仰であるプロテスタントのフレンド派（クエーカー）だ。彼は、グループの意思決定は協同で行うものにしたかったし、その決定が賢明で永続性を持つことを願った。ボブは、自分個人のパターンもいくつか破ることに関心があった。以前、会議で提案を発表する前には、必ず友人や同僚数人を相手に試していたそうだ。自分のアイデアを「試運転」するわけだ。彼はいつも、心の中で次のように思うのだった。「おそらく私は、会議に出席する人の誰よりも、これについて考えただろう。落とし穴や可能性を徹底的に調べてみた。だから、参加者を納得させるのが私の仕事だ」。今や彼は、こう冗談を言う。「それは途方もなく非クエーカー的です！　協同的ではありません。おこがましいです。それに、もし実利一辺倒だったら、もっと優れた解決策を見つけそこなうかもしれません」

そこで、生まれたてのグループはボブの助言を受け、クエーカーの考え方に着想を得た原理をいくつか取り込んだ。500人から成るコミュニティに成長した今日でもなお、彼らは互いを、クエーカーに倣って「フレンド」と呼び、交替で発言し、耳を傾け、沈黙を守ってアイデアや懸念や解決策を浮かび上がらせる。そして、これが重要なのだが、ロブ・リッピンコットが「調和」と呼ぶものの、彼らなりのバージョンを探し求める。

「私たちは、『そこそこのコミュニティの一致』という言葉を使います」とボブは説明してくれた。「『一致』は『不和』の反意語です。『コミュニティ』はコミュニティ全体を意味します……そして、『そこそこの』とは、完全な一致にそこそこ近いかを問うということです。このおかげで、多少の意見の相違があるときにも、必要に応じて、決定に至ることができます」。コミュニティに提案がなされると、フレンドたちは意見を述べることができるし、提案が繰り返し修正されることもある。小さな監督グループ（評議会）が、そこそこのコミュニティの一致に至ったと結論すると、その提案は承認される。この手続きには時間がかかる場合がある――機敏な事業運営は、そのようには行わないかもしれない――が、この教会コミュニティには、それが非常にうまくいっているように見える。

「それについて考えると、今ではぞくぞくします……それを堪能するようになりました」とボブは語った。「こんなかたちで決定に至ったときには、自分の凄いアイデアこそ最高だ、という誤解が解消されて帰ることがよくあります。そして今や、はるかに優れたアイデアが出てきたのがわかるだけではなく、静かな形の集合的沸騰があって、人々がそれを感じることも見て取れます。それがうまくいくときには、人々が一体になりますし、深みも出ます」

それぞれのイベントは――高デシベルのものかもしれないが――静けさのための聖域となる余白と瞬

間を含むようにするという、このグループの習慣を維持しているのは、クエーカーに着想を得た主要原則なのかもしれない。どのイベントでも、祭壇が準備され、人々はたいてい沈黙のうちにそこに行く。ほとんどの会場には、静かな癒やしのスペースと、休息や静かな会話のためのスローテンポの「鎮静スペース」が少なくとも1か所ある。そして、真夜中の直前に、音楽とダンスがすべて止まり、全員がいっしょに静寂に浸るために、指定された場所に集合する。開始の儀式の後、参加者たちは会場中に散らばり、夜明けまで過ごし、閉会の儀式があり、祝典は幕を閉じ、後片づけが始まる。音楽は音符の合間に生きているというドビュッシーの考え方や、ファンクは根本的に形がないというブーツィー・コリンズの禅のような主張に似て、この騒がしいけれど意図的な祝典は、静寂から起こり、静寂へと戻る。

アイデア6　いっしょに波長を合わせる

第11章では、本当に深い静けさのスペース――畏敬の瞬間、「知ろうとしないでいることの雲の中で漂っている」とき――に自分がいるのを発見する高度な瞬間を説明した。

そのような瞬間は計画したものではないことが多いが、私たちが話を聞いた人の多くは、それらの恍惚状態の高みに出合うための準備の重要性を強調した。準備とは、いつ静寂に入るかという、あらかじめ定めておいた指針や基準を忠実に守ることの場合もある。ゴードン・ヘンプトンの、やることのリストは13ページまでという限度や、トリシア・ハーシーの疲労のシグナルと休息の必要性のシグナルが、そうした指針や基準に当たる。とはいえ、これがなおさら重要なのだが、準備は、古代インドの賢者たちが、詠唱や、食事の制限、厳しい倫理規定を通して行ったように、「器を準備する」修練や儀式を意味する。

人は「器を準備する」とき、音叉のようになることを目指して自分を整える。ごく微小な振動も、心と体が認識できるようにするのだ。これまでの章で重点的に取り上げてきたように、これは各自で行うことができるが、みなで準備に取り組み、準備が整ったら、いっしょに一種の同期に従事するのが最も有力であることが多い。

ドイツに生まれ、ハーヴァード大学で学んだ心理学者のラルフ・メッツナーは、世界を旅して探究や研究を行い、人々を導いて意識の拡張状態を経験させた。２０１５年のあるインタビューで、メッツナーは、「意識の拡張状態」という言葉の意味から神秘性を取り除いた。彼の言葉を借りれば、「人の意識は、毎朝目覚めたときに拡張します」。彼は自分の朝の風景を描き出しながら、詳しく説明した。「『ああ、ここは私の部屋だ。私のベッドがあり、妻がいて、家族がいて、犬がいて、仕事がある』。それは意識の一連の拡張です。そして、人は毎晩眠りに就くときに、いわば、閉じていきます」。それから、こうつけ加えた。「そして、それはあくまで正常なことなのです」

メッツナーは２０１９年に82歳で亡くなるまで、意識の拡張と集中の両方の多様なモードを調べ、実践し、教えた。だが、彼の最大の貢献は、彼が「エンセオジェニック・サイコセラピー」と呼んだものだった。それは、個人や集団や地球全体を変容させるための心理・精神的《サイコスピリチュアル》な文脈での、精神活性物質《エンセオジェン》の使用だ。

メッツナーは、責任を持ってこれを行えるかどうかは、個々の参加者が「器を準備する」ことができるかどうかにかかっていると信じていた。彼らの個人的な器の問題というわけだ。彼は管理者として、より大きく集団的な器、すなわち儀式用の「入れ物」を準備するのは自分の役割であると考えていた。

メッツナーは手始めに、参加希望者が差し障りのある医学的問題や心理的問題を抱えていないかどうかを調べた。それから、合格者の1人ひとりに「スピリチュアルな自伝」を書かせ、宗教的な履歴やスピリチュアルな履歴、望ましくない経験も含めて過去の精神活性物質の経験を詳しく記させた。グループワークの参加資格を与える前に、何年にもわたって1対1で調べることもあった。メッツナーは、明確な期待と条件によって、多くの「騒音」を制限した。それは、ダンスに基づく教会の、参加者の間での承認された合意に似ていた。

メッツナーは毎年ヨーロッパと北アメリカ各地でエンセオジェニック・サークルを実施したが、合計100人前後の参加枠には、何か月も前、場合によっては何年も前から人々が申し込んだ。12~20人から成るグループの参加者は、集合した後、修道院を思わせる行動を徹底して取り、厳密な守秘義務を課された。

グループは、驚くほど苛酷な6日間のスケジュールをこなした。日中は、学習のための準備ワークショップと瞑想と運動、夜は堅苦しい儀式、翌朝にはいつも、統合セッションという具合だ。

メッツナーは、ジャーナリングや素描、野外で過ごす時間といった、個人的な思索活動を通して参加者が自分個人の「器」を準備するのを、さらに手伝った。参加者は、その日のテーマに的を絞った小人数や大人数のグループ報告会で自分の絵などの作品を見せ合ったり、考えをまとめたりした。人生の各段階や、ユングの元型、ファミリー・コンステレーションといった心理学的枠組みを探ることもあった。

日中に取り上げるテーマに、精神活性物質や音楽、メッツナーの言葉による手引きといった厚みを加えたその晩の儀式で立ち戻るのだった。

参加者に聞けばわかるが、メッツナーは本当に話し上手だった。彼は教授で、講演者で、饒舌《じょうぜつ》だった。生涯に20冊以上の本を書いた。言葉による指示に思い切り依存した。彼とグループが共同で生み出す儀式の場にくつろいで入っていくようになる前の、週の最初は特にそうだった。

それでも、これらいっさいの眼目は、いっしょに恍惚状態の静寂に入る準備をすることだった。そのような静寂体験が自然に起こることは当てにできない。努力が必要なのだ。

メッツナーの準備は、儀式の物理的な空間にまで拡がっていた。長年指導を受けたカーラ・デッチョンが言うように、「彼はあくまでこだわるのです」。毎晩儀式のために部屋を用意するときには、何から何まで「一分《いちぶ》の狂いもなく」整える必要があった。「彼は、『入れ物』のエネルギッシュな配置にとても心を砕いていました」と彼女は語った。「ですから、それは彼がどう祭壇を用意するかに表れていました。私たちが集まったときに必ずきれいな円形に並ばせなければ気が済まないところにも表れていました」。そのようなこまごまとした点へのこだわりは、非常に明確な「ダメだ」という言葉で伝えられた。彼女はからかうように、その口真似をした。「ダメだ、祭壇の布が完全に真っ直ぐになっていないし、完全に平らにならされてもいない。ダメだ、そこの枝が気にくわない。花が気にくわない。ダメだ、足先を祭壇に向けてはいけない」。だが、メッツナーがうるさいのには理由があった。カーラが言うように、「すべてがきちんと整ったときに、エネルギーの流れが良くなることを、彼は理解していたのです。そして、ラルフとグループが、完全に準備ができて、整い、流れに乗ると、そこでのセッションは完璧に超越的なものになりました」。
「彼は素晴らしい音楽のセンスを持っていました」とカーラは言う。彼は、「エントレインメント（同調）」を促すビートを特に楽しんだ。「エントレインメント」とは、メッツナー本人の言葉によれば、「あらゆるリズムが互いに調和する」ときだという。この用語は、物理学では、「相互作用する2つの振動系が同じ周期を取る過程」を意味する。そしてそれは、適切な準備をして同期状態に入った人々の間で起こりうることの比喩になる。

　メッツナーは映画『精神活性物質——内なる神性を目覚めさせる（*Entheogen: Awakening the Divine Within*）』で、ドラムビートや歌や踊りを通して、人の集団の中でエントレインメントが起こる様子を描いている。[2] 合唱団は、その例証となる。肝心なのは、まったく同じ音を歌うことではない、とメッツナーは説明する。「彼らは調和しており、したがって、互いに共鳴している」。彼はこの古代からのテクノロジーを自分のエンセオジェニック・サークルに好んで持ち込んだ。「彼らは心の中で異なることを考え、異なる画像を浮かべているかもしれない」が、グループが集団的なエントレインメント状態に入ると、「途方もない一体感と絆の形成の感覚が得られる」と彼は言う。

　その同期は、リーが夜通しのダンスの祝典で覚える「私たちはダンスで1つになる」という感覚だ。ジャスティンが、生まれたばかりの双子を胸に抱き、肌と肌を合わせて、初めていっしょに休みながら心拍の結びつきを感じたときに経験したものだ。

　本書で紹介してきた他のいくつかの出来事の場合と同じで、聴覚的な静けさはここでの目標ではない。メッツナーは何時間にもわたって、手の込んだ祈禱をし、誘導による視覚化を行い、彼の祖先の地に伝わる古代スカンディナヴィアの神話的物語を語った――人間の運命を司る三女神ノルンや、知恵を授けてくれるミーミルの刎《は》ねられた首についての物語などだ。メッツナーは、徹底した準備と、音楽の利用と、神話のストーリーテリングを通してグループを導き、内部騒音を乗り越えて、同期へ、エントレインメントへ――いっしょに自己超越する経験へ――と向かわせる。

アイデア7　静寂に癒やされる

「実在とは、自分の全エネルギーと注意を意のままにし、心配や気を散らすもの、不安、慢性的な緊張のせいで両者が思いどおりにならない状態にないことです」とドン・セント・ジョンは言った。彼は子ども時代、このような意識の状態が現に達成可能だと思ったことはなかった。「叩かれるのが毎日のことになったのがいつだったのか、思い出せません」。燃えるような目をして怒りをたぎらせている母親から受けた虐待を振り返りながら、彼は言った。「殴打を防ごうとすると、母はなおさら腹を立て、もっと大声で叫び、何発かまともに当たったのがわかるまで、攻撃の手を緩めることはありませんでした」

今は70代になるサイコセラピストのドンは、幼い頃のトラウマを克服することに、何十年もかけて取り組んできた。私たちが話を聞いたとき、子ども時代の静寂がしばしば「やかましい静寂」だったことを、ドンは指摘した。それには、激しい怒りから壁を築いてコミュニケーションを拒絶すること、けっして聞いてもらえないという気持ちから来る痛み、育児放棄されるつらさが含まれていたかもしれない。

子どもにとって愛情に満ちた家庭は、たいていやかましいことをドンは指摘する。それは、笑いや会話が聞かれる家庭だ。それは、温かさと、他者の実在と、自分はその一員だという子ども自身の揺るぎない感覚に満ちている。

それでもなお、静寂——共有される静寂の類——は、彼にとってずっと、そうした子ども時代の傷から立ち直るための、きわめて重要な道筋だった。特に、最も充実した癒やしを可能にしたのは、生涯の伴侶との、愛情あふれる静寂のスペースだった。

「静寂」という言葉は、恋愛関係については、複雑な感情を呼び起こす。人は、パートナーとの静寂は子ども時代の静寂と同じで、注意の欠如あるいは拒否のしるしだと考えることが多い。黙殺されることを望む人などいない。自分の周りに目に見えない壁を築いて引きこもるというのは、感情的に圧倒されたときに昔から人がすることだ。人は、活動を停止したり、逆に、考える暇もないほど忙しく立ち働いたり、いっさい応答することを拒否したりする場合もある。人間関係の権威であるジョン・ゴットマン博士とジュリー・ゴットマン博士夫妻は、それを人間関係にありがちな4つの有害行動の1つに数える[3]。残る3つは、非難と保身と軽蔑で、これらも壁を築くのと同じぐらいありふれている。壁を築くのは、表向きは静かでも、騒音の世界から生まれ出てくる行為だ。

だが意図的な静寂は、パートナーとの間で深い絆を結ぶ道具になりうる。ドンは妻でカウンセラーのダイアンと編み出した、独特の習慣について語ってくれた。私たちは前に、計画的な静寂は野心的になり過ぎないようにスナックサイズにしておくのが最善だ、と述べたが、ドンとダイアンは、「無言の水曜日」を共有することのような可能性を挙げる。

「この10年ぐらい私たちがやってきたことの1つが、特定の週末を完全に静寂の時間に指定することです」とドンは語った。前もって料理をしておき、スマートフォンの使用やメールの送信は控え、純粋な実在の中での休息から気を逸らしかねない、他のいっさいのものも避ける。そしてその週末は、じっくり考えたり、ムーブメント（身体操作）プラクティスをしたり、本を読んだり、ソルトレイクシティの自宅近くの山中を散歩したりして過ごす。2人はこの習慣を始めてほどなく、ときどき他の人と出会ったときのために、紙を持ち歩くと便利であることに気づいた。そこで、「私たちは無言の時間を過ごしています。何か御用があれば、ここに書いてください」と書いたメモ帳を用意した。だが、わざわざそれに書く人はめったにいない。話は重要なことだけに限るように頼むと、そういう話はほとんどないことがわかる。リーがタットシェンシーニ川での「無言の水曜日」で発見したのも、まさにそれだ。

恍惚状態の静寂についての章では、個人のリトリートの本質的な要素を探った。シーラが説明したように、自宅で家具の配置換えをするといった単純な習慣によって、神聖なもののための「入れ物」を生み出すことができる。これは、「神殿」を築く多くの方法の1つだ。パートナーや友人といっしょに行うリトリートでは、静寂そのものがその神殿の柱になりうる。2人の人間が、静寂を維持するという約束をいっしょに守っているときには、稀な環境が出現する、とシーラは説明した。これは、人が全身で感じることができる、昔ながらのやり方だ。「静寂によって、2人の人間の間にあるスペースの感じられ方が変わります」とシーラは言う。「距離が縮まります」

ドンにとって、日々の刺激のつるべ打ちを遮断すると、情緒の休息になる。それ自体が、トラウマ——彼自身が耐え抜いたトラウマと、クライアントが乗り越えるのを彼が助けているトラウマ——を新陳代謝させるという、生涯をかけた仕事を助けてくれる。とはいえ、ダイアンと共有する静寂には、それ以上のものがある。家庭の聖域と、結婚の絆を深化させる働きがあるのだ。2人は実施方法をあらかじめ定めておくので、エネルギーと注意のすべてが存在する場所へと、境界を乗り越えていける。

静かな信頼

私たちには、ほとんど何も言うことのできない静寂の共有の形態がいくつもある。たとえば、この上なく親密な関係の中で共有される静寂については、みなさんに何も語ることができない。考えられないほどの悲嘆の中で2人の人間が出合う静寂についても、何も語れない。これらの経験は、その性質上、あくまで個人的なものだ。この種のスペースにいる人に、あえて助言をするとすれば、次のひと言しかない。「注意を払うこと」。言葉の中でと同じぐらい、静寂の中でも意味が生じてくるのに気づいてほしい。

愛する人々と静寂を共有する作業に関しては、私たちはほんの初心者にすぎない。それは、一生に及ぶ、継続的な改善の過程だ。私たちにとってそれは、依然としておおむね「方便」の作業の段階だ。ジャーヴィスがアジャストメント・センターの囚人たちと満月を眺めるという考えられない時間を共有したときのように、いっしょに静寂に入るささやかな経験を育む「方便」を見つける段階だ。

本書の第5部に入るとき、静寂は共有されると力を増すという見方を示した。

本章を通じて、そこから導かれる、静寂は人のつながりの力を増強するという見方も探った。静寂は共有されている認識を拡張する。いっしょにもっと深く感じる力を与えてくれる。最終的に、ますます多くの優しさと思いやりで人間関係を満たしてくれる。

静寂を孤独と、人のつながりを会話の内容と、それぞれ結びつける文化では、静寂の共有というのは直観に反する発想だ。それでも、誰かとともに本当の意味で実在するため――完全に信頼することができるため――には、おしゃべりをやめて、騒音を超越しなければならないことを、少なくとも頭のどこかでは、誰もが知っている。

孤立が深まり、社会的信頼が蝕《むしば》まれている時代にあって、真の静寂を取り戻すことが優先されるべきだ――個人や家庭、職場、友人のグループのためだけではなく、社会全体のためにも。人類の問題は「人間が独りきりで部屋に静かに座っていられないこと」に由来するというブレーズ・パスカルの基本的な前提に、私たちは同意する。だが、こうつけ加えたい。他者といっしょに部屋に静かに座っていられないときに、問題は悪化する、と。

次は、人間のもっと大きな集団へとズームアウトして、政治や政策、文化、グローバル社会での静寂の力が、先々にまで及ぶ変容をもたらす力に、どのようにしてなりうるかを調べることにする。

第6部
静寂を尊ぶ社会

第14章　静寂のための公共政策

政府による騒音対策

リチャード・ニクソンはひどいクエーカーだった。ホワイトハウスから漏出した多数のテープが実証しているように、やたらに口汚く罵った。クエーカーとして信仰上の理由から良心的徴兵忌避をせざるをえなかったので、第2次世界大戦中は戦場に出るのを避けることができたものの、後にアメリカの第37代大統領としてヴェトナム戦争を段階的に拡大し、カンボジアに対して壊滅的で違法な爆撃を実施した。彼が、政敵や、彼らに不利になる材料を執拗に追い続けていたことが、ウォーターゲート事件の調査で暴露された。「汝の敵を愛せよ」という、子ども時代から親しんできた宗教を特徴づける倫理的な教義には、ほとんど関心がなかったらしい。

それでもリチャード・ニクソンは、アメリカ史上2人しかいないクエーカーの大統領として（もう1人はハーバート・フーヴァー）、静寂を崇める宗教の信奉者にふさわしいことを1つした。ニクソンは、もっぱら騒音を管理するための、アメリカ初の政治体制を発足させたのだ。

1972年騒音規制法は、ある程度静かな環境への権利をアメリカ人に与えることを目指していた。[1] この法律によって新設されたのが連邦の騒音対策局（ONAC）で、騒音公害を緩和するために、騒音抑制の研究を調整したり、製品の騒音発生に対する連邦基準を広めたり、州政府や地方自治体――特に、都市の中心部の自治体――に助成金や技術的支援を提供したりする権限を持っていた。[2] ONACは飛行機と列車の騒音を規制する権限は与えられていなかったが、社会啓発活動を主導し、こうした課題への認識を高め、最終的には、空港や航空会社や運送業者に真剣な騒音対策の実施を促すことができた。

1970年代には、騒音が健康に与える影響を、依然として疑う向きもあった。製造業界や公共輸送当局をはじめ、利益団体が、義務的な騒音規制に反対したが、政府はそうした規制を推し進めた。1968年、公衆衛生局長官のウィリアム・H・スチュワートは、騒音緩和の動きを支持する意見を表明し、「因果関係の鎖の環を1つ残らず証明しおわるまで待たなければならないのだろうか？」と問うた。そして、こう続けた。「健康を守るときには、絶対的な証拠は後回しだ。証拠を待っていたら、惨事を招いたり、無用の苦しみを長引かせたりすることになる」

ロナルド・レーガン政権は、1982年に反規制政策の一環として、騒音抑制プログラムの予算を取り消して、このプログラムを廃止した。[3] それでもなおONACは、人の真のウェルビーイングを優先する予防的公共政策の称賛すべき例であり続けている。

ニクソン時代の騒音管理体制は、アメリカの政府では——いや、それを言うならほとんどの政府でも——今なおおおむね前代未聞の考え方に基づいている。すなわち、人間の純粋な注意には固有の価値があり、社会にとってこの価値を支持・擁護することは、必要不可欠の利益である、という考え方だ。

ニクソンの騒音改革の話は、まさに今、おおいに意義がある。オンラインのプラットフォームとそのプロプライエタリー・アルゴリズム〔訳注 入手、利用、複製などに関して、法的手段や技術的手段で制限が設けられているアルゴリズム〕が経済と公の議論でますます大きな役割を果たすなか、人間の注意にまつわる政策をめぐって激論が戦わされている。特に政治家たちは、どうやってプライバシーを守り、言論の自由を保証し、偽情報と戦い、大手テクノロジー企業の独占的な力の増大に対処するかを決めるのに苦労している。

これらは重大な問題だ。だが私たちは、他にも対処しなくてはいけない、もっと大きな包括的問題があると考えている。それは、社会をどう構成すれば、人間の純粋な注意を維持することができるか、という問題だ。

ノーベル賞受賞者のハーバート・サイモンが本書の第2章で引用した、「豊富な情報は注意の貧困を生み出す」という言葉を書いたのが、ニクソンの騒音改革の頃だった。これからのページでは、法律や規制、公共投資、ビジネスの透明性、社会運動の促進を通して現代世界の聴覚騒音と情報騒音と内部騒音を最小化する、あるいは少なくとも管理するという目的を中心に、経済と政治の構造を築くとはどういうことかを見ていく。公益のための重要な要素として、集中力を養うことを、どうすれば社会全体が優先できるかを調べる。

もちろん、騒音問題全体を規制したり法律で統制したりすることはできない。だから、本章と次の章では、もっと幅広く深いもの、すなわち静寂を尊ぶ社会を思い描くことにする。

たとえば、クエーカーのミーティングのロジックに倣う公の議論を行ったらどうなるか、想像してみる。そういう議論では、言葉が静寂を向上させると思えないかぎり、軽々しく発言がなされることはない。

私たちはさまざまな可能性を探る。もし議会や企業の重役会が純粋な注意を維持する重要性の真価を理解したなら、どうなるか？　気候変動や不平等のような複雑で困難な問題を解決するには、工学や解析や議論だけではなく、人々が本当に望んでいる未来について熟考してビジョンを持つための余地も必要であることに、もし社会が気づいたならどうなるか？

もし、間《ま》――「間にある」静かな空白の力を意味する日本語――の原理が、公の議論で活かされたならどうなるか？

これはみな、突拍子もない空想に聞こえるかもしれないが、これまでのやり方――たとえば、経済の「外部性」の計算方法や、新しい規制のコストと便益の評価法、賢明な公共投資の見定め方、難しい公の課題の検討の仕方――に妥当な変更を加えれば、前述のような変容を引き起こすのに役立つだろう。

以下に示す5つのアイデアは、アメリカの公共政策の文脈に基づいている。それでもこれらの原理は、さまざまな国や政治の現実に当てはまるし、それらに適応させることができる。騒音――聴覚、情報、内部の騒音――は、グローバルな問題だ。どの国も、独自の対処法を考え、試さなくてはならない。

アイデア1　公共の聖域に投資する

何年も前、ニューヨークを本拠とするライターのジョージ・プロクニックは、沈黙の瞑想のリトリートに参加した。彼は、「草で覆われた丘の斜面に、ねぐらに就く鳥たちのように一群の人々が散らばっているのを眺めて」いた。「その全員が、ひたすらじっとして、自然界に耳を傾けることに集中していた」。彼は２０１０年の著書『静寂を追い求めて（*In Pursuit of Silence*）』の中で、この時間がどれほど大切に思えたかについて書いている。[4]

ところがその日、プロクニックが静かな瞑想者の一群を眺め続けているうちに、悩ましい考えが頭に浮かんできた。彼は、次のように回想している。「私と同じで、彼らには、ある日、目覚めて、『そうだ、静寂のリトリートに行こう』と思うことができるだけの、お金と、時間、あるいはたんに社会的背景があるのだ」。彼はさらに続ける。「静寂がもたらしうるものを発見するお金や時間を、何かしらの理由で持たない人々全員が、私は心配だ」

プロクニックの懸念はもっともだ。今日、人類の大半は静寂を追い求める機会――あるいは、彼が「社会的背景」と呼ぶもの――を欠いているように思える。人口密度が高い都会や、生計を立てるために複数の仕事をこなさざるをえない人の間では、静寂は得難く感じられるかもしれない。自然のままの地域がますます少なくなり、インターネットとスマートフォンがほとんどの場所でつながる世界では、この上なく深い恍惚状態の静寂は、たいていの人には手が届かない。

では、どうすれば静寂へのアクセスを拡張し、大衆化することができるのか？

静寂を尊重する気持ちを1人ひとりが育み、静寂を見つけるために、自分に「制御できる範囲」と「影響を与えられる範囲」の中で選択をすることの重要性を、私たちは本書を通じて強調してきた。とはいえ、公共部門も含め、より広い社会が演じる役割もある。私たちが社会としてできる非常に重要なことの1つとして、静かな聖域となる公共空間――人を静寂の中に招き入れる場所――への投資がある。プロクニックが書いているように、「私たちは、静寂を尊重する気持ちを育むような都市設計プロジェクトを奨励しなければならない。ポケットパークがもっと必要だ」（ポケットパークとは、建物がびっしりと建ち並ぶ都会の超高層ビルの間によくある、植物が植えられた小さなスペースのことを指す）。「そして、資金が見つかるときには、大きな公園が」

資金と、それをそうしたスペースに投資する熱意を見つける社会もある。2018年の段階で、人口密度の高い都市国家シンガポールは、80パーセントの世帯の400メートル以内に公園があるようにするという目標を達成していた。[5] シンガポールは1960年代後半に初めて「ガーデン・シティ」の実現を目指した。[6] 1980年代には、この都市国家の緑地帯は推定で全土の36パーセントに達し、今日は47パーセントで、さらに増えつつある。ちなみに、リオデジャネイロの緑地帯は29パーセント、ニューヨーク市は14パーセントだ。[7] シンガポール政府は50年前、緑のスペースに投資する長期戦略計画を立て、実行した。今日、同国は創造性を発揮しながらこの使命を続行しており、従来型の公園や自然保護区に加えて、植物を配した壁や、森のような屋上、木々がびっしり並ぶ大通りや歩行者用通路にも投資している。

ジャーナリストのフローレンス・ウィリアムズはシンガポール旅行の最中に、フローレンス・ナイチンゲールも感心するだろうようなコミュニティ病院を見学することにした。[8] そこでは「多くの部屋が内側の緑豊かな中庭に面している。その中庭の庭園には鳥やチョウを引き寄せるような大小の木々がびっしりと生えている」とウィリアムズは書いている。彼女は集中治療室にも案内してもらった。そこでは「患者の1人ひとりに1・8メートルほどの窓があり、木々を眺めることができる」。「廊下や階段の多くの箇所が屋外」や「屋上の有機菜園に通じて」いた。都会の緑の空間が、自然の原野の代わりになるなどとは、ウィリアムズは示唆していない。だが、都市の密度が上がるなか、シンガポールのように緑の空間を設けるという解決策はたしかに、静けさを感じている経験を増進し、併せて、睡眠を改善し、不安とうつを軽減し、向社会的な行動を促す。

「私たちが作り出す静かな空間は、屋外に限られるべきではない」とプロクニックは書いている。「薬物の売人や銃砲の密輸入者や金融関係の悪者から没収したお金の一部を使い、ファストフードのチェーン店［の建物］を数十か所買い上げ、それを現代の静寂の家に改装すればいいではないか」と提案する。この提案をきっかけに、私たちは考えてみた。閉鎖されたショッピングモールはどうだろう？　そこを静寂の共有空間に転用できないだろうか？　もっと多くの空き地を、地域や学校の庭園に変えられないだろうか？　そして、コミュニティセンターや高齢者センターや礼拝の場はどうか？　それらにインセンティブを与え、必要とする人に毎週静かな時間を設定して提供してもらえないだろうか？　プロクニックは、いくつかの公共空間に座り心地の好い椅子や、自由に使えるペン、メモ帳を置き、ただ人々に、くつろいだり、ジャーナリングをしたり、読書をしたり、いたずら書きをしたり、じっくり考えたりしてもらうことを提案している。すでに詳しく探ったように、静けさは常に聴覚的なものである必要はない。人々が集まってボードゲームをしたり、手芸をしたりしてもいい。重要なのは、しばらくスマートフォンやコンピューター、つまり情報騒音から逃れられることだ。

第4章に出てきたナップ・ミニストリーのナップ・ビショップことトリシア・ハーシーは、臨時の「公開仮眠《ナッピング》イベント」を50回以上主催し、革命的行為として休息を奨励してきた。そう、彼女は快適なクッションだらけの魅力的な空間を生み出して、「グラインディング（身を粉にして働くこと）」から人々を誘い出す。これは人々に必要な休憩を提供するから価値があるだけではなく、ただ静寂の中で休息する活動を標準的なものにするのにも役立つ。地方自治体やコミュニティの組織がこのような創造的な方法を支え、人々を集めて静寂を共有させるところを、私たちは思い描いている。コミュニティは、美術品で飾り立てた美しい臨時の空間を用意して住民を招き、くつろいでもらったり、何もしないでいてもらったりすることができる。仮眠を取るのもいいかもしれない。異なる職業や立場の人々と、何のプログラムもない空間でいっしょに過ごす。静寂という斬新な経験を楽しむ。

アイデア2　アーミッシュのように革新する

ケヴィン・ケリーは2010年の著書『テクニウム――テクノロジーはどこへ向かうのか？』で、青年時代の個人的な旅路を描いている。大学を中退し、アジアを放浪し、それからアメリカに戻って、自転車で8000キロメートルのクロスカントリー旅行をした。[9] 何年もかけて何百ものコミュニティを通って複数の大陸を旅するうちに出合ったあらゆる驚きのうち、ケリーがいちばん衝撃を受けたのは、ペンシルヴェニア州東部の農地で見つけたものかもしれない。

アーミッシュについて自分が知っていると思っていたことのほぼすべてが、間違っていた。荷馬車に乗り、バターを手作りする、この教派の信奉者たちは、あらゆる工業技術に反対すると世間では信じられているのとは裏腹に、「アーミッシュの暮らしはアンチ科学技術には程遠い」ことをケリーは発見した。たとえば彼は、4万ドルするコンピューター制御のフライス盤をコミュニティのために操作する一家に会った話をする。たしかにアーミッシュの女性はボンネットを頭に被るし、アーミッシュの家庭は労働集約型の何世紀も前の農業技術を多く使う。だがケリーは、自分が出会った人々は「独創的なコンピューター・マニアや思索家、究極の製造者やＤＩＹ愛好者」で、「驚くほどのテクノロジー支持者であることも多い」と述べている。

テクノロジーに対するアーミッシュの取り組み方を調べたケリーは、彼らが新しいイノベーションを採用するかどうかを、並外れて思慮深い方法で決めていることを発見した。それはたいてい、次のように行われる。コミュニティの誰かが地域の長老（「ビショップ」）たちに、個人用デバイスや農具など、新しいテクノロジーを試す許可を求める。通常は許可される。それから、この最初の採用者の生活に新しいテクノロジーがどのような影響を与えるかを、コミュニティ全体が注意深く見守る。仕事が効率的になっているか？　そのテクノロジーは健康に良いか？　そのテクノロジーのせいで採用者は自己中心的になっているか？　人格や労働倫理に悪影響が出ているか？　コミュニティの人々が意見を出し合った後、ビショップたちが最終評価をする。

要するにアーミッシュは、普通、文化としての自らの価値観から出発する。その価値観には、コミュニティの団結、謙虚さ、強固な労働倫理、そして、そう、静けさなどがある。それから彼らは、新しいテクノロジーがそれらの価値を損なわずにコミュニティにとって利益を生むことができるかどうかを、意識的に評価する。

答えが「イエス」なら、新しいテクノロジーを採用して使う。

ケリーの著書とアーミッシュのテクノロジー評価モデルについて私たちが最初に知ったのは、カル・ニューポートの著述を通してだった。彼は、アーミッシュの取り組み方のさまざまな要素を、誰もが自分の個人生活に応用できる、と主張している。彼は「デジタル・ミニマリズム」という自身の哲学の一環として、各自が自分の価値観を見極め、そこからさかのぼって、生活の中で採用するテクノロジーがみな必ず、自らのウェルビーイングを本当に改善し、それらの価値観を尊ぶものとなるようにすることを、賢明にも提案する。[10] 私たちはこの提案がおおいに気に入っている。それに、私たちはそのロジックを社会のレベルにも当てはめることができる。

この国の政府や地方自治体は、規制に対するアーミッシュの取り組み方をヒントにして、「ピカピカの新しい」ものなら何でも一律に敬うのをやめて、心と体のウェルビーイングなどを優先しはじめられると、私たちは考えている。科学政策とテクノロジー政策の一部の領域には、新しいイノベーションを正式に評価するプロセスがすでにある。たとえば食品医薬品局は、薬の臨床試験では、効果だけではなく広範な副作用も評価することを義務づけている。薬の規制者側は、独自の広範に及ぶ費用便益分析を行い、承認についての決定を下す。

だが、テクノロジーに関する非常に重要な決定では、その種のことはまったくなされていない。厳しい臨床試験もなければ、独立した費用便益評価もなされないうちに、フェイスブックは「いいね！」ボタンを導入した。それが作動記憶やティーンエイジャーの不安に与えるかもしれない影響や、外国政府による誤情報キャンペーンに悪用される可能性や、「完璧な自撮り画像」を撮影しようとする試みに由来する死者の増加（２０１１～２０１７年に、２５９件が記録されている）の調査は、求められなかった。

社会や情緒や知性の健全さに重大な影響を与えるテクノロジーを監視し、場合によっては規制するためには、食品医薬品局のテクノロジー版が必要だ。私たちは人々にとって何が良いかを決めるために、アーミッシュのビショップたちのような俗世間から隔離された集団を求めているわけではない。技術に関して有能な専門家のグループを組織して、十分な資金を提供し、政治家や一般人が真のコストと便益を理解してそれに基づいて行動できるようになることを願っているのだ。

これはまったく新しいアイデアというわけではない。かつてアメリカ政府には技術評価局があって、大半が博士号を持つ１４０人ほどのアナリストのチームが、議員に知識を提供し、テクノロジー関連の法律を詳しく調べていた。[11] １９９０年代半ば、納税者のためにわずか２０００万ドルを節約する目的で、同局は廃止された。今日、テクノロジーやその他の大きな社会の動向の意味合いを評価するはずの立法府のさまざまな調査機関は、１９７９年と比べると人員が推定で2割減っている。２０１７年の『ワイアード』誌の記事でジャスティンと同僚のスリダー・コタが調べているように、技術評価局の廃止は、機能しないサイバーセキュリティ法案が提出されたり、国家安全保障局の監視プログラムが暴走したりする一因となった。[12]また、政府がテクノロジーの動向を有意義なかたちで追い、理解し、それに即して公益を守ることができていない一因にもなっている。テクノロジーの影響を評価する機関が存在しなければ、テクノロジーについて人々が行っている選択が、人々の真の価値観を反映しているかどうかは評価のしようがない。

テクノロジーの統治に対するアーミッシュの取り組み方の正当性は、年を追うごとに強まっている。AI（人工知能）の台頭、モノのインターネット（IoT）の拡張、ウェアラブル（さらにはインプランタブル、つまり埋め込み可能な）情報テクノロジーの出現によって、人々の内部と外部のサウンドスケープは予測が難しいかたちで変わりそうだ。とりわけ重大なテクノロジー関連の決定を厳重に精査することには、特別に過激なところも、過剰に介入主義的なところもまったくない。そうした決定は、経済成長や雇用創出への影響に基づいてだけではなく、ほとんどの人が大事にすること――たとえば、中断されずに近しい人々と会話ができることや、平穏と静けさに満ちた素朴な時間をじっくり楽しむこと――への影響にも基づいて評価されるべきだ。

アイデア3　大切なものを測定する

有名な経済学者ジョン・メイナード・ケインズは1930年に、「我が孫たちの経済的可能性」という小論を発表した。[13]その中で彼は、次のように想像した。テクノロジーと生産性の向上のおかげで、2030年には誰も毎週15時間を超えて働かなくてよくなっている、残りの時間は、レジャーと文化的活動に充てられる、と。ケインズの楽観的な見通しは、ある意味で、「騒音を克服した世界」についてのものだった。そこでは省力化テクノロジーの進歩のおかげで、誰もが大小さまざまな注意散漫の原因を超越して、最高の繁栄を促す活動に集中できる。ケインズの見通しでは、人々は愛する人とともに自然を堪能したり、芸術と音楽を創造したり、ことによると内部静寂のフロー状態――大好きなことをするのに没入した状態――に入り込んだりして、ほとんどの時間を過ごす。

ところが、ケインズがその小論を書いてから100年後、ほぼ正反対のことが起こってしまった。大方の人がかつてないほど働いている――あるいは、少なくとも仕事について考えている。経済的には必ずしも生産性が高くない、深い充足感を追い求めるという意味での「レジャーと文化的活動」は行われていないようだ。テクノロジーは、人を騒音から解放してはいない。むしろ、前より多くの騒音を生み出している。

では、なぜ人々はケインズの2030年の見通しからこれほど掛け離れてしまったのか？見当違いのものを測定し続けてきたから、というのが1つの答えだ。私たちは、質ではなく量、最適なウェルビーイングではなく最大の生産量という目的に従って、経済の舵を取ってきた。

第2章で、GDPが、国家が成功を測定する主要な基準になった過程を探った。GDPは、じつは、産業の生の生産高――特定の期間に生み出された製品とサービスの貨幣価値――の指標にすぎないが、ほとんどの国では公共政策とビジネスの意思決定にとって群を抜いて重要な数値尺度となっている。とはいえ、あの章で説明したとおり、GDPの上昇は、人々の利益に逆行することが多い。GDPはしばしば、自然災害や環境の劣化、犯罪、病院の入院期間が進んだり増大したりするのに伴って増加する。

アルゴリズムが人々の静かな時間を奪い、使用統計値を上げたり、雇用者が夜遅くにメールで要求をして（返事を受け取り）従業員にもっと働かせる方法を考え出したりしたときに、GDPは増える。この数値は、人間の真のウェルビーイングについては、驚くほどわずかしか語っていない。

もし人々が、ありふれたビジネスの格言にあるように、「自分が測定するものを管理する」のなら、現在は精神的な刺激と物質的なものの両方の生産を最大化するために、経済と社会を管理していることになる。人々は、産業用機械の唸りや、管理職が従業員をコンピューターに張りつけておける時間数や、人の注意を本人がするつもりのことから逸らして製品やサービスを購入する方向に導く広告とアルゴリズムの有効性で、「成功」を測定している。

だから、ここで1つのアイデアを示そう。人々を栄えさせるものをもっとよく反映するように、測定方法を改善する。

この1つのシステム変更は、人々がジョン・メイナード・ケインズの楽観的な夢に近づく助けになるかもしれない。「騒音の祭壇」を取り除く助けになるかもしれない。

近年、この方向での運動がいくらか見られる。2019年にノーベル経済学賞を共同受賞したエステール・デュフロとアビジット・バナジーは、今や「成長に対する「私たちの」職業の執着を捨てるとき」かもしれない、と最近書いている。ドイツ、フランス、イギリスを含め、多くの国が、より幅広い国家の進歩の指標に取り組みはじめている。一方、ヴァーモント州、オレゴン州、メリーランド州、ユタ州の研究者たちは、交通のようなコストや家族で過ごす時間のような便益を考慮する新しい指標を試している。有名な話だが、ヒマラヤの王国ブータンは、何十年もかけて、同国が「国民総幸福量」と呼ぶものの測定方法を開発してきた。この種の指標の研究はまだ完成していないが、統計と計算の進歩のおかげで、経済的な測定方法に取って代わる取り組み方が、しだいに実行可能になってきている。ジャスティンと、仕事仲間でシエラクラブのリビング・エコノミー・プログラムのディレクターのベン・ビーチーは10年ほど、GDPを一変させられるような類の実際的な政策変更について考えてきた。そして2021年の初めに、2人は『ハーヴァード・ビジネス・レヴュー』誌に小論を発表して、アメリカ政府はこんなふうに国家の指標を作り直してもいいのではないかという方法を説明した。[14]

それは次のようなものだった。GDPの標準的な測定値は、依然として実用性を持っているので、完全に捨て去るべきではない。むしろ各国政府は経済の測定方法を変え、単一の指標（GDP）に頼る代わりに、一連の指標に頼るようにするべきだ。同じようなシステムが、失業率（これはU1からU6までで計算される）、消費者物価指数、通貨供給量を測定するためにすでに導入されている。

この取り組み方の下では、以下のような指標が測定される。

- G1は、従来のGDPで、国民所得の標準的な基準。
- G2は、GDPの方式に基づくが、経済をより幅広く捉えた結果を示し、たとえば、所得がどれほど公平に分配されているかを明らかにする一方、現時点では無視されている、育児のような無給のサービスの価値も反映する。

・G3は、より長期的な未来に的を絞り、たとえば、汚染や資源の枯渇と結びついているコストを考慮に入れる一方、教育や自然保護へのより長期的な投資の便益も考える。

・G4は、ブータン流の国民総幸福量のようなものを測定し、公衆衛生や社会的つながりの統計値のような、人間のウェルビーイングのより幅広い指標を組み込む。

単一の粗い数値（GDP）から離れ、一連の調整済みの指標（G1〜G4）へと移行する目的は、汚染や不平等にスポットライトを当てることではない。もっとも、これらの問題に光を当てる助けにはなるだろうが、経済生産高の報告書には普通は表れない進歩の重要な側面――環境保護、イノベーション、教育の成果といった、すべてもっと長期的な視点で眺める必要がある側面――を強調することも狙う。

GDPを一連の指標に変え、人間の真の健全性の、より幅広く深い基盤を取り込めば、騒音のコストと散漫でない注意の望ましい価値を測定し、併せて管理しはじめることができるだろう。たとえば、注意散漫と集中の妨害――ポップアップ広告や公共空間で大音量を発するテレビ、24時間いつでも対応可能であるようにという要求の弊害――の「経済的な外部性」のコストを、推定したり割り振ったりできるだろう。やかましい慣行が人々のウェルビーイングや長期的な生産性を損なうことを考慮に入れれば、経済の観点からそれらを純粋に好ましいものとして大切にすることは、もうなくなるだろう。

GDPのさまざまな指標をさらに洗練させれば、休息や、自然へのアクセス、さらには、不安がないことといった好ましいメンタルヘルスの成果などの要因にも、価値を割り振ることさえできるかもしれない。

要するに、金銭に換算されていない人間の注意には、ただの「無用のもの」以上に価値があることをようやく認めるように経済を構成しうる。聴覚や情報や内部の静寂は人の健康と認知能力と幸福にとって重要であるという事実を、成功の尺度に反映させることができるのだ。

もちろん、ここからは大きな疑問が湧く。静かな時間という個人的で主観的なものに、どうやって定量的な数値を割り振ればいいのか?

経済学者と環境保護主義者は、たとえば国家経済の計測の問題点についての、先見の明のある演説でロバート・F・ケネディが喪失を嘆いたセコイアの林に、貨幣価値を割り振るのがそもそも望ましいのかどうかという疑問について、何十年にもわたって議論してきた。セコイアの林は値がつけられないほど貴重だ、と言う人も多いだろう。私たちも同意したい気がする。それでも、現在のGDPの経済パラダイムの下では、何の金銭目的にも利用されていない林の価値は、暗黙のうちにゼロに設定されている。実際、明白で簡単に測定できるかたちで経済生産高に寄与していないものや活動は何であれ、価値はゼロとされる。だから、成長を管理する目的で構成された政治と経済の制度には、これらのリソースや活動を擁護する構造的なインセンティブはない。

より洗練された測定システムを構築するのに必要な作業の1つは、私たちの経済制度が現在は無価値と見なしているものに値段をつけるという、ひと筋縄ではいかないものだ。今日、さまざまな政府間組織や学術機関や企業が、「真の原価」あるいは「フルコスト」の計算モデルを開発している——汚染のような好ましくない外部性や、環境資産や社会資産の望ましい便益に定量値を割り振り、もっと優れた進歩の基準を定めるためだ。この取り組みの一環として、研究者と専門家は、騒音と注意散漫のコストを考慮に入れる方法に加えて、純粋な人間の注意に、さらには静かな時間にさえ価値を割り振る方法も考えるべきだ。各国がＧＤＰを現代化する法律を成立させるなか、新たに審議会を設置してこれらの価値の計算について合意することが欠かせない。これらは技術的な問題だが、人々の価値観を進歩の測定に取り込むためには、最終的にきわめて重要になる。これらの決定は、より人道的な優先順位や基準を設けるのに必要だ。

アイデア４　注意の権利を神聖なものとして大切にする

１９８１年、ロナルド・レーガンは大統領に就任して早々、費用便益分析と呼ばれるプロセスに基づいて新しい規制の候補を評価する権限を、ほぼ無名の政府部局に与える行政命令に署名した。費用便益分析は、「規制から社会が受けるであろう恩恵が、社会が負わされるであろう費用より大きい」かどうかを判断する方法として確立された。

これは分別のある取り組み方に見えた。だが実際には、ＧＤＰ成長のやかましいパラダイムの悪いところをほぼすべて体現する結果になった。

すぐに明らかになったのだが、大企業は弁護士を雇い、規制が自社のクライアントにとってどれほど大きな負担になるかを示せば、規制をめぐる戦いに勝つことができた。建物に防音処置を施したり、もっと静かな内燃機関の研究を行ったりといった、騒音緩和の費用は直接のもので、簡単に定量化できた。一方、騒音対策の法律の「便益」――たとえば、有毒な汚染で家族が病気になって亡くなるのを目にしないで済むことの情緒的な価値や、ニューヨーク市の小学校の教室に対して妥当なサウンドスケープが及ぼす長期的な効果――は、明確に示すのがもっと難しい。

その結果、レーガン時代の反規制の改革運動家たちは、さまざまなプログラムのなかでも特に、ニクソン時代の騒音緩和の取り組みをじつにわかりやすい標的にして、予算に大ナタを振るった。

費用便益をきちんと計算したら、ニクソンの騒音対策局の存在はまず間違いなく正当化できるだろう。聴覚騒音を減らすために1970年代に政府が講じた具体的な措置――より静かな産業テクノロジーの研究や、製品基準、基準を実施するための地方自治体への助成金――は、今日でも相変わらず必要とされている。

だが、聴覚騒音だけではなく、それ以外のものにも目を向ける必要がある。昨今、あらゆる種類の騒音は大幅に強度も複雑さも増しており、それも考慮に入れなければならない。

私たちはそれを念頭に置き、聴覚騒音だけではなく情報騒音と内部騒音にも対処する、新しい騒音対策局を設立したらどうなるか考えてみた。

2020年の民主党の大統領候補指名を受けるために遊説していたアンドリュー・ヤンは、「アテンション・エコノミー省」の新設を提案した。これは最初、大衆受けを狙った選挙運動スローガンの一種に見えたが、彼のアイデアは重要な問題を提起していた。もし人々が目覚めている時間の大半をコンピューターやスマートフォンやテレビ（あるいは、彼らの意識を奪おうとする広告者やデータ収集者が競争する他のメディア）を使いながら過ごすのなら、注意——国防や外務や交通といったものと同等の問題——を規制する政策組織があっても当然だろう。

「注意の貧困」で有名なハーバート・サイモンは、「アテンション・エコノミー」という言葉も造った。サイモンは、マルチタスキングは神話にすぎないとし、人々の注意を「人間の思考のボトルネック」に向けさせた。彼は何十年も前、人々の稀少な注意が商品化され、操作され、売買されうることに気づいた。そして、注意に関しては、水や森林といった他の資源を規制するために存在しているような、市場を公正に機能させたり、公益を守ったりする効果的な規制機関がないことにも気づいた。今日も依然としてそのような機関は存在しない。

近年、人道的テクノロジー・センターのチームなど、以前はシリコンヴァレーでエンジニアやデザイナーをしていた先駆者たちが、かつて所属していた産業がもたらした注意の貧困の結果の「棚卸し」をしている。同センターの「害の台帳」は、アメリカの統治制度が現在無視している、真の費用計算を少しでもしようという試みだ。同センターは、自らが「オンライン損害《ハーム》」と呼ぶものの証拠の目録を作っている。たとえば、ハームの1つとして、デジタルメディアがほとんどの人に19秒に1回の割合で視覚コンテンツを切り替えることを促すように設計されているという事実が挙げられる。このような注意の切り替えは、意識を集中する能力に有害な、明らかに中毒性のある「神経学的ハイ」を引き起こす。別のハームの例として、部屋に自分のスマートフォンがあるだけで、本人の注意のリソースが枯渇するという証拠がある。

多くの人が個人として、こうした害をしだいに自覚するようになってきた。それでは、それを政策の問題と捉え、集団として対処するにはどうしたらいいのか？

私たちは最近、ニコール・ウォンに話を聞いた。彼女は、２００４年から２０１１年にかけてグーグルの法務担当責任者を務め、オバマ政権のホワイトハウスで最高技術責任者補佐として働いた人だ。今は、プライバシーの権利と人間の注意の保護を提唱している。私たちは会話の中で、どちらかというと単純明快なアイデアを持ち出してみた。たとえば、画面を見ている時間を最大化させるためにデザインされたのが明らかな無限スクロールや自動再生などの機能を禁止する、というアイデアだ。すると彼女は、「技術的なデザインを対象とする規制は、概して良いとは思いません」と言った。「テクノロジーは、法律ができ上がるよりも先に、回避策を生み出すものです」。言い換えれば、特定のテクノロジーを禁止するのは、これまた「モグラ叩き」になりうるということだ。

ウォンは、どんな害がなされているかに目を向けることを提唱する。「意図的に害が生み出されている」ときには、なおさらだ。彼女は例を挙げて説明した。「『とりわけ13～18歳の人を引きつけられるのがわかっているので、自動再生機能を組み込んでいる』という人がいたら、そういう行為こそ、規制することができます」。そこから彼女にはアイデアが浮かんだ。「連邦取引委員会［ＦＴＣ］を焚《た》きつけて、不健全な慣行を取り締まらせることができるのではないでしょうか」と彼女は言う。アメリカでは、ＦＴＣの影響範囲には、消費者保護、サイバーセキュリティ、プライバシーが含まれ、子どもがかかわるときには特に影響力が強い。ＦＴＣは「詐欺的な手法や不公正な慣行」から人々を保護する権限を委ねられている。ウォンは「注意泥棒」という、明らかに挑発的な言葉を使い、そういう行為を想定すれば、人間の注意を奪って収益化するようにデザインされたテクノロジーが引き起こす害を調査する権限をＦＴＣに与えられる、と言った。「［それらの害を］調査すれば」、ＦＴＣは「業界の他の人々にも、警告を発することになります」と彼女は主張する。

人道的テクノロジー・センターの最高モービリゼーション責任者のデイヴィッド・ジェイは、これらの害をうまく処理するという至難の業を、明確で単純な言葉でこう表現した。「何がオフリミットかを明示すること」。意図的に注意を引くようにデザインされた種類の慣行やアルゴリズム、特に、彼に言わせれば、人々を「本来の目的から逸れて時間の無駄遣いに」はまり込ませる機能——翌日も学校があるのに未明までニュースフィードの無限スクロールや一気見《いっきみ》をさせる機能など——を見つけ出し、管理しようとすることだ。この分野での政策立案作業の重要な目的は、「アルゴリズムの作動の仕方に関して、ユーザーにもっと主体性を与える」ことであるべきだ、と彼は言った。それでも、政府の正式な規制は、解決策のほんの一部でしかない、と彼は主張した。「テクノロジーは規制が追いつけない速さで発展します」。最終的には、「アルゴリズムに何をやらせるべきかについて、責任ある公の議論」が必要になることを、彼は指摘する。

人道的テクノロジー・センターの共同創立者で業務執行取締役のランディマ・フェルナンドは最近の会話で、根本的な課題を説明してくれた。「制度全体が、静かでいないことへのインセンティブに基づいて構築されています。アテンション・エコノミーで静かにしていたら、負けてしまいます」。人の注意の保護は、地球上で屈指の力を持ついくつかの企業の中核的な金儲《かねもう》け事業と衝突するというのが現実だ。フェイスブックの「いいね！」ボタンのような、社会的承認のためのデザイン機能が企業のビジネスモデルに不可欠なのは、人のドーパミン受容体をハイジャックし、それによって意識的な注意もハイジャックするうえで、それがとりわけ効果的だからにほかならない。近くにスマートフォンがあると人の注意力がはなはだしく損なわれるのは、1つには、人間の脳が社会的承認から得られる生化学的な快感を強く望みはじめるからだ。この種の神経生物学的操作がどれほど悪質であろうと、この強力な利潤動機の上に構築されている市場をそっくり解体するのは依然として難しい。

プラットフォームが注意を奪う強いインセンティブを持ち、しかも、規制者による制限に素早く適応できる世界では、アテンション・エコノミーの害に対処する新しい公共政策はどれも、国民の認識を高め、消費者の行動を変えることを主眼とするべきなのは、当然だ。これは、透明性を重視することを意味する。しばらく、タバコのことを振り返ってほしい。過去数十年間に喫煙率が大幅に下落したのは、政府がタバコ製品を禁止したからではない。マールボロの箱に印刷されたもののような「公衆衛生局長官による警告」がフェイスブックのログインページに現れ、広告の製品やサービスを売る目的であなたの脳内の化学成分を意図的に操作する高度なツールがこの製品には使われていることが説明されるところを想像してほしい。各国政府は、大手テクノロジー企業に、自社のデザインの機能が人間の注意に与える影響についての、自らの調査結果を公表するように義務づけることで、透明性に向けた第一歩を踏み出せる。そうすれば、一般大衆が自分たちの脳に何が起こっているかをもっとよく理解できるように、企業は自社の正直な「害の台帳」を示さなければならなくなる。適切な透明性とプレッシャーがあれば、消費者の好みを変え、ついには企業の行動も改めさせることができるだろう。

ウォンは、これが可能だと考えている。「テクノロジー業界は、いわば目覚めかかっています。そして、こちらのほうがなお重要なのですが、テクノロジー企業のユーザー基盤も目覚めかかっているのです」と彼女は語った。最近、一部のプラットフォームを駆り立てて、制限付きではあるものの、「いいね！」ボタンのような社会的承認機能を隠す実験や、フィードを無限スクロールへの誘いで満たす代わりに、ユーザーが友達からの投稿に「すっかり巻き込まれ」ていることを知らせる実験を行わせたのは、否定的な評判――と、それに伴う多大な経済的な影響――だった。これらはごく小さなステップにすぎないが、変化が可能という証拠にはなっている。

ロサンジェルスの弁護士ジャスパー・トランは最近、法律の総説論文を発表し、「注意の権利」は立法あるいはコモンロー（慣習法・判例法）によって法律上の権利とするべきだ、と述べた。彼によれば、この「権利」は、じつは「権利の束」であり、たとえば、「要求されたときに注意を払うのを拒む権利や、独りにしておいてもらう権利、迷惑メールを送信されない権利、広告を望んでいないときや頼んでもいないときに受け取らない権利……本人の意思に反して情報を受け取ることを求められない権利」などが含まれるという。

注意の権利を本当に実現することが何を意味するだろうかと考えるとき、人は人間の意識を情報時代の容赦ない騒音から守ることが頭に浮かぶ。先程説明したばかりの、規則や透明性の要件のような、テクノロジーの規制にかかわる複雑な問題を思い浮かべる。

だが、人間の注意を守る非常に重要な方法のいくつかは、政治権力にまつわる昔ながらの問題に行き着く。それらは、ハイテク時代の「モグラ叩き」よりもむしろ、典型的な組織化と団体交渉にかかわるものだ。

ジェニー・オデルは著書『何もしない』の中で、アメリカの労働運動が１８８６年に１日８時間労働制を求める、数十年に及ぶ組織的活動を始めたことを記している。職業・労働組合連盟は、今や有名な、「労働に8時間、休息に8時間、やりたいことに8時間」というモットーを打ち出した。同連盟は、1日の3つの部分を視覚的に表現した図を作った。それには、持ち場にいる衣料業界の労働者と、毛布から足先を出して寝ている人と、水に浮かんだボートにいっしょに座り、組合の新聞を読んでいるカップルが描かれていた。この、「やりたいことに8時間」という1日の区分は、「余暇」や「家事」、あるいはその他のものとはされていなかった。オデルが述べているように、「その時間を最も人道的なやり方で記述するのなら、定義をするのを拒むことだ」。それは人々が、雇用者が押しつける精神的刺激――本人の意思に反してその人の注意を占め続ける、誰かの騒音――から解放される時間だ。

その労働のモットーが打ち出されてから135年後、そして、1日8時間労働制が確立されてから1世紀以上過ぎた今日、人間の注意のために、この初期の運動を復活させる必要がある。過剰な労働の義務の騒音は、今日、ほとんどの人にとって深刻な問題になっている。インターネットに常時接続できるため、仕事は個人の時間や空間にまで忍び込み、「やりたいことに8時間」かけるのをしだいに難しくしている。それどころか、「休息に8時間」かけることさえ妨げる場合が多い。在宅勤務革命は、こうした時間の剝奪に拍車を掛けるばかりだ。

幸い、人間の注意泥棒のこの面に対処するための政策を選択することができる。フランスは2017年に、1日の勤務が終わった後に電子メールやノートパソコン、電話、その他の「電子的拘束」から「接続を断つ権利」を労働者に与える法律を制定した。勤務時間後にも労働者にインターネットに接続していることを、しばしば暗黙のうちに要求する、「無申告労働の爆発的増加」を、フランスの労働組合は長年嘆いていた。最近実現したこの規制は、50人以上の従業員を抱える企業に、オフィス外のコミュニケーション・ガイドラインについて従業員と交渉することを義務づけ、彼らが休息を得られるようにした。フランスの労働省が述べたように、「これらの措置は、休息時間と……仕事と家庭と私生活のバランスの尊重を保証するべく意図されている」。

「注意の権利」は、20世紀のフランスの哲学者ジル・ドゥルーズが「何も言わない権利」と呼んだものを思い出させる。それは、人はみな、妨げられることのない自分の「内面生活」を維持する権利を持つという考え方と、それに伴う、社会は人間のこの根本的な側面を尊重するべきであるという考え方だ。これは、政治、法、経済、文化、心理、さらにはスピリチュアリティにさえも影響を及ぼす幅広い概念だが、その基本的な前提は単純で、支え切れないような騒音の負担に、誰一人屈するべきではない、というものだ。

アイデア5　クエーカーのように審議する

マイケル・J・シーランはイエズス会の神父であり、政治学者でもある。彼は1970年代にプリンストン大学の博士課程に在籍していたとき、合意に基づく意思決定という、宗教団体と非宗教的な政治機関の両方に重大な影響を持つテーマに心を奪われた。

世界でもとりわけ有名な審議機関のいくつかが、合意に基づいて業務を行っていることを、シーランは指摘した。たとえばアメリカの連邦議会上院は、通常は「全会一致の同意」の下でほとんどの協議を進める。規則によれば、たった1人でも議員が同意を拒めば、上院の議事進行のかなりの部分を妨げることができる。国際連合総会も、多くの場合、合意に基づいて運営されている。そして、多くの企業の取締役会も、主に全会一致で意思決定を行う。

とはいえ、これらの例では、真の合意の精神から欠けているものがあることを、シーランは指摘した。たとえば上院では、全会一致の同意が標準的な運営規定ではあるものの、それは近頃ではごくありきたりで異論のない議題を効率的に処理するためにしか使われていない。重要な案件は、議事妨害や反対投票の対象となる。国連では全会一致の規範はたいてい、各国が特定の問題について態度をはっきりさせるのを避ける手段となり、論争を避けつつ、裏に回って本当の交渉をすることを可能にする。企業の取締役会での全会一致は、自らが選んだ上級管理職による決定の全面的承認であることが多い。こうした例はおおむね、合意の形成の評判がこれほどお粗末である理由となっている。

それでもシーランは、徹底して合意に基づく意思決定を実践した、ある組織を調べた——ひたすら意見の相違を避けたり取り繕ったりせず、より永続的な解決策を巧みに導き出すために異論を取り込む、本物の合意に基づく意思決定を。それはクエーカーのものだった。シーランは友愛の町フィラデルフィアで行われる主要な審議会である、年次総会に出席した〔訳注　フィラデルフィアは、ギリシア語で「愛」を意味する「フィル」と「兄弟／姉妹」を意味する「デルフィア」にちなんでクエーカーに命名された〕。彼はその後2年を費やして、信仰を実践しているクエーカーを対象に何百回もの面接を行い、彼らの物事の進め方の理解を深めた。

シーランは1983年の著書『多数決原理を超えて（*Beyond Majority Rule*）』の中で、クエーカーの

「実務のための礼拝会」が、投票を行わずに全会一致の決定で運営されている様子を説明している。[15] もっとも、これらのミーティングでは、クエーカーはしばしば激しく意見が分かれる問題を取り上げる。シーランは、埋葬地を拡張するかどうかをめぐるコミュニティの審議を、例として挙げている。拡張賛成派は、愛する人々や祖先やコミュニティの他の人々のそばに誰もが埋葬場所を確保できて当然だ、と言って譲らなかった。反対派は、拡張すれば子どもたちが遊べる場所が狭くなる、と主張した。その会議では、参加者の感情が高ぶってきた。全会一致が実現不可能なのが明確だったので、会議のクラーク（議長）は議事録を作成しなかった。彼はこの問題を1か月間「休ませて」おくべきだと判断した。コミュニティのメンバーは自宅に戻り、後日まで「問題を棚上げ」にしておいた。けっきょく半年間、審議と「休み」を繰り返すうちに、みなの気持ちが収まり、新しい解決策が現れはじめた。そして、子どもたちの遊び場に差し障りがない、限定的な拡張を行う方法が見つかった。その静寂と時間と空間の中で、以前は思いつかなかった可能性が浮かび上がってきたのだ。誰もが新しい解決策に賛成した。クエーカーのミーティングのような、遠慮なく発言ができる空間——安心して異議を唱えられる空間——の中でさえ、一連の手続きの間にこの妥協に遺憾の意を表明した人は誰もいなかったことを、シーランは指摘している。

スチュアート・チェイスは1951年の著書『同意への道（*Roads to Agreement*）』の中で、クエーカー流の審議の特徴をいくつか挙げている。[16] 全会一致で投票なし、考えを持った人全員の参加、指導者の不在、事実に焦点を合わせること、位や身分の上下がないこと、などだ。この「秩序ある無政府主義」に類するものの要素は、他の種類の組織でも見つかるが、チェイスはクエーカーの特徴を、他に3つ見出している。あらゆるミーティングの始まりでの沈黙と、まだ合意に至らない場合の一時的延期、傾聴を学ぶことの重要性（けっして先に心を決めてから会議に参加してはならない、という勧告を含む）だ。これらはクエーカーの価値観をきちんと取り込んでいる。

第4章で紹介したように、非営利サービスのリーダーで、教育者で、生まれながらのクエーカーであるロブ・リッピンコットは、「実務のための礼拝会」の目的は「議論」そのものではなく、しばしば「スレッシング（脱穀）」と呼ばれるものだと説明している。それは識別の実行だ。それには、自分の立場を擁護したり、自分の自我を肯定したり、自分が正しいと証明したりするのは避けることを約束する必要がある。それは、誰が正しいかではなく何が真実かを判断する、集団審議のためのモデルだ。「真理の探究者は黙さなくてはならない」と、ガンディーは力説した。みなで真実を突き止めるには、注意散漫と敵愾心《てきがいしん》の騒音を克服するための手段として、静寂と休息のメカニズムが求められる。個人的な見解に基づかずに傾聴するという、全員の約束が求められる。

クエーカーの取り組み方は、沈黙の中での観想に根差した、本物の合意に基づく集団意思決定の、唯一のモデルではない。地球上で最古の参加型民主主義として知られる北アメリカの先住民部族のイロコイ連邦は、複数のレベルでの合意のための審議に基づく、多様で非常に平等主義の社会を築いた。[17]「平和の大いなる法」という、イロコイ連邦の口承の憲法——権力の抑制と均衡と分離を重視する——をインスピレーションの直接のもととしてでき上がったのがアメリカ合衆国憲法だ、と考える学者は多い。だが、アメリカの憲法が多数決原理を軸としているのに対して、「平和の大いなる法」は合意に重点を置いている。

イロコイ連邦モデルで合意に達する能力は、みなで沈黙の中での観想を行う能力に直結している。もしあなたがイロコイ連邦の意思決定集会に参加したら、「ホーデノショーニー感謝祭声明」の暗唱を耳にする可能性が高い。それは、水域や動植物や自然のあらゆる力への感謝の声明だ。声明の各部分の後に時間を取り、みなで恭しく注意を払い、「今や私たちの心は1つ」という、超越的な言葉を繰り返す。

現代のアメリカ合衆国上院や国連総会、フォーチュン500企業の取締役会のような機関が、みなで静寂の中での観想を行って1つになるという慣行を通して合意を見出すところを想像してみてほしい。こうした集まりの参加者たちが心を1つにしようとしているところを想像してほしい。かなり信じ難い発想だろう。それには理由がある。シーランが40年前に見て取ったように、クエーカーのミーティングで合意の慣行が実現可能なのは、参加者が価値観を共有しているからだ。クエーカーの——そして、イロコイ連邦の——取り組み方が可能なのは、シーランの言葉を借りれば、「参加者がコミュニティの中にいる」からだ。彼らは「有機的な集団」に属しており、「その集団の利益と目標が最初の基準点になっている」。上院と国連総会のメンバーは、「コミュニティの中」にいない。現代西洋社会のメンバーの大半は、シーランが「個人化したばらばらの」文化と呼ぶものに属している。その文化は「個人に的を絞った出発点を捨てられないため、コミュニティになれない」。アメリカは当然ながら、そのような文化の典型だ。

合意に基づく意思決定を目指すためには、人は過度に個人的な視点を超越することを学ばなければならない。脳のデフォルト・モード・ネットワーク——「ミーネットワーク」——の外に足を踏み出すことを学ぶ必要がある。独立した自己の騒音を乗り越えられるようにならなくてはいけない。

もちろん、どうやって価値観とコミュニティの方向性をこのように変えるか、という疑問に対する簡単な答えはない。それでも、クエーカーの「実務のための礼拝会」が持つ「休み」のメカニズムや、「ホーデノショーニー感謝祭声明」の統合の儀式のような、静寂の慣行が出発点となる。静寂を尊ぶ社会を築くには、公式の規則と小規模な規範の両方を変える必要がある。トップダウンとボトムアップの両方の変化が求められる。

敬意を育む

第5章で、環境心理学者のアーリーン・ブロンザフトが1970年代に行った先駆的な研究に触れた。地下鉄が甲高い音を立てる高架線部分に教室が隣接したマンハッタンの小学生に騒音公害が与える認知的な影響を調べたのが彼女だ。その画期的な研究以来、彼女は50年近くを費やして、社会が聴覚的な注意散漫の原因の音量を下げるのを助ける方法を考えている。これまで彼女は、騒音公害の問題でニューヨーク市の5人の市長の顧問や、国策に関する連邦政府の技術顧問を務めるとともに、騒音対策局のような真剣な規制機関の再設置を提唱してきた。

ブロンザフトは2020年末、この何十年にも及ぶ努力を振り返り、現代世界の騒音管理のきわめて重要なカギについて語った。

「たった1語で騒音の侵入を本当に減らすことができるでしょう」と彼女はあるインタビューで語った。「その言葉とは、敬意です」

この「敬意」という単語は、近頃しきりに使われるが、それにもかかわらず、とても深遠なことを伝える。他者の尊厳を認めること、そして、他者が自らの意義とウェルビーイングを見つける権利を守ると約束することだ。「respect（敬意）」という単語は、ラテン語の「respectus」に由来する。このラテン語は、「振り返る」という意味だ。誰かに、その人にふさわしい、もっと深い考慮を払うかのように、文字どおり「振り返る行為」を意味する。

ブロンザフトの主張の単純さは、私たちの目の前の仕事の本質を衝いている。私たちはあらゆる人が自分の「内面生活」や明確さ、さらには驚嘆の念さえ経験する権利を尊ばなくてはならない。この種の深い敬意は、現代のコミュニケーションのモードでは失われてしまう。この喪失が、グローバルな騒音レベルの上昇と、合意を見出す能力の低下の両方の一因となっている。

１９７２年の騒音規制法の制定から50年後、騒音の特質は劇的に変化した。規制政策作りは、情報騒音の大規模な猛攻撃に直面し、はるかに込み入ったものになった。それでも、敬意についてのブロンザフトの主張は、聴覚騒音だけでなく、情報騒音や、内部騒音にさえも当てはまる。今、社会と経済とテクノロジーの制度を、敬意という価値観で満たすための作業が行われている。たとえば、人道的テクノロジー・センターの改革論者たちが、「注意を奪って価値を生み出すテクノロジーから、実在を促して価値を生み出すテクノロジーへの転換」について語っているのが頭に浮かぶ。

こうした転換には、政府の公式の組織が騒音の力に対抗するために共通の規則を定めたり期待を抱かせたりすることで、重要な役割を果たすと私たちは考えているが、最も重要な仕事は、文化を変えることであるのもわかっている。大々的に敬意を育むことこそが肝心なのだ。

第15章 「黄金の静寂」の文化

カオスの中の平穏

「開場！」という声が響く。

ジョイス・ディドナートはすでに舞台に上がり、座って瞑想している。

いや、それに近いことをしている。

床まで届く丈のメタリックグレーのガウンをまとい、彫像のように身じろぎ1つしない。彼女はケネディ・センターの広々としたコンサートホールの奥にある、バロック様式の洞窟のような舞台で、煙幕と華麗な照明のうっすらとしたヴェールの後ろにいる。神経を研ぎ澄ませて自分の呼吸に集中しているが、この状況でそれは深い内省にはつながりづらい。

「多くのことが起こっていました」と彼女は振り返った。ジョイスは世界中の有名な舞台で何百回となく演技をし、オペラの世界の輝かしい栄誉をほとんど残らず獲得してきたとはいえ、新人の感覚――「神経過敏と興奮とアドレナリン」――の名残がけっして抜け切れていない。「胸がドキドキしました」と彼女は語った。「手のひらに汗がにじんできました」

ジョイスの声には超自然的な清澄さと思えるようなものがあり、舞台上の姿には平穏さが漂う。それにもかかわらず、彼女は騒音に対処するために自分の中で必死に取り組んでいる、と言う。「演技者としての目標は、私を抑え込もうとするものを取り除き、妨げられることなく音楽が聴き手に届くようにすることです。内部の騒音や内部の疑いを乗り越えることです」。何千もの人を前にして舞台の上で大胆に歌うのを、静寂の作業と考えるというのは奇妙な話だ。だが、それを彼女はそのように説明する。「一種の静寂を見つけ、実際に音楽に声を与えなければなりません。正直に、誠実に。内部の静寂を目指して努力しなければなりません。それにはずいぶん時間がかかりました――今もかかっています」と彼女はつけ加えた。「自分の頭の中がどれほどやかましいか、自覚していませんでした」

観客が25分から30分かけてコンサートホールにぞろぞろと入ってくる。彼らは席に着きながら、幕が上がっていて有名なメゾソプラノ歌手がすでに舞台に座っているのに気づき、驚く。「騒音が増し、エネルギーや、期待に満ちた熱狂的な感覚が高まってきました」とジョイスは語った。「それから照明が暗くなります。まるで誰かがボリュームを下げるレバーを引いたかのように」。ピリピリした緊張感があたりの空気を満たす。

やがて、リュートで低い音が1つだけ掻き鳴らされた。

「リュートというのは、とても柔らかい音色の楽器です。あまり大きな音が出ませんから、それは注意を促す意外な呼び掛けになります。その後20秒ほど、みな静寂に浸ってから、私はようやく動き、音楽が始まりました」。ジョイスは、この緩やかで型にはまらない始まりがとても好きになったという。「このほうがずっと多くの――意識に満ちているように感じられるのです」

ジョイスが語っていたコンサートは、２０１９年11月に首都ワシントンで開かれた。23か国の44都市を巡る3年間の、「戦争と平和の中で――音楽を通したハーモニー」と題する世界ツアーを締めくくるイベントだった。[1] このアイデアは、「稲妻」のようにジョイスの頭に浮かんできたそうだ。当時、彼女はまったく違うツアーを始めるところだった。「珍しいナポリのアリアを収めたディスクのプロモーションになるはずでした」。ツアーはスケジュールが決まり、すでに手配が全部済んでいたが、パリで悲劇的なテロ攻撃が起こったとき、「私の心の奥底で何かが揺らぎました」と彼女は言う。彼女の内なる声が響き渡っていた。「これが学術的に興味深いと感じる５００人のために、ニッチなレコーディングをすることは、私にはできない……世界は何か別のものを必要としている」。フランスでの暴力や、アメリカの政治にあふれる憎しみに動揺したジョイスは、やかましい動乱の時代に人々がどのように慰めを見出すかを、音楽と芸術を通して探りたかった。

ジョイスはツアーをしながら、「カオスのただ中で、あなたはどうやって平穏を見つけますか？」と何十人もの人に尋ねた。その答えを『プレイビル』誌に発表した。彼女の言葉を借りれば、対話の口火を切り、自分のツアーが、よくある「各地を転々として慌ただしく行われる、90分の音楽体験」になってしまわないようにするためだ。彼女の問いと、聴衆の答えによって、より幅広い会話が始まり、それがツアーの背景となった。

ジョイスは、カオスのただ中でどうやって平穏を見つけるのか、という問いに対する自分自身の答えをじっくり考えた。コンサートにはこの現代的な使命があったが、彼女は何世紀も前の曲を歌った。何世紀にもわたってそれらの歌を歌ってきた人々や、その何百年もの年月にそれを聴いてきた観客との絆を感じる、と彼女は語った。「いわばそれは、時間をさかのぼる糸に沿って、人々を並べてくれます」。彼女は、私たちに馴染み深い時間を超越する――特に、静寂の中で。「静寂は、以前の静寂のいっさいによって増幅され、その上に積み重なります」

コンサートの終わりには、「歌声がやむと、メロディはソロバイオリンに引き継がれ、それが今度はオーケストラによる、最後の引き延ばされたコードに、ゆっくりと取って代わられます。そのコードは、気づくのが難しいほどひっそりと消えていきます――まるで永遠に続くかのような印象を残しながら」。そして、この上なく荘重な静寂が訪れた。

「2000人が観客席にいました」とジョイスは言う。「2000の体験が同時に起こっています。まるで、動かない、息さえしないという、全員の暗黙の合意――全員の沈黙の合意――があるかのようでした」とジョイスは言い、さらに続けた。「観客は、熱狂的な雰囲気を生み出しています。この時点では、予期ではありません――最初の静寂のような。そして、緊張感でもありません」。熟知するようになったさまざまな静寂を分析しながら、彼女はそうつけ加える。「彼らはただ、その静寂の中にいるのです。その経験に完全な信頼を置いて――それに浸っているのです」

時間が「止まった」ように感じられた、とジョイスは言う。「この種の静寂は神聖に感じられます」

トランプ時代の黄昏《たそがれ》、途方もない不確かさと騒乱のとき、ホワイトハウスからほんの数ブロックの所に、実在と平穏の文化が一時的に出現した。ジョイスの公演は、恍惚状態の静寂を後に残した。そして、その静寂はごくゆっくりと消散した。

万雷の拍手喝采が湧き起こった。それから、喜びに満ちた「ブラボー!」の声が収まった後、観客席は再び揃って静寂に包まれた。

そのときジョイスが観客に語り掛けた。まず、明らかなことを認めた。世間の痛みと混乱だ。そして、オペラのクレシェンドを思わせるようなかたちでしだいに語気を強めながら続けた。「私たちの世界は、このままであり続ける必要はありません」。人生は「莫大な可能性や、信じられないような美しさ、厳然たる真実であふれ返ることができますし、そうあるべきです」と語った。

ジョイスはそこで話をやめ、舞台上で再び動きを止めて立ち尽くした。自分の言葉がホール全体に反響する余地を与えた。

ジョイスに、そのとき語った言葉について尋ねると、ほとんど覚えていないようだった。それらの言葉を口にしなかったわけではない。それらが重要ではなかったというわけでもない。むしろ、言葉が彼女に語らせたかのようだった。まるでツアーそのものが、それらの言葉とその静寂をもたらすために調整されていたかのようだった——あの日、あの場所で、あの特定の観客たちに対して。

ジャスティンはジョイスの言葉を鮮明に記憶している。彼はその場にいた。苦闘と希望についてのジョイスの言葉の裏に、彼はあれほど多くの人の間で出合ったうちでもとりわけ深い静寂を感じた。彼はジョイスが語った全員の合意を感じた。彼もその全員の合意に加わっていたのだった。

最高裁判所判事の故ルース・ベイダー・ギンズバーグも、ジョイスの観客の1人だった。彼女はその後1年足らずで亡くなることになる。当時は、最高裁判所にとって厳しい時期で、ギンズバーグは多くの係争事件に直面していた。「彼女の机の上には重大な決定が並んでいました」とジョイスは回想した。「公演の翌朝、彼女は感謝の意を示してくれました。あの2時間、彼女は訴訟について考えるのをやめました。あの空白で、息を継いで、自分を立て直し、活力を取り戻し、新鮮な視点へと戻れたのです」

私たちはジョイスとともに、あの瞬間にギンズバーグ判事がどれほど多くを――自分自身と国家のために――抱えていたかに思いを巡らせた。この種の再生を許す「入れ物」が見つかるのがどれだけ稀かを、じっくりと考えた。公の空間、非宗教的な空間、全員の沈黙の合意の空間。

「社会の本当に多くが生産を念頭に構築されています――夜更かしし、時代を先取りし、物事にうまく対処し、進み続け、やり続けることに。だから私たちは、自分の知性に騙されて、これが唯一の道だと思い込まされてしまうのです」とジョイスは言った。「けれど、立ち止まって、何か視野の広くて本当のことを経験するように、と誘うものがあります。これは、文化や芸術、演技などが持つ力だと思います。いつもそういう機会があるわけではありません。でも、それが現に巡ってきたら、頭の中から抜け出して、自分の中心へと飛び込むチャンスです」

ジョイスは、彼女が「恍惚状態の」と呼ぶだろうような静寂は、瞑想や静かな観想の中で稀にしか経験したことがない。だが、「集団から得られたことは何度か、いえ、何度もあります……調和が起こり、それが輝かしく増幅されます」と彼女は語った。

バリ島の「静寂の日」

デワ・プトゥ・ベラタは、ウブドの近くのプンゴセカンという故郷の村にある5本のベンガルボダイジュの巨木の陰で、友人たちとゲームをしたり音楽を演奏したりして育った。「バリにはたくさん儀式があります」と彼は言って、にこやかに笑った。これはまた、ずいぶんと控えめな物言いだ。奉納と儀式はバリ島民の暮らしの軸だからだ。

子どもの頃、デワのお気に入りの儀式は、大晦日《おおみそか》の晩に行われる「ングルプク」パレードだった。[2] そこでは、意図的にカオスが繰り広げられた。村人たちは、巨大な怪物や魔物の人形を持って住まいから通りに繰り出す。太鼓を叩き、やかましい音を立てて悪霊を怖がらせて追い払う。その音楽は「やかましくて真剣なものです」とデワは声の調子をかなり落として語ってくれた。

「こんな具合です。タタ！　タタ！　ダム！　タタ！　ダム！　タ・ダム！」

デワは、太鼓の名手だった父親にぴったりとついていた。悪霊を追い払い、人々に翌日のニュピの朝に行われる清めの準備をさせるため、父親は何時間もその威勢の良いビートを刻み続けた。ニュピとは元日のことで、静寂の日であり、バリ島の太陰暦で最も重要な儀式の日だ。[3]

ニュピには、日常生活の普通の活動が禁じられる。24時間にわたって、いつもとはまったく違う規則が当てはめられる。料理にも、明かりとしても、火が使えない。仕事を含め、何の活動もできない。自宅を離れることもかなわない。最後に、これまた重要なのだが、食べ物を食べることも、娯楽に参加することも許されない。「静かにして家にとどまり、考えなければいけません」とデワは語った。「自然を1日休ませ、自分も1日休ませます」

デワによると、彼の村は近頃、途方もなくやかましいそうだ。ディーゼルトラックやオートバイが行き交い、絶えずクラクションが鳴っているので、鳥の鳴き声さえほとんど聞こえない。だがニュピの間は、誰も自動車を運転することを許されず、国際空港は閉鎖され、モバイルデータさえも使えなくなる。

「私たちの世界は静かになります」とデワは言った。「でも、頭や心の中はいっぱいです」

人々はこの清めの日に、禁じられたことに不平を言う代わりに、持っているもののいっさいに感謝して当然と考えられている。デワは家族とともに自問する。「もし仕事がなかったらどうするのか？　食べるものがなかったらどうするのか？　家がなかったら、あるいは、電気代が払えなかったらどうするのか？」。こうした問いを投げ掛けることで、人々は感謝の習慣へと駆り立てられる。

デワは、自分のような「普通の人」、つまり「瞑想をあまりやらない」人は、家族と静かに会話をしてニュピを過ごしてもかまわない、と言った――近所の人々の迷惑にならないようにしているかぎりは。デワの一家は、その時間を使って人間関係を円滑にする。自分たちがどれだけ意思疎通をし、仲良くできているかについて、話し合う。互いに対する責任や献身を見直し、新たにする。家族として自分たちがどうありたいかに思いを巡らせる。デワと家族にとって、この静かな会話で新たな年の調子が決まる。

今日、デワがニュピのどこを気に入っているかと言えば、それは、妻と子どもたちと、住まいの中庭にマットレスを何枚か引っ張り出すときだ。みなで頭を寄せ合うようにして横になり、ただ鳥の鳴き声に耳を傾け、広々とした空を眺める。

私たちは、ニュピは消えかかっている伝統だ、とデワが言うのではないかと半ば予想していた。だが、正反対だそうだ。人々は前よりいっそう、この日を大切に守っている。デワが子どもの頃は、「ニュピは、たいしたものではありませんでした」と言った。当時、日常生活で村の安全を保っていた伝統的な警備員であるペカランたちが、政府の依頼を受けて、ニュピの規則を守らせていた。今日でも相変わらずペカランは通りを歩き回るが、ほとんど必要とされていない、とデワは言った。「みんな、ニュピの意味を理解していると思います」と彼は語る。「今日、何もかもがあまりに混雑していて、誰もがストレスに参っていて、仕事もたくさんあり、活動もたっぷりあり……みんなニュピが本当に必要なんだと思います」

デワは、自分も仲間の島民も、この儀式を歓迎している、と言った。

「私たちは、『ありがとう、ニュピ。ありがとう』と言います」

記憶を呼び起こす

これまでの章で、個人の生活や、友人、同僚、家族の間で静寂を見つける意味を探ってきた。人々の内面世界を尊重し、言葉にされないものを尊ぶ公共政策を思い浮かべてみた。

だが、全体として静寂を尊ぶ社会に暮らすというのは、どういうことなのだろう?

ジョイスの公演での全員の合意、あるいは、デワが守っているニュピという毎年の熟考の日が例外ではなく、普通の生活の要素だったら、どうなるのか?

明確さと驚嘆の念を大切にする文化を見つけるには、どこを探せばいいのか？

私たちは最近、『砂の言葉――先住民の思考がどのように世界を救いうるか（*Sand Talk: How Indigenous Thinking Can Save the World*）』[4]の著者タイソン・ユンカポルタと、この線で探究を進めてみた。

タイソンの答えは明確そのものだった。「そんな文化は存在しません」

「騒音に冒されていない先住民文化など、この地球上には1つもありません」とタイソンは言った。「相変わらず同じパターンで暮らしている人々がいます」。伝統的な知識と、自然とのつながりのモードを指して、彼は言った。「でも、それらも崩れかけています」

「どこもかしこも騒音だらけです。地球上のどの母親の乳にもダイオキシンが含まれています――アマゾンのど真ん中でさえ、いや、アマゾンのど真ん中では特に。それと同じで、完全な場所などありません。地球全体が汚染されています」とタイソンは言った。

「あまりに騒音が多いので、汚染されていない関係を人と結ぶことができません。人々の関係は、騒音に冒されていて、どの2人を選んできても、その間には数え切れないほどの抽象概念の層が挟まっています」

タイソンはそこでひと息つき、これが否定的に聞こえることを認め、それから彼が言うだろうと私たちが予想していたこととの正反対の言葉を口にした。

「私は今この瞬間に生きていることに、本当に胸が躍ります」

「すべて絶望的に聞こえますけれど、じつはそれは贈り物なのです」と彼は言う。「私たちの仕事は、子孫が暮らすことになるシステムを実現することです。私が言っているのはつながりの記憶のことです」

そして、彼はこう締めくくる。「巨大な機能不全の怪物がこの地球を覆っていて、それに対する私たちの応答によって、来るべき驚異的な再生の文化の特徴が決まります」

＊

聴覚騒音と情報騒音と内部騒音の時代――世界の自然の「聴覚生態系」の少なくとも3分の1が絶滅し、地球上の隅々まで何かしらのデジタル接続性があり、社会の福祉が社会の生み出す音と刺激とモノの生の量で判断され、人生の「成功」が流行のデジタルプラットフォームでの本人のパーソナルブランドで判断される時代――にあって、タイソンはおそらく正しい。今日、達成不可能な純粋な注意の程度がある。

だが、この騒音の世界にあってさえ、私たちにできる重要で素晴らしいことがある、とタイソンは主張した。

「記憶を呼び起こしてください」と彼は言う。

人は記憶を維持するために「記憶を呼び起こす」ことができる。たとえこの騒音の世界には完璧な黄金の静寂がなくても、人は時を超えて静寂とつながることができる。将来また花を咲かせることを願って、残った根や枝の世話をすることができる。

私たちは本書を通して、大小さまざまなかたちで「記憶を呼び起こす」ことの意味を探ってきた。人々の暮らすやかましい孤立した世界の完全に外のものと感じられる静かでつながった実在を呼び起こすとはどういうことかを探ってきた。グローバルな政治権力中枢にある壮大なオペラハウスと、水田に囲まれ、オートバイの排煙に包まれた小さな村は、文字どおりの意味でも、比喩的な意味でも、別世界にある。だが両者は、静寂の「記憶を呼び起こす」ことの2つの例になっている。

シグナルに気づく

私たちはタイソンに、これまで経験した最も深い静寂について語るように頼んだ。

彼は、私たちの問いの前提にやんわりと異議を唱えるかたちで答えた。

タイソンの母語であるウィク・ムンカン語には、静寂というごく当たり前の概念に近い言葉すらないことを、彼は教えてくれた。

「空白というのは、ただの理論上の概念にすぎません」とタイソンは説明した。現代の「静寂の探求」──人はこの世界のあらゆる関係や振動やパターンを超越できるという考え方──のほとんどは錯覚なのだ。

だが、実在という、静寂のより深い概念、騒音の不在以上のものという概念に直接関係する概念は、彼の母語にもあるそうだ。

タイソンはその概念を、「シグナルに気づく能力」と呼んだ。

「主観的な話になります」とタイソンは警告した。なぜなら人は、「ある人にとってのシグナルは、別の人にとっての騒音」と考えるからだ。

だが、人々の個人的な話や意見のすべてよりも根深い真のシグナルがある、とタイソンは言う。「その土台、積み重なりのいちばん下には、その土地の掟があります。その土地の中にある法、万物の成長とその限界をもたらす創造の力とパターンが」

「そしてそれこそがシグナルなのです」とタイソンは言った。

彼はしばらく考え込み、それから、シグナルに気づくという話をしたときに意図していたことの核心に触れた。「本当の真実に波長を合わせることです」

タイソンは私たちとの会話で、この本物のシグナルが土地の中にだけあるわけではないことを強調した。

私たちの中にもあるのだ。

「クジラには、移動ルートを彼らに教える遺伝子のシグナルがありますし、鳥たちにもそうしたシグナルがありますが、人間にはそのような記憶がないと生物学者は言います。けれど人間にも、どのように集団を形成するかを教えてくれるシグナルがあります」

タイソンの言葉は、本書を書くきっかけとなったもともとの直観へと、私たちをはるばる連れ戻す。この世界のあらゆる騒音と、私たち自身の頭の中のあらゆる邪魔の向こうに、波長を合わせることができる実在――真のシグナル――がある。

人はこのような実在の「記憶を呼び起こし」、自分の人生をそれに合わせると、個人的な平穏や生産性の向上、あるいは、タイソンが「自己実現」と嘲るように呼ぶもの以上のものを見つけることができる。他者といっしょに良く生きるための指針が見つかる。自らの文化を癒やし、社会を組織するための方向性が見つかる。自然と調和して生きるための指針も見つかる。タイソンは、「土地の掟はゆっくりと生きています」と注意してくれた。それは、ケーブルニュースのサイクルや、ろくな調査もせずに急いで書かれたソーシャルメディアの記事やメッセージ、いわゆる「ホットテイク」のペースではなく、何百年、何千年という時間をかけて作用する傾向にある。人は猛スピードで走っているときに、そのシグナルを識別することはできない。自己の話に夢中になっているときには、何も聞こえない。

収縮から拡張へ

静寂の力の呼び方は無数にある。タイソンはそれを「シグナルに気づく」能力、あるいは、「本当の真実に波長を合わせる」能力と呼ぶ。私たちは本書で、さまざまな表現を使ってきた。

たとえば、神経生物学の観点から、脳のデフォルト・モード・ネットワークを超越する、というふうに言うことができる。

あるいは、宗教的な言葉を使い、現実の「アポファティックな」本質——概念を超え、呼び名を与えることができるものも超越した本質——として描くこともできる。

あるいは、サイラス・ハビブが「森羅万象の目利き」となることについて語っていたように、詩的な表現に目を向けることもできる。

あるいは、激しく揺れる大海を眺めたり、涼しいそよ風を肌で感じたりしているときの明確な感覚のように、物語や分析を挟まずに、自分の直接体験の中でどのように感じられるかに注目することもできる。

静寂のダイナミックな本質を描写するとりわけ強力な方法の1つが、「拡張」という言葉を通じたものだ。それは、注意のスペースが展開され、独立した自己の拘束が緩むことを意味する。「拡張」という言葉は、私たちの世界で静寂がこれほど稀である理由や、今日人々が、タイソンが「機能不全の怪物」と呼ぶ騒音と暮らしている理由を理解するカギになる。

神経科学者のジャドソン・ブルワーは私たちとの会話の中で、彼の学術調査研究——思考や行動と脳の生物学的メカニズムとの相互作用の、何十年にも及ぶ探究——の事実上すべてが、収縮と拡張の間の人間の経験のスペクトルを指し示していることを説明してくれた。収縮の状態では、人々は物事にレッテルを貼る作業に没入し、過去と未来に固執し、個人化したアイデンティティの騒音に囚われる、と彼は言った。拡張の状態では、内部の静寂の中に実在し、そこで自己と他者の硬直した境界を超越することができる。

私たちの社会がじつは収縮した状態を称賛する傾向にあることを、ブルワーは指摘した。あるいは、ジョイス・ディドナートが言ったように、「社会の本当に多くが生産を念頭に構築されています——夜更かしし、時代を先取りし、物事にうまく対処し、進み続け、やり続けることに」。人々が「興奮」という感情を追い求め、賛美しがちであることを、ブルワーは指摘した。興奮するのは少しも悪いことではないものの、それは収縮した状態だ。「興奮は、幸福と同じではありません」と彼は言う。

束の間の慌ただしい活動以上のものに基づく、もっと深くて持続可能な種類の喜びが存在する。アリストテレスは、「ユーダイモニア」と呼ばれる種類の幸せ——徳と真理に根差す人間の繁栄体験——について語った。[5] それは人々が、個人化した自己の限られた利益を超えて拡張しているときに感じる素晴らしさだ。明確さと平穏に満ちた、広大で、浸透する幸福だ。ガンディーは、このより拡張的な種類の満足感を、「マナサ」と「ヴァチャー」と「カルマナ」(サンスクリットでそれぞれ「心」「発話」「行動」の意)の調和としている。彼は、「幸せとは、考えることと言うこととやることが調和しているときを指す」と言ったとされている。この観点に立てば、彼が世界でも有数の熱心で名の知れた政治指導者でありながら、あれほど多くの時間を静寂の中で過ごしたこともうなずける。彼のウェルビーイングの考え方が、それを必要としたのだ。

どの文化にも、何をもって良い人生とするかについてのビジョンがある。どの社会にも、何が人間の繁栄に役立つかという疑問への答えがある。本書——昔からの新鮮味のない対立関係を超越し、二項対立の文化を乗り越えるのを助ける静寂の力に関する本——を書くきっかけとなった直観は、人々の指標を収縮から拡張へと移すことについてのものだ。スピードや娯楽、競争、精神的な刺激や物質的なものを目一杯蓄積することへの固執から、実在や明確さ、あらゆる発話と思考の間やその向こうの黄金のスペースなどの正しい認識へと向かう、移行についてのものだ。

本書では、この転換を行うための——騒音の世界で静寂の記憶を呼び起こすための——さまざまなアイデアを探ってきた。私たちは、自分に「制御できる範囲」と「影響を与えられる範囲」を見つけるという、ジャーヴィスが説明したものなど、個人の慣行から始めた。それから、職場で純粋な注意を尊んだり、友人や家族といっしょに静かな時間を過ごしたりできるような方法を見てみた。最後に、社会全体のレベルで静寂を奨励する機会を調べた。

だがじつのところ、これらの戦略は本書の最初のほうで紹介したごく単純なアイデアに煎じ詰められる。

騒音に気づくこと。

静寂に波長を合わせること。

ほんの数秒しか静寂が存在しないときにさえ、できるかぎり深くその静寂の中に入り込むこと。

ときどき、深い静寂のスペースを――恍惚状態の静寂のスペースさえも――育むこと。

こうすれば、真のシグナルを求めて耳を澄ましはじめることができる。それが思い出すことの本質だ。

それは、私たちの個人と集団の両方の自覚を拡張するための最も明確な道筋だ。

＊

本書の第1章で、最も手に負えない問題はこれ以上考えたり話したりしても解決できないという、私たちが抱いている感覚について述べた。物質的な進歩の声と知性と、唸りを立てる機械には敬意を表しながらも、私たちはみなさんに、個人やコミュニティ、さらには世界が抱える最も深刻な問題の解決策はそれとは別の場所、すなわち、この拡張という場所、精神的な刺激の間の空白の中に見つかりうるという可能性を考えるように頼んだ。

私たちは、解決策が静寂を通して自動的に現れ出てくるなどということは、ほのめかしたくはない。人は依然として、圧制的な社会制度に挑み、温室効果ガスの排出量を徹底的に削減し、公正な経済を構築しなければならない。これらの変化はすべて必要だ。ただ、それだけでは十分ではない。私たちは、人間の集合的な意識の中の根本的な動揺にも対処する必要がある。この世界を修復するためには、静寂を育んだり、静寂の中に身を置いたり、シグナルに気づいたりする能力を取り戻す必要がある。謙虚さや再生、生命に対する敬意へと続く道を見つける必要がある。これらは、私たちが直面する課題を解決するための前提条件だ。

だが、私たちの言葉を鵜呑《うの》みにしてはいけない。

時間を取って、これまであなたが経験した最も深い静寂の感覚を思い出してほしい。あなたは誰とどこにいて、周りでは何が起こっていたかに立ち戻ってほしい。この最も深い静寂は、あなたの体にとってどのようなものなのか、振り返ってほしい。それは、フロー状態のような能動的なものかもしれない。休息状態のような受動的なものかもしれない。

ここで時間を取り、呼吸をする。

その記憶のフェルトセンス（漠然と体で経験している感覚）を思い出せるだろうか？

今度は、家族もこの実在を感じているところを想像する。そして、近所の人や、職場の人も感じているところを。あなたの国の、最上層の政治的意思決定者や文化のインフルエンサーがそれを感じているところを想像する。誰もが少なくともしばらく、この共鳴、この広大さを感じるところを想像してほしい。

全員が立ち止まり、それを堪能するところを想像する。

この経験は、対立への人々の対処の仕方をどう変えうるだろうか？　この静寂の中に座っていたら、私たちは議論に勝ちたいという、人を頑なにさせる衝動にしがみつくだろうか？　それとも、傾聴と理解へと拡張するだろうか？

この実在は、何をもって進歩とするかという、人々の感覚を変えるだろうか？　精神的な刺激と物質的なものを果てしなく手に入れ、蓄えるのが「良い人生」であるという考え方に、こだわり続けるだろうか？　それとも、肩の力を抜き、心を開き、減速し、自然やお互いともっと調和しようと望むだろうか？

この静寂の実在は、人々の意思決定の仕方や、責任の負い方や、時間の過ごし方を、どう変えるか？この静寂の実在は、人々が心の中に抱くものを、どう変えるか？

全人類がこの黄金の静寂を自分のものにできたらどうなるか、想像してほしい。

人々が思い出したとき、何が可能になるか？
誰もが波長を合わせたとき、何が起こるか？

静寂の33通りの見つけ方

これからのページでは、本書で説明した重要な慣行や戦略の一部の手軽な要約を示していく。これらのアイデアは、束の間の静寂を見つけるささやかな個人的方法から、社会の大々的な変化まで、さまざまだ。各項目には、それぞれのアイデアの詳しい説明が載っているページを添えてある。

個人のための日常の慣行

ただ耳を傾ける 218ページ

静かな場所に行く。聴覚に注意をすべて向ける。何が聞こえているかは考える必要はない――周りのサウンドスケープにひたすら耳を傾ける。もし周囲が十分静かなら、耳の中の振動あるいは耳鳴りのような、「内的な音」の感覚に気づくかどうか、やってみる。レッテルを貼ることも、善悪や是非の判断を下すこともせず、ひたすら聴く。ピタゴラスが弟子たちに与えた「自分の静かな心が耳を傾け、静寂を取り込むことを許せ」という助言を思い出す。「静寂の中で音を聞こうとすると、脳の聴覚野が活性化し」、脳細胞の成長を促す証拠を、デューク大学メディカルスクールの研究者たちが発見したことを思い出す。ひたすら耳を傾けることに自分の認識を基づかせたとき、思考や感情はどう変わるか？

予想外の空白を贈り物として尊ぶ　２２１ページ

たとえば、ヘッドフォンで楽しんでいたポッドキャストが不意にストリーミングをやめたり、郵便局で呆れるほど長い列に並ぶ羽目になったりと、この次に、自分のしていることに予想外の中断が入ったり、１日の通常の音や刺激が途切れたりしたときには、この合間を贈り物として受け取れるかどうか、やってみる。苛々する代わりに、その空白を埋めなくてはならない義務からささやかな休暇を取れないだろうか？　その予想外の静かな時間に、どれだけ深く自分を没入させられるだろうか？

呼吸に注意を払う　２２５ページ

１日を通じて、思い出せるときにはいつでも、３回呼吸する。どのみち、呼吸はしている。だが、その３回の呼吸をするときに、細心の注意を払う。その呼吸を、自分の体と心のどこに騒音があるかを感じ取るための「診断」に使うことができる。そして、内部の静けさへと戻る手段にも使える。吸気と呼気の間、一方からもう一方への「スイング」の中に、静寂を見つけられるだろうか？　３回呼吸する間に、自分の体と心をこの静寂に合わせられるだろうか？　わずか30秒であっても、意識的な呼吸をすれば、あなたの感情と物の見方を変えられることを、見て取ってほしい。

体を動かす　229ページ

静寂を静止とひとまとめにするのは理解できるものの、静寂は動きの中にも息づいている。歩いたり、走ったり、踊ったり、泳いだり、ヨガをしたり、バスケットボールをしたりしているときに、動いている自分の体に、最も鋭敏な注意を向けられるだろうか？　もう頭の中のおしゃべりがない、「行動と自覚の融合」を見出せるかどうか、試してほしい。自意識過剰のくどくどした思考に余分な注意を払っていられないほど、体でしていることにすっかり没入できるかどうか、やってみてほしい。真の身体的フロー状態では、心は静かだ。

一瞬の間《ま》を大切にする　232ページ

日本の文化的な価値観である間《ま》から手掛かりを得よう。間にあるスペースに明確さと再生を探す。会話では、単語や文の中断が、やりとりと、生み出されるつながりの意味とに貢献する様子を感じ取る。1日を過ごす間に、変わり目ごとに立ち止まって間《ま》を置く。ドアを開けるときや、栓を捻って水を出すときや、明かりをつけるときに、意識しながら静かに呼吸し、その変わり目に注意する。束の間の静寂と余白を堪能することで、圧縮されていた時間を展開することができる。

1つのことを儀式のように丁寧に行う　234ページ

何か別のことをする前にたいていただ大急ぎで片づけてしまう、日常の「やるべきこと」を考えてほしい。コーヒーを淹れるという、フェイス・フラーの単純ではあるものの優雅な慣行のように、「結果から抜け出して、過程の中に入り込む」ことができるか、やってみる。日々の活動を10パーセントだけ減速させることはできるだろうか？　その活動に、感謝の念を、さらには儀式の感覚さえも、持ち込むことができるだろうか？　毎日の単調な骨折り仕事のありきたりの部分を、感覚の明確さを得る機会に変えられるかどうか、試してほしい。たった1つのことをする素朴な喜びを通して、内部の静寂を見つける。

読むという行為に没入する　237ページ

目一杯注意しながら本を読んでほしい——手元にスマートフォンを置かず、ときおり雑談を挟むこともせず、次に何をするかを考えて気を散らすこともなしに。心に静寂をもたらすという明確な意図を持って、「深い読み《ディープリーディング》」の時間を作る。飛行機の中での、あるいは、スマートフォンの電波も届かないような辺鄙な場所の小屋での読書のように、この種の静けさに特別つながりやすい読書がある。この種の読みに取り組むのにとりわけ適した方法は、詩を読むことだ。ベッド脇にお気に入りの詩集を置こう。眠りに落ちる前に詩を読み（そして読み返し）、自分の夢の国に種を蒔く。スーザン・ソンタグを引用すると、優れた作品は、「後に静寂を残す」。

自然とつながる　２４０ページ

勢い良く流れる川やさえずる鳥の群れは、デシベルは高いかもしれないが、これらの自然の音は、人間の意識を奪わない。むしろ、静けさを感じている経験を生み出す。大局的に人生を眺めやすくするために、毎日２通りの簡単なやり方で自然と出合うようにする。（１）そびえ立つ樹木や夜空の星々など、何か自分よりも大きいものと接触する。（２）咲いたばかりの花や、アリの行列、スズメなど、何か自分よりも小さいものと接触する。大小さまざまな自然界のものとつながれば、生命は人間中心のあり方が生み出す心的概念にすぎないという、やかましい思い違いを取り除く助けになる。

時間と空間の中の聖域を守る　２４６ページ

自分の人生での責務とスケジュールに組み込まれた約束を、すべて思い浮かべてほしい。静寂の中に身を置くために確保できるわずかな時間と空間は、どこにあるだろうか？　それは、トイレで独りになったり（スマートフォンは使わない）、あるいは朝の目覚まし時計のアラームとスヌーズのサイクルの合間に楽しんだりする数分間でもいい。夜遅く、あるいは朝早く、ストレッチングをしたり、入浴したり、ジャーナリングをしたり、テラスに座ったり、床に寝そべったり、その他の方法でくつろいで静かに過ごしたりするために見つけた時間かもしれない。カレンダーに隙間を作る。自分との約束の時間を取っておく。大切な同僚や大好きな友人と会う約束であるかのように、その時間を守る。

騒音と仲良くなる　249ページ

騒音が避けられないときもある。アイルランドの詩人パドレイグ・Ó・トゥアマは、自分の人生で望ましくはないけれど避けられないものに「ハロー」と言うように、私たちに勧める。だから、騒音に「ハロー」と言う方法を見つけよう。騒音を詳しく調べる。自分の応答に気づく。その騒音があなたのために知らせてくれている、何か有用なことはあるだろうか？　本当は必要なのに、あなたがずっと無視してきたことがあるだろうか？　お願いするべきことがあるだろうか？　受け容れるように、あるいは手放すように求められているものがあるだろうか？

より深い静寂を見つけるための慣行

やることのリストを持ってハイキングに行く　261ページ

やることのリストを印刷し、たとえば森の中の池や山の見晴らしの良い場所など、無理なく行ける自然の中の場所のうちで最も遠い所に行く。そこに着いたら、1時間以上かけて自分を落ち着かせ、五感を再調整する。神経が静まり、静寂をある程度取り込めたように感じたら、やることのリストを取り出し、本当に必要ではないものはすべて、線を引いて消す。自宅や職場で通常の状態のときに重要だと思っていたことの一部が、自然の中の視点からは、じつは重要でないかもしれないことに気づく。ゴードン・ヘンプトンが言うように、「答えは静寂の中にある」。

無言の水曜日を送る　264ページ

1日しゃべらずにいるようにしてみよう。ガンディーは週に一度、「沈黙の日」を取った。瞑想と熟考に加えて、読書をしたり、他者といっしょに時間を過ごしたりすることさえ、ときおりあった。だが、ひと言も発しなかった。もし、仕事や育児や高齢者の介護のために、無言の1日を過ごすのが不可能なら、ほんの数時間でも、沈黙に回そう。やりはじめるカギは単純だ。身の回りで最も大きな影響を受ける人に伝えておく。自分にとって沈黙の日が大切な理由を話す。自分の計画を説明する。疑問がないか相手に確認し、基本原則――たとえば、どういう条件下では同僚あるいは家族があなたの沈黙を中断するべきか、といったこと――について合意しておく。相手に全面的な協力を求める（相手も、いっしょに無言の時間を送らせてほしい、と言いさえするかもしれない）。自分自身と、環境と、周りの人の準備ができたら、自分が話していないときに何が違うかに注意を払う。何が前面に出てきて、何が離れていくか？　それを観察することで、あなたの日常生活がどう変わるか？

すべてを忘れてただ漂う　270ページ

深い静寂に入れるように、計画を立て、準備しよう。『知ろうとしないでいることの雲』が説明してくれるように、最も深い祈りや観想を行うために、人生の厳しい状況をすべて束の間忘れるのは重要だ。だが、どうやって忘れればいいのか？　自然の中か、自分独りで安らかに過ごせる場所で、静かな観想をするために、数時間、あるいはまる1日を確保する。準備として、内なる静寂のお膳立てをするために、できることをする。やることのリストのうち、本当に重要なことを片づけておく。メールを送ったり、電話をしたり、ゴミを出したり、冷蔵庫の中をきれいにしたりしていないせいで、内部の静寂にすんなり入っていけないのがわかっていたら、そうした課題をさっさと終えてしまおう。静寂の時間に入る直前の時間に、体と心の準備をするのに必要なことをする。たとえば、運動やジャーナリングなどだ。ここで野心的になる必要はない。内部騒音の単純な原因となっているものの一部を取り除くために何ができるか、やってみるだけでいい。そうすれば、漂いに行くのが楽になる。

「リトリート」に入る　２７３ページ

ＤＩＹで静寂のリトリートを行おう。充実したリトリートにするには、長くなくても、たっぷりお金をかけなくても、家から遠く離れた場所に行かなくてもかまわない。自分で準備し、自分の置かれた状況に合わせて「『入れ物』を生み出す」。たとえば、部屋の家具の配置換えをする。あるいは、近所の人のために、ペットの世話をする。あるいは、友人と2日間、アパートの部屋を交換する。新しい住まいや環境を設定すると、心理的な変化が可能になる。簡素なＤＩＹリトリートでは、遠い場所での長いリトリートでほど没入できないかもしれないが、静寂の中で短い時間を過ごすだけでも、物の見方を変えたり、明確さを増したりすることができる。

内部騒音の源泉を見つけて対処する　２８０ページ

自分の内部騒音の最も深い源を見極め、それに対処することの意味を考える。イラク戦争で戦い、ＰＴＳＤを生き延びたジョン・ルベッキーは、「トラウマが深刻なほど、内部の騒音がやかましくなります」と言った。そして、聴覚的な静寂とは違い、内部の静寂を見つけるための感覚遮断装置はない、とつけ加えた。その作業は自分でやらなければならない。ジョンにとってその作業は、ＭＤＭＡの助けを借りたサイコセラピー・セッションを通して行われ、本人の言葉を借りれば、「自分のことを地球でいちばん愛してくれているとわかっている人に抱き締められながら、ふわふわした子犬たちに埋もれて顔を舐められている」ような感じだった。その治療のおかげで、彼は治療抜きではあまりにつらくて思い出せなかった記憶に、安心してアクセスできた。トラウマを見極めてそれに対処する作業には、必ずしも幻覚物質や精神活性物質を含める必要はない。カギは、何であれ人を衰弱させる内部騒音の起源を解明する本格的な手段を見つけることだ。

「深い遊び《ディーププレイ》」に没入する　２８４ページ

子どものような驚嘆の念を、何か自分の好きなものに持ち込もう。ダイアン・アッカーマンは著書『ディーププレイ』で、「遊び」とは「生活の習慣や秩序や掟を免除される、普通の生活からの避難場所、心の聖域」と書いている。そして「ディーププレイ」は、彼女が遊びの無我夢中の形態と呼ぶものだ。祈りに似た注視の状態に人を至らせる種類の経験だ。アッカーマンは、「ディーププレイ」は活動よりもむしろ気分によって分類されるものとしているが、ディーププレイを特に促しやすい種類の活動がいくつかある。「芸術、宗教、危険を冒すこと、いくつかのスポーツ——スクーバダイビングやスカイダイビング、ハンググライディング、登山など、とりわけ、比較的遠隔の、静かで、体が浮遊する環境で行われるもの——だ」。現代世界の騒音を克服しようとするときには、次のような疑問について考える。

子どものような認識の仕方に、あなたを最も近づけるものは何か？　そのような眺め方を、どうすれば日々の生活に持ち込めるか？

仕事仲間や協力者との日々の慣行

あれこれ試してみる　307ページ

職場での静寂に関して、あなたが何を本当に望んだり必要としたりしているかを考えよう。会話を始める。実験を構想する。「金曜日にはメールなし」とか「水曜日には会議なし」とかいったことを試みる組織もあるだろう。週末や午後5時以降も対応でき、電子機器で応答できるのが当然という発想の排除を試みる組織もあるだろう。間取りを手直しすれば、特定の種類の労働者が、必要とする集中力を発揮しやすくなる職場もあるだろう。あなたの実験を始めよう。学んだ教訓を取り入れる。実験に磨きをかける。それを繰り返す。必ず、実験が失敗しても安全であるようにしておく。あらかじめ、学習過程を想定し、1回目でうまくやり遂げられると思わないことだ。騒音にまつわる、一見すると手に負えない規範も、少しばかりの創造性があれば変えることができる。

仕事で間《ま》を取る　310ページ

あなたの所属する組織の文化に、間《ま》という価値観――「間にある」空白への敬意――を大切にしよう。

グループ活動から始める。たとえば、大規模な討論の中にさえ、静かな熟考のための公認の時間を組み込む。グループでのブレインストーミングでは、「疑問についてひと晩考え」、翌日、新鮮な気持ちで再検討する選択肢を確保しておく。非言語的なフィードバックをする、あるいは、さまざまなアイデアを付箋に書き記して、ギャラリーのように壁に貼り、人々が黙って熟読し、無記名で投票できるようにするといった、新たな可能性を考える。小さな声やあまり顧みられない物の見方が中心に進み出るのを促すための余地を作る。間という価値観を仕事日の構成の中に持ち込むこともできる。新しいプロジェクトを始める前や、会議に向かう前に、準備のための時間を予定しておく。会議と催しの間に、移行の時間を確保する。立て続けに予定を入れない。5分の間《ま》だけでも——5回の呼吸だけでも——効果をあげられることがある。そして最後に、熟考と統合のための時間を忘れずに予定する——特に、重要なプロジェクトや難しいプロジェクトに取り組むときには。

誰かといっしょに「深い仕事《ディープワーク》」を行う　316ページ

パートナーを見つけて、互いの純粋な注意を支え合うことを約束する。相手は、同じチームのメンバーでもいいし、もしあなたが独りで働いているなら、集中した仕事時間を必要としている別のフリーランサーでもいい。具体的で、測定・達成可能で、当を得た、時間ベースの目標をいっしょに設定する。並行して働く。お互い、相手に対して責任を持つ。キュリー家の人々が「完璧な集中力」を見つけるためにいっしょに仕事に取り組んだように、注意散漫になるのを避けるためにいっしょに働く。

静寂によって和解を導く　３２１ページ

この次にあなたのチームに対立が起こったら、議論を続ける前に数分の静寂を、穏やかに求めることを考えよう。問題が白熱し、もっとゆとりが必要になったら、翌日（あるいは翌週）までの休止を要請することを考える。メンバーが、ひたすら対立的な立場を離れるための適切なゆとりを生み出すのが狙いだ。このようなときにチームが静寂に頼るほど、この方法は効果を発揮し、グループの決定が長続きする。

減速して静けさを持ち込む　３２５ページ

緊急で重要な問題に取り組むことになったら、直観に反して、減速しよう。音量を上げ、もっと強烈にする代わりに、静けさを求める。可能であれば、休憩を取る。あるいは、仮眠する。詩を読む。犬にボールを投げて取ってこさせる。美術の創作活動をする。自然の中へと出掛ける。入浴する。休息する。拡張していると感じたり、拡張したりするのを助ける活動（「非活動」）をする。この拡張した状態で、新しい情報に対して心を開く。普通とは異なる思考を招き入れる。ひと晩ぐっすり寝て、アイデアを熟成させる。それからチームで再び集まり、問題に集中する。そこで現れ出てくるものに注目する。

家族や友人のための日常の慣行

「静かにしよう」と呼び掛ける　３３６ページ

自分の生活のサウンドスケープがあまりに耳障りになり、音量が大きくなり過ぎたら、あなたはどうするか？　才能に満ち、エキセントリックで楽しい音楽アンサンブルのロジン・コーヴェンには、そんなときのための手順がある。音がひどく込み合い、音楽性が失われたときには、誰かが「プンパーニッケル！」と叫ぶ。「プンパーニッケル！」の宣言は、パラシュートを開くリップコードを引くようなものだ。「それは、ゆとりと静寂を生み出すために『私たちが今すぐ本当に必要としているのは、引き算のプロセスだ』という意味です」と、アンサンブルのリーダーのミッドナイト・ローズは説明する。家庭での、あるいは友人の間での生活で、静けさを共有する時が来たことを知らせる、気楽な方法を見つけよう。

「安息日《サバス》」を思い出す　３３８ページ

週末に伝統的な安息日を送る時間や気持ちがなければ、週に1日選んで、他の日とは違う食事を取ろう。そのときには必ず誰もが時間を共有する。それを習慣にする。テクノロジーの利用についての合意事項をしっかりと固めておく。その週の最高の出来事と最低の出来事の一方あるいは両方をみなで順番に語るといった、いつもやることをいくつか決めておく。客を招き、いっしょに食事をする。仕事の日常的な心配事は脇に置いておく。

「意図と注意」の両方を重視する　３４１ページ

子どもたちとの静かな時間は、いつもそれほど静かとはかぎらない。動いたり、いたずら書きをしたり、積み木を積み上げたりすることを通して得られることがよくある。それは聴覚的な静寂の状態ではなく、実在の状態だ。それでも、もっと文字どおりの静寂状態を子どもたちと過ごすのが可能な時間や効果的な時間もある。「あなたは何に感謝していますか？」といった有意義な問いを投げ掛けるときには、熟考のための空白を残す。内部に息づく「静かな小さな声」に子どもたちが波長を合わせる時間をたっぷり与える。

ささやかな余白を大切にする　３４４ページ

静寂を共有する美しい時間は、いつも生み出せるとはかぎらない。そのような時間が胸を打つのは、1つには、それが自然に現れるものだからかもしれない。それでも、そうした体験をしやすくするために勧められることが1つある。その静寂をささやかなものにしておくことだ。ほんのスナックサイズでいい。友人や家族と1時間ほどハイキングや散歩に行くときに、座り心地の好いベンチで、あるいは美しい景色が見られる場所ででも、5分間いっしょに静かに過ごせるかどうか、試してほしい。長い静寂を保とうと高望みすると心配が湧き起こるから、それを最小限にする。量ではなく質に焦点を合わせる。

「集合的沸騰」を経験する　３４６ページ

あなたはいつ、集団でフロー状態を経験したことがあったか？　コンサートでか、式典でか、スポーツイベントでか？　次にそういう機会に恵まれたら、他の人々がいるなかで、どれだけ深く内部の静寂に入れるか、試してほしい。超越を共有するこうした時間は、比較的稀だが、ダンスに基づく教会でのボブ・ジェシーの体験からわかるとおり、フローを促すために意図していっしょに企画できるかもしれない、集まりの要素がある。次に集団での催しを計画するときには、フランスの社会学者エミール・デュルケームが「集合的沸騰」と呼んだものに、参加者が気楽に入っていくのを助ける、基本原則や原理についてブレインストーミングすることを考えよう。

いっしょに波長を合わせる　３５１ページ

静寂の力は、共有されたときに強まる。だが、どれだけ強まるかは、準備の度合いで決まりうる。先駆的な心理学者ラルフ・メッツナーは、静寂に入るためには「器を準備する」ことが有効だと考えていた。精神活性物質を使った彼のサークルでは、参加者は夜にこの上ない恍惚状態での静寂を共有するためにいっしょに準備ができるよう、日中は学習と瞑想と運動の準備ワークショップを全員で行った。儀式のかたちで他者といっしょに静寂に入る機会があれば、集まって準備するために、何ができるだろう？

静寂に癒やされる　３５６ページ

友人かパートナーとリトリートを予定しよう。リトリートの間ずっと無言でいるわけではないにしても、言葉によるつながりのための合間を所々に挟む、静寂の時間枠をあらかじめ確保しておくことができる。あなたは創造的なプロジェクトを進めているかもしれないし、2人とも野鳥観察か瞑想、執筆、読書をする人かもしれない。可能なら、スマートフォンを使ったり、メールを送ったり、純粋な実在から気を散らすその他のことをしたりするのを避ける。シーラ・キャペラー゠フィンが説明しているように、自宅で家具の配置換えをするといった単純な慣行によって、神聖なもののための「入れ物」を生み出すことができる——これは、「神殿」を築く多くの方法の1つだ。友人かパートナーといっしょに行うリトリートでは、静寂そのものがその神殿の柱になりうる。2人の人間が、静寂を維持するという約束をいっしょに守っているときには、稀な環境が出現する。「静寂によって、2人の人間の間にあるスペースの感じられ方が変わります」とシーラは言う。「距離が縮まります」

公共政策と文化を変える

公共の聖域に投資する　366ページ

森林保護区、バラ園、超高層ビルの間のポケットパーク、魅力的な図書館など、あなたが神経を休めたり、明確さを取り戻したりすることができた特別な公共空間について考えよう。静かな時間は、それを手に入れる余裕のある人だけの贅沢であることがあまりに多いとはいえ、公共の聖域は、静寂の力を大衆化する。そのような聖域を拡張するために、自分に何ができるか考える。それは、地方自治体の予算に財源を確保するように提唱することかもしれないし、新しい公共施設を構想して、コミュニティの人々といっしょにその建設を働き掛けることかもしれない。

アーミッシュのように革新する　369ページ

自分の人生で何を大切にしているかについて注意深く考え、それから、何であれ自分が採用する新しいテクノロジーは、必ず自分のウェルビーイングを本当に向上させ、自分の価値観を尊ぶものとなるようにする。カル・ニューポートは「デジタル・ミニマリズム」という自身の哲学の一環として、テクノロジーとのこのようなかかわり方を提案する。彼の発想の源はアーミッシュで、彼らは一般に思われているのとは裏腹に、反テクノロジーではない。コミュニティ全体で新しいテクノロジーを採用する前に、厳しい費用便益分析を行うにすぎない。私たちの社会も、この精神を大規模に当てはめる可能性を考えるべきだ。たとえば、アメリカの食品医薬品局が薬の副作用を評価・報告するのとちょうど同じように、社会的健康や情緒的健康や認知的健康に意図していない深刻な影響を与えかねない特定の新テクノロジーには、臨床試験と独立した費用便益分析を行うよう、政府は義務づけることができる。

大切なものを測定する　373ページ

あなたは自分の社会の成功をどうやって測定するか？　過去1世紀間、社会全体の成功を示す第一の指標は「成長」、すなわち、生産や効率や所得といった要因だった。だが「成長」は、産業用機械の唸りや、管理職が従業員をコンピューターに張りつけておける時間数や、人の注意を本人がするつもりのことから逸らして製品やサービスを購入する方向に導く広告とアルゴリズムの有効性と相関していることが多い。騒音の世界を変容させるためには、自然や休息の機会の維持、人間どうしのつながり、静かな時間など、大切なものを測定しはじめる必要がある。私たちは政府が経済の測定の仕方を変えるさまざまな方法の要点を語ったが、個人や家族、組織としても、静寂の価値にかかわる優先事項を見極めるところから始めることができる。

注意の権利を神聖なものとして大切にする　379ページ

今では私たちの大半は、人の注意を奪おうと広告者が競い合うコンピューターやスマートフォン、テレビ、その他の電子メディアを使いながら、起きている時間の大部分を過ごす。それにもかかわらず、他の貴重で稀少なリソースの場合とは違って、人間の注意の操作に適用される公的な規則は、依然としてほとんどない。人々の注意の保護をどのように提唱できるか、考えてほしい。たとえば、意図的に注意を引き、子どもを含むユーザーを果てしない視聴やスクローリングの落とし穴に送り込むことを目指すアルゴリズムに関して、「何が禁止されているか」を政府に「明示する」よう要求するような、政治的な積極行動主義を通して、そうできるかもしれない。あなたが労働者なら、仕事日が終わった後に、電子メールやノートパソコン、スマートフォン、その他の「電子的拘束」から「接続を断つ権利」を求めて立ち上がることもできる。創造力を発揮して、自分の注意に対する権利を管理したり、騒音の負担を減らしたりする方法を見つけよう。

クエーカーのように審議する　387ページ

公共政策やコミュニティの将来についての難しい問題に取り組んでいるときには、静寂を味方につけよう。クエーカーの「実務のための礼拝会」では、参加者が互いに耳を傾けていないことが明らかなときには、クラーク（議長）はたいてい、静寂の時間を求める。それは、再び自分を落ち着かせ、何度か深呼吸し、会議のより高次の目的に思いを馳せる機会だ。その静寂は、実際に参加者たちの準備ができる前に、解決を強要しているわけではない。各自が自分の物語から抜け出し、その場に実在し、耳を傾けるのを助けているだけだ。自分が暮らす場所での公の審議や社会的な議論に、この識別の精神を持ち込むために、何ができるだろう？

謝辞

発端から始めよう。直観に従って私たち2人を引き合わせてくれたサラ・ミッチェルに心から感謝する。あなたは私たちが姉弟でもおかしくないと冗談を言ったが、実際、そのとおりだった。

私たちにこのテーマで書くように最初に勧めてくれた、『ハーヴァード・ビジネス・レヴュー』誌の元編集者で、オンライン経済メディアの「クオーツ」の現編集長のキャサリン・ベルには、ビジネス関連の読者向けに静寂について書くという、どう転ぶかわからないアイデアに「イエス」と言ってくれたことに感謝する。そして、巧みに編集をしてくれた、『ハーヴァード・ビジネス・レヴュー』誌のローラ・アミーコにもお礼を言いたい。

出版の神秘性を取り払うのを助けてくれ、最初の段階で手引きしてくれた以下の方々にもお世話になった。レズリー・メレディス、サイモン・ウォーウィック゠スミス、フェリシア・エス、スティーヴ・ゴールドバート、ローマン・マーズ、レベッカ・ソルニット、アンドレア・シャー、チャーリー・ハーディング、マリリン・ポール。マリリンには、ジェーン・フォン・メーレンに紹介してくれたことにもおおいに感謝している。ジェーンは私たちの執筆パートナーシップの延長のように思えるし、彼女に優るエージェントは想像のしようもなかっただろう。

ジェーン、そもそものプロジェクトを引き受けてくれ、出版界についての百科事典のような知識や、刊行に至る全段階での穏やかで明敏な助言を提供してくれ、ありがとう。アエヴィタス・クリエイティヴ・マネジメントのチーム、特にエリン・ファイルズとアーリー・ジョハンセンとチェルシー・ヘラーにも謝意を表する。

私たちの編集者、私たちの「レッド・タラ」こと、カレン・リナルディ、この執筆過程を見事に調整し、このようなかたちで作品が進化して現れ出てくるのにまかせるのを許してくれて、ありがたかった。私たちは絶えずシンクロニシティに畏敬の念を抱いている。そして、ハーパーコリンズ／ハーパーウェイヴのチーム、特にレベッカ・ラスキン、カービー・サンドマイヤー、ペニー・マクラス、アマンダ・プリツカー、イェレナ・ネズビット、ミラン・ボジックにもお世話になった。

本書の構造と芸術性を支えてくれた以下の方々に感謝する。アンディ・クチュリエ、ブリジット・ライオンズ、シンシア・キングズベリー、モニーク・タヴィアン、レベッカ・スタイニッツ、キャリン・スループ、リズ・ボイド、キャサリン・バーナー、ハンナ・パーク、ジェシカ・ラザー、ソムサラ・リエリー、デクスター・ウェイン、リザンドラ・ヴィダル、デブ・デュラント、ボブ・フォン・エルグ。

そして、本書を埋める話と見識の並外れた主たちにも。

本書の核を成すメッセージを明確にまとめるのを助けてくれたアーロン・マニアム。騒音に関する進路を示してくれたアダム・ガザレイとラリー・ローゼン。静寂の道徳的な側面についての指針を与えてくれたエイミー・カリージョ・ロウとシーナ・マルホトラ。「減速しよう、あまり時間がないから」という言葉を固く信じてくれたアーリーン・ブルーム。フロー状態の内部の静けさを浮かび上がらせるのを助けてくれたアルネ・ディートリック。知恵と沸騰を分かち合ってくれたボブ・ジェシー。列に並んで待つ禅を教えてくれたブリジット・ファン・バーレン。敬愛する師を尊んでくれたカーラ・デッチョン。心から奉仕するのに必要な静寂について語ってくれたチェリー・アリソン。体の中で続く種類の静寂を分け合ってくれたクリント・チズラー。森羅万象の目利きとなってくれたサイラス・ハビブ。純粋な注意を守ってくれたデイヴィッド・ジェイとランディマ・フェルナンド。ニュピの美しさを語ってくれたデワ・プトゥ・ベラタ。愛の花を咲かせ続ける癒やしの静寂を紹介してくれたドン・セント・ジョンとダイアン・セント・ジョン。意識の高いオクターブを紹介してくれたエステル・フランケル。ユーモアのセンスとレジリエンスと謙虚さを発揮してくれたフェイス・フラー。「魂のシンクタンク」を維持してくれたゴードン・ヘンプトン。自分のあらゆる細胞とともに謎の中に進んで入っていってくれたグレイス・ボーダ。長期休暇《サバティカル》は学者だけのものではないことを実証してくれたジャネット・フルード。数限りないことをしてくれたのはもとより、特に、心根の良さを発揮し、「認識して受け取る」とはどういうことかを示してくれたジャーヴィス・ジェイ・マスターズ。ただ耳を傾ける技を教えてくれたジェイ・ニュートン゠スモール。「デッドヘディング」の瞑想的な力について語ってくれたジョーン・ブレイズ。困難なワークをやり遂げ、愛を広めてくれたジョン・ルベッキー。根本的な振動用の音叉となる意味を示してくれたジョッシュ・シュライ。「静かというのは、何であれ、本人が静かだと思っているもの」であること教えてくれたジョシュア・スミス。恍惚状態の静寂を後に残す偉大なメゾソプラノ歌手のジョイス・ディドナート。見事な拡張性を示してくれたジャドソン・ブルワー。自分のフローを知っているマジッド・ザヒド。時間のオアシスの世話をしてくれているマリリン・ポール。メタルに間《ま》を入れてくれたマシュー・キイチ・ヒーフィー。権力の殿堂に静寂の精神を持ち込んでくれたミシェル・ミルベン。陽気で優れた実験能力を発揮してくれたマイケル・バートン。感覚的に明確で、賢明な助言をしたり、大勢に紹介したりしてくれたマイケル・タフト。必要なときに「プンパーニッケル！」と叫んでくれるミッドナイト・ローズとロジン・コーヴェン。静寂を尊ぶ社会のための法的枠組みと規制の枠組みを構想してくれたニコール・ウォン。奇妙な疑問を投げ掛けてくれたパドレイグ・Ó・トゥアマ。思いやりのある活を入れてくれたフィリップ・モフィット。手品師のような手際を見せてくれた導師シャブダ・カーン。「静寂は神経系をリセットできる」という見識で本書を生み出すのを助けてくれたレナタ・キャシス・ロー。「識別」について教えてくれたロブ・リッピンコット。「古い落ち葉やくたびれた岩のように」自我を粉々に崩れさせて正常化してくれた老師ジョアン・ハリファックス。勇敢に「アンラーニング」し、模範的な傾聴を行ったルパ・マリア。リトリートを大衆化したシーラ・キャペラー＝フィン。何もしないでいるというスキルを培ったスカイラー・ビクスビー。3回呼吸するという発想を伝えてくれたスティーヴン・デベリー。自分の黄金律を教えてくれたスーザン・グリフィン・ブラック。最も必要とされている場所に静寂を導入してくれたティム・ライアン下院議員。真のシグナルを聞くことの意味を思い出してくれたタイソン・ユンカポルタ。間《ま》について説明してくれたモリカワ・ユリ。私たちのうちで最も小さい者たちが「静かな小さな声」を聞き取れるようにしてくれたザック・テイラー。騒音を乗り越えるための非瞑想者の手引きの必要性を再確認してくれたザナ・アイケルズ。

そしてまた、本書の中の考えを形作ったり育てたりするのを助けてくれた以下の方々全員にも。アラン・バイラム、アミラ・デ・ラ・ガルザ、アンケ・ティエレ、アンナ・ゴールドスタイン、アン・L・フィフィールド、アントナ・ブライリー、バーバラ・マクベイン、ブレンダン・バシン＝サリヴァン、カーレン・レイダー、ケイシー・エマーリング、キャシー・コールマン、セシル・ランドイング・フランソワ、シャーロット・トゥースマン、クリス・ラドクリフ、チャック・ロッペル、クロード・ウィットマイヤー、ダラス・テイラー、デイヴ・ハフマン、デイヴィッド・アルヴォード、デイヴィッド・プレスティ、デボラ・フレイグ、ダイアン・ミンツ、ドミニク・ランド、デューク・クラウク、エリン・セロヴァー、ハイディ・カセヴィッチ、ヘレン・オーストウィック・ザルツマン、ジェイミー・ファウストとピーター・ファウスト、ジャネル・マコーリー中佐、ジェシカ・アボット・ウィリアムズ、ジル・ハケット、ローラ・トーヒー、ローリー・ネルソン・ランドレット、リー・ラム、レズリー・シャープ、リンダ・チャン、リサ・フィッシャー、リザンドラ・ヴィダル、ロリ・A・シュック、メイド・プトラヤサ、マイ・マーズ、マギー・シルヴァーマン、マイケル・A・ガードナー、レベッカ・レヴェンソン、レジーナ・カマーゴ、リック・ドブリン、リック・コット、サム・グリーンスパン、ショーン・フェイト・オークス、ショーン・ファーリー、ショーナ・ジャンズ、シェルドン・ノーバーグ、シェリー・リード、ショシャナ・バーガー、サイレンス・ジェンティ、スリダー・コタ、スティーヴン・バジャー、ステファニー・レイモス、スーザン・パーカー、タニス・デイ、ティム・ガラティ、ティム・ソルツ、トッド・アレクサンダーとスーザン・アレクサンダー、ユーセフ・バーンズ、ヴァレリー・クリアニー、ヴァネッサ・ロウ、ウェス・ルック、ゼショー・スーザン・オコンネル。

ジャスティンからの謝辞

笑いと生命であふれながらも、静かな実在への敬意にも満ちている庭を育て、その世話をする、サンタフェの友人たちのコミュニティに。ここで1人残らず名前を挙げることはできないけれど、みなさん全員に感謝している。3人の幼い子どもが家の中を這い回ったり駆け回ったりするなかで純粋な注意についての本を書くのを可能にしてくれた親愛なる友人たちに、特別のお礼を言いたい。ブランドン・ランドバーグとアビ・ランドバーグ、ショーン・パレル、ラッセル・ブロット、ジョッシュ・シュライ、シゴール・イーコット、ラファエラ・キャシスをはじめとするみなさん。草稿についての的確な会話やフィードバックを通して、本書全体あるいはその一部を直接形作ってくれた、以下の親愛なる友人たちにも。ソーラー・ローとレナタ・ロー、マリア・モツィンガー、ジョン・バクスター、ジョッシュ・シュライ、ショーン・パレル、ゲーリー・ロンバードとタマ・ロンバード、エルマノ・カーヴァロ、ジェフリー・ブロンフマン、タイ・ビクスビーとサタラ・ビクスビー、ピート・ジャクソン、ジュリー・コウヴ、マット・ビーバー、ダニエル・タッカーにも。私を最も深い静寂に向かって導いてくれるホゼ・ガブリエル・ダ・コスタにも。

以下の方々に感謝している。長年をかけ、本書に出てくるアイデアの数々を私といっしょに温めてくれた親愛なる友人たち。ベン・ビーチー、ウェス・ルック、ニール・ペイデュコーン、ザック・ヒンディン、エヴァン・フェイバー、キーン・バット、マイク・ダーナー、マイケル・シャンク、マサイアス・アレンキャストロ、デイヴィッド・ジョン・ホール、ロリン・フライズ、ジェイミー・ラウキー、レイン・ミッドー、ローレン・ライオンズ、サンギータ・トリパティ、ジョウヴ・オリヴァー、ポール・ジェンセン、キャロリン・バーンウェル、キム・サミュエル、ベッティーナ・ウォーバーグ、トラヴィス・シーハン、ナサニエル・タルボット、アニー・ジェスパーソン、マーク・ウィーズブロット、ベン゠ザイオン・プタシュニク、ダン・ハーヴィグ、エリック・スパーリング、セバスチャン・エライザー、スティーヴン・バジャー、ハヴィエル・ゴンザレス、ハンセン・クラーク、ミーナ・マーク・ハンナ。そして以下をはじめとする旧友たち。クリスティン・ルーター、ジョッシュ・ワイス、ラジヴ・バール、カイル・フォーマン、最後にロブ・エリオヴ。私の人生で、彼に会えなくて残念でない日は1日たりともない。彼は本書のメッセージについて計り知れないほど多くのことを教えてくれた。

正式な学校教育の始まりと終わりに、私の思考の形成にとりわけ大きな影響を与えた3人の恩師、スーザン・オルテンバーグとリオン・フュアースとリチャード・パーカー。

愛しい母と父、スーザンとスティーヴン。2人は無条件の愛情という「入れ物」を提供してくれ、そのおかげで、私の人生ではじつに多くの良いことが可能になった。兄のジェレミー。兄はいつも愛情と気遣いを持って私に真実を語り、それからギターを取り上げて、ディランの歌を華やかに、大胆に演奏してくれる。姻戚のトムとキャリン。2人は私にとって特に近しい存命中の親友に数えられる。

伴侶のメレディ。彼女はこの世を生き抜き、学び、踊り、この人生を通して進化するうえでの私の愛しいパートナーだ。あなたの忍耐力に感謝する。あなたの見識に感謝する。本書の実現を可能にしてくれて、ありがとう。私の人生を意義と喜びで満たしてくれて、ありがとう。

息子のジェイ。毎朝5時の彼のモーニングコールのおかげで、とても重要な執筆を仕上げられたし、今や彼のハグが与えてくれるエネルギーに支えられて私は1日をやり通すことができる。娘のサラヤ。彼女の明るく謎めいた微笑みのおかげで、私の心は花のように開く。娘のティエラ。彼女は5歳にして、私が彼女に教えるのと同じぐらい多くを私に教えてくれる——森の妖精の家々の周りでは、なぜ、どうやって静かにしなければならないかを含めて。

リーからの謝辞

私の女性サークル。それぞれの名前は挙げずにおくけれど、みなさんはそれが誰か、そして私がみなさん1人ひとりの温情にどれほど負うところが大きいか、完全に承知しているはずだ。本書はあなた方抜きでは、けっして存在していないことだろう。ラルフ・メッツナーのサークル。かつてそこにいた人々と、今日も彼を忘れずに活動を続けている人々。私のライジング・フールズのサークルの果てしない叡智と、ディープ・ハーヴェストのサークルの絶大な恵み深さ。アメシスト・オープニングのサークルの、もろ手を広げて受け容れてくれる姿勢。戦没将兵追悼記念日に集まる、底抜けに愉快な家族。そして、この世の素晴らしい共謀者全員。私たちが非主流の人々の灯を絶やしませんように。

私が日常の静けさと日々の喜びを見出すダンス・コミュニティ——エル・セリート・ダンス・フィットネスとリズム&モーション。私を応援し続け、途中の節目ごとに祝ってくれて、ありがとう。みなさんのことを、大切に思っている。

物理的に、情緒的に、そしてスピリチュアルな面でも、気を配ってくれた、最も近しく親しい人々に感謝する。特に、シーラ・キャペラー＝フィン、エイリッシュ・ネイグル、アン・L・ファイフィールド、グレイス・ボーダ、ドミニク・ランド、カーラ・デッチョン、マイラ・リヴァス、レイチェル・ベリンスキー、ジョン・ネルソン、フラン・カーシュ、クリスティーナ・フォレスター＝ソープ、ヌリア・ラティファ・ボワート、スイ＝ミ・チャン、ジュリー・ブラウン、ポール・キャタサス。執筆のコーチングに天賦の才を発揮してくれたアンディ・クチュリエと、毎週互いに様子を確認し合って創造性を刺激したキャリー・「ローズ」・キャッツ、ありがとう。

父のリチャード・L・マレセック。この命のつながりに感謝する。あなたがあらゆる苦しみを免れますように。

母のリッキー・C・マレセック。この命のつながりに感謝する。愛情に満ちた優しさを――言葉によってだけではなく、手本を示すことによっても――実証してくれたことにもお礼を言う。あなたはまさに奇跡にほかならない。そして、「私のベティ」ことベティ・ハーブスト。私たちの家族に加わり、私たちに愛情を示し、これほどの笑いをもたらしてくれたことに感謝する。私を我が子のように愛してくれる快活で温かいニーナ・エオナイ、夜遅くにいつも励ましのショートメッセージを送ってくれて、ありがとう。

弟のローマン・マーズ。あなたは子ども時代から私を驚かせたり、心を和ませたりしてきた。本書の執筆につき添い、いつも私の生まれながらの善良さを信じてくれて、ありがとう。あなたのおかげであらゆるものがさらに良くなる。

情熱にあふれた晴れやかな娘のエイヴァ・ザハラ、私たちを親に選んでくれてありがとう。氷河の間で「無言の水曜日」を送るというアイデアを出し、あの輝かしい日に私に加わってくれたことに感謝する。キッチンでいつもたっぷりハグしてくれることにもお礼を言いたい。あなたと静寂を共有するのが、私の魂の滋養になる。

そして最後に、愉快なまでに手に負えない、冒険好きな夫のマイケル・ジーグラー。静寂についてこれほど多くを教えてくれ、私の最高のファンでいてくれて、ありがとう。あなたの内と外のパノラマの世界を私にも見せてくれて感謝している。あなた以上に完璧なパートナーは望みようがない。この本は隅から隅まであなたのためのものであり、あなたのおかげでき上がった。私はあなたのものだ。

そして、最後に私たち2人から。静寂についての本の執筆は、孤独で厳粛な仕事のように見えるかもしれない。ところが、この場合はまったく違った。その全過程を仲睦まじく、創造的で、勢いに満ち、荒唐無稽なまでに愉快なものにし続けることができた自分たち2人に、互いに感謝している。

原注

第1章　静寂が与えてくれるもの

1. Thomas Carlyle, "Circumspective," in *Sartor Resartus: The Life and Opinions of Herr Teufelsdröckh in Three Books*, ed. Mark Engel (Berkeley: University of California Press, 2000), 198.（『衣服哲学』トマス・カーライル著、谷崎隆昭訳、山口書店、1983年、他）
2. Albert Arazi, Joseph Sadan, and David J. Wasserstein, eds., *Compilation and Creation in Adab and Luġa: Studies in Memory of Naphtali Kinberg (1948–1997)* (Winona Lake, Ind.: Eisenbrauns, 1999).
3. Justin Talbot Zorn and Leigh Marz, "The Busier You Are, the More You Need Quiet Time," *Harvard Business Review*, March 17, 2017, hbr.org/2017/03/the-busier-you-are-the-more-you-need-quiet-time.
4. Kimberly Schaufenbuel, "Why Google, Target, and General Mills Are Investing in Mindfulness," *Harvard Business Review*, Dec. 28, 2015, hbr.org/2015/12/why-google-target-and-general-mills-are-investing-in-mindfulness. 以下も参照のこと。Marianne Garvey, "Meditation Rooms Are the Hottest New Work Perk," *MarketWatch*, Oct. 26, 2018, www.marketwatch.com/story/meditation-rooms-are-the-hottest-new-work-perk-2018–10–26; "Why GE Is Adding Mindfulness to the Mix," GE, Sept. 19, 2016, www.ge.com/news/reports/ge-putting-mindfulness-digital-industrial-business; Bryan Schatz, "Vets Are Using Transcendental Meditation to Treat PTSD—with the Pentagon's Support," *Mother Jones*, July 22, 2017, www.motherjones.com/politics/2017/07/vets-are-using-transcendental-meditation-to-treat-ptsd-with-the-pentagons-support.
5. Dishay Jiandani et al., "Predictors of Early Attrition and Successful Weight Loss in Patients Attending an Obesity Management Program," *BMC Obesity* 3, no. 1 (2016), doi:10.1186/s40608–016–0098–0.

第2章　騒音が増加した理由

1. Frank Bruni, "A Politician Takes a Sledgehammer to His Own Ego," *New York Times*, April 11, 2020, www.nytimes.com/2020/04/11/opinion/sunday/cyrus-habib-jesuit.html.
2. Emily Ann Thompson, "Noise and Modern Culture, 1900–1933," in *The Soundscape of Modernity: Architectural Acoustics and the Culture of Listening in America, 1900–1933* (Cambridge, Mass.: MIT Press, 2004), 115.
3. 現代世界における騒音の増大を実証する研究の広範な概観については、以下を参照のこと。John Stewart, *Why Noise Matters: A Worldwide Perspective on the Problems, Policies, and Solutions*, with Arline L. Bronzaft et al. (Abingdon, Eng.: Routledge, 2011).
4. Bianca Bosker, "Why Everything Is Getting Louder," *The Atlantic*, Nov. 2019, www.theatlantic.com/magazine/archive/2019/11/the-end-of-silence/598366.
5. "Email Statistics Report, 2015–2019," Radicati Group, 2021年9月4日に以下で閲覧。www.radicati.com/wp/wp-content/uploads/2015/02/Email-Statistics-Report-2015–2019-Executive-Summary.pdf.
6. Daniel J. Levitin, "Hit the Reset Button in Your Brain," *New York Times*, Aug. 9, 2014, www.nytimes.com/2014/08/10/opinion/sunday/hit-the-reset-button-in-your-brain.html.
7. Guy Raz, "What Makes a Life Worth Living?," NPR, April 17, 2015, www.npr.org/transcripts/399806632.
8. Hal R. Varian, "The Information Economy: How Much Will Two Bits Be Worth in the Digital Marketplace?," UC Berkeley School of Information, Sept. 1995, people.ischool.berkeley.edu/~hal/pages/sciam.html.
9. Judson Brewer, *Unwinding Anxiety: New Science Shows How to Break the Cycles of Worry and Fear to Heal Your Mind* (New York: Avery, 2021).
10. Ethan Kross, "When Talking to Ourselves Backfires," in *Chatter: The Voice in Our Head, Why It Matters, and How to Harness It* (New York: Crown, 2021), 22.（『Chatter（チャッター）――「頭の中のひとりごと」をコントロールし、最良の行動を導くための26の方法』イーサン・クロス著、鬼澤忍訳、東洋経済新報社、2022年）
11. Adam Gazzaley and Larry D. Rosen, "Interference," in *The Distracted Mind:*

Ancient Brains in a High-Tech World (Cambridge, Mass.: MIT Press, 2016), 5–12.

12. Jocelyn K. Glei, ed., *Manage Your Day-to-Day: Build Your Routine, Find Your Focus, and Sharpen Your Creative Mind* (Seattle: Amazon, 2013).
13. Bosker, "Why Everything Is Getting Louder."
14. Ben Beachy and Justin Zorn, "Counting What Counts: GDP Redefined," *Kennedy School Review*, April 1, 2012, ksr.hkspublications.org/2012/04/01counting-what-counts-gdp-redefined.
15. Robert F. Kennedy, "Remarks at the University of Kansas, March 18, 1968," John F. Kennedy Presidential Library and Museum, www.jfklibrary.org/learn/about-jfk/the-kennedy-family/robert-f-kennedy/robert-f-kennedy-speeches/remarks-at-the-university-of-kansas-march-18–1968.
16. James Fallows, "Linda Stone on Maintaining Focus in a Maddeningly Distractive World," *The Atlantic*, May 23, 2013, www.theatlantic.com/national/archive/2013/05/linda-stone-on-maintaining-focus-in-a-maddeningly-distractive-world/276201.
17. Mike Brown, "70% of Millennials Report Anxiety from Not Having Their Cell Phone," LendEDU, May 28, 2020, lendedu.com/blog/millennials-anxiety-not-having-cell-phone.

第3章　静寂は実在である

1. Tam Hunt, "The Hippies Were Right: It's All About Vibrations, Man!," *Scientific American*, Dec. 5, 2018, blogs.scientificamerican.com/observations/the-hippies-were-right-its-all-about-vibrations-man.
2. 今では、高音は耳鳴りだった可能性が高いと考える専門家もいる。
3. Carl McColman, "Barbara A. Holmes: Silence as Unspeakable Joy (Episode 26)," *Encountering Silence*, May 24, 2018, encounteringsilence.com/barbara-a-holmes-silence-as-unspeakable-joy-episode-26.
4. Jennifer E. Stellar et al., "Awe and Humility," *Journal of Personality and Social Psychology* 114, no. 2 (2017): 258–69, doi:10.1037/pspi0000109.
5. Robert Sardello, *Silence: The Mystery of Wholeness* (Berkeley, Calif.: North Atlantic Books, 2008) での引用。

6. 周産期気分障害と不安障害についてさらに詳しくは、以下を閲覧のこと。"Postpartum Support International—PSI," Postpartum Support International (PSI), 2021年9月5日に以下で閲覧。www.postpartum.net.

第4章　静寂の道徳的側面

1. Carl McColman, "Barbara A. Holmes: Silence as Unspeakable Joy (Episode 26)," *Encountering Silence*, May 24, 2018, encounteringsilence.com/barbara-a-holmes-silence-as-unspeakable-joy-episode-26.
2. M. K. Gandhi, *Pathway to God* (New Delhi: Prabhat Prakashan, 1971).
3. Sheena Malhotra and Aimee Carrillo Rowe, eds., *Silence, Feminism, Power: Reflections at the Edges of Sound* (New York: Palgrave Macmillan, 2013).
4. Jenny Odell, *How to Do Nothing: Resisting the Attention Economy* (New York: Melville House, 2020).(『何もしない』ジェニー・オデル著、竹内要江訳、早川書房、2021年)
5. George Prochnik, "Listening for the Unknown," in *In Pursuit of Silence: Listening for Meaning in a World of Noise* (New York: Anchor Books, 2011), 43.
6. Rachel L. Swarns, "Catholic Order Pledges $100 Million to Atone for Slave Labor and Sales," *New York Times*, March 15, 2021, www.nytimes.com/2021/03/15/us/jesuits-georgetown-reparations-slavery.html.
7. David Whyte, *Consolations: The Solace, Nourishment and Underlying Meaning of Everyday Words* (Langley, Wash.: Many Rivers Press, 2014).

第5章　騒音と健康

1. L. Bernardi, C. Porta, and P. Sleight, "Cardiovascular, Cerebrovascular, and Respiratory Changes Induced by Different Types of Music in Musicians and Non-musicians: The Importance of Silence," *Heart* 92, no. 4 (April 2006): 445–52, doi:10.1136/hrt.2005.064600.
2. 人間の健康にとって静寂が持つ重要性に対するフローレンス・ナイチンゲールの見解の詳細な説明については、以下を参照のこと。Hillel Schwartz, *Making Noise: From Babel to the Big Bang & Beyond* (New York: Zone Books, 2011).

3. Elizabeth Fee and Mary E. Garofalo, "Florence Nightingale and the Crimean War," *American Journal of Public Health* 100, no. 9 (Sept. 2010): 1591, doi:10.2105/AJPH.2009.188607.
4. Florence Nightingale, "Notes on Nursing," A Celebration of Women Writers, 2021年9月6日に以下で閲覧。digital.library.upenn.edu/women/nightingale/nursing/nursing.html.
5. Rosalind M. Rolland et al., "Evidence That Ship Noise Increases Stress in Right Whales," *Proceedings of the Royal Society B: Biological Sciences* 279, no. 1737 (2012): 2363–68, doi:10.1098/rspb.2011.2429.
6. "How the Ear Works," Johns Hopkins Medicine, 2021年9月6日に以下で閲覧。www.hopkinsmedicine.org/health/conditions-and-diseases/how-the-ear-works.
7. Stephen W. Porges and Gregory F. Lewis, "The Polyvagal Hypothesis: Common Mechanisms Mediating Autonomic Regulation, Vocalizations, and Listening," *Handbook of Behavioral Neuroscience* 19 (2010): 255–64, doi:10.1016/B978–0–12–374593–4.00025–5.
8. Thomas Münzel et al., "Environmental Noise and the Cardiovascular System," *Journal of the American College of Cardiology* 71, no. 6 (Feb. 2018): 688–97, doi:10.1016/j.jacc.2017.12.015; Maria Klatte, Kirstin Bergström, and Thomas Lachmann, "Does Noise Affect Learning? A Short Review on Noise Effects on Cognitive Performance in Children," *Frontiers in Psychology* 4 (2013): 578, doi:10.3389/fpsyg.2013.00578; Ester Orban et al., "Residential Road Traffic Noise and High Depressive Symptoms After Five Years of Follow-Up: Results from the Heinz Nixdorf Recall Study," *Environmental Health Perspectives* 124, no. 5 (2016): 578–85, doi:10.1289/ehp.1409400; Soo Jeong Kim et al., "Exposure-Response Relationship Between Aircraft Noise and Sleep Quality: A Community-Based Cross-Sectional Study," *Osong Public Health and Research Perspectives* 5, no. 2 (April 2014): 108–14, doi:10.1016/j.phrp.2014.03.004.
9. "New Evidence from WHO on Health Effects of Traffic-Related Noise in Europe," World Health Organization, March 30, 2011, www.euro.who.int/en/media-centre/sections/press-releases/2011/03/new-evidence-from-who-on-health-effects-of-traffic-related-noise-in-europe. 以下も参照のこと。World

Health Organization Regional Office for Europe, "Burden of Disease from Environmental Noise," ed. Frank Theakston, Joint Research Centre (2011), 1–126, www.euro.who.int/__data/assets/pdf_file/0008/136466/e94888.pdf.

10. Alex Gray, "These Are the Cities with the Worst Noise Pollution," World Economic Forum, March 27, 2017, www.weforum.org/agenda/2017/03/these-are-the-cities-with-the-worst-noise-pollution.
11. Bianca Bosker, "Why Everything Is Getting Louder," *The Atlantic*, Nov. 2019, www.theatlantic.com/magazine/archive/2019/11/the-end-of-silence/598366.
12. Matthew Walker, *Why We Sleep: Unlocking the Power of Sleep and Dreams* (New York: Scribner, 2018).（『睡眠こそ最強の解決策である』マシュー・ウォーカー著、桜田直美訳、SBクリエイティブ、2018年）
13. Julie L. Darbyshire and J. Duncan Young, "An Investigation of Sound Levels on Intensive Care Units with Reference to the WHO Guidelines," *Critical Care* 17, no. 5 (2013): 187, doi:10.1186/cc12870.
14. Ilene J. Busch-Vishniac et al., "Noise Levels in Johns Hopkins Hospital," *Journal of the Acoustical Society of America* 118, no. 6 (2005): 3629–45, doi:10.1121/1.2118327.
15. Sue Sendelbach and Marjorie Funk, "Alarm Fatigue: A Patient Safety Concern," *AACN Advanced Critical Care* 24, no. 4 (Oct. 2013): 378–86, doi:10.1097/NCI.0b013e3182a903f9.
16. Patricia Robin McCartney, "Clinical Alarm Management," *MCN: The American Journal of Maternal/Child Nursing* 37, no. 3 (May 2012): 202, doi:10.1097/nmc.0b013e31824c5b4a.
17. Adam Gazzaley and Larry D. Rosen, *The Distracted Mind: Ancient Brains in a High-Tech World* (Cambridge, Mass.: MIT Press, 2017).
18. Ari Goldman, "Student Scores Rise After Nearby Subway Is Quieted," *New York Times*, April 26, 1982.
19. Maartje Boer et al., "Attention Deficit Hyperactivity Disorder-Symptoms, Social Media Use Intensity, and Social Media Use Problems in Adolescents: Investigating Directionality," *Child Development* 91, no. 4 (July 2020): 853–65, doi:10.1111/cdev.13334.
20. Hunt Allcott et al., "The Welfare Effects of Social Media," *American Economic*

Review 110, no. 3 (March 2020): 629–76, doi:10.1257/aer.20190658.

21. Ethan Kross, *Chatter: The Voice in Our Head, Why It Matters, and How to Harness It* (New York: Crown, 2021).（『Chatter（チャッター）――「頭の中のひとりごと」をコントロールし、最良の行動を導くための26の方法』イーサン・クロス著、鬼澤忍訳、東洋経済新報社、2022年）
22. Imke Kirste et al., "Is Silence Golden? Effects of Auditory Stimuli and Their Absence on Adult Hippocampal Neurogenesis," *Brain Structure and Function* 220, no. 2 (2013): 1221–28, doi:10.1007/s00429–013–0679–3.

第6章 「頭の中の騒音」を静める

1. Mihaly Csikszentmihalyi, *Flow: The Psychology of Optimal Experience* (New York: HarperCollins, 2008).（『フロー体験 喜びの現象学』M. チクセントミハイ著、今村浩明訳、世界思想社、1996年）
2. Shane J. Lopez and C. R. Snyder, eds., *Handbook of Positive Psychology* (Oxford: Oxford University Press, 2011).
3. *Encyclopaedia Britannica*, s.v. "Physiology." 2021年9月6日に以下で閲覧。www.britannica.com/science/information-theory/Physiology.
4. Csikszentmihalyi, *Flow*, 28–29.（『フロー体験 喜びの現象学』M. チクセントミハイ著）
5. Mark R. Leary, *The Curse of the Self: Self-Awareness, Egotism, and the Quality of Human Life* (Oxford: Oxford University Press, 2007).
6. Arne Dietrich, "Functional Neuroanatomy of Altered States of Consciousness: The Transient Hypofrontality Hypothesis," *Consciousness and Cognition* 12, no. 2 (June 2003): 231–56, doi:10.1016/s1053–8100(02)00046–6.
7. René Weber et al., "Theorizing Flow and Media Enjoyment as Cognitive Synchronization of Attentional and Reward Networks," *Communication Theory* 19, no. 4 (Oct. 2009): 397–422, doi:10.1111/j.1468–2885.2009.01352.x.
8. Michael Pollan, "The Neuroscience: Your Brain on Psychedelics," in *How to Change Your Mind: What the New Science of Psychedelics Teaches Us About Consciousness, Dying, Addiction, Depression, and Transcendence* (New York: Penguin Press, 2018), 303–4.（『幻覚剤は役に立つのか』マイケル・ポーラン著、宮崎真紀訳、亜紀書房、2020年）

9. Michael W. Taft, "Effortlessness in Meditation, with Jud Brewer," *Deconstructing Yourself*, June 7, 2020, deconstructingyourself.com/effortlessness-in-meditation-with-jud-brewer.html.
10. Kathryn J. Devaney et al., "Attention and Default Mode Network Assessments of Meditation Experience During Active Cognition and Rest," *Brain Sciences* 11, no. 5 (2021): 566, doi:10.3390/brainsci11050566.
11. Judson A. Brewer et al., "Meditation Experience Is Associated with Differences in Default Mode Network Activity and Connectivity," *Proceedings of the National Academy of Sciences of the United States of America* 108, no. 50 (2011): 20254–59, doi:10.1073/pnas.1112029108.
12. Piers Worth and Matthew D. Smith, "Clearing the Pathways to Self-Transcendence," *Frontiers in Psychology*, April 30, 2021, doi:10.3389/fpsyg.2021.648381.
13. David Bryce Yaden et al., "The Varieties of Self-Transcendent Experience," *Review of General Psychology* 21, no. 2 (2017): 143–60, doi:10.1037/gpr0000102.
14. Dacher Keltner and Jonathan Haidt: "Approaching Awe, a Moral, Spiritual, and Aesthetic Emotion," *Cognition and Emotion* 17, no. 2 (March 2003): 297–314, doi:10.1080/02699930302297.
15. Anat Biletzki and Anat Matar, "Ludwig Wittgenstein," in *Stanford Encyclopedia of Philosophy*, Nov. 8, 2002, plato.stanford.edu/entries/wittgenstein.
16. Fatima Malik and Raman Marwaha, "Cognitive Development," StatPearls, July 31, 2021, www.ncbi.nlm.nih.gov/books/NBK537095.
17. "Rethinking Adult Development," American Psychological Association, June 9, 2020, www.apa.org/pubs/highlights/spotlight/issue-186.
18. Summer Allen, "The Science of Awe," Greater Good Science Center, Sept. 2018, ggsc.berkeley.edu/images/uploads/GGSC-JTF_White_Paper-Awe_FINAL.pdf.
19. William James, "Lectures XVI and XVII: Mysticism," in *The Varieties of Religious Experience: A Study in Human Nature,* ed. Martin E. Marty (New York: Penguin Classics, 1982), 287.（『宗教的経験の諸相（上下）』ウィリアム・ジェイムズ著、桝田啓三郎訳、日本教文社、2015年、他）

20. Pollan, "Neuroscience," 301.

21. Robin L. Carhart-Harris et al., "Neural Correlates of the Psychedelic State as Determined by fMRI Studies with Psilocybin," *Proceedings of the National Academy of Sciences of the United States of America* 109, no. 6 (2012): 2138–43, doi:10.1073/pnas.1119598109.

22. "How LSD Can Make Us Lose Our Sense of Self," ScienceDaily, April 13, 2016, www.sciencedaily.com/releases/2016/04/160413135656.htm.

第7章　なぜ静寂は恐ろしいのか

1. Manly P. Hall, "The Life and Philosophy of Pythagoras," in *The Secret Teachings of All Ages* (New York: Jeremy P. Tarcher/Penguin, 2003).(『新版 象徴哲学大系(I～IV)』マンリー・P・ホール著、大沼忠弘／山田耕士／吉村正和訳、人文書院、2014～2015年)

2. Timothy D. Wilson et al., "Just Think: The Challenges of the Disengaged Mind," *Science* 345, no. 6192 (2014): 75–77, doi:10.1126/science.1250830.

3. Max Picard, *The World of Silence* (Wichita, Kans.: Eighth Day Press, 2002).

4. Robert Sardello, *Silence: The Mystery of Wholeness* (Berkeley, Calif.: North Atlantic Books, 2008).

5. Joan Halifax, *Being with Dying* (Boulder, Colo.: Shambhala, 2009).(『死にゆく人と共にあること――マインドフルネスによる終末期ケア』ジョアン・ハリファックス著、井上ウィマラ監訳、中川吉晴／浦崎雅代／白井弘佳／小木曽由佳訳、春秋社、2015年)

6. Joan Halifax, *The Fruitful Darkness: A Journey Through Buddhist Practice and Tribal Wisdom* (New York: Grove Press, 2004).

7. Estelle Frankel, *The Wisdom of Not Knowing: Discovering a Life of Wonder by Embracing Uncertainty* (Boulder, Colo.: Shambhala, 2017).

8. Pablo Neruda, *Extravagaria*, trans. Alastair Reid (New York: Farrar, Straus and Giroux, 2001).

9. David Bryce Yaden et al., "The Varieties of Self-Transcendent Experience," *Review of General Psychology* 21, no. 2 (2017): 143–60, doi:10.1037/gpr0000102.

10. Wisdom 2.0, March 23, 2019, www.youtube.com/watch?v=l8NaWq-

xSbM&t=1243s.

第8章　ブッダの教えとイエスの教え

1. Red Pine, trans., *The Lankavatara Sutra: A Zen Text* (Berkeley, Calif.: Counterpoint, 2013).
2. Thích Nhất Hạnh, *Old Path White Clouds: The Life Story of the Buddha* (London: Rider, 1992).(『小説ブッダ——いにしえの道、白い雲』ティク・ナット・ハン著、池田久代訳、春秋社、2008年)
3. Aldous Huxley, *The Perennial Philosophy: An Interpretation of the Great Mystics, East and West* (New York: Franklin Classics, 2009).(『永遠の哲学——究極のリアリティ』オルダス・ハクスレー著、中村保男訳、平河出版社、1988年)
4. Unknown Monk, *The Cloud of Unknowing*, ed. Dragan Nikolic and Jelena Milić (Scotts Valley, Calif.: Create Space, 2015).
5. Harvey D. Egan, "Christian Apophatic and Kataphatic Mysticisms," *Theological Studies* 39, no. 3 (1978): 399–426, doi:10.1177/004056397803900301.

第9章　静寂の見つけ方

1. David Sheff, *The Buddhist on Death Row: How One Man Found Light in the Darkest Place* (New York: Simon & Schuster, 2021).
2. Jarvis Jay Masters, *Finding Freedom: How Death Row Broke and Opened My Heart* (Boulder, Colo.: Shambhala, 2020).
3. Timothy Williams and Rebecca Griesbach, "San Quentin Prison Was Free of the Virus. One Decision Fueled an Outbreak," *New York Times*, June 30, 2020, www.nytimes.com/2020/06/30/us/san-quentin-prison-coronavirus.html.
4. 経営コンサルティングの第一人者スティーブン・R・コヴィーを含め、多くのリーダーシップの専門家は、制御範囲モデルのさまざまなバージョンを使って指導者をトレーニングし、可能な範囲で責任を引き受け、手に負えないことからは身を引くことを教える。そうしたモデルのおかげで、心理学者がずっと以前から真剣に受け止めてきた、個人の力の感覚という概念が世間に広まった。

第10章　束の間の静寂を見つけるための戦略

1. Hannah Delaney, Andrew MacGregor, and Amanda Amos, "'Tell Them You Smoke, You'll Get More Breaks': A Qualitative Study of Occupational and Social Contexts of Young Adult Smoking in Scotland," *BMJ Open* 8, no. 12 (2018), doi:10.1136/bmjopen-2018–023951.
2. Ajahn Amaro, "The Sound of Silence," *Lion's Roar*, Nov. 9, 2012, www.lionsroar.com/the-sound-of-silence.
3. Pema Chödrön, *When Things Fall Apart: Heart Advice for Difficult Times* (Boulder, Colo.: Shambhala, 2005).（『すべてがうまくいかないとき――チベット密教からのアドバイス』ペマ・チュードゥン著、ハーディング祥子訳、めるくまーる、2004年）
4. Aaron Maniam, "Standing Still," in *Morning at Memory's Border* (Singapore: Firstfruits, 2005).
5. Nicholas Carr, *The Shallows: What the Internet Is Doing to Our Brains* (New York: W. W. Norton, 2010).（『ネット・バカ――インターネットがわたしたちの脳にしていること』ニコラス・G・カー著、篠儀直子訳、青土社、2010年）
6. Shane J. Lopez and C. R. Snyder, eds., *Handbook of Positive Psychology* (Oxford: Oxford University Press, 2011).
7. M. Basil Pennington, *Lectio Divina: Renewing the Ancient Practice of Praying the Scriptures* (Chestnut Ridge, N.Y.: Crossroad, 1998).
8. Marilyn Nelson, "Communal Pondering in a Noisy World," *On Being*, Public Radio Exchange, Feb. 23, 2017.
9. Ezra Klein, "Pulitzer Prize–Winning Poet Tracy K. Smith on the Purpose and Power of Poetry," *Vox Conversations* (audio blog), Feb. 27, 2020, www.vox.com/podcasts/2020/2/27/21154139/tracy-k-smith-poet-laureate-the-ezra-klein-show-wade-in-the-water.
10. Susan Sontag, *Styles of Radical Will* (New York: Farrar, Straus and Giroux, 1969), 23.（『ラディカルな意志のスタイルズ［完全版］』スーザン・ソンタグ著、管啓次郎／波戸岡景太訳、河出書房新社、2018年、他）
11. Gillian Flaccus, "Bird-Watching Soars amid COVID-19 as Americans Head

Outdoors," Associated Press, May 2, 2020, apnews.com/article/us-news-ap-top-news-ca-state-wire-or-state-wire-virus-outbreak-94a1ea5938943d8a70fe794e9f629b13.

12. Roger S. Ulrich, "View Through a Window May Influence Recovery from Surgery," *Science* 224, no. 4647 (1984): 420–21, doi:10.1126/science.6143402.
13. Mark S. Taylor et al., "Research Note: Urban Street Tree Density and Antidepressant Prescription Rates—a Cross-Sectional Study in London, UK," *Landscape and Urban Planning* 136 (April 2015): 174–79, doi:10.1016/j.landurbplan.2014.12.005; Marco Helbich et al., "More Green Space Is Related to Less Antidepressant Prescription Rates in the Netherlands: A Bayesian Geoadditive Quantile Regression Approach," *Environmental Research* 166 (2018): 290–97, doi:10.1016/j.envres.2018.06.010.
14. Evan Fleischer, "Doctors in Scotland Can Now Prescribe Nature," World Economic Forum, Oct. 15, 2018, www.weforum.org/agenda/2018/10/doctors-in-scotland-can-now-prescribe-nature.
15. Jeanette Marantos, "Why Plant Sales Are Soaring, Even at Nurseries Closed due to Coronavirus," *Los Angeles Times*, May 30, 2020, www.latimes.com/lifestyle/story/2020–05–30/why-plant-sales-are-soaring-even-at-nurseries-closed-due-to-coronavirus.
16. James Oschman, Gaetan Chevalier, and Richard Brown, "The Effects of Grounding (Earthing) on Inflammation, the Immune Response, Wound Healing, and Prevention and Treatment of Chronic Inflammatory and Autoimmune Diseases," *Journal of Inflammation Research*, March 24, 2015, 83–96, doi:10.2147/jir.s69656.
17. Pádraig Ó Tuama, *In the Shelter: Finding a Home in the World* (London: Hodder & Stoughton, 2015).

第11章　恍惚状態の静寂

1. Huston Smith, "Encountering God," in *The Way Things Are: Conversations with Huston Smith on the Spiritual Life*, ed. Phil Cousineau (Berkeley, Calif.: University of California Press, 2003), 95–102.
2. "What Is One Square Inch?," One Square Inch: A Sanctuary for Silence at

Olympic National Park, 2021年9月6日に以下で閲覧。onesquareinch.org/about.
3. "Tatshenshini-Alsek Provincial Park," BC Parks, 2021年9月6日に以下で閲覧。bcparks.ca/explore/parkpgs/tatshens.
4. Barry Lopez, "The Invitation," *Granta*, Nov. 18, 2015, granta.com/invitation.
5. Unknown Monk, *The Cloud of Unknowing*, ed. Dragan Nikolic and Jelena Milić (Scotts Valley, Calif.: CreateSpace, 2015).
6. Katherine May, *Wintering: The Power of Rest and Retreat in Difficult Times* (New York: Riverhead Books, 2020).(『冬を越えて』キャサリン・メイ著、石崎比呂美訳、K&Bパブリッシャーズ、2021年)
7. "MDMA-Assisted Therapy Study Protocols," MAPS: Multidisciplinary Association for Psychedelic Studies, 2021年9月6日に以下で閲覧。maps.org/research/mdma.
8. Diane Ackerman, *Deep Play* (New York: Vintage Books, 2000).
9. "The Peachoid," Discover: South Carolina, 2021年9月6日に以下で閲覧。discoversouthcarolina.com/products/340.

第12章　静かに取り組む

1. George Prochnik, *In Pursuit of Silence: Listening for Meaning in a World of Noise* (New York: Anchor Books, 2011).
2. Rupa Marya and Raj Patel, *Inflamed: Deep Medicine and the Anatomy of Injustice* (New York: Farrar, Straus and Giroux, 2021).
3. Eve Curie, *Madame Curie: A Biography* (Boston: Da Capo Press, 2001).(『キュリー夫人伝』エーヴ・キュリー著、河野万里子訳、白水社、2014年)
4. Cal Newport, *Deep Work: Rules for Focused Success in a Distracted World* (New York: Grand Central Publishing, 2016).(『大事なことに集中する――気が散るものだらけの世界で生産性を最大化する科学的方法』カル・ニューポート著、門田美鈴訳、ダイヤモンド社、2016年)
5. Pádraig Ó Tuama, *Sorry for Your Troubles* (Norwich, Eng.: Canterbury Press, 2013).
6. "The Six Classes Approach to Reducing Chemical Harm," SixClasses, June 18, 2019, www.sixclasses.org.

第13章　静かに生きる

1. Marilyn Paul, *An Oasis in Time: How a Day of Rest Can Save Your Life* (Emmaus, Pa.: Rodale, 2017).
2. *Awakening the Divine Within*, directed by Rod Mann, Nikos Katsaounis, and Kevin Kohley (Critical Mass Productions, 2007).
3. "Find the Passion Again: All About Love Bundle," A Research-Based Approach to Relationships, 2021年9月6日に以下で閲覧。www.gottman.com.

第14章　静寂のための公共政策

1. Environmental Protection Agency, *Summary of the Noise Control Act*, July 31, 2020, www.epa.gov/laws-regulations/summary-noise-control-act.
2. Administrative Conference of the United States, *Implementation of the Noise Control Act*, June 19, 1992, www.acus.gov/recommendation/implementation-noise-control-act.
3. "A Voice to End the Government's Silence on Noise," International Noise Awareness Day, 2021年9月6日に以下で閲覧。noiseawareness.org/info-center/government-noise-bronzaft.
4. George Prochnik, *In Pursuit of Silence: Listening for Meaning in a World of Noise* (New York: Doubleday, 2010).
5. Singapore, Ministry of Foreign Affairs, *Sustainable Development Goals: Towards a Sustainable and Resilient Singapore* (2018), sustainabledevelopment.un.org/content/documents/19439Singapores_Voluntary_National_Review_Report_v2.pdf.
6. Singapore, Ministry of Communications and Information, HistorySG, *"Garden City" Vision Is Introduced*, 2021年9月6日に以下で閲覧。eresources.nlb.gov.sg/history/events/a7fac49f-9c96-4030-8709-ce160c58d15c.
7. Vicky Gan, "The Link Between Green Space and Well-Being Isn't as Simple as We Thought," *Bloomberg City Lab*, Aug. 14, 2015, www.bloomberg.com/news/articles/2015–08–14/singapore-study-finds-no-significant-relationship-between-access-to-green-space-and-well-being.
8. Florence Williams, *The Nature Fix: Why Nature Makes Us Happier, Healthier,*

and More Creative (New York: W. W. Norton, 2018).（『NATURE FIX 自然が最高の脳をつくる――最新科学でわかった創造性と幸福感の高め方』フローレンス・ウィリアムズ著、栗木さつき／森嶋マリ訳、NHK出版、2017年）

9. Kevin Kelly, *What Technology Wants* (London: Penguin Books, 2010).（『テクニウム――テクノロジーはどこへ向かうのか？』ケヴィン・ケリー著、服部桂訳、みすず書房、2014年）
10. Cal Newport, *Digital Minimalism: On Living Better with Less Technology* (New York: Portfolio, 2019).（『デジタル・ミニマリスト――スマホに依存しない生き方』カル・ニューポート著、池田真紀子訳、ハヤカワ文庫NF、2021年、他）
11. U.S. Congress, CRS Report, *The Office of Technology Assessment: History, Authorities, Issues, and Options*, April 14, 2020, www.everycrsreport.com/reports/R46327.html.
12. Justin Talbot Zorn and Sridhar Kota, "Universities Must Help Educate Woefully Uninformed Lawmakers," *Wired*, Jan. 11, 2017, www.wired.com/2017/01/universities-must-help-educate-woefully-uninformed-lawmakers/?utm_source=WIR_REG_GATE.
13. John Maynard Keynes, *Economic Possibilities for Our Grandchildren* (Seattle, Wash.: Entropy Conservationists, 1987).
14. Justin Talbot Zorn and Ben Beachy, "A Better Way to Measure GDP," *Harvard Business Review*, Feb. 3, 2021, hbr.org/2021/02/a-better-way-to-measure-gdp.
15. Michael J. Sheeran, *Beyond Majority Rule: Voteless Decisions in the Religious Society of Friends* (Philadelphia: Philadelphia Yearly Meeting of the Religious Society of Friends, 1983).
16. Stuart Chase and Marian Tyler Chase, *Roads to Agreement: Successful Methods in the Science of Human Relations* (London: Phoenix House, 1952).
17. Editors of Encyclopaedia Britannica, "Iroquois Confederacy: American Indian Confederation," *Encyclopaedia Britannica* (Chicago: Encyclopaedia Britannica, 2020).

第15章　「黄金の静寂」の文化

1. Francisco Salazar, "Teatro Digital to Stream Joyce DiDonato's 'In War and Peace,'" *OperaWire*, Nov. 6, 2019, operawire.com/teatro-digital-to-stream-joyce-didonatos-in-war-and-peace.
2. NOW Bali Editorial Team, "The Ogoh-Ogoh Monsters of Bali's Ngrupuk Parade," *NOW! Bali*, March 10, 2021, www.nowbali.co.id/ngrupuk-monster-parade.
3. "Balinese New Year - NYEPI - Bali.com: A Day for Self-Reflection," The Celebration for a New Beginning: The Biggest Annual Event on the Island, 2021年9月6日に以下で閲覧。bali.com/bali-travel-guide/culture-religion-traditions/nyepi-balinese-new-year.
4. Tyson Yunkaporta, *Sand Talk: How Indigenous Thinking Can Save the World* (New York: HarperOne, 2021).
5. "Virtue Ethics," *Stanford Encyclopedia of Philosophy*, July 18, 2003, plato.stanford.edu/entries/ethics-virtue.

【著者・訳者紹介】

ジャスティン・タルボット・ゾルン（Justin Talbot Zorn）

アメリカ合衆国議会で政策立案者や瞑想講師として活躍。ハーヴァード大学やオックスフォード大学で経済学やウェルビーイングの心理学を学ぶ。『ワシントン・ポスト』紙や『アトランティック』誌、『ハーヴァード・ビジネス・レヴュー』誌、『フォーリン・ポリシー』誌などに寄稿している。熟考と行動を結びつけ、リーダーやチームが複雑な問題への解決策を想像し、コミュニケーションを取る手助けをするコンサルティング業務を行うアストレア・ストラテジーズの共同創立者である。妻と3人の子どもとともにニューメキシコ州サンタフェに在住。ゾルンの仕事の詳細についてはwww.justinzorn.comとwww.astreastrategies.comを参照。

リー・マルツ（Leigh Marz）

主要な大学や企業、連邦政府関係機関を対象とするコラボレーション・コンサルタントでリーダーシップコーチ。西洋世界におけるサイケデリック薬物の儀式的利用の最先端の研究者かつ実践者として長いキャリアを持つ。専門的な仕事の中でさまざまなイニシアティブを発揮し、NASAのチームで実験的なマインドセットを発揮させるトレーニング・プログラムを立案。製品から有害な化学物質を取り除く横断的な協業を10年以上も率いている。グリーン・サイエンス・ポリシー・インスティテュートやハーヴァード大学、イケア、グーグル、カイザー・パーマネンテなどとも仕事をしている。アストレア・ストラテジーズの共同創立者。夫と娘とともにカリフォルニア州バークリーに在住。マルツの仕事の詳細についてはleighmarz.comとwww.astreastrategies.comを参照。

柴田裕之（しばた やすし）

翻訳家。早稲田大学、Earlham College卒業。訳書に、ケイヴ『ケンブリッジ大学・人気哲学者の「不死」の講義』、エストライク『あなたが消された未来』、ケーガン『「死」とは何か』、ベジャン『流れといのち』、オーウェン『生存する意識』、ハラリ『サピエンス全史』『ホモ・デウス』『21 Lessons』、カシオポ／パトリック『孤独の科学』、ドゥ・ヴァール『ママ、最後の抱擁』、ヴァン・デア・コーク『身体はトラウマを記録する』、リドレー『進化は万能である』（共訳）、ファンク『地球を「売り物」にする人たち』、リフキン『限界費用ゼロ社会』、ファーガソン『スクエア・アンド・タワー』『大惨事（カタストロフィ）の人類史』、ガロー『格差の起源』（監訳）、コルカー『統合失調症の一族』、グレイ／スリ『ゴースト・ワーク』、他多数。

静寂の技法
最良の人生を導く「静けさ」の力

2023年 9 月19日発行

著　者――ジャスティン・ゾルン／リー・マルツ
訳　者――柴田裕之
発行者――田北浩章
発行所――東洋経済新報社
〒103-8345　東京都中央区日本橋本石町 1-2-1
電話＝東洋経済コールセンター　03(6386)1040
https://toyokeizai.net/

装　丁………橋爪朋世
D T P………アイランドコレクション
印　刷………図書印刷
編集担当……九法　崇
Printed in Japan　　ISBN 978-4-492-04746-0